知识产权经典判例

ZHISHI CHANQUAN JINGDIAN PANLI

北京市高级人民法院知识产权庭　编

主编　王振清

知识产权出版社

内容提要

　　本书中的 54 个案例是从 2005 年北京市法院审结的各类知识产权纠纷案件中精选出来的，涵盖了该年度全部新类型、疑难复杂和具有广泛社会影响的案件，其中所涉及的各种知识产权问题一定会使读者深受启发，对广大知识产权审判人员、行政执法人员、诉讼代理人、专家学者的工作和学习具有很强的参考价值。

责任编辑：汤腊冬　　　　　　　　　　**责任校对：韩秀天**

特约编辑：王丽莉　　　　　　　　　　**责任出版：卢运霞**

图书在版编目（CIP）数据

知识产权经典判例（3）／北京市高级人民法院知识产权庭编 . —北京：知识产权出版社，2008.7

ISBN 978 - 7 - 80247 - 001 - 9

Ⅰ. 知⋯　Ⅱ. 北⋯　Ⅲ. 知识产权 - 审判 - 案例 - 中国　Ⅳ. D923.405

中国版本图书馆 CIP 数据核字（2008）第 001742 号

知识产权经典判例（3）

北京市高级人民法院知识产权庭　编

主编　王振清

出版发行：知识产权出版社			
社　　址：北京市海淀区马甸南村 1 号		邮　编：100088	
网　　址：http://www.ipph.cn		邮　箱：bjb@ cnipr. com	
发行电话：010 - 82000893　82000860 转 8101		传　真：010 - 82000893	
责编电话：010 - 82000889		责编邮箱：tangladong@ cnipr. com	
印　　刷：北京市兴怀印刷厂		经　销：新华书店及相关销售网点	
开　　本：720mm×960mm　1/16		印　张：27.75	
版　　次：2008 年 8 月第一版		印　次：2008 年 8 月第一次印刷	
字　　数：510 千字		定　价：58.00 元	

ISBN 978 - 7 - 80247 - 001 - 9/D · 572

知识产权经典判例（3）

主　编：王振清

副主编：张鲁民

编　委：宿　迟　淳于国平　陈锦川　靳学筠　刘双玉
　　　　杨柏勇　邵明艳　宋鱼水　林子英

编　辑：张雪松　张冬梅　焦　彦　潘　伟　刘晓军
　　　　钟　鸣　毕　怡

前　言

2003 年，北京市高级人民法院知识产权庭编辑出版了《北京知识产权审判丛书》，其中《知识产权经典判例》（上下卷）受到了读者的广泛欢迎，已成为了解我国知识产权司法保护实践、从事知识产权实务和学术研究的必读书籍。2005 年，该庭编辑出版的《北京知识产权审判年鉴》同样引起了知识产权界的关注。为了满足广大读者的需求，该庭将以汇编年度经典案例的形式，从北京市法院每年终审审结的各类知识产权案件中精选数十件，严格依照裁判文书内容进行整理，并按内容全面、便于查阅的原则进行格式编排。同时，该庭法官还准确归纳出每一案例的判决要旨，使这些案例的特点与意义一目了然。

本书中的 54 件案例是从 2005 年北京市法院审结的各类知识产权纠纷案件中精选而出的，涵盖了该年度全部新类型、疑难复杂和具有广泛社会影响的案件，其中涉及的各种知识产权法律问题一定会使读者深受启发，对广大知识产权审判人员、行政执法人员、诉讼代理人、专家学者的工作和学习一定会具有很强的参考价值。

当然，对其中的一些判决可能有的读者会有不同的看法，我们也愿意和大家继续交流探讨，以共同为促进我国知识产权保护水平的进一步提高作出贡献。

目　录

专　利

商　　标

著 作 权

反不正当竞争

其他知识产权

专　利

1. "天下第一刀"实用新型专利权无效纠纷案

——沈从岐、沈俊诉国家知识产权局专利复审委员会

原告（上诉人）：沈从岐

原告（上诉人）：沈俊

被告（被上诉人）：国家知识产权局专利复审委员会

第三人（原审第三人）：叶新华

案由：专利权无效纠纷

原审案号：北京市第一中级人民法院（2004）一中行初字第 379 号

原审合议庭成员：张广良、仪军、赵明

原审结案日期：2004 年 8 月 25 日

二审案号：北京市高级人民法院（2004）高行终字第 442 号

二审合议庭成员：程永顺、刘辉、岑宏宇

二审结案日期：2005 年 3 月 25 日

判决要旨

　　判断一项技术方案是否具有创造性，应以构成这项技术方案并且区别于现有技术的具体技术特征或技术手段作为基础，对于双方存有争议的区别技术特征更应结合具体的事实和证据逐一加以客观分析。

起诉与答辩

　　国家知识产权局专利复审委员会（以下简称专利复审委员会）第 5738 号无效宣告请求审查决定（以下简称第 5738 号决定）系专利复审委员会就叶新华针对沈从岐和沈俊拥有的名称为"天下第一刀"的实用新型专利（以下简称本专利）提出的无效宣告请求所作出。该决定认为：

证据1是专利号为94248645.5的中国实用新型专利说明书，可用于评价本专利的新颖性和创造性。与本专利独立权利要求1所披露的技术方案相比，两者的区别之处仅在于：在本专利中手把与护头间过盈配合，而证据1未就手把与护头之间的连接配合关系予以说明。针对上述区别，首先，采用过盈配合将两部件连为一体是机械领域常见的连接方式；其次，沈从岐和沈俊在口头审理时承认在现有制刀技术中手把与护头通常采用焊接、铆接以及螺纹连接的方式。而采用焊接方式可避免松动问题是很显然的，本领域的技术人员在现有制刀技术中采用焊接方式将手把与刀鞘连为一体的技术启示下，完全可以想到采用能起到相同作用的过盈配合连接方式，而且使用的可靠性还可得到更好的改善，两者的差异之处只是工艺有所不同。此外，由本专利说明书所披露的内容也无法看出其采用的过盈配合的连接方式能够带来意想不到的技术效果。故本专利的权利要求1相对于证据1不具有创造性。

相对于权利要求3限定部分的技术特征，证据1披露的相关内容（参见证据说明书第2页9～12行）是：在刀与鞘的结构上采用半自动锁簧装置，即刀鞘内表面距鞘口50mm处有相对两凸块，使刀身摩擦自锁，刀入鞘时不会自动脱落。沈从岐和沈俊认为，本专利和证据1虽然均采用了防脱装置，但本专利采用的是定位防脱结构，而证据1所采用的是摩擦防脱结构，定位防脱结构相对于摩擦防脱结构明显可提供更好的可靠性。首先，本专利采用的这种定位防脱结构也是所属领域乃至日常生活中常用的防止两部件发生相对移动的结构，例如门锁以及弹簧刀就经常采用这种结构。其次，本专利所采用的凹槽定位防脱结构以及摩擦防脱结构的利弊对本领域的普通技术人员而言是显而易见的，凹槽结构的防脱效果优于摩擦结构，而其工艺却较摩擦结构复杂。因此，本领域的普通技术人员根据具体的需求作出选择属于常规设计的范畴。就本专利所涉及的具有特殊用途的三军仪仗队用刀而言，考虑到对刀与刀鞘结合之结构的可靠性具有一定的要求，故证据1虽然未就防止刀与鞘脱落的结构可以采用其他方式给出任何技术启示或教导，但是本领域的普通技术人员在证据1的基础上结合所属领域的公知常识而得到权利要求3所述的技术方案无须付出任何创造性的劳动，同时由本专利的说明书也无法看出其所采用的凹槽定位防脱结构能够带来其他意想不到的技术效果，故本专利的从属权利要求3同样不具有创造性。

此外，在第5738号决定中还对本专利权利要求2、权利要求4～7进行了评述，并认为这5项权利要求亦不具有创造性。据此，专利复审委员会作出第5738号决定，宣告本专利权利要求1～7全部无效。

原告沈从岐和沈俊诉称：1. 专利复审委员会混淆了本专利权利要求与证

据 1 在技术要求、使用性质和使用主体方面存在的明显差别。本专利权利要求所涉及的产品是中央军委确定的中国人民解放军三军仪仗队、中国人民武装警察部队天安门国旗护卫队等军队仪仗专用产品，是国威和军威的象征，党中央和国家领导人对其有专门的批示和严格的要求，其技术方面的特征与其使用的特殊场合及代表的意义紧密联系。这种指挥刀是军用产品，不能等同于一般民用的健身、观赏及旅游产品或商品。证据 1 所述的中山宝刀在设计、技术以及工艺方面的要求是按照一般民用的健身、观赏及旅游产品或商品的要求进行的，属于人们日常见到的运动员击剑、文艺或武术中的习剑练武、一般百姓舞剑锻炼身体所用，与军用三军仪仗指挥刀的设计、技术要求和工艺及加工精度有本质的不同。2. 第 5738 号决定对本专利权利要求 1 的创造性问题判断有误。本专利所涉及的"天下第一刀"并非传统的兵器，其作为仪仗指挥刀，其性能不要求杀伤力大，而在于结实、耐用、抽出插入灵活方便。实践中，不需要使用该刀做砍杀动作，但为了显示指挥员的威武，当刀入鞘时要用力一击。在强大剪切力的作用下，横向的销钉会变形甚至被切断，焊缝也容易开裂，存在安全隐患。采用本专利的过盈配合，宝剑可以适应这种冲击力，而且在冲击力的作用下手把与护头之间的结合力会更强。而本专利采用过盈配合的方式则不适合于一般刀剑，因为在重力砍杀时，过盈配合反倒容易使刀柄脱落。专利复审委员会将"过盈配合"与"焊接、铆接以及螺纹连接"这几种方式简单等同起来，在没有任何证据支持的情况下，就认定"本领域的技术人员在现有制刀技术中采用焊接方式将手把与刀鞘连为一体的技术启示下，完全可以想到采用能起到相同作用的过盈配合连接方式"，违反了"创造性"判断的基本原则。此外，过盈配合连接方式不存在焊接结构的焊接层、铆接方式的铆钉和螺纹连接方式的螺纹结构，因此过盈配合这种连接方式和现有技术的连接方式结构不同、效果不同，也就是说本专利过盈配合连接方式不是显而易见的，而是具有意想不到的积极效果，即具有创造性。3. 第 5738 号决定对本专利权利要求 3 的创造性问题判断有误。作为改进发明，其所采用的技术特征绝大多数也都是现有技术中业已存在的。判断一项发明或者实用新型是否具有创造性，除了要看其所采用的技术特征是否被现有技术公开之外，还要看现有技术是否给出了某一产品中"采用该技术方案来解决某一技术问题"的相应教导。弹簧销并非本专利的发明，但本专利对现有技术的贡献在于将弹簧销用在了三军仪仗队的指挥刀上。在本专利之前，仪仗队的指挥刀有的采用摩擦式加紧方式，有的则采用锁扣式结合方式。前者的缺陷是使用一段时间之后容易产生夹不紧的现象，而后者虽然可以保证夹紧，但容易出现紧急时打不开的情况。这对于仪仗队的指挥刀来说都是应当避免的。本专利正是针对现有技术中的上述缺陷，将现有技术中的弹簧销结合方式巧妙地运用于仪仗队指挥刀，使之既具有结合的稳定性，又具有抽出的灵活性，从而避免意外故障的产生。叶新华没有提供任何证据证明本专利的权利要求3的技术特征属于现有技术的范畴。在缺少证据支持的情况下，专利复审委员会主动以"门锁以及弹簧刀"作为现有技术的证据，并以此为由认定本专利的权利要求3缺乏创造性。上述做法严重违反了审查指南所规定的当事人举证原则和听证原则。4. 刀剑行业属于一种传统行业，已经有成百上千年的历史，对于一种古老行业的产品而言，作出任何一项改进都是很困难的。原告针对仪仗队指挥刀这种特殊产品，根据其特殊需要和功能，成功地将现有技术用于本专利，取得了明显的技术效果，这充分体现了本专利的创造性。综上，第5738号决定认定事实和适用法律错误，请求法院予以撤销，维持本专利权有效。

被告专利复审委员会辩称：其坚持在第5738号决定中阐述的意见，认为该决定认定事实清楚，适用法律正确，沈从岐和沈俊的诉讼请求不能成立，请求法院维持第5738号决定。

第三人叶新华述称：1. 本专利权利要求1没有创造性。虽然证据1没有披露权利要求1中所记载的"手把与护头间为过盈配合"这项技术特征，但是，由于过盈配合这种连接方式是所属领域的公知常识，对所属领域的技术人员具有显而易见性，因此，这项区别特征不能使权利要求1相对于证据1具有创造性。在机械领域，过盈配合方式与焊接、铆接、销钉连接以及螺纹连接等方式一样，都是公知、常见的机械部件连接方式，这些连接方式在工艺成本和性能效果方面各有利弊，从总体上很难判断孰优孰劣，本领域的技术人员可以根据不同产品在工艺成本和性能效果方面的不同要求从中选用。过盈配合方式的优点在于这种连接方式的接触面比较大，剪应力分布比较均匀，不会集中在某一点上。但是，过盈配合的工艺过程比较复杂，对过盈量、摩擦系数、形状误差等技术参数的精度要求比较高，制造成本也相对较高，因此，在刀剑行业，在对产品没有特殊要求的情况下，为了节约成本经常采用低成本的焊接或销钉连接等连接方式。但在特定情况下，如产品用作指挥刀可能产生较大剪切力的情况下，可以采用过盈配合的方式作为替代的连接方式，这种替代手段对于所属领域的技术人员来说是显而易见的，根本不需要付出创造性的劳动。因此，本专利在手把与护头之间采用过盈配合的连接方式，相对于沈从岐和沈俊在其诉状中所称证据1采用的销钉连接方式而言，不具备《中华人民共和国专利法》（以下简称《专利法》）第二十二条第三款所称的创造性。2. 本专利权利要求3没有创造性。本专利所采用的定位防脱结构与证据1所披露的摩擦防脱结构都是所属领域乃至日常生活中公知、常用的防止两部件发生相对移动的结构，而且两者之间在防脱效果和制造工艺上各有利弊，从总体上也很难判断孰优孰劣，本领域的技术人员可以根据不同产品的具体需要选用其中一种结构。因此，对于所属领域的技术人员来说，用定位防脱结构来代替摩擦防脱结构以及这种代替所产生的技术效果，都是显而易见的，不需要创造性劳动，因而其也不具备《专利法》第二十二条第三款规定的创造性。3. 本专利产品的用途与判断其创造性无关。沈从岐和沈俊在其诉状中一再强调，本专利产品属于军队仪仗专用产品，故其与证据 1 "在技术要求、使用性质和使用主体方面存在明显差别"，试图以此证明涉案专利具有创造性。但本专利系一项实用新型产品专利，而不是用途发明专利，其专利权保护范围仅限于该产品的技术方案而不涉及该产品的用途。因此，判断其创造性时只能从其技术方案本身去考虑，至于涉案专利产品的用途、使用主体等因素，与判断本专利是否具有创造性无关。综上，专利复审委员会在无效宣告请求的审查过程中，程序合法，认定事实清楚，适用法律正确，请求法院维持第 5738 号决定。

原审查明事实

原审法院经审理查明：2000 年 7 月 10 日，沈从岐和沈俊向国家知识产权局提出名称为"天下第一刀"的实用新型专利申请，该申请于 2001 年 4 月 25 日被授权公告，专利权人为沈从岐和沈俊，专利号为 00242955.1。授权权利要求为：

1. 一种天下第一刀，它由刀身、手把和刀鞘组成，其特征在于：刀身为直线形，其一端安有木鞘，外面包上牛皮，上面有多道螺旋沟槽，将金丝镶嵌在内，即为手把；它的端头设有护头，手把与护头间为过盈配合；手把上还配有护手，其一端与刀体呈 15°斜角，另一端与护头连接为一体；刀身外套有刀鞘，刀鞘一端设有刀鞘帽，距刀鞘另一端近处设有环形凸起的挂环座，挂环装在座孔内。

2. 根据权利要求 1 所述的天下第一刀，其特征在于：刀鞘与护手间装有一皮垫圈。

3. 根据权利要求 1 或 2 所述的天下第一刀，其特征在于：刀鞘内表面设有一凹槽；此处外表面为一楔形凸起，在刀身与手把之间安有一带有弹簧的销子。

4. 根据权利要求 1 所述的天下第一刀，其特征在于：护手上刻有凤翅的花纹，护手外形像一只凤凰，侧看又似一只和平鸽；刀鞘上刻有一条巨龙，并有山、水和白云，巨龙底下刻有横格，龙图镀金。

5. 根据权利要求 1 所述的天下第一刀，其特征在于：刀身采用钛合金钢，手把上的木鞘选用花梨木。

6. 根据权利要求 1 所述的天下第一刀，其特征在于：护手用黄铜铸造而成，刀鞘采用不锈钢抛光镀铬。

7. 根据权利要求 1 所述的天下第一刀，其特征在于：整个刀长 100cm，宽 2.5cm；刀护手宽 11.5cm。

本专利说明书记载，本实用新型涉及一种具有中国特色、体现国威、军威的宝刀，即三军仪仗队指挥刀。人们普遍使用的刀剑结构及工艺简单，外观及材质一般。而仪仗队指挥刀工艺复杂、精度要求高。在涉及具体技术方案时，说明书还记载刀身与手把之间安有一带有弹簧的销子，刀入鞘后不会自动脱出，使用时只要稍加用力，刀即出鞘。

2002 年 4 月 15 日，叶新华以本专利不符合《专利法》第二十二条第二款、第三款，第二十六条第三款以及《中华人民共和国专利法实施细则》（以下简称《专利法实施细则》）第二条第二款、第十八条第一款的规定为由向专利复审委员会提出无效宣告请求，并提交了证据 1——94248645.5 号中国实用新型专利说明书复印件，该专利的授权公告日为 1995 年 9 月 27 日，专利权人为沈从岐。其权利要求书 1 内容为：

一种中山宝刀，它由刀身、手把和刀鞘组成，其特征在于：刀身 1 为直线形，手把 7 上安有木鞘，再包上牛皮，上面有多道螺旋沟槽，用以镶嵌金色铜丝 8；手把上还配有护手 5，其一端与刀体呈 15°斜角，另一端与护手头 9 连为一体；刀身外套有刀鞘 2，刀鞘一端有一刀鞘帽 3，用螺丝与刀鞘连为一体，另一端有一挂钩 4，焊接在刀鞘上。

该专利说明书记载，本实用新型适用于运动、游戏及娱乐活动领域。目前人们普遍使用的宝剑结构及工艺简单，外观及材质一般。而对三军仪仗队指挥刀技术要求严、工艺标准高。本实用新型的目的在于提供一种具有坚韧、锋利、能屈能伸、可舞可刺、造型美观、佩戴方便的宝刀，它是练武的良好器具，又是别致的装饰品。……在刀与鞘的结构上采用半自动锁簧装置，即刀鞘内表面距鞘口 50mm 处有相对两凸块，使刀身摩擦自锁，刀入鞘时不会自动脱出，使用时只要稍加用力，刀即出鞘。……它是一种具有中国特色、象征中华民族威严的特殊指挥刀，被称为"振国威、壮军威"的天下第一刀。

2003 年 12 月 5 日，专利复审委员会进行了口头审理。

2004 年 1 月 17 日，专利复审委员会作出第 5738 号决定。

原审审理结果

原审法院认为：鉴于沈从岐和沈俊在起诉状中仅针对本专利权利要求 1 和

3 的创造性问题提出异议，故本院只就第 5738 号决定对本专利权利要求 1 和 3 的评价进行审理。

结合第 5738 号决定认定的事实以及沈从岐、沈俊和叶新华的陈述，本专利权利要求 1 与证据 1 的区别特征在于本专利手把与护头间过盈配合，而证据 1 未就手把与护头之间的连接配合关系给予明确限定。对于本领域普通技术人员而言，过盈配合、焊接、铆接和螺纹连接均是惯用的技术手段，其适用范围可以根据各技术手段的特点予以确定。本领域普通技术人员可以依据不同用途，例如在体育运动中使用、作为兵刃使用以及作为装饰物、礼仪用品使用等，选择不同的、适合该用途的技术手段。因此，在制作作为礼仪用品使用的指挥刀时，本领域普通技术人员为达到指挥刀结实、耐用、克服强大剪切力的要求，在现有几种惯用技术方案中选择过盈配合的连接方式无须付出创造性劳动。由于本专利权利要求 1 的其他技术特征已经被证据 1 所公开，而采用过盈配合又是显而易见的选择，故本专利权利要求 1 不具备创造性。

本专利权利要求 3 与证据 1 的区别特征在于在防脱装置上采用的技术方案不同。正如第 5738 号决定中所述，本专利所采用的定位防脱结构是本领域常用的防止两部件发生相对移动的结构，凹槽定位防脱结构和摩擦防脱结构的特点以及适用范围是本领域的普通技术人员公知的。因此，本领域的普通技术人员根据指挥刀要求抽出、插入灵活方便，防止滑脱以及要求稳定性等需求，在证据 1 的基础上结合所属领域的公知常识选择定位防脱结构属于常规设计，无须付出任何创造性的劳动，故本专利的从属权利要求 3 同样不具有创造性。另一方面，第 5738 号决定中引用的门锁以及弹簧刀只是作为解释本领域常用结构的一种列举，即使没有这一列举，决定所述的逻辑关系仍然存在。同时，定位防脱结构作为惯用技术手段，是本领域普通技术人员掌握的常识，在以本领域普通技术人员的水平来评价本专利创造性时可以随时引入，因此，沈从岐和沈俊认为专利复审委员会主动以"门锁以及弹簧刀"作为现有技术的证据，并违反听证原则没有事实和法律依据，本院不予支持。至于沈从岐和沈俊诉称的本专利权利要求所涉及产品在使用性质和使用主体上存在的特殊性，与本专利权利要求 1 和权利要求 3 创造性的判断没有关系，本院不予采信。

综上，专利复审委员会作出的第 5738 号决定认定事实清楚，适用法律正确，程序合法，应予维持。依照《中华人民共和国行政诉讼法》第五十四条第（一）项之规定，判决：维持国家知识产权局专利复审委员会作出的第 5738 号无效宣告请求审查决定。

沈从岐、沈俊不服原审判决，提出上诉，请求撤销原审判决和第 5738 号无效宣告请求审查决定，维持本案专利权有效。理由是：1. 关于权利要求 1。

原审判决及无效决定虽然承认本案专利权利要求 1 与对比文件之间存在"过盈配合"这一技术特征的差别，但认为对于本领域普通技术人员而言，过盈配合、焊接、铆接和螺纹连接均是惯用的技术手段，适用范围可以根据各技术手段的特点予以确定，无须付出创造性劳动。以上观点是错误的。现有技术中采用焊接方式将手把与护头连为一体，从中无法得出采用过盈配合连接方式的相关技术启示，对比文件中更是没有涉及手把与护头的连接方式。2. 关于权利要求 3。"刀鞘内表面设有一凹槽；此处外表面为一楔形凸起，在刀身与手把之间安有一带有弹簧的销子"的技术特征在对比文件中未被披露，专利复审委员会却主动以"门锁以及弹簧刀"作为现有技术的证据认定权利要求 3 缺乏创造性，违反了听证原则，且"门锁以及弹簧刀"与权利要求 3 的技术特征也是不同的。综上，本案专利权利要求 1 和 3 均具有创造性，应当维持专利权有效。

专利复审委员会、叶新华服从原审判决。

二审查明事实

二审法院查明事实与原审相同。

二审审理结果

二审法院认为：实用新型所保护的是产品的形状、构造及其结合，其中产品机械构造是指产品的零部件的相对位置关系、连接关系和必要的机械配合关系等。实用新型的创造性是指该发明创造与现有技术相比具有实质性的特点和进步。由于沈从岐和沈俊服从专利复审委员会关于本案专利权利要求 2、4~7 不具有创造性的认定，故本案争议的焦点在于本案专利权利要求 1 和 3 是否具有创造性。

本案专利权利要求 1 的技术方案与证据 1 相比，区别在于：本案专利的技术方案中采用"过盈配合"这一技术术语来限定手把与护头间的配合关系，而证据 1 的技术方案没有限定手把与护头之间的连接关系。"过盈配合"这一术语属于本领域普通技术人员公知的基本常识，实现过盈配合并非只有惟一的技术手段，对此，本案专利权利要求 1 没有作出进一步的限定。在其余技术特征均被对比文件所披露的前提下，判断本案专利权利要求 1 是否具有创造性，还要看"过盈配合"在整个技术方案中起到何种作用，具备何种有益的技术效果，带来何种技术上的进步。对此，在本案专利说明书中没有作出任何描述，本领域普通技术人员通过阅读本案专利权利要求书及说明书，包括说明书附图, 无法了解该技术特征所起到的技术效果是什么。本领域普通技术人员有理由认为, "过盈配合"这一技术特征为现有公知技术的引用, 与焊接、铆接、螺纹连接等机械连接方式相比, 是属于常规设计的选择, 不需要付出创造性的劳动。因此, 原审判决对于本案专利权利要求 1 不具备创造性的认定是正确的。

判断一项技术方案是否具有创造性, 应以构成这项技术方案并且区别于现有技术的具体技术特征或技术手段作为基础, 对于双方存有争议的区别技术特征更应结合具体的事实和证据逐一加以客观分析。关于本案专利权利要求 3 的创造性, 该权利要求的区别技术特征是: "刀鞘内表面设有一凹槽; 此处外表面为一楔形凸起, 在刀身与手把之间安有一带有弹簧的销子。"该特征描述了一种刀鞘与刀身锁定防脱的具体结构, 与证据 1 权利要求 3 的具体技术方案相比是完全不同的, 而且在本案专利说明书中记载了有关的技术效果: "刀入鞘后不会自动脱出, 使用时只要稍加用力, 刀即出鞘。"原审判决将二者的区别抽象概括为"定位防脱结构"与"摩擦防脱结构"的不同, 进而认定选择"定位防脱结构"为公知常识, 不具备创造性。"定位防脱结构"相对于本案专利权利要求 3 的技术方案, "摩擦防脱结构"相对于证据 1 权利要求 3 的技术方案, 均属于上位概念。这种上位概念的对比方式忽略了本案专利权利要求 3 与证据 1 之间的具体区别技术特征, 不能证明证据 1 给出了足够的技术启示, 原审判决对本案专利权利要求 3 创造性的认定是不妥当的。同样, 在第 5738 号无效宣告请求审查决定中, 专利复审委员会列举了"门锁以及弹簧刀"来证明"定位防脱结构"是常见的防脱结构, 但只能说明"门锁以及弹簧刀"采用的是"定位防脱结构", 而不能证明采用的是本案专利权利要求 3 所披露的"定位防脱结构", 也没有结合证据 1 作出进一步的对比, 因此, 该无效宣告请求审查决定否定本案专利权利要求 3 的创造性证据不充分, 本院不予支持。本案专利权利要求 3 与无效请求人提供的对比文件证据 1 相比, 具有实质性的特点和进步, 而且体现出了有益的技术效果, 符合《专利法》关于实用新型创造性的要求, 应当维持有效。

综上所述, 原审判决及第 5738 号无效宣告请求审查决定关于本案专利权利要求 1、2、4 ~ 7 不具备创造性的认定证据充分, 应予维持; 关于权利要求 3 创造性的认定依据不足, 本院予以纠正。上诉人沈从岐、沈俊的上诉请求和理由部分成立, 本院予以支持, 即在本案专利权利要求 3 的基础上维持本案专利权部分有效。依照《中华人民共和国行政诉讼法》第六十一条第一款第(三)项、《最高人民法院关于执行〈中华人民共和国行政诉讼法〉若干问题的解释》第七十条之规定, 判决如下:

一、撤销北京市第一中级人民法院（2004）一中行初字第 379 号行政判决；

二、撤销国家知识产权局专利复审委员会作出的第 5738 号无效宣告请求审查决定；

三、在本案专利权利要求 3 的基础上维持沈从岐和沈俊拥有的 00242955.1 号"天下第一刀"实用新型专利权有效。

一审案件受理费 1 000 元，由国家知识产权局专利复审委员会、沈从岐和沈俊各负担 500 元；二审案件受理费 1 000 元，由国家知识产权局专利复审委员会、沈从岐和沈俊各负担 500 元。

2. "铜箔生产联合机"实用新型专利权属纠纷案

—— 联合铜箔（惠州）有限公司诉潘壮、杨初坤、

北京远创铜箔设备有限公司

原告（被上诉人）：联合铜箔（惠州）有限公司

被告（上诉人）：潘壮

被告（原审被告）：杨初坤

被告（上诉人）：北京远创铜箔设备有限公司

案由：专利权属纠纷

原审案号：北京市第二中级人民法院（2003）二中民初字第 9468 号

原审合议庭成员：刘薇、宋光、梁立君

原审结案日期：2004 年 3 月 19 日

二审案号：北京市高级人民法院（2004）高民终字第 621 号

二审合议庭成员：程永顺　岑宏宇　刘辉

二审结案日期：2005 年 2 月 2 日

判决要旨

处理单位之间的专利权属争议，应当主要考虑哪一个单位对涉案技术下达过有关涉案技术的研究开发任务以及进行了相应的物质投入，也就是对技术开发作出了实质性的贡献。

起诉与答辩

原告联合铜箔（惠州）有限公司（以下简称联合铜箔公司）诉称：本公司自 1995 年起，即投入大量人力、物力和财力，对原有的铜箔生产设备和工艺进行了多次大规模的技术改造，形成了一套铜箔生产关键技术。上述技术改造和研发工作基本上是以本公司的董事、总经理杨初坤为首的原告高级管理人员（包括杨初坤、钱保国、王叶滔、郑国庆、韩林）完成的。2000 年初，本公司董事会提出了"进一步提高铜箔抗氧化性"的技术改进任务和目标，并确定以 50 万美元作为技术费投资。作为总经理的杨初坤在执行和落实该任务的过程中，萌发出研发联体机的想法和创意。为了借鉴国外解决铜箔抗氧化问

题上的经验，2000年3月，本公司派杨初坤等到美国一公司考察。杨初坤在该公司立式联体机已成功地生产出铜箔的启发下，明确了研发联体机的目标方向，并根据实际需要和具体条件提出了卧式联体机的构思。回国后，杨初坤即组织负有技术研发职责的原告高级管理人员钱保国、韩林，并将当时刚刚离开本公司但仍对本公司负有服务责任的王叶滔和郑国庆召回，组成研发小组，利用本公司积累的技术参数和工艺诀窍进行卧式联体机的研发，同时利用本公司车间的生产设备进行大量的试验。被告潘壮系本公司股东之一——北京利兴华诚科技有限公司（以下简称利兴华诚公司）的董事长。1999年8月20日，利兴华诚公司成为本公司的绝对控股股东，潘壮被委派为本公司董事，因本公司当时的董事长系利兴华诚公司总经理杨延华，故潘壮成为本公司的实际控制人。潘壮违反竞业禁止规定，串通原告高级管理人员于1999年12月8日设立了被告北京远创铜箔设备有限公司（以下简称远创公司），从事与本公司经营范围相同的铜箔设备制造业务。2000年10月25日，远创公司改制为中外合资经营企业，潘壮担任董事长、法定代表人。远创公司成立后，主要业务是接受本公司委托并根据本公司提出的技术方案制造铜箔生产设备，未从事铜箔生产设备的研发工作。2000年11月，研发小组全部完成了卧式联体机的研发工作，圆满地完成了本公司董事会的前述任务。但潘壮却擅自指使具体负责办理卧式联体机专利申请事宜的王叶滔以远创公司的名义申请专利，同时利用本公司与远创公司之间的关联关系迷惑包括杨初坤在内的本公司高级管理人员，使其对潘壮的侵权行为不持异议。在以远创公司名义申请专利后，潘壮又以该公司的名义，通过签订协议的方式在专利授权前将其无偿转让给潘壮和杨初坤共有。2002年2月27日，国家知识产权局对涉案专利授予了专利权，同年3月19日，潘壮办理了专利权转让的登记公告手续。根据法律规定，涉案专利系本公司的职务发明创造，理应由本公司享有专利申请权和专利权。被告远创公司申请专利并持有专利权的行为，侵犯了原告的合法权益。远创公司与潘壮、杨初坤签订的专利权转让合同，是恶意串通损害原告利益的合同，依法应认定其无效。故本公司诉至法院，请求判决：1. 确认名称为"铜箔生产联合机"的ZL01201624.1号实用新型专利属于本公司的职务发明，专利权属于本公司；2. 确认远创公司与潘壮、杨初坤签订的涉案专利的专利权转让合同无效；3. 三被告共同承担本案诉讼费用及本公司为诉讼支出的调查取证费2654元和律师费5万元。

被告潘壮辩称：原告在其与远创公司于2000年11月5日签订的《铜箔生产设备供应合同》中已确认涉案技术的所有权及相关知识产权属于远创公司，原告的诉讼请求违背其承诺。原告起诉已经超过2年的法定诉讼时效。原告没有充分的证据证明涉案技术成果属于其职务成果。原告指责本人控制原告是没有事实根据和法律依据的。本人同意原告方的第二项诉讼请求，即认定远创公司与本人及杨初坤签订的涉案专利的专利权转让合同无效，但请求法院驳回原告的第一、第三项诉讼请求。

被告杨初坤辩称：1992年原告成立后，本人即担任其总经理，负责铜箔生产设备的研发及铜箔生产的技术、工艺和销售工作。1999年利兴华诚公司成为原告的控股股东，潘壮对原告的事务实际上具有决定权。2000年3月，本人到美国一公司参观，明确了制造卧式联体机的构想。本人及王叶滔、郑国庆、钱保国和韩林对涉案专利的形成作出了实质贡献，潘壮对此未作出贡献。1999年潘壮提出由其负责设立一个公司制造铜箔生产设备，于是成立了远创公司。由原告提供技术参数，远创公司加工设备。潘壮提出以远创公司的名义申报涉案专利，当时本人认为原告与远创公司是一家故未反对。综上，本人同意涉案专利的设计人为杨初坤、王叶滔、郑国庆、钱保国和韩林，该专利是原告的职务发明，专利权应属于原告所有。

被告远创公司辩称：原告起诉超过诉讼时效。原告认为潘壮操纵利兴华诚公司申请专利与事实不符。涉案专利是本公司而非原告的职务发明，原告也在有关合同中确认了涉案专利权归属本公司。本公司同意认定与潘壮及杨初坤所签的专利权转让合同无效，但请求法院驳回原告的第一、第三项诉讼请求。

原审查明事实

原审法院经审理查明：原告成立于1992年11月25日，由工商部门核发的企业法人营业执照副本显示其经营范围为：生产经营线路板所用之不同规格的电解铜箔，成套电解铜箔工业生产的专用设备和成套技术的研制、生产、销售。

被告远创公司成立于1999年，潘壮、王叶滔、韩林、钱保国、郑国庆、杨延华均为该公司的股东。2000年10月25日该公司由内资企业变更为中外合资企业，其经营范围为：生产铜箔设备；销售自产产品；提供自产产品的安装、调试、维修的技术咨询、技术培训。自2000年9月起，潘壮担任远创公司董事长至今。

杨初坤作为原告的总经理一直任职至今，钱保国、王叶滔、韩林和郑国庆均曾为原告的高级管理与技术人员。1999年12月15日，钱保国、王叶滔、韩林自原告处辞职，但钱保国从原告处领取报酬至2002年9月，韩林从原告处领取报酬至2000年6月。钱保国、王叶滔、韩林自原告处辞职后，即应聘到利兴华诚公司工作。2001年1月5日，利兴华诚公司决定同意钱保国、王叶滔、韩林到被告远创公司工作。同日，远创公司聘任钱保国、韩林为该公司副总经理，王叶滔亦任职远创公司副总经理。郑国庆于 1999 年 12 月离开原告处，并于 2001 年移民加拿大。

2000 年 11 月 5 日，远创公司与原告签订了《铜箔生产设备供应合同》，该合同的前序部分记载："鉴于远创公司拥有电解镀锌铜箔生产设备制造技术并愿意将年产 2100 吨 12～70 微米镀锌铜箔的成套设备销售给联合铜箔公司，同时联合铜箔公司亦愿意购买并接受远创公司的设备及技术。因此，双方在此达成以下供应合同，以便共同遵守。"该合同第九条约定："远创公司保留所有包括在设备中的技术秘密和其他知识产权的专属所有权。"现双方均确认该合同中所称的"铜箔生产设备"中实施了涉案专利技术。原告认为该合同是被告潘壮利用其既是远创公司的董事长又实际控制原告的双重身份一手操作的结果，不是正常的商业交易。同时，原告认为该合同第九条不含有确认涉案专利的专利权归远创公司所有的意思表示，仅含有远创公司可以保留该合同涉及的设备中含有的应属于该公司所有的技术秘密和知识产权。而被告远创公司、潘壮则认为双方已在该合同中确认了涉案专利的专利权归属远创公司。

2001 年 1 月 21 日，远创公司将涉案技术以"铜箔生产联合机"的名称向国家知识产权局申请了实用新型专利。2001 年 12 月 20 日，远创公司与杨初坤和潘壮签订协议，约定将前述实用新型专利无偿转让给杨初坤和潘壮。前述实用新型专利申请于 2002 年 2 月 27 日获得国家知识产权局授权，专利号为 ZL01201624.1，专利证书上记载的设计人为杨初坤、潘壮、王叶滔、钱保国、郑国庆、韩林，专利权人为远创公司。

2002 年 4 月 25 日，被告远创公司、杨初坤、潘壮根据前述三方签订的专利权转让合同的约定，办理了著录项目变更手续。涉案专利的专利权人现为杨初坤、潘壮，设计人为杨初坤、潘壮、王叶滔、钱保国、韩林。

原告认为前述三被告签订的转让涉案专利权的合同是被告潘壮利用其既是远创公司的董事长，又通过控股实际控制原告的机会，违反竞业禁止规定，采用不正当手段形成的，该合同应属无效。

被告杨初坤对原告前述主张不持异议。

被告远创公司、潘壮不同意原告所称的三被告所签专利权转让合同系潘壮违规所为的主张，但认为涉案专利为远创公司的职务发明，潘壮对涉案专利无实质性贡献，不应成为设计人和专利权人，涉案专利的专利权应重新归属远创公司。

原告主张涉案专利技术方案系其董事会于 2000 年初下达的任务，为支持此主张，原告提交了决字［12］号董事会决议复印件。该复印件显示的日期为 2000 年 1 月 10 日，显示的内容为原告董事会决定将进一步提高铜箔的抗氧化性作为技术攻关项目，该复印件上有包括被告潘壮、杨初坤及杨延华、韩林的签字。原告另称该董事会决议的原件在被告潘壮、远创公司处。但被告潘壮、远创公司均否认有该材料的原件，且认为因原告未能提交该董事会决议的原件，故不认可该材料的真实性。

原告还主张其为涉案专利技术方案的研制投入了 50 万美元资金。为支持此主张，原告提交了一份董事会决议复印件，显示在 2000 年 2 月 22 日，原告董事会决定将 50 万美元作为技术投资，该复印件显示有潘壮、杨初坤、杨延华的签字。原告称该董事会决议的原件也在被告潘壮、远创公司处。被告潘壮、远创公司均否认有该材料原件，且认为因原告未能提交该董事会决议的原件，故不认可该材料的真实性。

原告主张在其董事会下达任务后，由杨初坤组织当时虽已离开原告但对原告仍负有技术服务义务的王叶滔、韩林、钱保国，并邀请已移民加拿大的郑国庆加入，组成研发小组，负责该技术方案的具体研发。在原告与被告远创公司于 2000 年 11 月 5 日签订《铜箔生产设备供应合同》时，该技术方案已完成研发。

被告杨初坤及案外人郑国庆对原告的前述主张均不持异议。

而被告远创公司及潘壮则主张涉案专利技术方案是王叶滔、韩林、钱保国到远创公司任职后该公司才开始立项研发的，在原告与被告远创公司于 2000 年 11 月 5 日签订《铜箔生产设备供应合同》时，该技术方案尚处于构思阶段，最终完成研发的时间是在涉案专利申请前的 2001 年年初。被告远创公司及潘壮还主张杨初坤、郑国庆系以个人身份参加了涉案专利技术方案的研发工作。

本案双方当事人在诉讼中均未提交能证明涉案专利技术方案形成的过程、阶段及时间的技术文档资料。

另查：1. 1999 年 9 月 8 日，潘壮任董事长、杨延华任总经理的利兴华诚公司成为原告的最大股东（投资 735 万美元，占原告注册资本总额 980 万美元的 75%）。该公司委派杨延华、潘壮等 6 人担任原告的董事，其中杨延华担任原告的董事长。2000 年 2 月，广东省惠州市对外经济贸易委员会批复同意利兴华诚公司将其持有的原告 75% 的股权，转让 40.79% 给长春热缩材料股份有限公司。2000 年 12 月 29 日，原告进行了上述股权转让的变更登记，利兴华诚公司在原告的股份降为 34.21%，杨延华也不再担任原告的董事长。

2. 涉案专利的设计人之一郑国庆确认该专利为其在原告处的职务发明，专利权应归属原告所有。

3. 该专利的设计人王叶滔、韩林、钱保国均称涉案专利系其三人在被告远创公司的职务发明，专利权应归属远创公司。

原审审理结果

原审法院认为：2002 年 2 月 27 日，国家知识产权局将涉案专利的专利权授予被告远创公司，同年 4 月被告潘壮、杨初坤取得了涉案专利的专利权。该技术为实用新型专利权，此两时间距原告提起本案诉讼的 2003 年 10 月 13 日均不满 2 年。因此，原告的起诉并未超过 2 年的诉讼时效。

2000 年 11 月 5 日，远创公司与原告签订《铜箔生产设备供应合同》时，涉案专利尚未申请。该合同中并未明确写明涉案专利的申请权、专利权的归属问题，在本案双方对该合同中的相关条款存在相反意见的前提下，对被告关于原告已在该合同中确认涉案专利的申请权、专利权归其所有的主张，本院不予支持。

虽然双方在涉案专利的技术方案最终形成的时间上存在分歧，即：原告主张其与被告远创公司于 2000 年 11 月 5 日签订《铜箔生产设备供应合同》时涉案专利的技术方案已完成研发；而被告远创公司及潘壮则主张签订该合同时涉案专利的技术方案尚处于构思中，该方案最终完成研发的时间是 2001 年年初涉案专利申请前。但双方均确认该合同中所称的"铜箔生产设备"即实施了涉案专利技术。由于该合同的性质为购销合同，通常情况下，此类合同涉及的标的物应为成型产品，不需再行研发。而且，该合同条款中也不能反映出合同中的"铜箔生产设备"尚需进行研发。因此，在双方均未就涉案专利的技术方案形成的阶段、过程及时间提供研发技术文档证据的前提下，本院依常理认定在原告与被告远创公司签订前述《铜箔生产设备供应合同》时，涉案专利的技术方案已完成研发。以此时间计算，郑国庆、钱保国、韩林、王叶滔离开原告的时间均未满 1 年。

涉案专利说明书摘要写明该专利是一种铜箔生产设备，能起到使设备简化、克服已有设备的缺点、降低成本、防止原箔氧化的作用，此表明该专利技术方案与原告的经营范围一致。而被告杨初坤一直在原告处担任总经理职务至今，钱保国、韩林、王叶滔、郑国庆离开原告处前均为原告的高级管理与技术人员，因此涉案专利技术方案应属与杨初坤、钱保国、韩林、王叶滔、郑国庆在原告处的本职工作相关的范畴。

我国法律规定：职工在退职、退休或者调动工作后 1 年内作出的与其在原单位的本职工作或者原单位分配的任务有关的发明创造，属原单位的职务发明创造，申请专利的权利属于该单位，申请被批准后，该单位为专利权人。

现双方均确认潘壮不是涉案专利的设计人，其不应享有涉案专利的专利权，而作为设计人的杨初坤、郑国庆均同意涉案专利为原告的职务发明。因此，本院根据前述理由确认涉案专利应为杨初坤、钱保国、韩林、王叶滔、郑国庆在原告处的职务发明创造，涉案专利的专利权应归属原告。

被告远创公司并非涉案专利技术的权利人，却将涉案专利转让给被告杨初坤和潘壮的行为系无权处分行为。该行为在作为涉案专利权利人的原告不予追认，被告远创公司又无其他合法依据证明其享有涉案专利技术处分权的前提下，远创公司与杨初坤、潘壮的上述转让合同应属无效。

基于以上理由，原告所提诉讼请求，本院予以支持。但原告有关律师费的请求数额过高，本院将依据司法部、财政部、国家物价局制定的律师收费标准计算。另，本院将根据当事人的过错程度、支出费用的必要程度及合理程度，确定被告应承担的赔偿原告诉讼支出的具体数额。

原告关于被告潘壮违反竞业禁止规定，利用双重身份操纵原告与被告远创公司签订《铜箔生产设备供应合同》及操纵被告远创公司与其及被告杨初坤签订涉案专利权的权利转让合同的主张，因无充分证据，本院不予支持。

综上，依照《中华人民共和国专利法》第六条第一款、第六十二条，《中华人民共和国专利法实施细则》第十一条第一款第（三）项及《最高人民法院关于审理专利纠纷案件适用法律问题的若干规定》第二十二条之规定，判决如下：

一、确认名称为"铜箔生产联合机"（专利号为 ZL01201624.1）的涉案实用新型专利的专利权归原告联合铜箔（惠州）有限公司享有；

二、确认 2001 年 12 月 20 日被告北京远创铜箔设备有限公司、被告杨初坤、潘壮三方签订的《专利权转让合同》无效；

三、被告北京远创铜箔设备有限公司、杨初坤、潘壮于本判决生效后 10 日内共同赔偿原告为本案诉讼合理支出的调查取证费用 1 327 元和律师费 1 800 元。

潘壮、远创公司均不服原审判决，提出上诉。潘壮请求撤销原判，驳回联合铜箔公司的全部诉讼请求并由联合铜箔公司承担诉讼费用。其理由是：1. 《铜箔生产设备供应合同》约定了涉案专利技术的所有权益归属于远创公司；2001 年 1 月 21 日远创公司申请涉案专利，联合铜箔公司总经理杨初坤是明知的；2. 联合铜箔公司起诉超过了诉讼时效；3. 原审判决认定涉案技术属于联合铜箔公司的职务发明证据不足；4. 原审判决认定"潘壮辩称：……本人不是涉案专利设计人"、"潘壮对涉案专利无实质性贡献，不应成为设计人和专利权人"、"现双方确认潘壮不是涉案专利的设计人"等均不是上诉人在一审时作过的表示。远创公司上诉请求撤销原判，改判涉案专利权归远创公司所有。理由是：1.《铜箔生产设备供应合同》约定了涉案专利技术的所有权益归属于远创公司；2. 本案已超过诉讼时效；3. 原审判决认定涉案发明为联合铜箔公司的职务发明证据不足，认定事实不清。

联合铜箔公司、杨初坤服从原审判决。

二审查明事实

二审法院经审理查明：联合铜箔公司成立于 1992 年 11 月 25 日，由工商部门核发的企业法人营业执照副本显示其经营范围为：生产经营线路板所用之不同规格的电解铜箔，成套电解铜箔工业生产的专用设备和成套技术的研制、生产、销售。原审被告杨初坤作为联合铜箔公司的总经理一直任职至今，案外人钱保国、王叶滔、韩林和郑国庆均曾为联合铜箔公司的高级管理与技术人员。

远创公司成立于 1999 年，潘壮及案外人王叶滔、韩林、钱保国、郑国庆、杨延华均为该公司的股东，潘壮为董事长。2000 年 10 月 25 日，该公司由内资企业变更为中外合资企业，其经营范围为：生产铜箔设备；销售自产产品；提供自产产品的安装、调试、维修的技术咨询、技术培训。

1999 年 12 月，钱保国、王叶滔、韩林自联合铜箔公司辞职，但钱保国从该公司领取报酬至 2002 年 9 月，韩林从该公司领取报酬至 2000 年 6 月。钱保国、王叶滔、韩林自联合铜箔公司辞职后，即应聘到潘壮任董事长的利兴华诚公司工作。2001 年 1 月 5 日，利兴华诚公司决定同意钱保国、王叶滔、韩林到远创公司工作。同日，远创公司聘任钱保国、韩林为该公司副总经理，王叶滔亦任远创公司副总经理一职。郑国庆于 1999 年 12 月离开联合铜箔公司，并于 2000 年 1 月移民加拿大。

2000 年 11 月 5 日，潘壮代表远创公司，杨初坤代表联合铜箔公司，签订了一份《铜箔生产设备供应合同》，该合同的前序部分记载："鉴于远创公司拥有电解镀锌铜箔生产设备制造技术并愿意将年产 2100 吨 12～70 微米镀锌铜箔的成套设备销售给联合铜箔公司，同时联合铜箔公司亦愿意购买并接受远创公司的设备及技术。因此，双方在此达成以下供应合同，以便共同遵守。"该合同第九条约定："远创公司保留所有包括在设备中的技术秘密和其他知识产权的专属所有权。"现双方均确认该合同中所称的"铜箔生产设备"中实施了涉案专利技术。

2001 年 1 月 21 日，远创公司将涉案技术以"铜箔生产联合机"的名称向国家知识产权局申请了实用新型专利，并于 2002 年 2 月 27 日被公告授予专利权，专利号为 ZL01201624.1，专利证书上记载的设计人为杨初坤、潘壮、王叶滔、钱保国、郑国庆、韩林，专利权人为远创公司。2001 年 12 月 20 日，远创公司与杨初坤、潘壮二人签订专利权转让合同，约定将涉案专利权无偿转让给杨初坤和潘壮。2002 年 4 月 25 日，远创公司、杨初坤、潘壮根据前述专利权转让合同的约定，办理了著录项目变更手续。涉案专利的专利权人现为杨初坤、潘壮，设计人为杨初坤、潘壮、王叶滔、钱保国、韩林。

联合铜箔公司主张涉案专利技术方案系其董事会于 2000 年年初下达的任务，为支持此主张，其提交了决字〔12〕号董事会决议复印件。该复印件显示的日期为 2000 年 1 月 10 日，显示的内容为联合铜箔公司董事会决定将进一步提高铜箔的抗氧化性作为技术攻关项目，该复印件上有包括潘壮、杨初坤及杨延华、韩林的签字。联合铜箔公司另称该董事会决议的原件在潘壮、远创公司处。联合铜箔公司还主张其为涉案专利技术方案的研制投入了 50 万美元资金，并提交了一份董事会决议复印件，显示在 2000 年 2 月 22 日，董事会决定将 50 万美元作为技术投资，该复印件显示有潘壮、杨初坤、杨延华的签字。潘壮、远创公司认为因联合铜箔公司未能提交董事会决议的原件，故不认可两份材料的真实性。

联合铜箔公司主张在其董事会下达任务后，由杨初坤组织当时虽已离开公司但对公司仍负有技术服务义务的王叶滔、韩林、钱保国，及已自其处离职的郑国庆加入，组成研发小组，负责该技术方案的具体研发，但联合铜箔公司对此未提供相应证据。

远创公司提交了生产清单及购置票据、租用厂房证明等材料，以支持其关于就涉案专利的研发投入物质资料的主张。联合铜箔公司认为远创公司提交的这些材料不能表明其与涉案专利的研发有直接关系。

本案双方当事人在诉讼中均未提交能证明涉案专利技术方案形成的过程、阶段及时间的技术文档资料，但是双方当事人均承认涉案专利技术构思源于杨初坤、潘壮等人 2000 年 3 月的赴美考察。

在原审判决潘壮辩称部分记载到："本人不是涉案专利技术的设计人，……"对此表述，二上诉人表示不认可，潘壮称一审期间从未做过这样的陈述。经查阅一审卷宗，未发现有关该陈述的任何书面记载。

二审审理结果

二审法院认为：潘壮、远创公司上诉提出联合铜箔公司起诉超过诉讼时效，因本案是专利权权属纠纷，自涉案专利被公告授权及转让的时间至起诉时均未超过 2 年，故该上诉理由不能成立。

涉案专利目前的权利人是潘壮、杨初坤二人，现各方当事人均同意原专利权人与潘壮、杨初坤签订的专利权转让合同无效，故原审法院确认 2001 年 12 月 20 日远创公司、杨初坤、潘壮三方签订的《专利权转让合同》无效并无不当。根据我国《专利法》规定，执行本单位的任务或者主要是利用本单位的物质技术条件所完成的发明创造，申请专利的权利属于该单位，申请被批准后，该单位为专利权人。本案实为联合铜箔公司与远创公司之间的专利权权属争议，而不是个人和单位之间的职务发明与非职务发明之争，所以应当主要考虑哪一个单位下达过有关涉案技术的研究开发任务并投入了相应的物质，也就是对技术开发作出了实质性的贡献。

根据《中华人民共和国民事诉讼法》（以下简称《民事诉讼法》）的规定，当事人对自己提出的主张，有责任提供证据。联合铜箔公司作为原告，主张由远创公司提出申请的涉案专利权应当归其所有，就负有证明其下达过有关涉案技术的研究开发任务以及投入相应的物质的举证责任。虽然联合铜箔公司提交了两份有关下达任务及投入资金的董事会决议复印件，但由于未提供原件，在潘壮、远创公司予以否认的情况下，本院不予确认。

原审法院以潘壮未对涉案技术作出贡献，钱保国等人在专利申请日时离开联合铜箔公司未满 1 年为由，认定涉案专利属于联合铜箔公司的职务发明。而根据各方当事人均认可的事实，涉案技术的构思源于 2000 年 3 月赴美考察，此时钱保国等人已从联合铜箔公司处辞职，到远创公司工作。联合铜箔公司必须证明在此之前已经就涉案技术研发工作下达了任务，该项工作属于钱保国等人的本职工作，但显然联合铜箔公司缺乏这方面的证据。

作为被告，潘壮、远创公司在一审审理期间提供了两公司签订的《铜箔生产设备供应合同》，针对联合铜箔公司的主张进行抗辩，以此说明涉案技术的归属是经过双方书面确认的。该合同的前序部分记载："鉴于远创公司拥有电解镀锌铜箔生产设备制造技术并愿意将年产 2100 吨 12～70 微米镀锌铜箔的成套设备销售给联合铜箔公司，同时联合铜箔公司亦愿意购买并接受远创公司的设备及技术。因此，双方在此达成以下供应合同，以便共同遵守。"该合同第九条约定："远创公司保留所有包括在设备中的技术秘密和其他知识产权的专属所有权。"对此份合同的真实性，联合铜箔公司不持异议，并承认合同已经实际履行，双方当事人确认该合同的标的就是实施了涉案专利技术的产品，但认为潘壮是利用其对该公司的实际控制权进行不正当的内部操纵和关联交易，才使远创公司得以"窃取"本应属于联合铜箔公司的联体机知识产权，并在双方签订的合同中作出对联合铜箔公司不利的约定。这一看法说明联合铜箔公司亦认可该合同已明示涉案技术所有权的归属，只不过认为潘壮的个人行为损害了联合铜箔公司的利益。对此，联合铜箔公司仍需承担相应的举证责任。在没有充分证据的情况下，本院不能支持联合铜箔公司的主张。拥有技术秘密的权利人有权处分自己的权利，即有权决定是否提出专利申请，何时提出申请。如果技术秘密的权利归属是明确的，专利申请权、专利权也是明确的。故本院认为，原审判决关于签订合同时尚未提出专利申请，合同中并未明确写明涉案专利的申请权、专利权的归属问题，所以属于权利归属约定不明确的理由不妥。

至于杨初坤在本案中的身份问题，在诉讼法律地位上，他是本案被告，但是作为当事人，杨初坤一、二审均未出席开庭审理，也没有向法院提交书面答辩意见，其意思表示是以联合铜箔公司的证人身份作出的，形式为书面证人证言，亦没有出庭接受其他当事人的质询。鉴于杨初坤是联合铜箔公司的总经理，属于利害关系人，在无其他证据佐证的情况下，其作出的证言缺乏足够的证明效力。对于其未经双方当事人一致认可的关于涉案专利属于联合铜箔公司的职务发明的陈述，本院不予采信。

综上所述，联合铜箔公司对其主张涉案专利权应当归属其所有，没能提供充分的证据加以证明。潘壮、远创公司提出的涉案专利权属于远创公司，应当驳回联合铜箔公司诉讼请求的上诉理由，有事实和法律依据，本院予以支持。原审判决认定事实不清，适用法律有误，应予纠正。依照《中华人民共和国民事诉讼法》第一百五十三条第一款第（二）、（三）项之规定，判决如下：

一、维持北京市第二中级人民法院（2003）二中民初字第 9468 号民事判决第二项，即确认 2001 年 12 月 20 日北京远创铜箔设备有限公司、杨初坤、潘壮三方签订的《专利权转让合同》无效；

二、撤销北京市第二中级人民法院（2003）二中民初字第 9468 号民事判决第一、三、四项，即：一、确认名称为"铜箔生产联合机"、专利号为 ZL 01201624.1 的涉案实用新型专利的专利权归原告联合铜箔（惠州）有限公司所有；三、被告北京远创铜箔设备有限公司、杨初坤、潘壮于本判决生效后 10 日内，共同赔偿原告联合铜箔（惠州）有限公司所有为本案诉讼合理支出的调查取证费用 1 327 元和律师费 1 800 元；四、驳回原告联合铜箔（惠州）有限公司的其他诉讼请求；

三、驳回联合铜箔（惠州）有限公司的其他诉讼请求。

一审案件受理费 2 125 元由联合铜箔（惠州）有限公司负担；二审案件受理费 2 125 元由联合铜箔（惠州）有限公司负担。

3.　"肉脂渣及其制造方法"发明专利权无效纠纷案

——薛连钦诉国家知识产权局专利复审委员会

原告（被上诉人）：薛连钦

被告（上诉人）：国家知识产权局专利复审委员会

第三人（上诉人）：青岛青联股份有限公司

第三人（上诉人）：青岛海龙食品有限公司

第三人（上诉人）：青岛波尼亚食品有限公司

案由：专利权无效纠纷

原审案号：北京市第一中级人民法院（2004）一中行初字第523号

原审合议庭成员：姜颖、仪军、赵明

原审结案日期：2004年9月20日

二审案号：北京市高级人民法院（2005）高行终字第28号

二审合议庭成员：刘继祥、孙苏理、魏湘玲

二审结案日期：2005年4月15日

判决要旨

专利说明书应当包括背景技术部分，该部分应当写明对发明或者实用新型的理解、检索、审查有用的背景技术，并且引证反映这些背景技术的文件。但是，相关法律并未规定背景技术应记载的必须是申请日以前已经公开的现有技术。在背景技术没有给出引证文件的情况下，不能确认背景技术部分记载的技术方案已经处于能够为公众获得的状态，也不能仅仅因为专利权人将该技术记载在说明书背景技术部分即认定该技术为现有技术。

起诉与答辩

专利复审委员会第5880号无效宣告请求审查决定（以下简称第5880号决定）系专利复审委员会就青岛青联股份有限公司（以下简称青联公司）、青岛海龙食品有限公司（以下简称海龙公司）、青岛波尼亚食品有限公司（以下简称波尼亚公司）针对薛连钦享有的专利号为97106086.X、名称为"肉脂渣及其制造方法"的发明专利（以下简称本专利）所提出的无效宣告请求作出的。

该决定认定：一、关于本专利权利要求 1 是否符合《专利法实施细则》第二十一条第二款的规定。独立权利要求 1 中所记载的添加剂均属于公知的添加剂，其常规用量均有国家规定，属于本领域技术人员的公知常识。因此，所述添加剂的具体用量不属于发明解决技术问题的必要技术特征，不需要在独立权利要求 1 中记载，故本专利权利要求 1 不符合《专利法实施细则》第二十一条第二款的无效理由不成立。二、关于本专利的创造性。1. 根据本专利说明书记载，在申请日以前已经存在一种肉脂渣食品，这种肉脂渣是选用精瘦肉作为原料，用沸腾的食油炸熟，再加压榨出熟肉中的油脂，即得到的一种肉脂渣。权利要求 1 所要求保护的技术方案与上述现有技术相比，区别在于：（1）权利要求 1 所述技术方案采用猪的横纹肌肉，而上述现有技术采用的是精瘦肉；（2）权利要求 1 所述的肉脂渣还含有味精、食盐、猪肉味香精、亚硝酸钠和 D－异抗坏血酸钠。根据证据 9 和证据 10 的认定可知：精瘦肉和横纹肌肉属于相同或相近的概念；D－异抗坏血酸钠为权利要求 1 的非必要技术特征，缺少 D－异抗坏血酸钠并不影响发明目的的实现。而味精、食盐、猪肉味香精和亚硝酸钠均在现有技术中属于肉制品的常用添加剂。因此，权利要求 1 要求保护的技术方案相对于现有技术是显而易见的，该技术方案所产生的使产品味道鲜美、口感脆嫩等效果是本领域技术人员可以预见的。因此，权利要求 1 不具有创造性。2. 权利要求 2 要求保护一种制备肉脂渣的方法。根据证据 9 和证据 10 的认定，结合本专利说明书和证据 3 的记载，本领域技术人员在现有技术的基础上经过有限的常规试验即可获得权利要求 2 要求保护的技术方案，并且该技术方案所产生的技术效果是本领域技术人员能够预见的。因此，权利要求 2 不符合《专利法》第二十二条第三款关于创造性的规定。3. 权利要求 3 是权利要求 2 的从属权利要求，其附加技术特征均可由本领域技术人员经常规试验获知，在权利要求 2 不具有创造性的情况下，权利要求 3 也不具有创造性。权利要求 4 引用权利要求 2 和 3，其附加技术特征也可由本领域技术人员经过有限的常规试验获知，在权利要求 2 和 3 均不具有创造性的情况下，权利要求 4 也同样不具有创造性。综上，专利复审委员会作出第 5880 号决定，宣告本专利权无效。

原告薛连钦诉称：1. 被告用来与本专利进行对比的"现有技术"源于本专利说明书的记载，该"现有技术"没有任何对比文献支持。而专利说明书并非出版物，其只是用来帮助对权利要求的理解。专利说明书记载的背景技术部分的真实性和准确性并无保障。被告在没有相关出版物作为对比文件的情况下，仅仅援引本专利说明书的记载评价本专利的创造性是错误的。2. 本专利权利要求 2 所述制造方法中的压制步骤对压强、压制时间均作了严格限定，其目的在于挤出肉中的汁液，而非本领域技术人员公知的仅为装模成型。本专利实现的技术效果是本领域技术人员无法预见的，故权利要求2具备创造性。此外，独立权利要求1是由独立权利要求2所述制造方法而直接获得的产品，因此其必然含有权利要求2所述的各成分含量，因此权利要求1也符合法律规定。综上，被告在第5880号决定中，将本专利说明书记载的背景技术作为现有技术是错误的，其基于此作出的本专利不具备创造性的认定也是错误的，原告据此请求法院判决撤销第5880号决定。

被告专利复审委员会辩称：1.关于现有技术的认定。原告在撰写说明书时已经确认其上记载的背景技术属于申请日之前的现有技术，专利申请文件属于正式的法律文件，原告不能随意反悔。2.关于创造性。现有技术中已经指出"加压榨出熟肉中的油脂"，本领域技术人员在现有技术提供"加压"的启示下，为了挤出其中的液体，可以通过有限的试验获知具体的加压时间和加压压强，并且，本专利说明书中并没有指出其所选择的具体加压时间和加压压强能够为其要求保护的技术方案带来任何意想不到的技术效果。因此，原告主张本专利具有创造性不能成立。综上所述，第5880号决定认定事实清楚，适用法律正确，审理程序合法，请求人民法院在查清事实的基础上依法驳回原告的诉讼请求，维持该决定。

第三人青联公司、海龙公司、波尼亚公司述称：1.被告在第5880号决定中评价创造性时引用了证据3，原告关于被告没有援引任何对比文献的主张没有事实依据。2.原告所称现有技术仅为装模成型不是事实，而涉案专利的压制工序与解决技术问题无关，其工序也是常规公知常识，将食品添加剂添加在肉制品中是肉制品行业早已公开使用的常识性技术，其所产生的效果也是公知的，因此本专利不具备创造性。综上，第5880号决定正确，第三人据此请求法院维持该决定。

原审查明事实

原审法院经审理查明："肉脂渣及其制造方法"由薛连钦于1997年9月12日向原中国专利局提出发明专利申请（即本专利），于2001年8月15日被授权公告，专利号为97106086.X。本专利授权公告的权利要求书内容为：

"1.由猪的横纹肌肉制成的肉脂渣，其特征是，含有味精、食盐、猪肉味香精、亚硝酸钠和D-异抗坏血酸钠。

2.制造权利要求1所述肉脂渣的方法，其特征是，依次包括如下步骤：

a.将经过精选的新鲜的猪横纹肌肉切割成适当大小的肉丁；

b.在生肉丁中加入亚硝酸钠和D-异抗坏血酸钠，搅拌均匀，腌制8～24

小时，每千克生肉丁中亚硝酸钠和 D - 异抗坏血酸钠的加入量为：亚硝酸钠 0.1 ~ 0.15 克，D - 异抗坏血酸钠 0.25 ~ 0.5 克；

c. 将腌制的生肉丁放在 100 ~ 140℃ 的花生油中炸熟；

d. 将炸熟的肉丁捞出，趁热加入味精、食盐和猪肉味香精，搅拌均匀，每千克未腌制以前的生肉丁中味精、食盐和猪肉味香精的加入量为：味精 7 ~ 10 克、食盐 30 ~ 120 克、猪肉味香精 30 ~ 80 克；

e. 将搅拌均匀的熟肉丁趁热装入压模中，在 2.675 ~ 4.458MPa 的压强下，加压 40 ~ 90 分钟，挤出熟肉丁中的部分液体。

3. 根据权利要求 2 所述的制造肉脂渣的方法，其特征是，每千克生肉丁中亚硝酸钠和 D - 异抗坏血酸钠的加入量为：亚硝酸钠 0.125 ~ 0.15 克，D - 异抗坏血酸钠 0.4 ~ 0.5 克；

每千克未腌制以前的生肉丁中味精、食盐和猪肉味香精的加入量为：味精 9 ~ 10 克，食盐 50 ~ 100 克，猪肉味香精 50 ~ 70 克。

4. 根据权利要求 2 或 3 所述的制造肉脂渣的方法，其特征是，将搅拌均匀的熟肉丁趁热装入压模中，在 3 ~ 4MPa 的压强下，加压 50 ~ 70 分钟。"

本专利说明书背景技术部分记载了如下内容："目前，有人为了开发一种营养丰富的肉脂渣食品，选用猪的肌肉，用沸腾的食油炸熟，再加压榨出熟肉中的油脂，固体部分作为肉脂渣，这种肉脂渣不是一种副产品，而是选用精猪肉制成的一种食品。"

2003 年 7 月 28 日，青联公司、海龙公司以本专利不符合《专利法实施细则》第二十一条第二款和《专利法》第二十二条第三款的规定为由，向专利复审委员会提出无效宣告请求。在无效程序中，青联公司、海龙公司共提交了 13 份证据。

2003 年 10 月 20 日，波尼亚公司以本专利不符合《专利法》第二十二条第三款以及《专利法实施细则》第二十一条第二款的规定为由，向专利复审委员会提出了无效宣告请求，并提交了 10 份证据，这些证据与青联公司和海龙公司提交的证据 1 和证据 3 ~ 11 相同。

2004 年 3 月 8 日，专利复审委员会作出第 5880 号决定。

原审审理结果

原审法院认为：根据《专利法》第二十二条第三款的规定，发明专利的创造性是指同申请日以前已有的技术相比，该发明有突出的实质性特点和显著的进步。按照《专利法实施细则》第三十条的规定，申请日以前已有的技术，应当是在申请日以前公众能够得知的技术内容，即现有技术。

《专利法实施细则》规定了专利说明书应当包括背景技术部分，该部分应当写明对发明或者实用新型的理解、检索、审查有用的背景技术，并且引证反映这些背景技术的文件。但是，相关法律规定并未规定背景技术应记载的必须是申请日以前已经公开的现有技术。对背景技术的描述在很大程度上是基于专利权人的主观判断，故在背景技术没有给出引证文件的情况下，不能确认背景技术部分记载的技术方案已经处于能够为公众所获得的状态，也不能仅仅因为专利权人将该技术记载在说明书背景技术部分即认定该技术为现有技术。专利复审委员会在没有引证文件、也没有其他证据证明本专利说明书背景技术部分记载的技术方案在申请日以前已为公众所知的情况下，将该背景技术认定为现有技术没有事实和法律依据，其基于此对本专利进行的创造性审查亦是错误的。

综上，专利复审委员会作出的第 5880 号决定认定事实和适用法律均存在错误，本院予以撤销。薛连钦请求撤销该决定的理由成立，本院予以支持。依照《中华人民共和国行政诉讼法》第五十四条第（二）项之规定，判决如下：

一、撤销国家知识产权局专利复审委员会第 5880 号无效宣告请求审查决定；

二、国家知识产权局专利复审委员会重新作出无效宣告请求审查决定。

专利复审委员会和青联公司、海龙公司、波尼亚公司均不服原审判决。专利复审委员会的上诉理由是：按照本案专利说明书的表述，本案专利技术在申请日之前处于公众可以得知的状态。因此，专利复审委员会第 5880 号决定认定的本案专利文件引用的背景技术为现有技术是正确的，原审判决认定事实不清，适用法律错误。请求二审法院撤销原审判决，维持专利复审委员会第 5880 号决定。

青联公司、海龙公司、波尼亚公司的上诉理由是：1. 原审判决由于对本案相关证据的理解和认定存在重大错误，从而造成认定事实不清，适用法律错误。2. 本案专利说明书阐述的背景技术就是现有技术。专利申请文件是法律文件，专利权人不能违背禁止反悔原则。3. 本案专利引用的背景技术是已经公开使用的技术。该技术是山东省青岛地区一种传统民间食品，早在 20 世纪 80 年代青联公司也生产过该产品，薛连钦作为法定代表人的青岛金华食品有限公司也曾于 1997 年 3 月 18 日就该产品向青岛市质量技术监督局申报备案。请求二审法院依法撤销原审判决，维持专利复审委员会第 5880 号决定。

薛连钦服从原审判决。

二审查明事实

二审法院查明事实与原审相同。

二审审理结果

二审法院认为：本案的焦点问题在于本案专利说明书所记载的背景技术是否为现有技术，专利复审委员会第 5880 号决定引用的证据 3、证据 9 和证据 10 是否公开了本案专利权予以保护的技术方案。根据《专利法》第二十二条第三款的规定，发明专利的创造性是指同申请日以前已有的技术相比，该发明有突出的实质性特点和显著的进步。按照《专利法实施细则》第三十条的规定，申请日以前已有的技术，应当是在申请日以前公众能够得知的技术内容，即现有技术。《专利法实施细则》规定了专利说明书应当包括背景技术部分，该部分应当写明对发明或者实用新型的理解、检索、审查有用的背景技术，并且引证反映这些背景技术的文件。相关法律并未规定载入专利说明书的背景技术必须是该专利申请日以前已经公开的现有技术。根据本案专利说明书对背景技术的文字描述，并未描述背景技术含有的具体添加成分及其指标，本案发明点恰好在于用本专利制造方法能够获得一种正像其发明目的所说的"味道鲜美、营养丰富、口感脆嫩、色泽具有肉制品质感"的肉脂渣。况且，证据 3、证据 9 和证据 10 也未公开本案专利权利要求书中限定的具体技术方案，专利复审委员会在未对现有技术与本专利进行具体比较的情况下，以本案专利权利要求 1 记载的添加剂为本领域技术人员公知的常识、权利要求 2～4 记载的肉脂渣制备方法又都是本领域技术人员经过有限常规试验均可获知的方法为由否定本案专利的创造性，证据不足。

综上，专利复审委员会和青联公司、海龙公司、波尼亚公司所提上诉理由因缺乏事实和法律依据而不能成立，对其撤销一审判决之请求，法院不予支持。专利复审委员会第 5880 号无效决定认定事实和适用法律均有错误，应予撤销。原审判决认定事实清楚，适用法律并无不当，应予维持。依照《中华人民共和国行政诉讼法》第六十一条第（一）项之规定，判决如下：

驳回上诉，维持原判。

一审案件受理费 1 000 元，由国家知识产权局专利复审委员会和青岛青联股份有限公司、青岛海龙食品有限公司、青岛波尼亚食品有限公司各负担 250元；二审案件受理费 1 000 元，由国家知识产权局专利复审委员会、青岛青联股份有限公司、青岛海龙食品有限公司、青岛波尼亚食品有限公司各负担250 元。

4. "冶金熔渣粒化装置"外观设计专利权无效纠纷案

——贺春平诉国家知识产权局专利复审委员会

原告（上诉人）：贺春平
被告（被上诉人）：国家知识产权局专利复审委员会
第三人（原审第三人）：张维田
案由：专利权无效纠纷

原审案号：北京市第一中级人民法院（2004）一中行初字第 806 号
原审合议庭成员：仪军、赵明、江建中
原审结案日期：2004 年 12 月 17 日
二审案号：北京市高级人民法院（2005）高行终字第 145 号
二审合议庭成员：刘辉、岑宏宇、张冬梅
二审结案日期：2005 年 6 月 15 日

判决要旨

　　根据《审查指南》的有关规定，专利复审委员会必要时可以自行或者委托地方知识产权局或其他有关部门调查有关事实或者核实有关证据。此项规定的适用并不以排除当事人有其他举证的可能性为前提。

起诉与答辩

　　专利复审委员会第 6212 号决定认为：1. 关于贺春平的勘验请求。根据《审查指南》第四部分第一章第 11.3 节的规定，当事人对其提出的主张负有举证责任。另外《审查指南》第四部分第三章第 3.1 节规定，在无效程序中，专利复审委员会通常仅针对当事人提出的无效请求的范围、理由和提交的证据进行审查。虽然《审查指南》在依职权调查原则一节中规定，必要时专利复审委员会可以自行或者委托地方知识产权局或其他有关部门调查有关事实或者核实有关证据。但是本案并不存在这种必要。综合考虑无效程序中的请求原则、依职权调查原则以及当事人的举证责任，专利复审委员会不同意贺春平的勘验请求。2. 关于本专利是否符合《专利法实施细则》第二条第三款的规定。本专利涉及的冶金熔渣粒化装置是工业产品，其外观造型是由该装置外部的

点、线、面的移动、变化、组合而呈现的外表形状，即本专利属于产品形状要素的外观设计，符合《专利法实施细则》第二条第三款规定。对于一项外观设计是否粗俗、不具备美感，不同的人会有不同的审美标准，不能以此作为评价一项外观设计是否符合《专利法实施细则》第二条第三款规定的标准。3. 关于本专利是否符合《专利法》第二十三条的规定。（1）附件9不能证明本专利与他人在先取得的合法权利相冲突；（2）贺春平提供的附件3~8、10~12不能证明在本专利申请日前已有相近似的外观设计在国内被公开使用。综上，专利复审委员会作出第6212号决定，维持本专利权有效。

原告贺春平诉称：1. 本专利不符合《专利法实施细则》第二条第三款的规定。（1）根据《专利法实施细则》第二条第三款的规定，富有美感是能够授予外观设计专利权的法定条件之一，尽管对一项外观设计是否具有美感，可能不同的人有不同的审美标准，主观上的评价不尽相同，但不能以此否定授予专利权必须符合富有美感的法定条件。从立法宗旨而言，外观设计之所以能够成为《专利法》的保护客体，最重要的一点就是以某项产品外观所进行的新设计必须是出于美感的设计，能够在视觉上给相关公众以美的享受。本专利的外观设计是构成该大型设备各个装置的外表特征的简单组合，该外表特征完全是由技术功能所决定的，可见，该外观设计的构思并不是出于"富有美感"的设计。（2）本专利产品是大型炉渣处理设备，它只能在特定的地理条件下与地面固接，属于不可移动的固定建筑物，没有单独出售或使用的价值，而且只有特定的钢铁冶炼企业才会购买和使用该产品，因此，本专利不是"适于工业上应用的产品"，也不符合《审查指南》规定的外观设计专利产品应当能够"批量生产"的要求，故本专利权的授予不符合《专利法实施细则》第二条第三款的规定。2. 专利复审委员会没有考虑本案的实际情况，拒绝进行现场勘验的请求，明显违反了行政合理性原则以及公正执法原则。在本专利的申请日前已经有相同外观设计的机械设备在国内由唐山钢铁集团有限责任公司和太原钢铁公司公开使用。由于该产品是大型的炉渣处理设备，高约10米，长约6米，宽约5米，重达近百吨，且安置于厂房内，固定于地面使用，因此无法将该设备作为证据提供给专利复审委员会。专利复审委员会应当根据依职权调查原则进行现场勘验，但专利复审委员会没有考虑本案的实际情况，拒绝了贺春平提出的现场勘验请求。综上，第6212号决定认定事实不清，适用法律错误，请求人民法院撤销该决定并判令专利复审委员会重新作出宣告本专利权无效的决定。

被告专利复审委员会辩称：1. 第6212号决定中所述"对于一项外观设计是否粗俗、不具备美感，不同的人会有不同的审美标准，不能以此作为评价一项外观设计是否符合《专利法实施细则》第二条第三款规定的标准"中的"此"是指贺春平提出的本专利的外观设计粗俗、简陋、不具备基本美感的主张。另外贺春平并不能说明本专利的外观形状是该设备功能所决定的惟一外形，而且本专利虽然在使用时需要与地面固接，但并非不可移动，更不是取决于特定地理条件、不能重复再现的固定建筑物，因此贺春平所述本专利不符合《专利法实施细则》第二条第三款的规定缺乏事实和法律依据。2. 关于勘验的问题。对于不易搬运的大型设备之类的证据，现场勘验不是惟一的取证方法，还可以通过提交现场勘验的公证书等其他方式进行取证。综上，专利复审委员会作出的第 6212 号决定审查程序合法，认定事实清楚，适用法律正确，请求人民法院驳回贺春平的诉讼请求，维持第 6212 号决定。

第三人张维田述称：1. 贺春平提供的证据不能证明在本专利申请日之前有与本专利相近似的外观设计公开使用过。2. 第 6212 号决定符合法律规定。本专利的外观设计图是采用计算机设计制图，激光打印机打印，图面清晰，富有美感。3. 第 6212 号决定符合公正执法原则。由于贺春平提供的证据没有关于现场的有效证据，专利复审委员会如果到贺春平所指定的现场勘查，得到的将是新证据，是不能采用的。因此，专利复审委员会作出第 6212 号决定程序合法，认定事实清楚，适用法律正确，请求人民法院驳回贺春平的诉讼请求，维持第 6212 号决定。

原审查明事实

原审法院经审理查明：2001 年 1 月 11 日，张维田向国家知识产权局提出名称为"冶金熔渣粒化装置"的外观设计专利（即本专利）申请，该专利申请于 2001 年 10 月 3 日被授权公告，专利号为 01300757.2，专利权人是张维田。

2003 年 1 月 13 日，贺春平以本专利不符合《专利法实施细则》第二条第三款、《专利法》第二十三条的规定为由，向专利复审委员会提出无效宣告请求，并提供了 12 份证据。2003 年 9 月 12 日，专利复审委员会进行了口头审理，贺春平在口头审理时申请专利复审委员会到唐山钢铁集团有限责任公司及太原钢铁公司进行现场勘验。2003 年 12 月 22 日，专利复审委员会向贺春平及张维田发出无效宣告请求审查通知书，驳回贺春平的勘验申请。2004 年 6 月 21 日，专利复审委员会作出第 6212 号决定。第 6212 号决定对贺春平提交的证据进行了评述，其中明确认为证据 8、证据 12 不能作为评价本专利是否符合《专利法》第二十三条的规定的有效证据。

在本案诉讼过程中，贺春平、张维田没有向法院提交证据，专利复审委员会向法院提交了3份证据：1. 第6212号决定。2. 无效宣告请求审查通知书。3. 口头审理记录表。贺春平对其真实性、关联性、合法性没有提出异议。在本案庭审过程中，贺春平认为本案涉及其在无效程序中提交的12份证据，但专利复审委员会没有提供该证据，应视为第6212号决定没有证据，因此，其无法结合证据进行评述。此外，贺春平主张专利复审委员会在第6212号决定中认定除证据4外的其他证据可以采用，专利复审委员会对此予以否认，其认为第6212号决定认定贺春平的证据不能形成有效的证据链反映产品外观的情况，故只对相关证据的内容进行了分析。

原审审理结果

原审法院认为：

1. 关于证据问题。贺春平作为本专利的无效宣告请求人，在无效程序中提交了12份证据，这些证据已转送给张维田，贺春平及张维田均参加了口头审理并对相应的证据发表了意见。专利复审委员会亦在第6212号决定中对贺春平提交的证据进行了评述，因此，贺春平对上述证据的内容是清楚的。此外，由于贺春平是针对第6212号决定对本专利是否具有美感的认定及专利复审委员会未准许其现场勘验请求而起诉的，其起诉理由并不涉及无效程序中提交的证据，故专利复审委员会针对贺春平的起诉提交了3份证据，而未提交贺春平在无效程序中提交的12份证据，并无不当，不能据此认为专利复审委员会作出的第6212号决定没有证据。此外，贺春平认为"专利复审委员会认定除证据4外的其他证据可以采用"属于其对第6212号决定内容的错误理解，没有事实依据，故本院不予支持。

2. 关于本专利是否符合《专利法实施细则》第二条第三款的规定。《专利法实施细则》第二条第三款规定，专利法所称外观设计，是指对产品的形状、图案或者其结合以及色彩与形状、图案的结合所提出的富有美感并适于工业应用的新设计。由于判断某一产品是否具有美感具有较强的主观性，往往受到观察者的文化水平、生活经历、审美观点等因素的影响，因此，不同的人可能对同一产品是否具有美感有不同的看法。只要某一产品不会给一般的消费者以明显的丑陋感觉，就不应当认为其不具有美感。就本案而言，本专利的冶金熔渣粒化装置外观整洁，并非如贺春平所言的外观粗俗、简陋，不具有基本美感。因此，贺春平以此主张本专利不符合《专利法实施细则》第二条第三款的规定不能成立，本院不予支持。另外，贺春平主张本专利属于不可移动的固定建筑物，没有单独出售或使用的价值。因上述主张在无效程序中没有提出，专利复审委员会在第6212号决定中也未对此进行评述，故该理由不属于本案的审理范围。

3. 关于现场勘验问题。《审查指南》第四部分第三章第 3.2 节依职权调查原则中规定，专利复审委员会可以自行或者委托地方知识产权局或者其他有关部门调查有关事实或者核实有关证据。从该规定来看，专利复审委员会有权根据案件的具体情况决定是否准许当事人提出的调查、勘验申请。就本案而言，虽然贺春平声称其证据所涉及的设备很庞大、很笨重，无法作为证据提供给被告，但其并非没有其他合理的举证方法。在此情况下，专利复审委员会对其勘验申请不予准许，并在其提交证据的范围内进行审查，没有违反行政合理性原则及公正执法原则。

综上所述，被告专利复审委员会作出的第 6212 号决定认定事实清楚，适用法律正确，程序合法，应予维持。原告贺春平的诉讼理由不能成立，其诉讼请求本院不予支持。依照《中华人民共和国行政诉讼法》第五十四条第（一）项之规定，判决：维持被告国家知识产权局专利复审委员会作出的第 6212 号无效宣告请求审查决定。

贺春平不服原审判决，提出上诉，请求撤销原审判决及第 6212 号无效宣告请求审查决定。理由是：专利复审委员会在一审诉讼中没有完成举证责任；本案专利没有美感，不符合《专利法》第二十三条、《专利法实施细则》第二条第三款的规定；上诉人向专利复审委员会提出现场勘验申请应当被准许。

专利复审委员会、张维田服从原审判决。

二审查明事实

二审法院经审理查明：张维田于 2001 年 1 月 11 日向国家知识产权局提出名称为"冶金熔渣粒化装置"的外观设计专利申请，并于 2001 年 10 月 3 日被公告授予专利权，专利号为 01300757.2，专利权人是张维田。

2003 年 1 月 13 日，贺春平以本案专利不符合《专利法实施细则》第二条第三款、《专利法》第二十三条的规定为由，向专利复审委员会提出无效宣告请求，并提交了 12 份证据。2003 年 9 月 12 日，专利复审委员会进行了口头审理，贺春平在口头审理时申请专利复审委员会到唐山钢铁集团有限责任公司及太原钢铁公司进行现场勘验。2003 年 12 月 22 日，专利复审委员会向贺春平及张维田发出无效宣告请求审查通知书，驳回贺春平的勘验申请。2004 年 6 月 21 日，专利复审委员会作出第 6212 号无效宣告请求审查决定，维持本案专利权有效。理由是：1. 根据《审查指南》第四部分第一章第 11.3 节的规定，当事人对其提出的主张负有举证责任。另外，《审查指南》第四部分第三章第 3.1 节规定，在无效程序中，专利复审委员会通常仅针对当事人提出的无效请求的范围、理由和提交的证据进行审查。虽然《审查指南》在依职权调查原则一节中规定，必要时专利复审委员会可以自行或者委托地方知识产权局或其他有关部门调查有关事实或者核实有关证据，但是本案并不存在这种必要。综合考虑无效程序中的请求原则、依职权调查原则以及当事人的举证责任，专利复审委员会不同意贺春平的勘验请求。2. 本案专利涉及的冶金熔渣粒化装置是工业产品，其外观造型是由该装置外部的点、线、面的移动、变化、组合而呈现的外表形状，即本案专利属于产品形状要素的外观设计，符合《专利法实施细则》第二条第三款规定。对于一项外观设计是否粗俗、不具备美感，不同的人会有不同的审美标准，不能以此作为评价一项外观设计是否符合《专利法实施细则》第二条第三款规定的标准。3. 附件9不能证明本案专利与他人在先取得的合法权利相冲突；贺春平提供的附件3～8、10～12不能证明在本案专利申请日之前已有相近似的外观设计在国内被公开使用。综上，维持本案专利权有效。

二审审理结果

二审法院认为：专利复审委员会作为行政机关对其作出的具体行政行为负有举证责任。在本案一审答辩期间，专利复审委员会向法院提交了包括第6212号无效宣告请求审查决定在内的相关证据，该决定中列出了贺春平提交的12份证据，且对这些证据一一进行了评述，写明了作出决定所依据的法律规定，因此，专利复审委员会已尽到了法律规定的举证责任。贺春平关于专利复审委员会没有举证，故应当承担败诉后果的上诉理由不能成立。

所谓美感，是人们对事物的一种主观感受，不同的审美主体对同一事物是否具有美感会产生不同的认识。本案外观设计专利涉及的产品是一种大型工业设备，该装置外部的点、线、面的移动、变化、组合而呈现的外表形状，构成产品形状要素的外观设计，对于此类产品的一般消费者而言，不会产生不具有美感的认识，因此，上诉人贺春平提出本案专利不符合《专利法实施细则》第二条第三款的规定，即冶金熔渣粒化装置产品的外观不具有美感的上诉理由没有法律依据，本院不予支持。

关于现场勘验，《审查指南》在依职权调查原则一节中规定，必要时专利复审委员会可以自行或者委托地方知识产权局或其他有关部门调查有关事实或者核实有关证据。此项规定的适用并不以排除当事人有其他举证的可能性为前提。贺春平所要提供的在先外观设计同本案专利一样，均涉及一种大型工业机械设备，移动不便，举证确有困难。在当事人正式提出申请，并且提供了明确的证据线索的情况下，专利复审委员会应当准许进行现场勘验，以利于查清案件事实。故贺春平向专利复审委员会提出现场勘验的申请应得到准许。专利复审委员会应当在此基础上重新作出无效宣告请求审查决定。

综上，贺春平有关请求现场勘验的上诉理由有事实和法律依据，本院予以支持。原审判决认定事实不清，适用法律有误，应予纠正。依照《中华人民共和国行政诉讼法》第六十一条第一款第（二）、（三）项之规定，判决如下：

一、撤销北京市第一中级人民法院（2004）一中行初字第806号行政判决；

二、撤销国家知识产权局专利复审委员会作出的第6212号无效宣告请求审查决定；

三、国家知识产权局专利复审委员会就贺春平针对01300757.2号"冶金熔渣粒化装置"外观设计专利提出的无效宣告请求重新作出无效宣告请求审查决定。

一、二审案件受理费各1 000元，均由国家知识产权局专利复审委员会负担。

5. "名片型扫描器"实用新型专利权无效纠纷案

——深圳市中自汉王科技有限公司诉国家知识产权局专利复审委员会

原告（被上诉人）： 深圳市中自汉王科技有限公司
被告（上诉人）： 国家知识产权局专利复审委员会
第三人（上诉人）： 深圳矽感科技有限公司
案由： 专利权无效纠纷

原审案号： 北京市第一中级人民法院（2004）一中行初字第 376 号
原审合议庭成员： 姜颖、仪军、赵明
原审结案日期： 2004 年 9 月 20 日
二审案号： 北京市高级人民法院（2005）高行终字第 20 号
二审合议庭成员： 刘继祥、孙苏理、魏湘玲
二审结案日期： 2005 年 6 月 20 日

判决要旨

当权利要求书中的用语含义不清时，应当用说明书及附图帮助理解权利要求书中用语的确切含义。

起诉与答辩

专利复审委员会在第 5701 号决定中认为：1. 深圳市中自汉王科技有限公司（以下简称深圳中自汉王公司）提交的证据 1~3 中，证据 1 是本专利申请日前公开的专利文献；证据 2、证据 3 无法证明与本专利相同结构的产品在申请日前已公开销售，因此深圳中自汉王公司主张的本专利因在先销售而导致丧失新颖性和创造性的主张不能成立。2. 证据 1 没有公开本专利权利要求 1 中有关"一枢设于该支承架并与该光学扫描元件呈平行且具有一间隔距离的滚杆"的区别技术特征，从而本专利权利要求 1 与证据 1 相比具有《专利法》第二十二条第二款规定的新颖性。在权利要求 1 具有新颖性的前提下，其从属权利要求 2~4 也具有新颖性。3. 本专利权利要求 1 与证据 1 相比，由于具有上述区别技术特征，因而本专利权利要求 1 的整体技术方案能够解

决现有技术中滚杆与光学扫描元件因没有间隔距离而导致的当名片放入扫描仪时会引起滚杆或光学扫描元件的较大位移，从而对扫描精度和稳定性等质量指标产生影响的缺陷，证据1为了解决减小浮动幅度的问题，设置了复杂的"单边浮动"结构，本专利与之相比采用滚杆与光学扫描元件平行且具有一间隔距离的更为简单的结构解决了同样的技术问题。由于证据1中没有对该区别特征给予启示，因此本领域技术人员不能够不花费创造性劳动而得到本专利权利要求1的技术方案，即权利要求1具有《专利法》第二十二条第三款规定的创造性。在权利要求1具有创造性的前提下，其从属权利要求2～4也具有创造性。综上，专利复审委员会据此作出第5701号决定，维持本专利权有效。

原告深圳中自汉王公司诉称：1. 原告认为本专利权利要求1虽与证据1公开的内容有所区别，但二者技术方案实质上并无区别，因此权利要求1不具备新颖性。2. 本专利的背景技术中记载的技术问题、发明目的所要解决的技术问题以及发明所实现的技术效果中都没有出现所谓"现有技术中滚杆与光学扫描元件因没有间隔距离而导致的当名片放入扫描仪时会引起滚杆或光学扫描元件的较大位移，从而对扫描精度和稳定性等质量指标产生影响的缺陷"。被告认为本专利能解决现有技术中滚杆与光学扫描元件因没有间隔距离而导致的当名片放入扫描仪时会引起滚杆或光学扫描元件的较大位移，从而对扫描精度和稳定性等质量指标产生影响的缺陷是没有任何依据的，本专利说明书所揭示的内容以及现有技术的基本知识也不支持该观点。相反，证据1的"滚杆能与接触式影像感应板永保线接触"的技术特征，恰好是针对感应板的移位偏移所提出的。权利要求1没有记载滚杆可以浮动，如果依据本专利权利要求1的文字记载，该光学扫描元件与滚杆之间呈平行且具有一间隔距离，那么由于该间距为固定的，依据最为普及的技术常识，当名片薄厚不同时，无法实现有效的扫描，该技术特征是一种"改劣"的技术特征，必然使整体技术方案倒退，而不是进步。依照《专利法》第二十二条第三款关于实用新型创造性的规定，新的技术方案应具有实质性的特点和进步，也就是说该技术方案与现有技术相比不仅应该有实质性的区别，而且应具有实质性进步。而本专利权利要求与证据1相比不仅没有实质性特点，甚至具有技术倒退的可能。3. 由于被告对本专利权利要求1事实认定和法律适用的错误，因此其错误地对本专利权利要求2～4进行了认定。综上，被告作出的第5701号决定认定事实不清，适用法律错误，请求人民法院依法予以撤销。

被告专利复审委员会辩称：1. 本专利权利要求1中的技术特征"一枢设于该支承架并与该光学扫描元件呈平行且具有一间隔距离的滚杆"与证据1

中的"滚杆与接触式影像感应板永保线接触"有实质不同,因此与证据 1 相比,本专利权利要求 1 具有新颖性。2. 证据 1 没有公开本专利权利要求 1 中有关"一枢设于该支承架并与光学扫描元件呈平行且具有一间隔距离的滚杆"的区别技术特征。3. 证据 1 为了解决减小浮动幅度的技术问题,设置了复杂的"单边浮动"结构,权利要求 1 的技术方案能够解决现有技术中滚杆与光学扫描元件因没有间隔距离而导致的当名片放入扫描仪时会引起滚杆或光学扫描元件的较大位移,从而对扫描精度和稳定性等质量指标产生影响的缺陷。证据 1 没有对该区别技术特征给予启示。4. 上述技术问题的提出是基于证据 1 与本专利的技术方案进行比较而得出的客观判断。综上,被告请求法院驳回原告的诉讼请求,维持第 5701 号决定。

第三人深圳矽感科技有限公司(以下简称深圳矽感公司)未提交意见陈述书,其当庭表示同意专利复审委员会的认定。

原审查明事实

原审法院经审理查明:

本专利涉及国家知识产权局于 2002 年 3 月 13 日授权公告的名称为"名片型扫描器"的实用新型专利,其专利号为 01226070.3,专利权人是矽感科技(深圳)有限公司,后变更为深圳矽感科技有限公司。

本专利授权公告时的权利要求书包括一项独立权利要求 1 和三项从属权利要求 2～4,其中的独立权利要求 1 如下:

"1. 一种名片型扫描器,将名片的资料转换为电子讯号而输出至一资料处理装置,其特征在于有一容置空间的壳体,该壳体设有一名片入口及一名片出口,名片入口与名片出口皆与该容置空间相通;一驱动、扫描装置,包括一固定于该容置空间内的支承架、一定位于该支承架上的光学扫描元件、一枢设于该支承架并与该光学扫描元件呈平行且具有一间隔距离的滚杆、一设于该支承架的驱动马达,以及一设于该支承架上用以连接该驱动马达及该滚杆的减速齿轮组;及一电性连接光学扫描元件及驱动马达的电路板,由该电路板可提供驱动马达的电源,并控制光学扫描元件资料的传输。"

本专利说明书记载:滚杆两端各套设有一枢接套,可相对置于第一支承件与第二支承件上所设的枢接孔,使得滚杆恰可与光学扫描元件用以接触名片的扫描表面呈平行且具有一定间隔距离。第一、第二支承件上的枢接孔大于滚杆两端的枢接套的外径,使得滚杆可于第一、第二支承件间的上、下方向作有限距离的活动。

深圳中自汉王公司以本专利权利要求 1 不具备新颖性、权利要求 2～4 不具备创造性为由，于 2002 年 8 月 2 日向专利复审委员会提出无效宣告请求，并同时提交了 3 份证据，其中证据 1 为中国实用新型专利 CN2408512Y 号说明书，其授权公告日为 2000 年 11 月 29 日，该证据 1 公开了一种携带型扫描器，其整体系呈一长矩造型，而其前后侧缘系为一圆凸板状的进纸口及一出纸口，主要由一上盖及一下盖相互螺设在一起，并透过下盖中的低卡座与高卡座的设置，可将其接触式影像感应板及滚杆固定于其上，又接触式影像感应板的两侧另分设有一进纸板及一出纸板，至于前述接触式影像感应板的底部则设有弹簧，以使接触式影像感应板呈单边浮动的方式运动，并使滚杆能与接触式影像感应板永保线接触以有利于纸张的传输与扫描。证据 1 的进纸口和出纸口相应于本专利的名片入口和名片出口；固定在下盖中的高、低卡座相应于本专利的固定于该容置空间内的支承架；影像感应板相应于本专利的光学扫描元件。证据 1 没有公开本专利权利要求 1 中有关"一枢设于该支承架并与该光学扫描元件呈平行且具有一间隔距离的滚杆"的技术特征。

2002 年 9 月 20 日，深圳矽感公司提交了除保留原权利要求 1~4 外又新增权利要求 5、6 的修改后的权利要求书。在 2003 年 8 月 11 日的口头审理中，深圳矽感公司声明放弃修改的权利要求书，要求仍以授权公告的权利要求书进行审理，并增加了本专利权利要求 1 不具备创造性的理由。

在本案庭审过程中，原告向法院提交了 4 份新证据，法院以该 4 份证据在无效宣告程序中没有提出为由告知原告不予审查。

原审审理结果

原审法院认为：

1. 关于本专利权利要求 1 的新颖性。根据我国《专利法》第二十二条第二款的规定，新颖性是指在申请日以前没有同样的实用新型在国内外出版物上公开发表过、在国内公开使用过或者以其他方式为公众所知，也没有同样的实用新型由他人向国务院专利行政部门提出过申请并且记载在申请日以后公布的专利申请文件中。证据 1 没有公开本专利权利要求 1 中的"一枢设于该支承架并与该光学扫描元件呈平行且具有一间隔距离的滚杆"的技术特征，因此证据 1 所披露的技术方案与本专利权利要求 1 的技术方案不相同，所以与证据 1 相比，本专利权利要求 1 具备新颖性。因此，对被告在第 5701 号决定中的关于权利要求 1 具备新颖性的认定本院予以支持。

2. 关于本专利的创造性。根据我国《专利法》第二十二条第三款的规定，创造性是指同申请日以前已有的技术相比，该实用新型有实质性特点和进步。权利要求 1 与证据 1 相比的区别在于证据 1 未公开权利要求 1 "一枢设于该支承架并与该光学扫描元件呈平行且具有一间隔距离的滚杆"这一技术特征。从上述区别技术特征仅可看出滚杆与光学扫描元件之间有间隔距离而不能得到滚杆与光学扫描元件之间的距离是可变的的结论，而"枢设"作为本领域常用技术术语，其本身不具有上下浮动的含义，被告在庭审过程中所持的权利要求1中的滚杆可浮动的观点仅在说明书中记载，在权利要求1中并未记载，在评价创造性时不应予以考虑，因此对被告的上述观点本院不予支持。由于权利要求1中的滚杆或光学扫描元件的不可移动性，故被告在第5701号决定中关于"权利要求1的整体技术方案能够解决现有技术中滚杆与光学扫描元件因没有间隔距离而导致的当名片放入扫描仪时会引起滚杆或光学扫描元件的较大位移，从而对扫描精度和稳定性等质量指标产生影响的缺陷"的认定有误，因此对上述认定本院予以纠正。

由于被告在第5701号决定中关于权利要求1创造性的认定错误，因此其对权利要求1的从属权利要求2~4的创造性的认定也是错误的。

综上，由于被告作出的第5701号决定中关于本专利权利要求1~4的创造性认定错误，对于原告提出的撤销该决定的诉讼请求法院予以支持。依照《中华人民共和国行政诉讼法》第五十四条第（二）项之规定，判决如下：

一、撤销被告国家知识产权局专利复审委员会第5701号无效宣告请求审查决定；

二、被告国家知识产权局专利复审委员会针对01226070.3号实用新型专利重新作出无效宣告请求审查决定。

专利复审委员会和深圳矽感公司均不服原审判决，分别提起上诉，请求撤销一审判决，维持专利复审委员会第5701号无效决定。专利复审委员会上诉称：1. 本专利权利要求1与证据1相比，存在"一枢设于该支承架并与该光学扫描元件呈平行且具有一间隔距离的滚杆"这一区别特征，二者具有实质性的不同，本专利的滚杆或光学扫描元件的位移幅度要比证据1小，二者具有不同的技术效果。2. 对于扫描器设计领域的技术人员来说，扫描仪因纸张厚薄的不同使滚杆或光学扫描元件移动是设计中必然考虑的因素，滚杆或光学扫描元件上下浮动不必然必须记载在权利要求1中。3. 由于本专利具有的滚杆与光学扫描元件平行且具有一间隔距离的区别特征的非显而易见性，本专利权利要求1相对于证据1具有创造性。深圳矽感公司上诉称：1. 滚杆或光学扫描元件上下浮动虽未记载在权利要求1中，但对权利要求1理解不清晰或有歧义时，可通过阅读说明书和附图来理解，说明书和附图有详细描述，一审法院却不予理睬。2. 本专利的滚杆与光学扫描元件之间有间隔距离，故滚杆和光学扫描元件之间不会因产生直接的摩擦而磨损，证据1由于滚杆和接触式影像感应板永保线接触，故滚杆和接触式影像感应板之间一定有摩擦而造成磨损，本专利这一技术效果是客观存在的，并使本专利相对于证据1具有创造性。

深圳中自汉王公司服从原审判决。

二审查明事实

二审法院经审理查明：深圳矽感公司于2001年6月5日向中国专利局申请了01226070.3号"名片型扫描器"实用新型专利，该专利申请于2002年3月13日被授予实用新型专利权。经授权的权利要求共有4项，其中的权利要求1为：一种名片型扫描器，将名片的资料转换为电子讯号而输出至一资料处理装置，其特征在于一容置空间的壳体，该壳体设有一名片入口及一名片出口，名片入口与名片出口皆与该容置空间相通；一驱动、扫描装置，包括一固定于该容置空间内的支承架、一定位于该支承架的光学扫描元件、一枢设于该支承架并与该光学扫描元件平行且具有一间隔距离的滚杆、一设于该支承架的驱动马达，以及一设于该支承架上用以连接该驱动马达及该滚杆的减速齿轮组；及一电性连接光学扫描元件及驱动马达的电路板，由该电路板可提供驱动马达的电源，并控制光学扫描元件资料的传输。

本专利说明书中载明：滚杆两端各套设有一枢接套，可相对置于第一支承件与第二支承件上所设的枢接孔，使得滚杆恰可与光学扫描元件用以接触名片的扫描表面呈平行且具有一定间隔距离。第一、第二支承件上的枢接孔大于滚杆两端的枢接套的外径，使得滚杆可于第一、第二支承件间的上、下方向做有限距离的活动。2002年8月2日深圳中自汉王公司向专利复审委员会申请宣告该专利权无效，认为该专利不具有新颖性和创造性。深圳中自汉王公司共提交了3份证据，其中证据1是2000年11月29日公告的中国实用新型专利CN2408512Y号说明书，该专利涉及一种携带型扫描器结构，其整体系呈一长矩造型，而其前后侧缘系为一圆凸板状的进纸口及一出纸口，主要由一上盖及一下盖相互螺设在一起，并透过下盖中的低卡座与高卡座的设置，可将其接触式影像感应板及滚杆固定于其上，又接触式影像感应板的两侧另分设一进纸板及一出纸板，至于前述接触式感应板的底部则设有弹簧，以使接触式影像感应板呈单边浮动的方式运动，并使滚杆能与接触式影像感应板永保线接触以有利于纸张的传输与感光扫描。专利复审委员会经审查认为，将证据1与本专利权利要求1相比，证据1的进纸口和出纸口相应于本专利的名片入口和名片出口；固定在下盖中的高、低卡座相应于本专利的固定于该容置空间内的支承架；影像感应板相应于本专利的光学扫描元件。证据1中明确记载有"滚杆能与接触式影像感应板永保线接触"，故没有公开本专利权利要求1中"一枢设于该支承架并与该光学扫描元件呈平行且具有一间隔距离的滚杆"这一技术特征,因此权利要求 1 及其从属权利要求 2 ~ 4 均具有新颖性。由于具有上述区别特征,权利要求 1 技术方案能够解决现有技术中滚杆与光学扫描元件因没有间隔距离而导致的当名片放入扫描仪时会引起滚杆或光学扫描元件的较大位移,从而影响扫描精度和稳定性的缺陷。证据 1 为了解决减小浮动幅度的问题,设置了复杂的单边浮动结构,本专利则采用了更为简单的结构。证据 1 中没有对上述区别特征给予启示,本领域技术人员由证据 1 得到权利要求 1 的技术方案需付出创造性劳动。故权利要求 1 及其从属权利要求 2 ~ 4 均具有创造性。2003 年 12 月 29 日专利复审委员会作出第 5701 号决定,维持 01226070.3 号实用新型专利权有效。

二审审理结果

二审法院认为:我国《专利法》第五十六条第一款规定,发明或者实用新型专利权的保护范围以其权利要求的内容为准,说明书及附图可以用于解释权利要求。该条款应当理解为,当权利要求书中的用语含义不清时,应当用说明书及附图帮助理解权利要求书中用语的确切含义。本案中争议专利权利要求 1 中仅提到"一枢设于支承架并与光学扫描元件呈平行且具有一定间隔距离的滚杆",并未明确指出滚杆是否可以上下浮动,但在说明书中则明确提到,滚杆两端设有枢接套和枢接孔,并且枢接孔大于枢接套的外径,使得滚杆可以上下做有限距离的浮动。此外,对本领域技术人员来说,扫描仪因纸张厚薄的不同使滚杆或光学扫描元件移动是设计中必然考虑的因素,否则扫描仪只能适用于特定厚度的纸张,限制了产品的适用范围。一审判决仅以"枢设是本领域常用技术术语,并无上下浮动的含义,且权利要求 1 中未明确记载滚杆可上下浮动",即认定权利要求 1 中的滚杆不可上下浮动,并进而据此否定本案争议专利的创造性,有悖于事实和法律,对于深圳矽感公司来说也有失公平,法院应予纠正。实际上,正是由于"一枢设于支承架并与光学扫描元件呈平行且具有一间隔距离的滚杆"这一区别技术特征具有非显而易见性,并且客观上带来了优于现有技术的效果,使得本案争议专利相对于证据 1 具有创造性。综上,专利复审委员会第 5701 号决定认定事实清楚、适用法律正确、审理程序合法,应予维持;一审判决认定事实、适用法律均有错误,应予纠正。上诉人专利复审委员会及深圳矽感公司的上诉理由成立,其上诉请求应予支持。据此,依照《中华人民共和国专利法》第五十六条第一款、《中华人民共和国行政诉讼法》第六十一条第(三)项之规定,判决如下:

一、撤销北京市第一中级人民法院(2004)一中行初字第 376 号行政判决。

二、维持国家知识产权局专利复审委员会第 5701 号决定。

一、二审案件受理费各 1 000 元，由深圳市中自汉王科技有限公司负担。

6. "多士炉（MHT‐100）" 外观设计专利权无效纠纷案

——江门市东美电器实业有限公司诉国家知识产权局
专利复审委员会

原告（被上诉人）： 江门市东美电器实业有限公司
被告（上诉人）： 国家知识产权局专利复审委员会
第三人（原审第三人）： 麦锦权
案由： 专利权无效纠纷

原审案号： 北京市第一中级人民法院（2004）一中行初字第 575 号
原审合议庭成员： 姜颖、赵明、江建中
原审结案日期： 2004 年 11 月 26 日
二审案号： 北京市高级人民法院（2005）高行终字第 124 号
二审合议庭成员： 刘辉、岑宏宇、张冬梅
二审结案日期： 2005 年 6 月 20 日

判决要旨

在产品不存在相对于其他部位明显地容易引起一般消费者注意的部位的情况下，应当进行整体观察，确定被比外观设计是否与在先设计相同或相近似。

起诉与答辩

专利复审委员会第 5960 号决定系就新会市东美电器实业有限公司（以下简称新会市东美公司，后更名为江门市东美电器实业有限公司）对麦锦权享有的第 01332205.2 号名称为"多士炉（MHT‐100）"的外观设计专利（以下简称本专利）所提出的无效宣告请求作出的。专利复审委员会在该决定中认定：

对比文件 1 和对比文件 2 分别是德国第 M9711659.9 号和第 M9800954.0 号外观设计公报。经核实，其公开发表日期分别为 1998 年 11 月 10 日和 1998 年 11 月 25 日，均在本专利申请日之前，故适用于本案。

通过本专利"多士炉"与对比文件 1"多士炉"的比较，两者炉体的整体形状设计是不相同的；两者炉体顶部的炉口是不相同的；两者凹形槽的设计

位置是不同的；两者按压手柄的形状是不相同的，本专利有圆形旋钮，而对比文件1没有；本专利炉顶部有凸出物，炉底部两侧有扁片状手柄，而对比文件没有这些设计。通过对两者的整体观察、综合判断，在两者整体形状设计及各部位形状设计均不相同和不相近似的情况下，其外观设计足以使一般消费者在视觉上对两者产生明显的差异，因此，本专利"多士炉"与对比文件1"多士炉"是不相同和不相近似的外观设计。

通过本专利"多士炉"与对比文件2"多士炉"的比较，两者炉体的整体形状是不相同的；两者炉体顶部的炉口是不相同的；两者凹形槽的设计位置是不同的，两者按压手柄的形状是不相同的，本专利有圆形旋钮，而对比文件2没有显示，本专利炉顶有凸出物，炉底两侧有片状手柄，而对比文件2没有这些设计。通过对两者的整体观察、综合判断，在两者整体形状设计和各部位形状设计均不相同和不相近似的情况下，其外观设计足以使一般消费者在视觉上对两者产生明显的差异，因此，本专利"多士炉"与对比文件2"多士炉"是不相同和不相近似的外观设计。

综上所述，新会市东美公司提供的证据均不能支持其主张，其无效宣告请求的理由不成立，本专利符合《专利法》第二十三条的规定。据此，专利复审委员会作出第5960号决定，维持本专利权有效。

原告江门市东美电器实业有限公司（以下简称江门东美公司）不服，在法定期限内向法院提起行政诉讼，其诉称：1.专利复审委员会认定事实不清。首先，本专利涉及的客体类型为产品的形状。本专利与对比文件的外部的点、线、面的移动、组合没有变化，呈现的外表轮廓是一样的，其几何形状同为"椭圆筒体"形状，因而二者的整体形状设计是相同的。其次，对外观设计相同和相近似的判断应以一般消费者是否容易混淆为判断标准。本专利与对比文件只是炉口形状、凹形槽位置、旋钮、按压手柄有细微差别，而本类产品的外观设计主要在于产品整体形状的设计，对于占整体轮廓布局很少部分的旋钮、按压手柄等功能部件，从一般消费者的角度判断，不会注意到这些微小的变化，因而二者是相近似的外观设计。2.专利复审委员会在审查中违反了综合判断的原则。就多士炉产品的外观设计的相近似性判断而言，应从整体观察的角度出发，其炉体部分的外观设计能引起一般消费者较强的视觉冲击力，其不同点是体现功能的部件，一般是在使用中才能注意此差别，更重要的是上述区别并没有给整体的外观设计带来明显不同的视觉效果，况且本案所涉及客体的整体形状的设计、变化并不受限制，并非只能在局部进行设计改变。综上所述，专利复审委员会认定事实不清，故请求法院撤销第5960号决定，宣告本专利权无效。

被告专利复审委员会坚持其在第 5960 号决定中的意见，认为其作出的第 5960 号决定认定事实清楚，适用法律法规正确，审理程序合法，请求法院予以维持。

第三人麦锦权同意专利复审委员会的意见，并提交了补充意见，认为：1. 本专利的外观设计整体呈"椭圆台"形状，而两份对比文件中的在先设计整体均呈"椭圆"筒体形状，二者不相同也不相近似。2. 本专利的"多士炉"是由炉体、按压手柄和与其配合的凹形槽、旋钮三大部分组成，其占据面积很大、形状显著，且面向消费者，是产品的"要部"。炉体沿纵向是对称的，凹形槽和旋钮是有功能的操作部件，其与按压手柄等均在炉体纵向对称轴上。而对比文件 1 "多士炉"的按压手柄和与其配合的凹形槽均不在炉体纵向对称轴上。两外观不可能相近似。3. 对比文件 2 炉体的纵向与横向的比值与本专利的不相同，二者主视图炉体的比例是完全不同的；此外，对比文件 2 的主视图、右视图均与本专利完全不同；多士炉的按压手柄和与其配合的凹形槽均不在炉体纵向对称轴上，这一点对比文件 2 与对比文件 1 是一样。因此，对比文件 2 与本专利是不相近似的外观设计。综上所述，第 5960 号决定认定事实清楚，适用法律正确，程序合法，请求法院予以维持，并驳回原告的诉讼请求，维持本专利权有效。

原审查明事实

原审法院经审理查明：2001 年 7 月 16 日，麦锦权向国家知识产权局申请了名称为"多士炉（MHT - 100）"的外观设计专利（即本专利），该专利于 2002 年 3 月 20 日被授权公告，专利号为 01332205.2。本专利授权公告包括 8 幅视图，即主视图、仰视图、俯视图、左视图、右视图、后视图、立体图和使用状态参考图（见附图 1）。

本专利"多士炉"整体呈"椭圆台"形状。从其主视图看，炉顶部比底部略窄，在顶部两端各有一凸起物，炉体右侧上、下方显示有按压手柄和旋钮的凸起部分，该炉体底部两侧略上方各有一扁片状的手柄，后视图的设计与主视图对称；从右视图看，炉体中间有一凹形槽，其顶部有一扁形按压手柄，槽下部有一圆形旋钮，该炉体外壳下部边缘与炉体底部呈倒台阶状；从俯视图看，该炉为椭圆形，中间炉口的上、下边缘为弧形，左右边缘为直边；从仰视图看，该炉体底部表面排列有许多散热孔。

2002 年 11 月 26 日，新会市东美公司向专利复审委员会提出无效宣告请求，其理由是：在本专利申请日前，已有与本专利相近似的外观设计在出版物上公开发表过，故本专利不符合《专利法》第二十三条的规定。2002 年 11 月

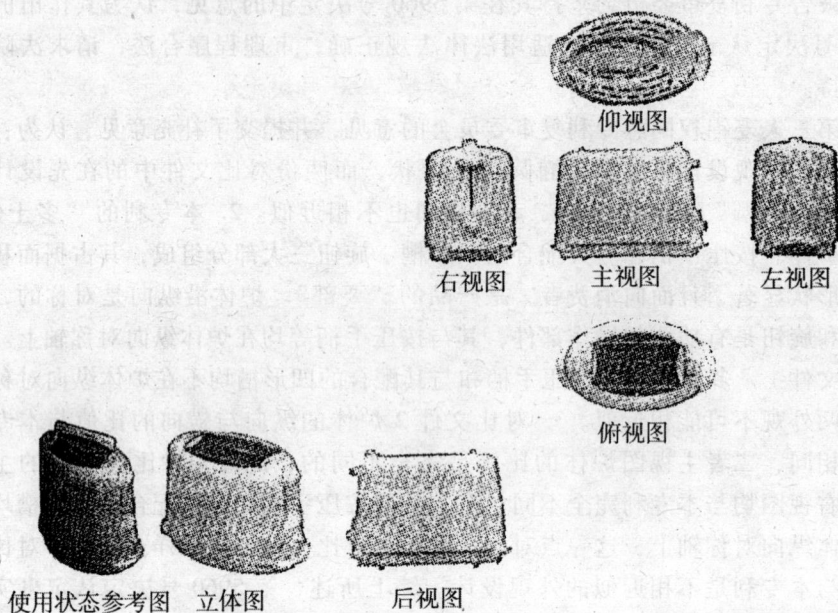

仰视图

右视图　　主视图　　左视图

俯视图

使用状态参考图　立体图　　后视图

附图 1

26 日，新会市东美电器实业有限公司企业名称变更为江门市东美电器实业有限公司。后江门东美公司提交了德国的第 M9711659.9 号外观设计公报（即对比文件 1）和第 M9800954.0 号外观设计公报（即对比文件 2）作为对比文件。

其中，对比文件 1 涉及的是"多士炉"的外观设计，其申请日为 1997 年 12 月 12 日，授权公告日为 1998 年 11 月 10 日。该外观设计公报包括 1 幅视图即立体图（见附图 2）。

附图 2

对比文件 1 的"多士炉"，其整体呈"椭圆筒体"形状。从其视图看，炉顶部炉口的内边缘为椭圆形，在偏离椭圆对称轴一端的炉体表面一侧有一凹形槽，槽的上方有一较宽厚的按压手柄，凹槽下部有一半圆形的凸出物。

2003 年 9 月 16 日，专利复审委员会进行了口头审理。2004 年 3 月 29 日，专利复审委员会作出第 5960 号决定。

在本案诉讼过程中，江门东美公司对第 5960 号决定中本专利与对比文件 1 整体形状设计是不相同的认定不予认可，而对二者其他差别的认定不持异议，但认为这些差别仅是局部的、细微的。

原审审理结果

原审法院认为：《专利法》第二十三条规定：授予专利权的外观设计，应当同申请日以前在国内外出版物上公开发表过或者国内公开使用过的外观设计不相同和不相近似，并不得与他人在先取得的合法权利相冲突。

对比文件 1 所涉及的外观设计的公告日在本专利申请日以前，故可以用于评价本专利是否符合《专利法》第二十三条的规定。

对比文件 1 和本专利均涉及的是"多士炉"的外观设计，因此，两者属相同产品。在此情况下，判断二者是否属于同样的外观设计的关键在于两者的设计是否相同或者相近似。

将本专利外观设计与对比文件 1 相比，二者的主要不同点在于：1. 在炉体的整体形状上，本专利俯视图、仰视图均为椭圆形，炉体顶部比底部略窄，主视图为梯形，而对比文件 1 从立体图上看炉体顶部与底部为大小相同的椭圆形，炉体顶部与底部宽窄一致，其侧面正投影应为矩形；2. 在炉口设计上，本专利炉口顶部两端各有一凸起物，炉口内边缘的上、下边缘为弧形，左右边缘为直边，近似椭圆形，而对比文件 1 炉口无凸起设计，内边缘为椭圆形；3. 本专利在炉体右侧表面椭圆体纵向对称轴上有一凹形槽，其顶部有一扁形按压手柄，槽下部有一圆形旋钮，对比文件 1 在偏离椭圆纵向对称轴一端的炉体表面一侧有一凹形槽，槽的上方有一较宽厚的按压手柄，没有圆形旋钮设计；4. 本专利炉体底部两侧略上方各有一扁片状的凸出物，对比文件 1 在凹槽下部有一半圆形的凸出物。

通过上述对比，本院认为，在整体上本专利与对比文件 1 的外观设计均呈近似椭圆体的形状，尽管本专利主视图为梯形，但由于梯形上底边与下底边长度之差非常微小，故近似于矩形。而对比文件 1 因炉体顶部与底部宽窄一致，其侧面正投影亦应为矩形。同时，两外观设计侧面的几何图形长宽比例区别并不明显。因此，本专利与对比文件 1 在整体形状上的差别并不大，二者是相近似的。专利复审委员会关于二者整体形状为不相同和不相近似的认定不妥，本院予以纠正。

在整体形状相近似的基础上，判断二者是否为相近似的外观设计的关键在于，二者在设计上的差异是否足以使一般消费者将二者相区别。本院认为，本专利与对比文件 1 除整体形状外的其他差异，如炉口设计、凹形槽位置、按压手柄的形状、旋钮和底部凸出物设计等的差别仅是局部的、细微的，不会使二者在整体外观上产生显著差别。因此，根据整体观察、综合判断的原则，本专利与对比文件 1 的外观设计的上述差异，对于产品的整体视觉效果并不具有显著的影响，容易导致一般消费者对本专利与对比文件 1 的外观设计的误认、混同。故江门东美公司关于认定二者是相近似的外观设计的诉讼请求，本院予以支持。

鉴于本专利同申请日以前在国外出版物上公开发表过的外观设计相近似，按照《专利法》第二十三条的规定，本专利不应当被授予专利权。专利复审委员会维持本专利权有效的第 5960 号决定认定事实不清，适用法律错误，本院予以纠正。

基于上述理由，本院不再援引对比文件 2 进行评述。

综上所述，专利复审委员会作出的第 5960 号决定错误。法院依照《中华人民共和国行政诉讼法》第五十四条第（二）项第 1 目、第 2 目之规定，判决如下：

一、撤销被告国家知识产权局专利复审委员会第 5960 号无效宣告请求审查决定；

二、宣告第 01332205.2 号外观设计专利权无效。

专利复审委员会不服原审判决，提出上诉，请求撤销原审判决，维持第 5960 号无效宣告请求审查决定。其理由是：原审判决认定事实不清，适用法律有误。通过对本案专利与对比文件 1 的整体观察、综合判断，本案专利炉体的整体形状、炉口的形状、炉体一侧凹槽上的把手设计及凹槽的位置、旋钮设计、炉体底部等与对比文件 1 都有着显著的区别，不属于相近似的外观设计，应当维持有效。

江门东美公司、麦锦权服从原审判决。

二审查明事实

二审法院查明事实与原审相同。

二审审理结果

二审法院认为：本案专利与对比文件 1 外观设计所涉及的产品均是多士炉，属于同一种类的产品，是单纯形状的外观设计。将本案专利外观设计与对比文件 1 比较后可以看出：1. 在炉体的整体形状上，本案专利俯视图、仰视图均为椭圆形，炉体顶部比底部略窄，主视图为梯形，而对比文件 1 从立体图上看炉体顶部与底部为大小相同的椭圆形，炉体顶部与底部宽窄一致，其侧面正投影应为矩形；2. 在炉口设计上，本案专利炉口顶部两端各有一凸起物，炉口内边缘的上、下边缘为弧形，左右边缘为直边，近似椭圆形，而对比文件 1 炉口无凸起设计，内边缘为椭圆形；3. 本案专利在炉体右侧表面椭圆体纵向对称轴上有一凹形槽，其顶部有一扁形按压手柄，槽下部有一圆形旋钮，对比文件 1 在偏离椭圆纵向对称轴一端的炉体表面一侧有一凹形槽，槽的上方有一较宽厚的按压手柄，没有圆形旋钮设计；4. 本案专利炉体底部两侧略上方各有一扁片状的凸出物，对比文件 1 在凹槽下部有一半圆形的凸出物。

由于"多士炉"一类产品不存在相对于其他部位明显地容易引起一般消费者注意的部位，因此，应当进行整体观察，确定被比外观设计是否与在先设计相同或相近似。本案中，在整体形状上，本案专利"多士炉"呈"椭圆台"形状，但从主视图来看，由于梯形上底边与下底边长度之差非常微小，故近似于矩形。而对比文件 1"多士炉"因炉体顶部与底部宽窄一致，其侧面正投影亦应为矩形，整体呈"椭圆筒体"。同时，两外观设计整体的长宽高比例区别并不明显。因此，本案专利与对比文件 1 在整体形状上是相近似的。本案专利与对比文件 1 在炉口形状、凹形槽位置、旋钮、按压手柄等处有所差别，但这些差别对于产品的整体视觉效果并不具有显著的影响，属于细微的差别，一般消费者容易对本案专利与对比文件 1 的外观设计产生混同、误认。因此，本案专利与对比文件 1 相比属于相近似的外观设计，不符合《专利法》第二十三条的规定，应当宣告无效。

综上所述，专利复审委员会的上诉请求和理由缺乏事实和法律依据，本院不予支持。原审判决认定事实清楚，适用法律正确，应予维持。依照《中华人民共和国行政诉讼法》第六十一条第一款第（一）项之规定，判决如下：

驳回上诉，维持原判。

一、二审案件受理费各 1 000 元，均由国家知识产权局专利复审委员会负担。

7. "用于混铁车罐体旋转及承重的滚圈" 发明专利权无效纠纷案

——鞍钢附企冶金车辆厂诉国家知识产权局专利复审委员会

原告（被上诉人）： 鞍钢附企冶金车辆厂

被告（原审被告）： 国家知识产权局专利复审委员会

第三人（上诉人）： 大连重工集团有限公司

案由： 专利权无效纠纷

原审案号： 北京市第一中级人民法院（2004）一中行初字第 477 号

原审合议庭成员： 姜颖、仪军、赵明

原审结案日期： 2004 年 12 月 13 日

二审案号： 北京市高级人民法院（2005）高行终字第 128 号

二审合议庭成员： 刘辉、岑宏宇、张冬梅

二审结案日期： 2005 年 11 月 11 日

判决要旨

创造性，是指同申请日以前已有的技术相比，该发明有突出的实质性特点和显著的进步。在判断是否具有突出的实质性特点时，一般要先确定最接近的现有技术，其后确定发明的区别技术特征和其实际解决的技术问题，最后判断要求保护的发明对本领域的技术人员来说是否显而易见。在评价发明是否具有显著的进步时，主要应当考虑发明是否具有有益的技术效果。

起诉与答辩

专利复审委员会第 5770 号决定系就鞍钢附企冶金车辆厂（以下简称鞍钢车辆厂）针对大连重工集团有限公司（以下简称大连重工公司）享有的第95113943.6 号发明专利（以下简称本专利）所提出的无效宣告请求作出的。专利复审委员会在该决定中认定：

1. 证据的认定。证据 1~2 的公开日均在本专利申请日之前，它们所记载的内容已构成本专利的现有技术；证据 3~12 涉及一种 320t 筒型混铁车，由于大连重工公司对它们的真实性无异议，故予以采信；证据 13~15 属于内部

图纸，鞍钢车辆厂没有提供相关的辅助证据，与其结合构成证明图纸所涉及的产品在先公开的完整的证据链，故上述证据不能构成本专利的现有技术；证据16～18属于公知常识证据，并且大连重工公司对它们的真实性无异议，故予以采信；证据19～20是鞍钢车辆厂在口头审理之后自行提交的，不予考虑；鞍钢车辆厂对反证1、2的真实性无异议，故予以采信。

2. 关于新颖性。鞍钢车辆厂提供的证据3～12证明了大连重工公司曾经制造了一种320t筒型混铁车，混铁车上安装有滚圈，并在本专利申请日前移交给马鞍山钢铁股份有限公司（以下简称马鞍山钢铁公司）。然而，上述证据都未公开混铁车上滚圈的具体结构，不足以证明混铁车上的滚圈与本专利的滚圈构造一致。因此，证据3～12不能组成完整的证据链证明在申请日之前本专利的技术内容已由于使用公开而处于公众想得知就能得知的状态。证据1和2均没有公开权利要求1所要求保护的技术方案。因此，鞍钢车辆厂举证的证据都不能证明本专利权利要求1的技术方案已在其申请日以前被公开使用或由出版物公开，不能破坏权利要求1的新颖性。从属权利要求2～5同样具有新颖性。

3. 关于创造性。证据1所述技术方案是本专利最接近的现有技术。本专利权利要求1与证据1相比，存在以下区别技术特征：支板架［11］每侧由两组或两组以上同心圆弧形支板［3，4］组成；装有滚子［5］的销轴［6］两端分别与支板［3，4］上对应销轴［6］装配孔过盈配合；两组相邻的圆弧形支板［3，4］连接部位设置有连接板［12］，由螺栓［8］固定。上述区别技术特征所能达到的技术效果是安装简单、检修更换方便。

证据2、证据17没有公开上述区别技术特征，也不存在将上述区别特征应用到证据1以解决发明实际解决的技术问题的启示。

证据16中轴承的滚子只与其外圈、内圈接触，通过外圈、内圈与其他部件接触、传动，不同于权利要求1的通过滚子与其他部件接触、传动的滚圈，而且，轴承只被分成两部分。这些技术手段在证据2中所起的作用是将滚动轴承起传动作用的外圈、内圈分成便于组装的两部分，与上述区别技术特征在本专利中为解决上述重新确定的技术问题所起的作用不同，因此，证据16没有公开上述区别技术特征，也不存在将上述区别特征应用到证据1以解决发明实际解决的技术问题的启示。

证据18第102页公开了为了便于检修、拆换，轴承采用上、下剖分式代替整体轴承是必要的。但一份对比文件给本领域技术人员的启示应当基于该文件已经清楚公开的内容，当某特征在文字中存在若干种可能的解释时，不能认为该对比文件已经对该特征给出了明示。证据18既没有公开这种轴承究竟是滚动的还是滑动的，也没有公开上、下剖分的具体方式和剖分成几部分，更谈不上公开如本专利的通过滚子与其他部分接触、传动的滚圈。因此，证据18仍然没有公开上述区别技术特征，也不存在将上述区别特征应用到证据1以解决发明实际解决的技术问题的启示。

由上述分析可知，在鞍钢车辆厂提供的证据2、16～18中，本专利权利要求1所述技术方案与证据1之间存在的上述区别技术特征都没有公开，也不存在将对滚圈两侧固定用支板架改为两组或两组以上的分体组装式结构的启示。所以，上述区别技术特征对本领域的技术人员而言是非显而易见的，且上述区别技术特征给权利要求1的技术方案带来易于安装和检修等有益效果。因此，权利要求1的技术方案具有突出的实质性特点和显著的进步。从属权利要求2～5是以附加技术特征对其所直接引用的权利要求1的进一步限定，在权利要求1具有创造性的前提下，同样具有创造性。

综上，被告作出第5770号决定，维持本专利权有效。

原告鞍钢车辆厂不服第5770号决定，在法定期限内提起行政诉讼，其诉称：1. 第5770号决定对现有技术的认定是片面的。第5770号决定认定证据3～12证明了大连重工公司在申请日前与马鞍山钢铁公司有销售行为，却又认为其不能组成完整的证据链。可是对能够证明销售行为所涉及产品的具体结构的证据13～15又以内部图纸为由不予采信。第5770号决定对此的认定是错误的，因为证据13就是经用户确认的与在先使用的混铁车结构相同的图纸，证据14、15是该图的部件图，所以证据13是形成本专利在先公开的完整的证据链不可缺少的证据。2. 第5770号决定认定的主要事实不清，对新颖性的认定是错误的。证据1、证据3～15以及大连重工公司的反证2已证明本专利的技术内容已不是新的技术方案，已被全部公开，不符合《专利法实施细则》第二条第一款的规定和《专利法》第二十二条第二款有关新颖性的规定。3. 第5770号决定对创造性的认定是武断的。证据1中记载"轴承57，一定间隙的嵌入固定在支撑筒部34的外周的胎环35之间"，所述的胎环35就是本专利的支撑筒2上的槽9。本专利权利要求1中限定"支板架11每侧由两组或两组以上同心圆弧支板3，4组成"，才能使支板架11装入槽9内。由此可见，证据1中轴承装有多根轴的支撑环，也必须是由两组或两组以上的支撑环，才能将支撑环装入胎环35之间，否则无法安装。这种支板架11的分体式结构形式也是工程技术人员在工程设计当中必须遵循的、经常采用的技术手段，属公知常识，这在证据16、18中都有介绍。从属权利要求2～5所限定的技术特征也是工程技术人员在工程设计中必须遵循的、经常采用的技术手段，不需要付出创造性劳动。故本专利不具有创造性。综上，原告请求法院撤销第5770号决定，判令被告重新作出无效宣告请求审查决定。

被告专利复审委员会辩称：1. 关于证据。原告在无效程序中提供的证据3～12证明了大连重工公司曾经制造了一种320t筒型混铁车，混铁车上安装有滚圈，并在本专利申请日前移交给马鞍山钢铁公司。然而，上述证据都未公开混铁车上滚圈的具体结构，不足以证明混铁车上的滚圈与本专利的滚圈构造一致。因此，证据3～12不能组成完整的证据链证明在申请日之前本专利的技术内容已由于使用公开而处于公众想得知就能得知的状态。原告试图用证据13～15来说明上述销售行为所涉及产品的具体结构，但是这些证据均是内部图纸，属于非公开出版物，公众无法通过正常方法获得这些证据，原告也没有提供相关的证据，证明这些证据所涉及的内容在本专利申请日之前已被公开，故该图纸不能构成本专利申请日前现有技术的证据，更不能与证据3～12结合构成证明图纸所涉及的产品在先公开的完整的证据链，故原告所述的本专利产品在申请日之前已公开销售和使用的主张不能够成立。2. 关于新颖性、创造性。被告坚持第5770号决定中的认定。综上所述，被告认为第5770号决定认定事实清楚，适用法律正确，审理程序合法，应予维持。

第三人大连重工公司述称：1. 第5770号决定对证据的采信是全面、公正的，证据13～15为内部图纸，在没有其他辅助证据佐证的情况下，不能构成本专利的现有技术。2. 第5770号决定对本专利新颖性的认定事实清楚，结论正确。3. 第5770号决定对创造性的认定是客观、准确的。证据1中的轴承57是一个整体套圈，与本专利权利要求1所要求保护的分体连接滚圈对比，存在着整体加工难度大、安装精度要求高、检修更换困难等缺点。证据2中轴承7是由整体内座圈5、滚柱和分体连接外座圈组成，其整体内座圈5固定套装在容器外周上，与本专利权利要求1所要求保护的分体连接滚圈对比，两者结构完全不同，也存在上述缺点。本专利权利要求1的技术方案，相对于证据1、2及其结合，对于本领域技术人员来说，具有非显而易见性。原告提交的公知常识证据16～18也没有公开本专利权利要求1的技术方案。故本专利权利要求1具有创造性，其从属权利要求2～5也具有创造性，被告作出的第5770号决定正确，应予维持。

原审查明事实

原审法院经审理查明：1995年11月25日，大重集团公司向原中国专利局提出名称为"用于混铁车罐体旋转及承重的滚圈"的发明专利申请，该申请于1998年12月16日被授权公告，专利号为95113943.6，专利权人为大重集团公司。2003年5月27日，本专利的专利权人由大重集团公司变更为大连重工公司。本专利授权公告的权利要求为：

"1. 一种用于混铁车罐体旋转及承重的滚圈，该滚圈［1］设置在罐体两端支撑圆筒［2］上，其特征在于所说的滚圈由滚子［5］、销轴［6］以及两侧的支板架［11］装配组成一体，上述支板架［11］每侧由两组或两组以上同心圆弧形支板［3，4］组成，每侧支板［3，4］上加工有若干销轴［6］装配孔，装有滚子［5］的销轴［6］两端分别与支板［3，4］上对应销轴［6］装配孔过盈配合，将滚子［5］固定装配在两支板［3，4］中间，两组相邻的圆弧形支板［3，4］连接部位设置有连接板［12］，由螺栓［8］固定。

2. 根据权利要求1所述的滚圈，其特征在于所说的同心圆弧形支板［3，4］的销轴［6］装配孔制成一侧孔大，另一侧对应孔小，销轴［6］制成中间细两端粗，销轴［6］两端与销轴［6］装配孔对应也制成一端大，另一端小。

3. 根据权利要求1或2所述的滚圈，其特征在于所说的两侧支板［3，4］中间用筋板［7］焊接在一起。

4. 根据权利要求1或2所述的滚圈，其特征在于所说的滚子［5］的内孔与销轴［6］的装配间距是0.1～20mm之间。

5. 根据权利要求1或2所述的滚圈，其特征在于所说的销轴［6］两端直径差为0.1～10mm之间。"

在本专利的说明书中记载有如下内容：本专利的优点是使旋转罐体由传统的滑动摩擦变为滚动摩擦，从而减少了摩擦阻力，提高了传动效率。另外，采用分体滚圈结构具有制造安装简单，检修更换方便等特点。

2002年10月10日，鞍钢车辆厂针对本专利向专利复审委员会提出无效宣告请求，认为本专利不符合《专利法》第二十二条第二款、第三款和《专利法实施细则》第二条第一款、第二款及第三十条有关新颖性、创造性的规定，并提交了3份证据，其中：

证据1：日本公开特许公报（A）昭59－209953及中文译本，公开日为1984年11月28日。其公开了一种运送铁水用的铁水罐车，在其炉体支撑筒部的外周嵌入轴承，该轴承装在有多根轴的支撑环上，轴承如图11所示，在左右一对的支撑环之间，利用轴，按一定间隔，安装大径的多根辊子，辊径大于环的半径方向的宽度，回转自由。辊子的外周面从支撑环的内外周凸出。上述的轴承，一定间隙的嵌入固定在支撑筒部的外周的胎环之间。

证据3：马鞍山钢铁公司第四炼铁厂2002年10月7日出具的《关于大连重型机器厂生产的320t筒型混铁车使用情况的说明》，用于证明本专利已构成使用公开，不具有新颖性。在证据3中提到马鞍山钢铁公司第四炼铁厂1990年曾购入大连重型机器厂生产的320t筒型混铁车12辆，1992年又购入2辆，并均已投入使用。

为了反驳鞍钢车辆厂关于使用公开的主张，2002 年 10 月 10 日，大连重工公司提交了反证 1、反证 2 用于证明马鞍山钢铁公司负有保密义务，不构成使用公开。反证 1 为机械工业部机鉴字（jc）第 9606095 号《科学技术成果鉴定证书》，由反证 1 可知：马鞍山钢铁公司为大重集团公司 320t 筒型混铁水车研制项目的协作单位，负责工业性试验及运行。1995 年 11 月 29 日，机械工业部重大装备司组织专家对大重集团公司完成的"320t 筒型混铁水车"进行鉴定，认为："1990 年 14 台 320t 筒型混铁水车竣工出厂后，于 1994 年 4 月至 1995 年 7 月在马钢连续 15 个月负载运行……至今负载运行已达 19 个月，设备使用良好，运行正常。"

2002 年 11 月 8 日，鞍钢车辆厂又补充证据 4～15 用于证明本专利已在马鞍山钢铁公司公开使用，不具有新颖性。其中：

证据 4 为《马钢 320 吨筒型混铁水车订货合同》，从中可知：1988 年 5 月 20 日，马鞍山钢铁公司与大连重型机器厂签订订货合同，约定马鞍山钢铁公司向大连重型机器厂购买 320t 筒型混铁水车 12 辆；

证据 5 为《机械产品订货合同》，从中可知：1991 年 11 月马鞍山钢铁公司与大连重型机器厂又签订合同，马鞍山钢铁公司又购买 320t 筒型混铁水车 2 辆；

证据 6～8：320t 筒型混铁车总装配图 8506、罐体装置部件图 8506.05 及说明书 8506 SM；

证据 9～10：大连重工公司提供给侵权诉讼审理法院的大连重工公司制造图纸；

证据 11："冶金矿山车辆"介绍，其中提及"马鞍山钢铁总公司 320t 筒型混铁车"；

证据 12："历史沿革"；

证据 13：标注为"鞍钢附企铁路设备工程公司研究所"的 AY02A－00－00 320t 筒型混铁车总装配图，其右上角附有马鞍山钢铁公司第四炼铁厂生产科李斌出具的证明："该图混铁车与我公司 1990 年、1992 年购买使用的'大重'产 320t 筒型混铁车基本相同或基本相近……"，并加盖马鞍山钢铁公司第四炼铁厂公章；

证据 14～15：标注为"鞍钢附企铁路设备工程公司研究所"的 AY02A－02－00 倾动装置部件图和标注为"鞍钢附企冶金车辆厂"的 AY02A－05－7 滚圈部件图，其右上角均附有马鞍山钢铁公司修建工程公司混铁车修理厂郑经祥等出具的证明："该零部件图同'大重'零件图基本相同"，并加盖马鞍山钢铁公司修建工程公司混铁车修理厂公章。

2003 年 11 月 27 日，专利复审委员会进行了口头审理。在口头审理中，鞍钢车辆厂当庭声明放弃本专利不符合《专利法实施细则》第二条第一款和第三十条的无效宣告请求理由，确认无效请求的理由为本专利不具备新颖性和创造性，并提交了公知常识证据 16 ~ 18，其中：

证据 16：《轴承国家标准汇编》，中国标准出版社出版，1990 年 6 月第 1 版。在该书"滚动轴承词汇"（GB6930 – 86，1987 年 8 月 1 日实施）第 01.01.12"剖分轴承"中载明：套圈及保持架两者在使用时为简化安装，均可分为两半圆件的滚动轴承。

证据 18：高等学校试用教材《氧气转炉炼钢设备》，东北重型机械学院谭牧田编，机械工业出版社出版，1983 年 7 月北京第 1 版。在该书第 102 页公开了为了便于检修、折换，轴承采用上、下剖分式代替整体轴承是必要的。

2004 年 2 月 10 日，专利复审委员会作出第 5770 号决定。

在本案诉讼过程中，原告承认证据 6 没有公开本专利全面技术特征，但认为结合证据 13 ~ 15 可证明在先公开使用产品的结构，从而破坏本专利的新颖性。

原审审理结果

原审法院认为：

由于原告在口头审理中明确放弃以本专利不符合《专利法实施细则》第二条第一款作为无效宣告请求的理由，第 5770 号决定相应地对此无效宣告请求理由未予评判，故对于本专利是否符合《专利法实施细则》第二条第一款，本院不予审理。根据第 5770 号决定的理由以及当事人的诉辩主张，本案争议焦点在于本专利是否具备新颖性和创造性。

1. 关于新颖性。发明专利的新颖性，是指在申请日以前没有同样的发明在国内外出版物上公开发表过、在国内公开使用过或者以其他方式为公众所知，也没有同样的发明由他人向国务院专利行政管理部门提出过申请并且记载在申请日以后公布的专利申请文件中。

由于使用导致一项或者多项技术方案的公开，或者导致该技术方案处于公众中任何一个人都可以得知的状态，这就构成专利法意义上的使用公开。如果技术内容是在保密状态下使用的，则该技术内容对公众来说就不能认为可以得知，也就不能认定这种使用导致该项技术内容公开。本案中，虽然在本专利申请日之前，大连重型机器厂将 14 台混铁车出售给马鞍山钢铁公司并于 1994 年 4 月在马鞍山钢铁公司投入使用，但由于马鞍山钢铁公司系本专利研制过程中的协作单位，负责专利研制过程中的工业性试验及运行，马鞍山钢铁公司在此过程中负有协作及保密义务，因此这种工业性试验及运行不会导致公众中不特定人均可以得知的情形发生，不构成专利法意义上的使用公开。

原告提供的证据3~12均未公开在马鞍山钢铁公司使用的混铁车滚圈的具体结构，证据13~15中的证人证言均为事后对结构相同或相近似的回忆，且证人未出庭经过质询，其证言亦无其他证据予以佐证，故证据13~15也无法证明在先使用的滚圈的具体结构。因此，原告关于证据13~15结合证据3~12破坏本专利新颖性的主张没有事实和法律依据，不能成立。被告在第5770号决定中虽未对证据13~15中的证人证言予以评述，且对于第三人提供的反证1未予正确充分的考虑，但其关于原告提供的证据3~15不能使本专利构成使用公开的结论正确，本院予以支持。

证据1系日本的专利文献，其公开日早于本专利的申请日，构成本专利的现有技术。将本专利权利要求1与证据1相比，证据1未公开权利要求1的以下技术特征：A. 支板架[11]每侧由两组或两组以上同心圆弧形支板[3，4]组成；B. 装有滚子[5]的销轴[6]两端分别与支板[3，4]上对应销轴[6]装配孔过盈配合；C. 两组相邻的圆弧形支板[3，4]连接部位设置有连接板[12]，由螺栓[8]固定。因此，证据1没有公开权利要求1所要求保护的技术方案。本专利权利要求1相对于证据1具有新颖性。从属权利要求2~5是以附加技术特征对其所直接引用的权利要求1的进一步限定，在独立权利要求1具有新颖性的前提下，同样具有新颖性。

由于原告未对第5770号决定中关于新颖性的其他认定提出异议，故法院不再对其他证据是否能破坏本专利新颖性进行审理。

2. 关于创造性。创造性，是指同申请日以前已有的技术相比，该发明有突出的实质性特点和显著的进步。在判断是否具有突出的实质性特点时，一般要先确定最接近的现有技术，其后确定发明的区别特征和其实际解决的技术问题，最后判断要求保护的发明对本领域的技术人员来说是否显而易见。

证据1所述技术方案与本专利的技术领域相同，公开的本专利的技术特征最多，与本专利最为接近，因此，证据1所公开的技术方案是本专利最接近的现有技术。由于从证据1中无法惟一得出其滚圈是分体式的结论，且其说明书中又没有关于分体式的记载，故原告关于证据1中的滚圈也必须做成分体式才能装入胎环的主张没有事实和法律依据，本院不予支持。因此，如前所述，本专利权利要求1与证据1的区别特征在于A、B、C。根据本专利说明书，区别特征A、C所解决的技术问题在于将滚圈做成分体式，从而使安装简单、检修更换方便，区别特征B系用于将滚子固定装配在支板上。

在这种情况下，判断本专利权利要求 1 是否具有创造性，关键在于确定现有技术中是否给出将上述区别特征应用到证据 1 以解决安装简单、检修更换方便的技术问题的技术启示。如果存在该种启示，则本专利权利要求 1 对于本领域的技术人员来说就是显而易见的。

证据 16 系滚动轴承的国家标准，证据 18 为教科书，二者的公开日均在本专利申请日之前，构成本专利的现有技术。证据 16 公开了为简化安装而分为两半圆件的滚动轴承。证据 18 明确教导"为了便于检修、折换，轴承采用上、下剖分式代替整体轴承是必要的"。由此可见，证据 16、18 已给出为了安装简单、检修更换方便将轴承做成分体式的技术启示。对于混铁车滚圈此类大型机械部件来说，使其便于安装、更换是技术人员追求的效果，在证据 16 或证据 18 公开的技术启示的教导下，本领域技术人员容易改进证据 1 中的支撑环，将其做成分体式结构，使每侧的支撑环（即本专利的支板架）由两组或两组以上同心圆弧形支板组成（区别特征 A），并将相邻的圆弧形支板通过连接板、螺栓等常用的连接手段连接起来（区别特征 C）。这种改进也没有取得意料不到的技术效果。而对于区别特征 B，通过销轴两端与支板上对应销轴装配孔过盈配合固定滚子也是本领域公知的技术手段。因此，本领域普通技术人员在证据 1 的基础上结合证据 16 或者证据 18 得出权利要求 1 的技术方案无须付出创造性的劳动，本专利权利要求 1 不具有创造性。由于被告在第 5770 号决定中关于证据 16、证据 18 是否给出技术启示的认定有误，从而得出本专利权利要求 1 具有创造性的错误结论，本院予以纠正。

综上所述，被告作出的第 5770 号决定认定事实不清，适用法律错误，应予撤销。被告应当在本专利权利要求 1 不具备创造性的基础上，对本专利权利要求 2~5 的创造性作进一步的评判。依照《中华人民共和国行政诉讼法》第五十四条第（二）项第 1 目、第 2 目之规定，判决如下：

一、撤销被告国家知识产权局专利复审委员会作出的第 5770 号无效宣告请求审查决定；

二、被告国家知识产权局专利复审委员会重新就第 95113943.6 号"用于混铁车罐体旋转及承重的滚圈"发明专利权作出无效宣告请求审查决定。

大连重工公司不服原审判决，向法院提出上诉，请求撤销原审判决，维持专利复审委员会作出的第 5770 号无效宣告请求审查决定。理由是：一审法院认定"本案专利权利要求 1 不具有创造性"没有事实和法律依据，因为，公知的轴承不能直接作为混铁车的承重滚圈，证据 16 和证据 18 没有揭示或暗示本案专利涉及的分体滚圈及其连接结构，即便是在证据 1 的基础上结合证据 16 或证据 18，也无法得到解决发明实际解决的技术问题的启示。本案专利权利要求1与现有技术的区别技术特征对本领域的技术人员而言是非显而易见的，而且上述区别技术特征给本案专利权利要求1的技术方案带来了易于安装和检修等有益效果，具有创造性。鞍钢车辆厂、专利复审委员会服从原审判决。

二审查明事实

二审法院查明的事实与原审法院查明的事实基本相同，另查明：在本案一审诉讼过程中，鞍钢车辆厂承认证据6没有公开本案专利全部技术特征，但认为结合证据13~15可证明在先公开使用产品的结构，从而破坏本案专利的新颖性。

二审审理结果

二审法院认为：创造性，是指同申请日以前已有的技术相比，该发明有突出的实质性特点和显著的进步。在判断是否具有突出的实质性特点时，一般要先确定最接近的现有技术，其后确定发明的区别技术特征和其实际解决的技术问题，最后判断要求保护的发明对本领域的技术人员来说是否显而易见。在评价发明是否具有显著的进步时，主要应当考虑发明是否具有有益的技术效果。

根据专利说明书记载，本案专利是一种承重轴承，属于一种特殊结构的滚动轴承。在无效请求人鞍钢车辆厂提交的证据中，证据1所述技术方案与本案专利的技术领域相同，公开的本案专利的技术特征最多，与本案专利最为接近，因此，证据1所公开的技术方案是本案专利最接近的现有技术。本案专利权利要求1与证据1相比，滚圈由滚子、销轴以及两侧的支板架装配成一体的技术特征已被公开，即本案专利权利要求1的技术方案要解决的使旋转罐体由传统的滑动摩擦变为滚动摩擦的技术问题所采用的技术手段已被证据1公开。二者的区别技术特征是：支板架每侧由两组或两组以上同心圆弧形支板组成；装有滚子的销轴两端分别与支板上对应销轴装配孔过盈配合；两组相邻的圆弧形支板连接部位设置有连接板，由螺栓固定，即证据1没有公开支板架为分体式、支板架之间的连接关系、销轴与装配孔之间的配合关系。根据本案专利说明书，上述区别技术特征所要解决的技术问题是将滚圈做成分体式，能达到的技术效果是安装简单、检修更换方便。

在存在以上区别技术特征的情况下，判断本案专利权利要求1是否具有创造性，还要看本领域技术人员能否从现有技术中得到能够应用到证据1的技术方案中，以解决安装简单、检修更换方便的技术问题的技术启示。如果存在该种启示，则本案专利权利要求 1 对于本领域的技术人员来说就是显而易见的。

证据 16 系滚动轴承的国家标准，公开日在本案专利申请日之前，构成本案专利的现有技术。该证据公开了套圈及保持架两者在使用时为简化安装，均可分为两半圆件的滚动轴承，给出了滚动轴承可设计为分体式的技术启示。证据 18 虽然没有具体阐述是滚动还是滑动轴承，但是，要解决的技术问题与本案专利权利要求 1 是相同的，即给出了"为了便于检修、拆换，轴承采用上、下剖分式代替整体轴承是必要的"的教导。因此，证据 16、18 已给出为了安装简单、检修更换方便将轴承做成分体式的技术启示。在证据 16、18 的技术启示的教导下，本领域技术人员容易想到改进证据 1 中的支撑环（即本案专利的支板架），将其做成分体式结构，使每侧的支撑环由两组或两组以上同心圆弧形支板组成。本案专利权利要求 1 所采用的将相邻圆弧形支板连接起来以及固定滚子的装配方式属于本领域技术人员惯常使用的技术手段，没有优于现有技术的有益的技术效果。因此，本领域普通技术人员在证据 1 的基础上结合证据 16 或者证据 18 得出本案专利权利要求 1 的技术方案无须付出创造性的劳动，本案专利权利要求 1 不具有突出的实质性特点和显著的进步，不符合《专利法》第二十二条关于创造性的规定。

综上，大连重工公司关于本案专利具有创造性，专利权应当维持有效的上诉理由缺乏事实和法律依据，其上诉请求本院不予支持。原审判决认定事实清楚，适用法律正确，应予维持。依照《中华人民共和国行政诉讼法》第六十一条第一款第（一）项之规定，判决如下：

驳回上诉，维持原判。

一审案件受理费 1 000 元，由国家知识产权局专利复审委员会负担；二审案件受理费 1 000 元，由大连重工集团有限公司负担。

8. "手机自动隐形拨号报失的实现方法" 发明专利侵权纠纷案

—— 解文武诉青岛海尔通信有限公司、北京市大中电器有限公司

原告（上诉人）：解文武
被告（被上诉人）：青岛海尔通信有限公司
被告（被上诉人）：北京市大中电器有限公司
案由：侵犯专利权纠纷

原审案号：北京市第一中级人民法院（2005）一中民初字第3254号
原审合议庭成员：张广良、苏杭、李燕蓉
原审结案日期：2005年7月29日
二审案号：北京市高级人民法院（2005）高民终字第1262号
二审合议庭成员：刘辉、岑宏宇、张冬梅
二审结案日期：2005年12月15日

判决要旨

在专利审批、撤销或无效程序中，专利权人为确定其专利具备新颖性和创造性，通过书面声明或者修改专利文件的方式，对专利权利要求的保护范围作了限制承诺或者部分地放弃了保护，并因此获得专利权的，在专利侵权诉讼中，法院适用等同原则确定专利权的保护范围时，应当禁止专利权人将已经被限制、排除或者放弃的内容重新纳入专利权保护范围。

起诉与答辩

原告解文武诉称：原告经潜心研究总结出"手机自动隐形拨号报失的实现方法"，并于2003年12月3日获得国家发明专利，专利号为ZL01802972.8号（以下简称本专利），申请日为2001年12月19日，优先权日为2000年12月26日。原告曾与青岛海尔通信有限公司（以下简称海尔通信公司）联系本专利的实施问题，但未成功。2004年5月，原告在市场上发现了海尔信鸽3100手机（海尔彩智星Z3100手机）具有"智能防盗"功能，原告经过实际操作，发现该功能不仅是对原告发明专利的仿制，而且在功能实现方法上存在难以防盗报失的技术障碍。原告多次与海尔通信公司联系未果，遂提起本案诉

讼，请求人民法院：1. 确认海尔通信公司生产的海尔信鸽 3100 手机的"智能防盗"技术特征落入了原告专利权保护范围；2. 判令海尔通信公司、大中电器公司停止销售具有"智能防盗"功能的海尔信鸽 3100 手机（海尔彩智星 Z3100 手机）。

被告海尔通信公司未提交书面答辩状，其当庭辩称：解文武的专利权在申请日前已经在国外公开，本专利不具有新颖性、创造性。涉案产品海尔彩智星 Z3100 手机与本专利不同，而且解文武在其专利授权审查时已将涉案侵权产品的部分功能排除，在专利侵权诉讼中，禁止反悔。另外，《专利法》保护的是技术方案而非功能。因此，解文武的诉讼请求没有事实和法律依据，涉案侵权产品的技术方案未落入本专利的保护范围，请求人民法院依法驳回解文武的诉讼请求。

被告北京市大中电器有限公司（以下简称大中电器公司）未提交书面答辩状，其当庭辩称：相信海尔通信公司不会侵犯解文武的专利权，同意人民法院的判决。

原审查明事实

原审法院经审理查明：2001 年 12 月 19 日，解文武向国家知识产权局申请了名称为"手机自动隐形拨号报失的实现方法"的发明专利（以下简称本专利），2002 年 5 月 28 日，解文武向国家知识产权局提出实质审查申请书，2002 年 9 月 5 日，国家知识产权局向解文武发出国家申请号通知书，2002 年 11 月 28 日，国家知识产权局向解文武发出国际申请进入国家阶段初步审查合格通知书，2003 年 2 月 28 日，国家知识产权局向解文武发出发明专利申请公布及进入实质审查程序通知书，载明本专利申请已在第 19 卷第 05 期发明专利公报上予以公布，本专利已进入实质审查程序。在解文武经初步审查公开的专利申请文件中，权利要求 1、24 为独立权利要求。2003 年 5 月 23 日，国家知识产权局向解文武发出第一次审查意见通知书，载明：权利要求 1、3、23、24、45 相对于对比文件 1（FR2791509）、对比文件 2（JP10341281）不具备《专利法》第二十二条第三款规定的创造性，具体意见为："独立权利要求 1 保护一种手机自动隐形拨号报失的方法，对比文件 1（FR2791509）是使用 SIM 卡的移动电话的防盗装置，其中存储有手机特定号码，只有在用户输入的号码与之相同的情况下，才可操作该手机。……对比文件 1 的目的是防止手机被盗且禁止非授权用户使用，对比文件 1 与本发明十分近似且公开了权利要求 1 的大部分技术特征，惟一不同在于，本发明检测到信息不一致时，采取的措施不是中断操作或者通过内部短路自毁而是自动按照设定的功能参数自动隐形

拨号，上述区别技术特征在对比文件 2（JP10341281）中公开了，对比文件 2
涉及当手机丢失时防止非授权用户使用的便携式电话，其中公开了如下内容：
该发明在当手机被非授权用户使用时，采取的是自动拨打预先存储在存储器中
的号码并且发送一个预先设定的语音信息的方式来防止非授权用户使用的，因
此对于本领域普通技术人员来说将上述两篇领域且内容类似的对比文件相结合
得到本发明所述的技术方案，是不需要付出创造性劳动的，因此，权利要求 1
不符合《专利法》第二十二条第三款有关创造性的规定。"第一次审查意见通
知书要求解文武提交意见陈述书，论述其专利申请可以授予专利权的理由，并
对通知书正文部分中指出的不符合规定之处进行修改，否则将不能授予专利
权。2003 年 6 月 27 日，解文武向国家知识产权局提交了意见陈述书，对原权
利要求 1、24 进行了修改，取消了原权利要求 2，并强调："……③本发明在
拨号报失的同时，用户处于正常使用状态，也就是说，本发明的自动报失并不
影响当前用户使用。另外，从发明目的和效果来看，对比文件 1 和对比文件 2
是为了禁止非授权用户使用，而本发明主要是为了报失，本发明允许当前用户
正常使用，但如果该用户为非法用户，则拨号报失，在该用户毫无察觉的情况
下，就达到报失的目的，效果明显不同。"2003 年 7 月 25 日，解文武再次对
专利申请文件部分内容进行了修改提交。2003 年 12 月 3 日，在解文武 2003 年 7
月 28 日提交的申请文件的基础上，国家知识产权局授予了专利权并予以公告，
专利号为 ZL01802972.8。2004 年 12 月 7 日，解文武交纳了本专利的年费。

本专利授权的权利要求书载明了 44 项权利要求，其中包括两项独立权利
要求，即权利要求 1 及权利要求 23。本案中，解文武主张海尔彩智星 Z3100
手机的智能防盗方法侵犯了本专利的独立权利要求 1。本专利的权利要求 1 载
明：一种手机自动隐形拨号报失的实现方法，其特征在于该方法包括以下的步
骤：当手机初次使用时，手机的内部处理程序录入合法用户卡所独有的区别于
其他用户卡的自身数据或录入合法用户卡所对应的手机号码，并记录合法用户
设定的用于自动隐形拨号报失的功能参数以及用于自行修改功能参数和自行合
法更换用户卡的功能密码；当手机每次开机使用时，手机的内部处理程序自动
检测并比较当前用户卡的自身参数与预先存储的合法用户卡的自身数据是否一
致，或检测并比较当前用户卡对应的手机号码与预先存储的合法用户卡对应的
手机号码是否一致，如果一致，则正常使用；如果不一致，则正常使用同时按
照设定的功能参数自动隐形拨号。本专利的说明书载明：为防止手机丢失，现
已采用很多方法，比如：手机防丢防盗报警器、防丢手机套、网络追踪器等。

解文武将本专利的独立权利要求 1 划分为 6 项必要技术特征：1. 手机录
入合法用户卡的独有数据；2. 设定用于报失的功能参数和密码；3. 开机时，

比较当前用户卡的数据与预先存储的合法用户卡的数据是否一致；4. 如果开机时当前用户卡的数据与预先存储的合法用户卡的数据一致，则正常使用；5. 如果开机时当前用户卡的数据与预先存储的合法用户卡的数据不一致，则按照设定的功能参数自动隐形拨号；6. 如果开机时当前用户卡的数据与预先存储的合法用户卡的数据不一致，则在按照设定的功能参数自动隐形拨号的同时手机还正常使用。

海尔通信公司不同意解文武对权利要求 1 中必要技术特征的划分，认为权利要求 1 应划分为十组 30 个必要技术特征，第一组：当手机初次使用时：1. 当手机初次使用时；第二组：手机的内部处理程序录入合法用户卡所独有的区别于其他用户卡的自身数据：2. 手机的内部处理程序；3. 录入……数据；4. 合法用户卡所独有的区别于其他用户卡的自身；第三组：或录入合法用户卡所对应的手机号码：5. 或手机的内部处理程序；6. 录入……手机号码；7. 合法用户卡所对应的；第四组：并记录合法用户设定的用于自动隐形拨号报失的功能参数：8. 记录……功能参数；9. 合法用户设定的；10. 用于自动隐形拨号报失的；第五组：以及记录用于自行修改功能参数和自行合法更换用户卡的功能密码：11. 记录……功能密码；12. 用于自行修改功能参数的；13. 用于自行合法更换用户卡的；第六组：当手机每次开机使用时：14. 当手机每次开机使用时；第七组：手机的内部处理程序自动检测并比较当前用户卡的自身参数与预先存储的合法用户卡的自身数据是否一致：15. 手机的内部处理程序；16. 自动检测；17. 并比较……是否一致；18. 当前用户卡的自身参数；19. 与预先存储的合法用户卡的自身数据；第八组：或检测并比较当前用户卡对应的手机号码与预先存储的合法用户卡对应的手机号码是否一致：20. 或检测；21. 并比较……手机号码与手机号码；22. 当前用户卡所对应的；23. 与预先存储的合法用户卡对应的；第九组：如果一致，则正常使用：24. 如果一致；25. 正常使用；第十组：如果不一致，则正常使用同时按照设定的功能参数自动隐形拨号：26. 如果不一致；27. 正常使用；28. 同时；29. 按照设定的功能参数；30. 自动隐形拨号。

2005 年 3 月 14 日，解文武在位于北京市海淀区中关村大街 9 号的大中电器中关村店购买了海尔彩智星 Z3100（海尔信鸽 3100）手机一部（手机串号：351664002836581），并取得了大中电器公司销售专用票、发票及海尔彩智星 Z3100 手机宣传单。北京市海淀区公证处对上述购买行为进行了现场公证，并制作了（2005）海证民字第 1839 号公证书。解文武为购买海尔彩智星 Z3100 手机共支付 948 元。

在《海尔彩智星 Z3100 手机用户使用指南》第 42 页载有智能防盗功能的

说明，其中载明：智能防盗功能为您提供了一种简便的方式帮助您在手机丢失时找到自己的手机。如果该功能已经开启，选择"智能防盗"选项会出现"输入密码"屏幕，要求输入正确密码后才进入下一级菜单，否则直接进入下一级菜单。密码位数为 6。该功能开启后，如果插入的是无使用权限的 SIM 卡，手机屏幕上会出现"SIM 卡无效，请与机主联系"的提示信息。此时按右软键则手机出现联系号码列表，新用户可以按上、下键选择拨打。此时也可以按数字键直接输入密码，使当前 SIM 卡合法，然后手机正常启动。5 次密码输入错误后，数字键输入被禁止。在 SIM 卡合法之前，手机除了输入密码、接听或拨打"联系号码"中的号码外，禁止其他一切操作。本手机最多可以有 5 个合法 SIM 卡。如果在"通知周期"设定的时间内用户没有输入正确的密码，则每隔一个通知周期，手机会根据您设定的联系号码和通知方法拨打联系电话和通过短消息发送当前 SIM 卡号码。

2005 年 6 月 6 日，法院当庭组织各方当事人对解文武购买的海尔彩智星 Z3100 手机进行勘验，解文武、海尔通信公司确认海尔彩智星 Z3100 手机智能防盗方法有如下操作流程：在话机设置主菜单中选择安全设置一级子菜单，选择智能防盗二级子菜单，有通知方式设置、修改密码、开启或关闭智能防盗 3 种选择：选择通知方式设置，可以有 3 种下一级菜单：联系号码（输入联系号码，确认后屏幕显示：联系号码已保存）、通知方式（有电话通知、短消息通知两种通知方式供选择，确认后屏幕显示：通知方式已设置）、通知周期（有 15 分钟、30 分钟、1 小时 3 种时间供选择，确认后屏幕显示：通知周期……）；选择修改密码，可输入新密码；选择开启或关闭智能防盗，可开启或关闭智能防盗。设置好智能防盗功能的海尔彩智星 Z3100 手机，装入非法 SIM 卡开机后，屏幕显示"SIM 卡无效，请与机主联系"，此后有 3 种处理情形：1. 确认呼叫后，屏幕显示设置好的联系号码，有呼叫、返回两种选择，如果选择呼叫，则呼叫联系号码，在呼叫同时，屏幕显示：结束可供选择，确认后则停止呼叫；如果选择返回，则回到上一级菜单；2. 输入正确密码，则非法 SIM 卡可改为合法卡，这时，该手机存在两个合法用户卡；3. 不确认或输入错误密码，手机最快 15 分钟后自动显形呼叫联系号码。插入非法 SIM 卡，则海尔彩智星 Z3100 手机不能正常使用。

2005 年 4 月 11 日，海尔通信公司向专利复审委员会提出宣告本专利无效的请求，2005 年 4 月 12 日，专利复审委员会予以受理。

1999 年 8 月 4 日，国家知识产权局公开了名称为"用于移动电话管理的方法和设备"，申请号为 97196368.1 号的发明专利（简称"对比专利"），对比专利的申请日为 1997 年 4 月 25 日，优先权日为 1996 年 5 月 13 日。对比专利共有 18 项权利要求，其中权利要求 1 为方法独立权利要求，权利要求 12 为产品独立权利要求。权利要求 1 载明：在移动通信系统中识别移动通信单元的用户的一种方法，其中该单元拥有已授权用户选定的终端标识符和安全码，其中所述单元包括用于接收具有用户标识符并与运营者预约服务相关的用户卡的插卡空间，其中对应于一个授权用户卡的用户标识符之一与终端标识符相链接，并且其中该方法包括以下步骤：……权利要求 3 载明：根据权利要求 1 或权利要求 2 的一种方法，其中具有终端标识符的用户被登记在业务节点中，其特征在于还包括以下步骤：识别业务节点中终端标识符的已登记的授权拥有者；以及在业务节点中对移动通信单元的用户定位……权利要求 12 载明：在一个移动通信系统中，一种用于识别带有终端标识符和由授权用户选择的安全码的移动通信单元的用户的装置，其中该装置包括用来接收用户卡的插卡空间，该用户卡有一个用户识别符并且该卡与运营者的预约范围相联系，其中对应于授权用户卡的用户标识符之一与终端标识符相联系，并且该装置包括……证据 1 的专利说明书载明："本发明涉及检验在一个给定的电信单元中一个用户是否被授权使用该卡的问题。这种检验将在移动通信单元的用户没有察觉的情况下完成。本发明涉及的另一个问题是使移动通信单元的一个非授权用户受到鉴别而不需要预先警告这个非授权用户。当将用户卡插入一个移动通信单元时，该单元将会自动要求插入一个安全码。于是该用户将一个代码输入移动通信单元中，如果输入的安全码是错误的并且终端标识符和用户标识符彼此不一致时，移动通信单元会自动发出它自己的终端标识符和所插入的用户卡的用户标识符到一个业务节点。这个业务节点可以是一个移动通信单元投保的保险公司，或者还可以是对用户所联系的预约服务负责的运营者……"。

原审审理结果

原审法院认为：本专利为发明专利，根据《专利法》的规定，发明专利必须经过实质审查方可授权，故发明专利的效力比较稳定。虽然海尔通信公司在答辩期内向专利复审委员会提出宣告本专利无效的请求，并向法院提出中止本案诉讼的申请，但根据法释［2001］21 号《最高人民法院关于审理专利纠纷案件适用法律问题的若干规定》第十一条的规定，对于发明专利，人民法院可以不中止诉讼。经审查，本案不存在中止诉讼的情形，故本案不中止诉讼。在专利复审委员会未宣告本专利无效的情况下，本院确认本专利权的效力。

我国《专利法》第十一条第一款规定，发明专利权被授予后，任何单位或者个人未经专利权人许可，都不得实施其专利，即不得为生产经营目的制造、使用、许诺销售、进口其专利产品，或者使用其专利方法以及使用、许诺销售、进口依照该专利方法直接获得的产品。解文武作为专利权人，其所享有的合法权利受法律保护，其有权禁止他人未经许可实施其专利。

在专利侵权诉讼中，首先应确定专利权的保护范围。根据《专利法》的规定，发明专利权的保护范围以其权利要求记载的内容为准，说明书及附图可以用于解释权利要求。就本案而言，解文武的发明专利是一项方法发明专利，其包括两项独立权利要求，而解文武在本案中仅主张独立权利要求1，故本案仅涉及海尔彩智星Z3100手机的智能防盗方法是否落入了本专利的权利要求1。

根据本专利权利要求1记载的内容，其权利要求1应划分为以下4项必要技术特征：1. 当手机初次使用时，手机的内部处理程序录入合法用户卡所独有的区别于其他用户卡的自身数据或录入合法用户卡所对应的手机号码，并记录合法用户设定的用于自动隐形拨号报失的功能参数以及用于自行修改功能参数和自行合法更换用户卡的功能密码；2. 当手机每次开机使用时，手机的内部处理程序自动检测并比较当前用户卡的自身参数与预先存储的合法用户卡的自身数据是否一致，或检测并比较当前用户卡对应的手机号码与预先存储的合法用户卡对应的手机号码是否一致；3. 如果一致，则正常使用；4. 如果不一致，则正常使用同时按照设定的功能参数自动隐形拨号。解文武及海尔通信公司对本专利权利要求1必要技术特征的划分，均有不妥之处，本院不予采信。

根据我国《民事诉讼法》第六十四条第一款的规定，当事人对自己提出的主张，负有举证责任。由于本专利是"手机自动隐形拨号报失的实现方法"，解文武应举证证明海尔彩智星Z3100手机所使用的智能防盗方法与本专利权利要求1的方法相同或者等同。根据法院当庭组织各方当事人对被控侵权的海尔彩智星Z3100手机智能防盗方法进行的勘验及《海尔彩智星Z3100手机用户使用指南》记载的内容，被控侵权的海尔彩智星Z3100手机的智能防盗方法与本专利权利要求1的4项必要技术特征相比较，存在以下区别：即本专利在检测数据或电话号码不一致时，则正常使用同时按照设定的功能参数自动隐形拨号，而海尔彩智星Z3100手机的智能防盗方法在插入非法用户卡后，则不能正常使用，并且在预定的时间内，显形拨号。解文武主张非法用户不能正常使用的情形系对本专利的变劣，故被控侵权产品海尔彩智星Z3100手机中的智能防盗方法与本专利的技术特征是等同的，应适用等同原则判定海尔彩智星Z3100手机的智能防盗方法侵犯了本专利权。而海尔通信公司主张由于解文武在专利审批阶段对权利要求1进行了部分限定和放弃，在侵权诉讼中，应禁止反悔。对此，本院认为，在专利侵权诉讼中，当原告解文武主张的等同原则与被告海尔通信公司主张的禁止反悔原则在适用上发生冲突时，应当优先适用禁止反悔原则。根据解文武在本专利实质审查阶段向国家知识产权局提交的第一次审查意见通知书的意见陈述书中记载的"本发明在拨号报失的同时，用户处于正常使用状态，也就是说，本发明的自动报失并不影响当前用户使用。另外，从发明目的和效果来看，对比文件1和对比文件2是为了禁止非授权用户使用，而本发明主要是为了报失，本发明允许当前用户正常使用，但如果该用户为非法用户，则拨号报失，在该用户毫无察觉的情况下，就达到报失的目的，效果明显不同"的内容，可以认定，非法用户可以正常使用与非法用户不能正常使用是两种效果完全不同的技术方案。解文武系在明确将非法用户不能正常使用的情形排除在本专利保护范围之外的情形下，才获得了本专利权，即解文武在本专利审批阶段，为获取本专利，通过书面声明的方式，对本专利权利要求的保护范围作了限制承诺，并因此获得了本专利权。而在侵权诉讼中，解文武主张非法用户不能正常使用的情形系对本专利的变劣，故被控侵权产品与本专利的技术特征是等同的，该主张是解文武对自己在专利审批阶段陈述的反悔，不应允许。另外，解文武主张由于原告专利发明曾获得多项荣誉，故本专利在手机的自身安全防范领域属于开拓性的重大发明，因此，在进行等同侵权判断时，确定等同保护的范围可以适当放宽。对此，本院认为，开拓性发明系指一种全新的技术解决方案，在技术史上未曾有过先例，它为人类科学技术在某个时期的发展开创了新纪元，其与现有技术相比，具有突出的实质性特点和显著的进步。而本专利仅是一种"手机自动隐形拨号报失的实现方法"，是为解决防止手机丢失的目的而在现有技术上的进一步创新发明，而无论本专利审批阶段时的对比文件1、2，还是本案被告海尔通信公司提交的证据1以及本专利说明书中载明的其他方法，均可以用来实现手机防盗，本专利是众多解决此问题的手段中的一种，并不具备开拓性发明的条件，因此，解文武主张在进行等同侵权判断时应适当放宽保护范围，没有事实和法律依据，本院不予支持。因此，由于本专利与被控侵权产品海尔彩智星Z3100手机的智能防盗方法在技术特征上存在的非法用户不能正常使用及隐形拨号与显形拨号的特征上的本质区别，被控侵权产品海尔彩智星Z3100手机的智能防盗方法与本专利权利要求1既不相同亦不等同，并未落入本专利的保护范围，因此，解文武的起诉缺乏事实和法律依据，本院对解文武的诉讼请求不予支持。

海尔通信公司主张证据1即"用于移动电话管理的方法和设备"，已公开了本专利的全部必要技术特征，因此本专利不具备专利法意义上的新颖性、创造性。对此，本院认为，证据1是否影响本专利的新颖性、创造性，不是本案的审理范围，并且海尔通信公司并未以公知技术进行抗辩，其亦未主张被控侵权产品海尔彩智星 Z3100 手机系依据证据 1 的方法制造的，因此，海尔通信公司提交的证据 1 不能证明海尔彩智星 Z3100 手机不构成侵权，本院对此不予采信。海尔通信公司还主张因在本专利说明书中记载了"删除原有 SIM 卡信息，同时重新录入当前新 SIM 卡的数据信息"的内容，故本专利只能存在一个合法用户号码，而通过当庭勘验，被控侵权产品海尔彩智星 Z3100 手机却可以存在多个合法用户，因此，海尔彩智星 Z3100 手机亦未构成侵权。对此，本院认为，由于在本专利的权利要求中并未记载"删除原有 SIM 卡信息，同时重新录入当前新 SIM 卡的数据信息"的内容，而根据《专利法》的规定，说明书仅可以用来解释权利要求，并不能用于限定权利要求，故被告海尔通信公司此项抗辩不能成立，本院对此不予采信。

综上所述，本专利权利要求 1 与被控侵权产品海尔彩智星 Z3100 手机的智能防盗方法在技术特征上存在的非法用户不能正常使用及隐形拨号与显形拨号的区别，被控侵权产品海尔彩智星 Z3100 手机的智能防盗方法并未落入本专利的保护范围。因此，海尔通信公司制造、销售海尔彩智星 Z3100 手机，大中电器公司销售海尔彩智星 Z3100 手机的行为未侵犯解文武享有的第 ZL01802972.8 号发明专利权，解文武的起诉缺乏事实和法律依据，对解文武的诉讼请求，本院不予支持。依照《中华人民共和国专利法》第十一条第一款，法释〔2001〕21 号《最高人民法院关于审理专利纠纷案件适用法律问题的若干规定》第十一条之规定，判决：驳回原告解文武的诉讼请求。

解文武不服原审判决，提起上诉。理由是：解文武在针对国家知识产权局第一次审查意见通知书提交的意见陈述并未对"手机自动隐形拨号报失的实现方法"发明专利权的授予产生实质性的作用，因此，一审判决适用禁止反悔原则实属不当，海尔彩智星 Z3100 手机使用的智能防盗技术方案是对"手机自动隐形拨号报失的实现方法"发明专利的变劣。请求二审法院判令海尔通信公司生产的海尔彩智星 Z3100 手机的"智能防盗"技术特征落入了解文武已授权专利"手机自动隐形拨号报失的实现方法"的权利保护范围；请求判令海尔通信公司、大中电器公司停止销售具有"智能防盗"功能的海尔彩智星 Z3100 手机。

海尔通信公司、大中电器公司服从原审判决。

二审查明事实

二审法院查明的事实与原审法院查明的事实基本相同，另查明：法院在 2005 年 11 月 24 日对各方当事人进行询问时问到："根据解文武的上诉状，本案的焦点问题是'拨号报失的同时，用户处于正常使用状态，禁止……'所代表的技术方案与被控侵权产品是否相同、等同，上诉人在授权审查阶段对这句话的意思表示是否在本案中构成禁止反悔的问题？上诉人对一审判决的其他问题是否认可？"解文武对此进行回答时陈述："是，对一审判决的其他问题没有异议。"

二审审理结果

二审法院认为：发明专利的保护范围以其权利要求的内容为准，说明书及附图可以用于解释权利要求。在专利审批、撤销或无效程序中，专利权人为确定其专利具备新颖性和创造性，通过书面声明或者修改专利文件的方式，对专利权利要求的保护范围作了限制承诺或者部分地放弃了保护，并因此获得了专利权，而在专利侵权诉讼中，法院适用等同原则确定专利权的保护范围时，应当禁止专利权人将已经被限制、排除或者已经放弃的内容重新纳入专利权保护范围。

本案中，根据一审法院开庭笔录中的记载，海尔通信公司在开庭审理时已经提出解文武在"手机自动隐形拨号报失的实现方法"发明专利申请审查阶段已经将非法用户不能正常使用并显形拨号报失的技术特征排除在其要求保护的范围之外的主张。解文武对海尔通信公司的上述主张进行了陈述。因此，海尔通信公司在本案一审诉讼程序中已经提出了适用禁止反悔原则的请求。

根据"手机自动隐形拨号报失的实现方法"发明专利权利要求1的记载，当手机每次开机使用时，手机的内部处理程序自动检测并比较当前用户卡的自身参数与预先存储的合法用户卡的自身数据是否一致，或检测并比较当前用户卡对应的手机号码与预先存储的合法用户卡对应的手机号码是否一致，如果不一致，则正常使用同时按照设定的功能参数自动隐形拨号是该专利权利要求的必要技术特征之一，该技术特征是"手机自动隐形拨号报失的实现方法"发明专利权利要求1记载的技术方案的必要组成部分，缺少该必要技术特征，应认为该发明专利不能实施，其发明目的不能实现，因此，解文武在该专利授权审查阶段中对上述必要技术特征所作的意见陈述，应认为对"手机自动隐形拨号报失的实现方法"发明专利能否授权有实质性影响。

解文武在对"手机自动隐形拨号报失的实现方法"发明专利申请第一次审查意见通知书提交的意见陈述书中已经明确表明，其所申请的"手机自动隐形拨号报失的实现方法"发明专利要求保护的是在拨号报失的同时，用户处于正常使用状态，而对比文件1和对比文件2是为了禁止非授权用户使用，从发明目的和效果来看，"手机自动隐形拨号报失的实现方法"发明专利主要是为了报失，允许当前用户正常使用，但如果该用户为非法用户，则拨号报失，在该用户毫无察觉的情况下，就达到报失的目的，效果明显不同。据此可以认定，解文武在申请"手机自动隐形拨号报失的实现方法"发明专利时已经明确表示其专利要求保护的范围中的非法用户在正常使用情况下隐形拨号报失，与非法用户不能正常使用并显形拨号报失是两种不同的技术特征，即解文武在申请"手机自动隐形拨号报失的实现方法"发明专利时不要求保护非法用户不能正常使用并显形拨号报失的技术特征。

根据一审法院开庭时进行的勘验，海尔通信公司制造、销售及大中电器公司销售的海尔彩智星 Z3100 手机使用的智能防盗方法是非法用户不能正常使用并显形拨号报失的技术方案，而这个技术方案，解文武在"手机自动隐形拨号报失的实现方法"发明专利授权审查阶段已经明确表示不是该专利权利要求保护的范围。由于解文武已经放弃非法用户不能正常使用并显形拨号报失的技术方案，因此，其在依据"手机自动隐形拨号报失的实现方法"发明专利提起侵权诉讼时，不能再将该非法用户不能正常使用并显形拨号报失的技术方案重新纳入其专利保护范围，这种重新纳入的方式包括指控他人使用该技术方案时对非法用户在正常使用情况下隐形拨号报失的变劣。基于以上理由，海尔通信公司制造、销售及大中电器公司销售的海尔彩智星 Z3100 手机上使用非法用户不能正常使用并显形拨号报失的技术方案，与"手机自动隐形拨号报失的实现方法"发明专利权利要求 1 中记载的非法用户在正常使用情况下隐形拨号报失的技术特征不相同也不等同，未落入该专利的保护范围。海尔通信公司制造、销售及大中电器公司销售的海尔彩智星 Z3100 手机上使用的智能防盗方法不构成对解文武所享有的"手机自动隐形拨号报失的实现方法"发明专利权的侵犯。

由于解文武已经向本院明确表示其对一审判决中的其他问题没有异议，因此，本院亦认可一审法院对于其他问题的认定。

解文武的上诉理由不能成立，其上诉请求本院不予支持。

综上，一审判决认定事实清楚，适用法律正确。依据《中华人民共和国民事诉讼法》第一百五十三条第一款第（一）项的规定，判决如下：

驳回上诉，维持原判。

一、二审案件受理费各 1 000 元，由解文武负担。

9. "路灯（飞船形）"外观设计专利权无效纠纷案

——宁波帅康灯具股份有限公司诉国家知识产权局专利复审委员会

原告（上诉人）：宁波帅康灯具股份有限公司

被告（被上诉人）：国家知识产权局专利复审委员会

第三人（上诉人）：戴小明

案由：专利权无效纠纷

原审案号：北京市第一中级人民法院（2005）一中行初字第 115 号

原审合议庭成员：仪军、赵明、江建中

原审结案日期：2005 年 5 月 26 日

二审案号：北京市高级人民法院（2005）高行终字第 337 号

二审合议庭成员：刘继祥、孙苏理、魏湘玲

二审结案日期：2005 年 12 月 19 日

判决要旨

在判断外观设计是否相同或相近似时，应当基于被比外观设计产品的一般消费者的知识水平和认知能力进行评价，不同种类的产品有不同的消费群体。在界定属于公共服务设施的产品的一般消费者的时候，应当注重该类产品的使用状态以及享用产品的方式来综合确定。

起诉与答辩

就戴小明针对宁波帅康灯具股份有限公司（以下简称帅康灯具公司）拥有的名称为"路灯（飞船形）"的外观设计专利（以下简称本专利）提出的无效宣告请求，专利复审委员会作出第 6335 号决定，其在分析了本专利与对比文件的相同与区别之处后认为，通常情况下，路灯是安装在电线杆顶部的，与公众距离较远，因此对路灯类产品应适用整体观察、综合判断的方法进行对比。在本案中，由于两者产品设计形状近似，在路灯外形以弧线形设计为主的情况下，弧线曲率的差异不构成产品外观的显著区别。两者的区别点尚不足以使两产品外观形状产生明显差异，应属于局部细微差别。因本专利与对比文件

专利产品类别相同，形状相近似，整体视觉效果差异不大，在使用状态下公众很容易将二者混淆，故本专利与对比文件属于相近似的外观设计，本专利的授予不符合《专利法》第二十三条的规定。据此，专利复审委员会作出第6335号决定，宣告本专利权无效。

帅康灯具公司不服第6335号决定，在法定期限内向法院提起行政诉讼，其诉称：1. 专利复审委员会关于本案被比外观设计的相同/相近似性判断主体认定错误。《审查指南》规定外观设计相同/相近似的判断主体为"一般消费者"，同时规定"不同种类的外观设计产品具有不同的消费者群体"。但专利复审委员会没有按照上述规定认定本专利产品所具有的消费者群体，而是将本专利的判断主体界定为"公众"。本专利产品涉及市政建材领域，具体为路灯类产品，普通的公众不能接触，也不直接消费。故消费群体应为"从事路灯制造、销售、购买和安装的人员"，在判断本专利与对比外观设计是否相同/相近似时，应当以这些人员的知识水平和认知能力为依据。由于专利复审委员会对本专利产品"消费者群体"认定有误，并进一步采用了不正确的判断标准，故导致了审查决定结论的错误。2. 第6335号决定，所采用的判断方式错误，不符合《审查指南》的有关规定。专利复审委员会在分析本专利和对比文件时，采用的是"近距离观察法"即"直接观察法"，而在作出决定时又认为本专利产品的"路灯安装在电线杆顶部，与公众距离较远"，进而认为从这么远的距离看过去，所存在的差别点就"不构成产品外观的显著差别"，两方面在逻辑上明显相互矛盾。3. 专利复审委员会采用的"判断基准"错误。《审查指南》规定"只有变化状态的产品，才应以其使用状态的外观作为与在先设计进行比较"，而且规定若仅仅是形状的外观设计，其"几何形状"的差异应认定为"较大差异"。而专利复审委员会在第6335号决定中一方面认为"在使用状态下公众容易将二者混淆"，运用了只适用于可折叠产品才能采用的"判断基准"，而本案被比外观设计产品是不可折叠产品，公告的使用状态参考图，也只是作为"参考"之用，不应以"使用状态"作为外观设计相同/相近似性判断的基准；另一方面，专利复审委员会认为"弧线曲率的差异不构成产品外观的显著差别"也违反了《审查指南》的上述规定。曲率的变化，实质上造成弧线的几何形状的变化。根据《审查指南》的上述规定，在纯形状的外观设计中，弧线曲率的差异应当属于"较大"的显著差别。同时，在评判被比外观设计的相同或相近似性时，应当考虑被比外观设计产品的现有惯常设计及其在外观方面存在变化的空间大小。路灯类产品要求灯罩对其下面的路灯应起到保护作用的同时需要减少风阻，并对灯光充分利用。考虑到在先判例和本行业的技术发展状况，本专利与对比外观设计的上述差别应属于显著差别，两者是不相近似的外观设计。4. 第 6335 号决定对实体认定错误。（1）从主视图看：本专利是以中间的一条基本水平的线作为基准，上下的第 3 和第 4 台阶基本对称，形成弧度过渡的倾斜面，可有效减少风阻，是从较大的后部逐渐过渡为较小的头部，给消费者以动态"飞船"的强烈感觉；而对比文件没有对称设计，尤其是第 4 个台阶为垂直面形，抗风阻能力小，且依次形成的折痕和从后部向前部过渡的整体形状给人似"海螺丝"外形的强烈感觉；（2）从仰、俯视图（对比文件的对应视图为左、右视图）看：本专利轮廓形状是中前部为椭圆形、后部为方形圆角，是以曲线和直线相结合的纯形状设计；而对比文件轮廓形状是头部尖、中后部为椭圆形，与被比外观设计的弧线和直线相结合的设计相比，视觉效果差别明显。（3）从左视图（对比文件对应视图为仰视图）看：本专利整体为圆台形，而对比文件整体为带有折痕的半球形。（4）从右视图（对比文件对应视图为俯视图）看：本专利为不规则形状，而对比文件为典型的"海螺"形。因此，从整体观察两者：（a）各个视图的形状不同，造成整体形状不同；（b）造型和圆弧曲率的不同造成是否具有动感效果，本专利有动感效果，而对比文件没有；（c）本专利的前端椭圆形连接和对比设计前端的尖形连接、本专利后部方形的弧形过渡和对比设计的后部椭圆形设计，属于有较大差异的几何形状。因此，两者是不相同也不相近似的外观设计。此外，在实践中经销商、招标单位、施工单位均从来没有将本专利产品和对比文件外观设计产品混淆过，相反他们普遍认为两款产品是完全不同设计风格和设计理念的产品，增加了他们选择的多样性。因此，两者的上述差别对整体视觉效果产生了显著影响。5. 专利复审委员会在不同的案件中就基本相同的外观设计在整体视觉效果的认定上不一致，认定混乱、没有标准。在事实基本相同的情况下，专利复审委员会在第 6335 号决定和在先作出的第 6070 号无效宣告请求审查决定中对于判断主体的认定完全不同，使得公众对于外观设计的判断主体、判断方式、判断基准和判断原则的适用产生怀疑，无所适从。综上所述，专利复审委员会认定事实不清、适用法律不当，造成决定错误，请求人民法院：1. 判决撤销第 6335 号决定；2. 判令专利复审委员会重新作出维持本专利权有效的审查决定。

被告专利复审委员会辩称：专利复审委员会运用整体观察综合判断的原则，以一般消费者作为判断主体，比较分析本专利与对比文件整体形状的相同点与不同之处，得出二者相近似的结论。对此，专利复审委员会坚持其在第 6335 号决定中的论述，并认为该认定事实清楚、适用法律正确，帅康灯具公司的诉讼请求不能成立，请求人民法院维持该决定。

第三人戴小明没有提交书面意见，其在本案庭审过程中表示第 6335 号决定认定事实清楚，适用法律正确，程序合法，请求人民法院予以维持。

原审查明事实

原审法院经审理查明："路灯（飞船形）"外观设计专利（即本专利）的申请日为 2002 年 4 月 4 日，授权公告日为 2002 年 8 月 21 日，专利权人为帅康灯具公司，专利号为 02306975.9。

2003 年 7 月 25 日，戴小明以本专利不符合《专利法》第二十三条为由向专利复审委员会提出无效宣告请求，并提交了第 01343627.9 号外观设计专利公报作为对比文件。

2004 年 7 月 12 日，专利复审委员会进行了口头审理。2004 年 9 月 8 日，专利复审委员会作出第 6335 号决定。

原审审理结果

原审法院认为：我国《专利法》第二十三条规定，授予专利权的外观设计，应当同申请日以前在国内外出版物上公开发表过或者国内公开使用过的外观设计不相同和不相近似，并不得与他人在先取得的合法权利相冲突。《审查指南》将外观设计相同和相近似性的判断主体确定为一般消费者，其原因在于，外观设计是基于工业产品产生，并通过不同于同类产品且富于美感的外观吸引消费者的注意，赢得消费者的喜爱，故只有对此类产品具有关注的心理状态并在此基础上具有一定知识水平、产生一定认知能力的一般消费者才具有进行判断的能力。相反，如果不是该外观设计专利产品的一般消费者，则因其对于此类产品不具有关注的心理状态，缺乏相关知识和认知能力，将会导致在进行判断时缺乏客观性。因此，《审查指南》所规定的一般消费者并不是仅仅指购买者，而是泛指具有一般知识水平和认知能力，能够辨认被比外观设计产品的形状、图案以及色彩，对被比外观设计产品的同类或者相近类产品的外观设计状况有常识性了解的人。

就本案所涉及的路灯类产品而言，具有关注此类产品的心理状态并具有一定知识水平和认知能力的一般消费者应当是这类产品的购买者、安装以及维护人员。专利复审委员会在对本专利和对比文件进行相同或相近似性判断时，以没有任何限定的公众作为判断主体是错误的。实际生活中，虽然路灯除了具有照明功能外还具有一定装饰功能，但由于类似于本专利和对比文件的路灯产品是安装于几米高的电线杆的顶部，通常情况下或者因与公众距离较远，或者因路灯与公众所处的明显的高低位置关系而不便观察，故公众对于这类采用较为传统的上部为灯罩，灯罩内设有灯泡设计的路灯产品一般不会施以注意。如果以公众作为判断本专利与对比文件外观设计是否相同或相近似的判断主体就使得判断缺乏准确性与客观性，从而使判断失去意义。因此，专利复审委员会在对本专利进行评判时以公众作为判断主体缺乏事实依据和法律依据，本院予以纠正。鉴于判断主体的不同必将导致该判断主体的知识水平和认知能力以及判断原则等方面的差异并最终影响判断结果，故专利复审委员会应当以一般消费者作为本专利和对比文件相同或相近似的判断主体，重新作出无效宣告请求审查决定。

综上，专利复审委员会作出的第 6335 号决定适用法律有误，应予撤销。依照《中华人民共和国行政诉讼法》第五十四条第（二）项第 2 目之规定，判决如下：

一、撤销被告国家知识产权局专利复审委员会作出的第 6335 号无效宣告请求审查决定；

二、被告国家知识产权局专利复审委员会重新就第 02306975.9 号外观设计作出无效宣告请求审查决定。

帅康灯具公司和戴小明均不服原审判决，分别提起上诉。

帅康灯具公司的上诉理由是：一审存在漏判，严重损害了帅康灯具公司的利益。本案专利与对比文件既不相同也不相近似，一审法院应当判决撤销专利复审委员会的第 6335 号决定后责令专利复审委员会作出本案专利权有效的决定，或者结合司法实践和专家意见，对本案专利在路灯外观设计上的改进和创造给予肯定，直接判决本案专利权有效。请求二审法院将本案发回一审法院重审，或在确认本案专利与对比文件不相近似的基础上判决本案专利权有效。

戴小明的上诉理由是：路灯类公共设施性质的产品，一般消费者应当是过往行人和市民公众，而且应当是在使用状态下供公众观察。专利复审委员会有关本案专利的判断标准和判断方式是正确的，决定结论是正确的。请求二审法院判决撤销一审判决，维持专利复审委员会第 6335 号决定。

专利复审委员会服从原审判决。

二审查明事实

二审法院经审理查明：在无效审查程序中，戴小明提交的对比文件是一项先于本案专利获得授权的相同产品的外观设计专利，即宁波燎原灯具总公司 2002 年 3 月 6 日获得授权公告的"高压钠灯（海螺丝 NBDD - 40）"。专利复审委员会在分析了本案专利与对比文件的相同与区别之处后认为，通常情况下，路灯是安装在电线杆顶部的，与公众距离较远，因此对路灯类产品应适用整体观察、综合判断的方法进行对比。在本案中，由于两者产品设计形状近似，在路灯外形以弧线形设计为主的情况下，弧线曲率的差异，不构成产品外观的显著区别。两者的区别点尚不足以使两产品外观形状产生明显差异，应属于局部细微差别。因本案专利与对比文件专利产品类别相同，形状相近似，整体视觉效果差异不大，在使用状态下公众很容易将二者混淆，本案专利与对比文件属于相近似的外观设计，本案专利的授予不符合《专利法》第二十三条的规定。据此，专利复审委员会作出第6335号决定，宣告本案专利权无效。

二审审理结果

二审法院认为：本案对比文件是一项在先获得授权的同类产品的外观设计专利，故对比文件能够用于对本案外观设计专利相同或相近似性的判断。本案争议的焦点在于如何确定外观设计相同或相近似的判断主体问题。专利复审委员会根据本案专利产品特性，以公众作为一般消费者对本案专利产品路灯所施以的关注程度和所产生的视觉效果来判断本案专利与对比文件是否构成相同或相近似。一审法院则认为，对于路灯类产品，具有关注心理状态并具有一定知识水平和认知能力的一般消费者，应当是此类产品的购买者、安装者以及维修人员。因为路灯除具有照明作用外，还具备装饰功能，路灯在使用状态下与公众距离较远不便于观察，公众不会施以注意，将公众作为判断主体使得判断缺乏准确性和客观性。本院认为，根据《审查指南》的规定，在判断外观设计是否相同或相近似时，应当基于被比外观设计产品的一般消费者的知识水平和认知能力进行评价，不同种类的产品有不同的消费群体。本案专利产品是路灯，属于公共服务设施，消费者是对在使用状态下的路灯进行观察和欣赏。在界定路灯类产品的一般消费者的时候，应当注重该类产品的使用状态。路灯的最终使用者及路灯功能的享用者显然是不特定的过往行人，并非仅仅是专门从事路灯的制造、销售、购买、安装及维修的人员。专利复审委员会将判断本案外观设计专利与对比文件是否相同或相近似的判断主体确定为过往行人，即公众，并无不当。一审法院认为普通公众对路灯类产品不能接触，也不直接消费，故将该类产品的消费群体定位于从事路灯制造、销售、购买和安装的人员，不符合《审查指南》对判断主体的规定。从本案比较的客体而言，路灯产品的设计空间并未受到限制，本案专利与对比文件在使用状态下反映的主视图整体设计之间的差别并不明显，局部细微的差异不足以影响视觉效果，容易使消费者对两个产品产生混淆和误认，本案专利与对比文件之间属于相近似的外观设计。

综上，帅康灯具公司所提上诉理由不能成立，其上诉请求不予支持。戴小明所提上诉请求成立，专利复审委员会就本案外观设计专利所作第 6335 号无效宣告请求审查决定程序合法，证据充分，适用法律亦无不当，应予维持。一审判决认定事实和适用法律均有错误，应予纠正。依照《中华人民共和国行政诉讼法》第六十一条第（三）项之规定，判决如下：

一、撤销北京市第一中级人民法院（2005）一中行初字第 115 号行政判决。

二、维持国家知识产权局专利复审委员会第 6335 号无效宣告请求审查决定。

一审案件受理费 1 000 元，二审案件受理费 1 000 元，均由宁波帅康灯具股份有限公司负担。

10. "支垫"外观设计专利权无效纠纷案

——上海宝德联实业发展有限公司、包头市安力物业有限公司
草制品分公司诉国家知识产权局专利复审委员会

原告（上诉人）：上海宝德联实业发展有限公司
原告（上诉人）：包头市安力物业有限公司草制品分公司
被告（被上诉人）：国家知识产权局专利复审委员会
第三人（原审第三人）：鞍钢附企冷轧经贸有限公司
案由：专利权无效纠纷

原审案号：北京市第一中级人民法院（2005）一中行初字第 101 号
原审合议庭成员：仪军、赵明、江建中
原审结案日期：2004 年 6 月 20 日
二审案号：北京市高级人民法院（2005）高行终字第 424 号
二审合议庭成员：刘辉、岑宏宇、张冬梅
二审结案日期：2005 年 12 月 19 日

判决要旨

"仅以在其产品所属领域内司空见惯的几何形状和图案构成的外观设计"不属于外观设计专利保护的客体。提出上述主张的一方当事人应当承担相应的举证责任。

起诉与答辩

第 6601 号决定系专利复审委员会针对上海宝德联实业发展有限公司（以下简称宝德联公司）、包头市安力物业有限公司草制品分公司（以下简称安力公司）就鞍钢附企冷轧经贸有限公司（以下简称鞍钢冷轧公司）所拥有的 98321782.3 号外观设计专利（以下简称本专利）所提出的无效宣告请求而作出的。专利复审委员会在第 6601 号决定中认为：如果由于材料的不同导致被比外观设计相对于在先设计在整体视觉效果上产生了显著的变化，那么二者既不相同，也不相近似。本专利支垫外观设计的形状为一个长方体，在长方体的中部有一圆弧形凹槽。由本专利的简要说明可知，本专利支垫是由纤维材料和

捆带组成。因而，从本专利的主视图、仰视图、俯视图及立体图中均可看到间隔规则的各个捆带及其捆绑形成的纵向凹痕。此外，由于使用纤维材料，在主视图、仰视图、俯视图及立体图中可见支垫表面形成特定的由纤维束组成的外观。将证据 10 与本专利所示外观设计进行比较，二者具有以下相同之处：在正面看均为长方形，在长度方向有一圆弧形凹槽。其区别在于：本专利各视图中显示出所使用的捆带及其捆绑所造成的凹痕，而证据 10 图中所示的是木制凹木，没有因使用捆带而形成的凹痕；本专利由于使用纤维材料而形成特定纤维束组成的外观，而证据 10 的凹木表面相对光滑；另外，证据 10 的凹木也未显示宽度与长度之间的关系，而本专利支垫的宽度远小于长度。证据 10 的图片所示凹木与本专利的相同点仅在于正面看大体上为长方形并具有凹槽，但两者存在的上述差别均存在于支垫表面和外部，为人眼所见，对整体视觉效果具有显著的影响。即上述差别对支垫的整体形状有显著的影响，能对一般消费者产生明显不同的视觉效果，因此两者既不相同，也不相近似。将证据 1 ~ 5、7 ~ 9 及 11 所记载的图片，所示产品以及其他图片所示产品与本专利分别单独对比，上述证据相应图片所示产品中，均没有显示使用捆带及其所带来的凹痕，也没有显示出如本专利支垫使用纤维材料而在表面呈现的纤维束外观；且证据 1、4、8 及 11 所示产品，从正面看也不呈规则的长方形。所述差别对支垫的整体外观形状有显著的影响，对一般消费者产生明显不同的视觉效果。在上述相同和相近似的比较中已经得出，请求人提交的证据 1 ~ 5、7 ~ 11 与本专利均不属于相同和相近似的外观设计。在证据 1 ~ 5、7 ~ 11 基础上，不能表明在本专利的申请日之前，本专利要求保护的产品的形状已在所属领域内广泛使用从而为所属领域设计人员所共知，进而也不能得出本专利是 "仅以在其产品所属领域内司空见惯的几何形状和图案构成的外观设计" 的结论。因此，安力公司、宝德联公司提出的关于本专利产品不属于外观设计专利保护客体，而不符合《专利法实施细则》第二条第三款规定的主张不能成立。据此，专利复审委员会作出第 6601 号决定，维持本专利有效。

　　原告安力公司、宝德联公司不服第 6601 号决定，提起行政诉讼，其诉称：被告在作出第 6601 号决定时，认定事实有误，适用法律不当。1. 被告违反单独对比原则，在判断的同时加上了主观推测。第 6601 号决定中有如下的记载："由于使用纤维材料，在主视图、仰视图、俯视图及立体图中可见支垫表面形成特定的由纤维束组成的外观。"事实上，简要说明上没有 "纤维束" 这个词，在主视图、仰视图、俯视图及立体图中，都无法辨别纤维束的整体视觉效果。2. 第 6601 号决定违反了《专利法》第五十六条第二款的规定。被告应将表示在图片上的本专利与在先设计进行比较。本专利简要说明中的文字介绍不属于外观设计专利保护的范围。因此本专利各视图中的横线条不能代表纤维或纤维束的整体视觉效果，垂直线条也不能代表纵向凹痕视觉效果。上述垂直线条和横线条不是本专利的设计要部。从简要说明可知，本专利的设计要部应当是在长方体中的圆弧形凹槽。3. 外观设计的视图上不应有上位概念。纤维代表着无数种细长物质，每种物质都有其不同的视觉效果，结合本专利，如果采用不同的纤维物质，其整体视觉效果就不一样，由此可以推导出本专利的整体视觉效果有无数种，其视觉效果不固定。4. 本专利违反了《审查指南》关于不给予外观设计专利保护的客体的规定。本专利的设计目的是利用纤维柔软的特性，不会对钢卷的表面造成破坏，而非视觉效果的特性，即自然物在本专利中不产生美感的设计效果。本专利的支垫的纤维的整体视觉效果以及捆带捆绑形成的凹痕都不是设计者创作的对象，均属于与功能有关的特性，属于不给予外观设计专利保护的客体。5. 第 6601 号决定违反了《审查指南》关于仅以产品外观作为判断对象的规定，视觉效果的判断不能脱离外观设计的三要素，其余要素与在先外观设计的比较时不予考虑。6. 第 6601 号决定违反了关于判断客体的类型和外观设计相同性的判断或外观设计相似性的判断的规定。7. 本专利属于司空见惯的几何形状，第 6601 号决定采用了材料要素将本专利与对比文件进行比较，从而得出本专利与对比文件不相同和不相近似的结论是错误的。本专利的设计要部就是一个在长方体中的圆弧形凹槽。综上，原告认为本专利不符合《专利法》第二十三条和《专利法实施细则》第二条第三款的规定，请求人民法院依法撤销第 6601 号决定。

被告专利复审委员会在坚持第 6601 号决定的基础上进一步辩称：本专利涉及的产品是支垫，其形状为一个长方体，在长方体的中部有一圆弧形凹槽。从本专利的主视图、仰视图、俯视图及立体图中可看到间隔规则的各个捆带及其捆绑形成的纵向凹痕，并且在各视图中可见支垫表面形成特定的由纤维束组成的外观。本专利的简要说明对本专利具有解释作用，以便于理解本专利的保护范围，如明确了纵线条为捆带、横线条为纤维束所致。本专利并非以自然物原有形状作为主体的设计，故捆带及其凹痕、纤维束等形成的外观存在于支垫表面，应当视为该产品的外观设计的一部分。原告认为本专利的设计要部是在长方体中的圆弧形凹槽，而忽视其他方面的形状的观点不能成立。基于此，本专利与决定中的证据 1~5、7~11 单独对比，均不能得出本专利与证据 1~5、7~11 所示产品图片相同或相近似的结论。原告提交的所有证据只能表明支垫产品基本形状为长方体，并具有圆弧形凹槽，但本专利图片所示支垫除此之外还具有其他方面的形状，故并非是一种司空见惯的外观设计。因此，原告的诉讼请求不能成立，请求法院维持第 6601 号决定。

第三人鞍钢冷轧公司述称：1. 本专利是一个由纤维材料和捆带组成的中部有一圆弧形凹槽的支垫，因而从本专利的主视图、俯视图及立体图中均可看到间隔规则的捆带及捆绑后形成的纵向凹痕，其与原告提供的证据 10 中所述的在先设计木制凹木所示的自然木纹所形成的图案相比，二者能使一般消费者产生明显不同的视觉效果，因此二者不相同，也不相近似。2. 本专利的简要说明符合《审查指南》的要求。3. 本专利是对自然物进行加工后，改变了自然物的原貌而形成的一种新的产品，使纤维材料产生了新的功能和视觉效果，完全符合《专利法》第二十三条的规定。因此，专利复审委员会作出的第 6601 号决定事实认定清楚，适用法律正确，审查程序合法，请求人民法院依法驳回原告的诉讼请求，维持第 6601 号决定。

原审查明事实

原审法院经审理查明：

本案涉及的是国家知识产权局于 1999 年 4 月 14 日授权公告，申请日为 1998 年 8 月 3 日，名称为"支垫（4）"的第 98321782.3 号外观设计专利（即本专利），专利权人为鞍钢冷轧公司，在本专利外观设计专利公报上载明的本专利视图有 5 幅，包括主视图、左视图、俯视图、仰视图和立体图（见本判决书附图）。本专利授权时的简要说明中记载：该外观设计提供的是一种适合于钢卷等圆形货物的储存或运输用的由纤维材料和捆带组成的支垫。

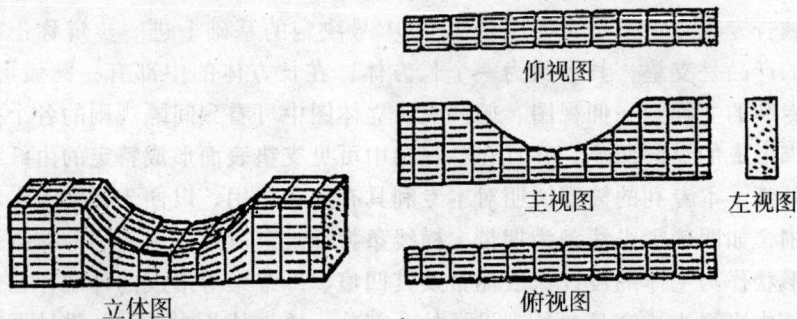

仰视图

主视图　　左视图

立体图　　俯视图

针对本专利，安力公司于 2004 年 3 月 22 日向专利复审委员会提出无效宣告请求，其理由是：本专利不符合《专利法》第二十三条、《专利法实施细则》第二条第三款的规定，并提交了证据 1～3。2004 年 4 月 21 日安力公司又补充了证据 4～11。针对本专利权，宝德联公司于 2004 年 3 月 9 日以与安力公司相同的无效理由向专利复审委员会提出无效宣告请求，并提交了与安力公司证据 1、2 相同的 2 份证据。2004 年 3 月 22 日宝德联公司又补充提交了与安力公司证据 3 相同的证据。

2004 年 10 月 21 日，专利复审委员会进行口头审理。在口头审理中，安力公司放弃证据 6，并指定证据 10 中第 442 页的图片为与本专利最近似的外观设计。

2004 年 11 月 24 日，专利复审委员会作出第 6601 号决定，维持本专利权有效。

在本案庭审中，安力公司、宝德联公司进一步主张：鞍钢冷轧公司在申请了本专利之外又申请了实用新型专利，在该专利说明书中记载了用纤维替代木材，纤维材料具有不可替代性，只能使用该材料，纤维材料是与其功能相联系的，因此，对本专利应该去掉作为功能部分的纤维材料再进行对比。对此，专利复审委员会认为，纤维束可以有多种外观，但本专利图片已经确定了本专利外观设计产品的外观，由功能所带来的外观仍应当得到保护。此外，在本案诉讼过程中，安力公司、宝德联公司未对本专利与证据 1~5、7~11 的对比提出异议。

原审审理结果

原审法院认为：《专利法》第二十三条规定，授予专利权的外观设计，应当同申请日以前在国内外出版物上公开发表过或者国内公开使用过的外观设计不相同和不相近似，并不得与他人在先取得的合法权利相冲突。结合本案当事人的诉辩主张，本案争议的问题主要涉及：

1. 本专利是否属于外观设计保护客体。《专利法实施细则》第二条第三款规定，外观设计是指对产品的形状、图案或者其结合以及色彩与形状、图案的结合所作出的富有美感并适于工业应用的新设计。以自然物原有形状、图案、色彩作为主体和仅以在其产品所属领域内司空见惯的几何形状和图案构成的外观设计属于不符合《专利法实施细则》第二条第三款规定而不给予外观设计专利保护的客体。本专利产品虽依其简要说明记载材料为纤维，但其是将一定数量的纤维加工、组合后形成一个新的产品外观，并非是以纤维的原有形状、图案、色彩为主体的设计。就原告提交的现有证据来看，也不能证明本专利属于仅以在其产品所属领域内司空见惯的几何形状和图案构成的外观设计。因此原告认为本专利属于不给予外观设计保护客体的主张没有事实依据，本院不予支持。

2. 关于本专利的保护范围。《专利法》第五十六条第二款规定，外观设计专利权的保护范围以表示在图片或者照片中的该外观设计专利产品为准。外观设计简要说明用来对外观设计产品的设计要点、请求保护色彩、省略视图等情况进行扼要的描述。简要说明中可以写明用特殊材料制成的产品的情况，以便于理解该专利产品的外观。从本专利各个视图中可以看到本专利的支垫具有确定的形状，因此原告认为由于纤维是上位概念，包括多种具有不同视觉效果的物质，故本专利支垫的整体形状没有固定的视觉效果的观点缺乏事实依据，本院不予支持。由本专利主视图、仰视图、俯视图及立体图可明显看出，支垫表面有纵向凹痕，因此被告在第6601号决定中认定支垫表面有凹痕是有事实依据的，本院予以支持。由于本专利简要说明中记载了本专利支垫是由纤维材料和捆带制成，因此被告在第6601号决定中认定由于使用纤维材料，在主视图、仰视图、俯视图及立体图中可见支垫表面形成特定的由纤维束组成的外观没有超出本专利图片所表示的产品外观的范围，并无不当。原告关于被告违反了外观设计产品仅以产品外观作为判断对象及被告违反单独对比的原则的主张没有事实和法律依据，本院不予支持。虽然被告在第6601号决定中考虑了纤维材料和捆带，认定二者为本专利外观设计在形状、图案上带来的影响，但是被告仍然是用本专利外观设计的各个视图所反映出来的关于本专利外观设计支垫产品的形状、图案与对比文件相比较，因此原告主张被告违反了判断客体的规定没有事实根据，本院不予支持。

产品的功能、内部结构、技术性能以及由产品的功能所唯一限定的特定形状，对整体视觉效果通常不具有显著的影响。然而，本专利外观设计产品的形状并不是由纤维材料的功能所唯一限定的特定形状，另外，第三人是否就支垫申请了实用新型专利也与本案无关，因此，原告关于本专利应该去掉作为功能部分的纤维材料再进行对比的主张本院不予支持。

3. 关于设计要部。某些产品上存在相对于其他部位明显地容易引起一般消费者的注意的部位，该部位称作该产品的"要部"。对于原告关于圆弧形凹槽为本专利设计要部的主张，本院认为，本专利支垫产品属于一般产品，其上的凹槽不会明显地容易引起一般消费者的注意，不属于本专利的设计要部。因此原告该主张不能成立，本院不予支持。

由于原告对第6601号决定关于本专利与证据1~5、7~11不相同和不相近似的对比情况没有提出异议，故本院不再对此进行评述。

综上，专利复审委员会作出的第6601号决定认定事实清楚，适用法律正确，程序合法，应予维持。原告的诉讼理由均不能成立。依照《中华人民共和国行政诉讼法》第五十四条第（一）项之规定，判决如下：维持被告国家知识产权局专利复审委员会作出的第6601号无效宣告请求审查决定。

宝德联公司、安力公司均不服原审判决，提出上诉，请求撤销原审判决和专利复审委员会作出的第6601号无效宣告请求审查决定。理由是：原审判决和第 6601 号无效宣告请求审查决定认定事实错误，适用法律不当。本案专利不符合《专利法》第二十三条、《专利法实施细则》第二条第三款的规定，属于不给予外观设计保护的客体。本案专利的视图没有清楚地显示纤维材料和凹痕，因此，不符合《专利法实施细则》第二十七条第三款的规定，不能作为请求保护的对象。另外，第 6601 号无效宣告请求审查决定对本案专利保护范围的认定与在先决定相冲突，应予纠正。

专利复审委员会、鞍钢冷轧公司服从原审判决。

二审查明事实

二审法院查明的事实与原审查明的基本相同，另查明：在本案诉讼过程中，安力公司、宝德联公司未对第 6601 号无效宣告请求审查决定关于证据 1~5、7~11 的认定提出异议。

二审审理结果

二审法院认为：《专利法实施细则》第二条第三款是有关外观设计专利保护客体的规定，即外观设计是指对产品的形状、图案或者其结合以及色彩与形状、图案的结合所作出的富有美感并适于工业应用的新设计。外观设计的载体是产品，以自然物原有形状、图案、色彩作为主体的外观设计属于不符合《专利法实施细则》第二条第三款规定而不给予外观设计专利保护的客体。从本案专利视图中可以看出，该支垫产品外观设计的整体形状是在一个长方体中部开有一半圆形凹槽。依其简要说明记载，是将一定数量的纤维加工、组合、捆扎后形成一个新的产品外观，并非是以纤维的原有形状、图案、色彩为主体的设计。另外，《审查指南》第一部分第三章第 4.4.3 节规定"仅以在其产品所属领域内司空见惯的几何形状和图案构成的外观设计"属于不符合《专利法实施细则》第二条第三款规定的情形。但是否属于仅以在其产品所属领域内司空见惯的几何形状和图案构成的外观设计，作为无效请求人的宝德联公司、安力公司应当举证加以证明。就二上诉人在无效程序中提交的证据来看，也不能证明本案专利产品属于仅以在其所属领域内司空见惯的几何形状和图案构成的外观设计。

《专利法》第五十六条第二款规定，外观设计专利权的保护范围以表示在图片或者照片中的该外观设计专利产品为准。《专利法实施细则》第二十七条第三款规定，申请人应当就每件外观设计产品所要保护的内容提交有关视图或者照片，清楚地显示请求保护的对象。《专利法实施细则》第二十八条第一款规定，申请外观设计专利的，必要时应当写明对外观设计的简要说明。外观设计的简要说明用来对外观设计产品的设计要点、请求保护色彩、省略视图等情况进行扼要的描述。简要说明中可以写明用特殊材料制成的产品的情况，以便于理解该专利产品的外观。以上规定表明，给予外观设计专利保护的客体是产品，而不是用以说明保护范围的视图或者照片本身。从本案专利的主视图、仰视图、俯视图及立体图中可以看到间隔规则的各个捆带及其捆绑形成的纵向凹痕，并且在各个视图中可见支垫表面形成特定的外观，结合所附简要说明，如明确了纵向线条为捆带、横向线条为纤维束所致，就可以清楚地反映出本案专利所要求保护的支垫产品的外观。因此，宝德联公司、安力公司提出本案专利不符合《专利法实施细则》第二十七条第三款的规定没有事实依据。

宝德联公司、安力公司还提出第6601号无效宣告请求审查决定对本案外观设计专利的保护范围的认定与在先无效宣告请求审查决定存在矛盾。由于外观设计专利权的保护范围以表示在图片或者照片中的该外观设计专利产品为准，不因专利权人的解释或专利复审委员会的认定而有所扩张或限缩，所以，在先无效宣告请求审查决定针对同一外观设计专利的客观描述对在后的无效宣告请求审查决定并不具有法定的拘束力。

由于宝德联公司、安力公司对第6601号无效宣告请求审查决定关于本案专利与证据1~5、7~11不相同和不相近似的对比情况没有提出异议，故其提出本案专利不符合《专利法》第二十三条的规定没有事实依据。

综上，宝德联公司、安力公司的上诉请求缺乏事实和法律依据，本院不予支持。原审判决认定事实清楚，适用法律正确，应予维持。依照《中华人民共和国行政诉讼法》第六十一条第一款第（一）项之规定，判决如下：

驳回上诉，维持原判。

一、二审案件受理费各1 000元，均由上海宝德联实业发展有限公司、包头市安力物业有限公司草制品分公司负担。

11. "吸声、保温、隔热、防水压型彩板屋面" 实用新型专利权无效纠纷案

——胡兵诉国家知识产权局专利复审委员会

原告（上诉人）：胡兵
被告（被上诉人）：国家知识产权局专利复审委员会
第三人（原审第三人）：徐州飞虹网架（集团）有限公司
案由：专利权无效纠纷

原审案号：北京市第一中级人民法院（2005）一中行初字第 361 号
原审合议庭成员：仪军、江建中、刘晓军
原审结案日期：2005 年 9 月 20 日
二审案号：北京市高级人民法院（2005）高行终字第 441 号
二审合议庭成员：刘继祥、魏湘玲、李燕蓉
二审结案日期：2005 年 12 月 20 日

判决要旨

在特殊情况下自认的法律效力应受到限制，即当事人的自认行为有可能损害国家利益、公共利益或者他人合法权益的，对其自认内容不能确认。专利行政机关应当查明背景技术中所描述的技术内容是否构成现有技术，而不能简单地以当事人自认为认定依据。

起诉与答辩

第 6536 号决定系专利复审委员会就徐州飞虹网架（集团）有限公司（以下简称飞虹公司）针对胡兵拥有的名称为"吸声、保温、隔热、防水压型彩板屋面"的实用新型专利（以下简称本专利）所提出的无效宣告请求作出的。专利复审委员会在该决定中认定：

本专利背景技术中（参见说明书第 1 页第 3~5 行及附图 1）介绍了作为现有技术的传统压型彩板屋面，由防水层压型彩板①、保温、隔热层玻璃棉毡②、保护层压型彩板③组成。这种复合压型彩板屋面具有防水、保温、隔热的功能，但不能吸声。本专利权利要求 1 与该传统压型彩板屋面相比，区别特征

在于：本专利的玻璃棉毡上粘贴有铝箔，保护层压型彩板上实施穿孔，且玻璃棉毡和保护层压型彩板之间放置有纤维玻璃布。

附件 2 与本专利属于同一技术领域，其金属穿孔板 8 相当于本专利的实施穿孔的压型彩板④，两者穿孔的目的均为了能吸音隔音，玻璃纤维棉 6 相当于本专利的玻璃棉毡，其上均粘贴有铝箔，作用均为保温隔热，无纺布相当于本专利的纤维玻璃布，两者的作用均为防止保温隔热层中的玻璃纤维棉掉落，因此附件 2 给出了将上述区别技术特征应用于现有技术中的传统压型彩板屋面以解决本专利所要解决问题的技术启示，对于本领域普通技术人员来说，由附件 2 和传统压型彩板屋面结合得到本专利权利要求 1 的技术方案是显而易见的，因此本专利权利要求 1 不具有创造性。

本专利权利要求 2 进一步限定的技术特征为：压型彩板④上所穿孔的数目在 2 个以上。附件 2 中，图 2 的金属穿孔板 8 上的孔的数目多于 2 个，因此在其引用的权利要求 1 没有创造性的情形下，本专利权利要求 2 也不具备创造性。

本专利权利要求 3 进一步限定的技术特征为：压型彩板④上所穿孔的孔径 0.1mm 以上。由于对于本领域普通技术人员来说，附件 2 已经指明金属穿孔板 8 上的孔径按需制作，由于在技术上而言，获得 0.1mm 以上的孔径比 0.1mm 以下的孔径更为容易，而本专利说明书中也没有记载选择 0.1mm 以上的孔径有什么特别的效果，因此在其引用的权利要求 1 或 2 均不具备创造性的情形下，本专利权利要求 3 也不具备创造性。

本专利权利要求 4 进一步限定的技术特征为：压型彩板④上所穿孔的形状为圆形、椭圆形、长方形、正方形、菱形及三角形中的任何一种或者它们相互之间的形状组合。由于权利要求 4 限定的是压型彩板上的孔的形状，而各种常规形状的采用均没有给本专利带来任何实质性特点和进步，因此，在其引用的权利要求 1、2 或者 3 均没有创造性的情形下，本专利权利要求 4 也不具备创造性。

胡兵强调本专利与附件 2 的构造和施工方法不同，因此本专利具有创造性。但是，本专利权利要求书中并没有限定其施工方法，胡兵的主张不能成立。

综上，专利复审委员会作出第 6536 号决定，宣告本专利权全部无效。

原告胡兵不服第 6536 号决定，在法定期限内向法院提起行政诉讼。其诉称：1. 第 6536 号决定认定事实不清。被告在第 6536 号决定中认为，附件 2 金属穿孔板 8 相当于本专利的实施穿孔板④，玻璃纤维棉 6 相当于本专利的玻璃毡棉，并认为无纺布相当于本专利的纤维玻璃布。这些结论是被告的主观臆断，缺乏证据支持。2. 被告评析本专利创造性时适用法律错误。被告在第

6536 号决定中认为附件 2 公开了本专利权利要求 1 特征部分的特征，并由此断定本专利不具有创造性。被告没有按照《审查指南》的有关规定，首先确定与本专利最接近的现有技术，并在此基础上确定本专利所要解决的技术问题，然后再判断解决该技术问题的技术手段在现有技术中是否存在技术启示。综上，第 6536 号决定认定事实不清，适用法律错误，请求人民法院予以撤销。

被告专利复审委员会坚持其在第 6536 号决定中的意见，并针对原告的起诉进一步辩称：第 6536 号决定在认定本专利与背景技术中记载的现有技术即传统压型彩板屋面之间存在的区别技术特征的基础上，再对该区别技术特征在附件 2 中给出了相应技术启示（包括技术领域、技术特征、技术效果三方面）进行了论述，得出传统压型彩板屋面的技术方案与附件 2 相互结合破坏了本专利创造性的结论。可见，第 6536 号决定是以传统压型彩板屋面为最接近的现有技术评价本专利的，这种评述方法完全符合《审查指南》的有关规定。同时，原告在口头审理过程中已经承认本专利说明书中所述的背景技术为本专利的现有技术，玻璃毡棉和纤维玻璃布为建筑行业常用材料，并承认附件 2 中的无纺布的作用与纤维玻璃布相同。综上，第 6536 号决定认定事实清楚、适用法律正确，请求人民法院予以维持。

第三人飞虹公司没有向法院提交书面的陈述意见。其在庭审过程中表示同意被告的意见。

原审查明事实

原审法院经审理查明：本案涉及的本专利系名称为“吸声、保温、隔热、防水压型彩板屋面”的 01213645. X 号实用新型专利，其申请日为 2001 年 3 月 16 日，授权公告日为 2001 年 12 月 26 日，专利权人为胡兵。本专利授权公告的权利要求书如下：

“1. 一种吸声、保温、隔热、防水压型彩板屋面，由防水层压型彩板①、保温、隔热层粘贴铝箔玻璃棉毡②、保护层纤维玻璃布③和压型彩板④组成，其特征在于对压型彩板④实施穿孔，让室内声音随空气经由压型彩板④上的孔进入保温、隔热层粘贴铝箔玻璃棉毡②内并被其吸收。

2. 根据权利要求 1 所述的一种吸声、保温、隔热、防水压型彩板屋面，其特征在于压型彩板④上所穿孔的数目在 2 个以上。

3. 根据权利要求 1 或 2 所述的一种吸声、保温、隔热、防水压型彩板屋面，其特征在于压型彩板④上所穿孔的孔径 0.1mm 以上。

4. 根据权利要求 1、2 或 3 所述的一种吸声、保温、隔热、防水压型彩板屋面，其特征在于压型彩板④上所穿孔的形状为圆形、椭圆形、长方形、正方形、菱形及三角形中的任何一种或者它们相互之间的形状组合。"

本专利的说明书载明："现有的压型彩板屋面，主要是复合压型彩板屋面，图1是现有的压型彩板屋面的剖面图，一般构造由防水层压型彩板①、保温、隔热层玻璃棉毡②、保护层压型彩板③组成。"

本专利授权公告文本表明，本专利专利权人在申请过程中没有聘请代理人。

2003年11月14日，飞虹公司以本专利不具备新颖性和创造性为由，向专利复审委员会提出无效宣告请求，并提交了附件1作为证据。2003年12月11日，飞虹公司提交了意见陈述书，认为本专利不符合《专利法》第二十六条、《专利法实施细则》第二条、第二十条的规定，并补充提交了10份附件。其中：

附件2是授权公告日为2000年3月29日的99225557.0号实用新型专利说明书。其公开了一种屋面构件，包括金属压型板1、金属压型板1下有次龙骨2、次龙骨2下有主龙骨3，次龙骨2上有螺栓4连接带孔的支撑构件5，支撑构件5上有一层无纺布9，无纺布9上有玻璃纤维棉6，玻璃纤维棉6上有一层铝箔7，支撑构件5下有一层金属穿孔板8。使用时金属穿孔板8上的孔径按需制作，铝箔7及玻璃纤维棉6能隔温保温，而金属穿孔板8与带孔的支撑构件5和玻璃纤维棉6配合能吸音隔音，无纺布9能防止玻璃纤维棉6掉落致人体过敏。

2004年8月16日，专利复审委员会进行了口头审理。在口头审理中，飞虹公司明确其无效理由为本专利不符合《专利法》第二十二条第三款、第二十六条第三款、《专利法实施细则》第二条第二款和第二十条第一款的规定。胡兵认为本专利权利要求1中的玻璃棉毡、纤维玻璃均为建筑行业常用的材料，而保护层纤维玻璃布与附件2中的无纺布效果相同，同时明确本专利说明书第1页中所述的背景技术为本专利的现有技术。上述内容记载在专利复审委员会的口头审理记录表中，该口头审理记录表有胡兵及其代理人的签字。

2004年10月20日，专利复审委员会作出第6536号决定。

在本案开庭审理过程中，原告还提出如下主张：1. 原告不懂得现有技术的法律概念，其承认本专利说明书中的背景技术是本专利的现有技术系被告诱骗的结果，被告因此得到的证据是非法的，不能使用。2. 现有技术是法律概念，不是自认的客体，自认是当事人对其亲历的事实的判断。就本案而言，现有技术并非原告亲历的事实，被告应当对原告的承认进行判断，不能对其承认直接进行法律上的认可。3. 被告在不同的案件中，没有对同样的事实适用同样的法律。原告为了支持其关于现有技术不能自认的主张，向法院提交了法院于 2005 年 5 月 20 日作出的（2005）一中行初字第 103 号判决书，该判决涉及第 6316 号无效宣告请求审查决定及 99258658.5 号实用新型专利说明书。原告指出，（2005）一中行初字第 103 号判决书第 7 页所述的"虽然原告主张本专利所述挂式结构的蒸汽熨烫机在本专利申请日之前已公开销售，但是原告未提供相应的证据"表明原告的承认不构成对现有技术的自认。对此，被告认为其并不存在诱骗原告的行为。原告在口头审理中有机会弥补其在申请专利时可能存在的错误，但原告明确承认本专利说明书所述的背景技术为现有技术，这是原告的真实意思，应当予以认可。对于原告引述的判决内容，被告认为没有涉及现有技术，与本案无关。此外，原告表示，如果认定本专利的背景技术为现有技术，则其不再坚持关于第 6536 号决定认定事实不清的起诉理由。

原审审理结果

原审法院认为：

1. 被告认定本专利说明书所述的背景技术为现有技术是否违反法律的规定。首先，被告在口头审理过程中询问原告是正常的审查行为，如何回答完全由原告自己选择。原告以此主张被告诱骗其承认本专利说明书所述的背景技术为现有技术没有事实依据，故法院对此不予支持。其次，现有技术指在申请日以前公众能够得知的技术内容，其本身属于法律概念。但在无效宣告请求过程中，专利权人针对本专利说明书中描述的背景技术是否为现有技术作出的承认仍然属于对事实的陈述。具体到本案，原告在无效宣告请求的口头审理过程中明确承认本专利说明书第 1 页中所述的背景技术为本专利的现有技术，应当认为原告已经承认了本专利说明书记载的背景技术即为本专利申请日以前公众能够得知的技术内容这一事实。再次，《审查指南》第二部分第二章 2.2 说明书的撰写方式和顺序规定，说明书的背景技术部分应当写明对发明或者实用新型的理解、检索、审查有用的背景技术，有可能的，并引证反映这些背景技术的文件。由此可见，《审查指南》规定说明书应当写明现有技术。就本案而言，原告虽然在申请专利时没有聘请代理人，但本专利的权利要求书和说明书仍然达到了法律规定的相应要求而被授予了专利权，足以说明原告了解上述法律规定并且是按照法律规定撰写说明书的。最后，由于凡是申请日以前公众能够得知的技术内容均为现有技术，故专利权人获知现有技术的途径多种多样，而且专利权人往往根据自己对现有技术的了解来撰写专利说明书，不一定都写明现有技术的出处。即使原告在申请专利的时候由于自身对事实的认识错误造成对背景技术的撰写有误，其仍有机会在无效宣告请求的口头审理中对其错误予以说明，从而获得相应的救济。但原告及其代理人在口头审理中非但没有主张原告对现有技术的理解和撰写有误，反而承认本专利说明书所述的背景技术即为现有技术，故应当视为是原告对事实的自认。被告据此认定本专利说明书所述的背景技术为现有技术并无不当，相应的法律后果应当由原告自行承担。因此，原告主张被告不应当对其承认的事实直接认定没有法律依据，本院不予支持。此外，原告提交的法院（2005）一中行初字第103号判决书并未涉及专利权人是否承认背景技术为现有技术的问题，其与本案的情况完全不同，不具备可比性。故原告以此主张被告没有对同样的事实适用同样的法律，现有技术不能自认的主张没有事实和法律依据，本院不予支持。综上，被告根据原告的承认认定本专利说明书所述的背景技术为现有技术并未违反法律的规定。

由于原告主张法院如认定本专利说明书所述的背景技术为现有技术，其即不再坚持被告认定事实错误的起诉理由，鉴于本院已经得出上述结论，故对原告关于被告认定事实错误的主张不再评述。

2. 被告在第6536号决定中对本专利创造性的审查是否适用法律错误。《审查指南》第二部分第四章规定了有关发明创造性的审查原则、审查基准以及不同类型发明的创造性判断的规定。同时，《审查指南》第四部分第六章规定，实用新型创造性的审查可以参考有关发明创造性审查的规定。被告在第6536号决定中首先将本专利权利要求1所述的技术方案与本专利说明书所述的现有技术进行对比，指出两者之间的区别技术特征。由此可见，被告已经确定本专利说明书所述的现有技术为最接近的现有技术。在此基础上，被告指出本专利所要解决的技术问题，并判断本专利对本领域的普通技术人员来说是否显而易见。因此，被告在第6536号决定中是按照《审查指南》的规定对本专利创造性进行评价的。原告以被告违反《审查指南》的规定为由主张被告适用法律错误没有事实依据，本院不予支持。

综上所述，被告作出的第6536号决定认定事实清楚，适用法律正确，审理程序合法，审查结论正确。原告的诉讼理由不能成立，其诉讼请求本院不予支持。依照《中华人民共和国行政诉讼法》第五十四条第（一）项之规定，判决：维持被告国家知识产权局专利复审委员会作出的第6536号无效宣告请求审查决定。

胡兵不服原审判决，提起上诉，请求撤销一审判决和专利复审委员会第6536号无效决定，维持01213645.X号实用新型专利权有效。其诉称：1. 我在无效程序中自认专利说明书背景技术中所描述的技术内容为现有技术，是由于我不懂得现有技术的法律含义，这样的承认并不能得出"背景技术中所描述的技术为现有技术"的结论。2. 专利复审委员会应当根据《专利法实施细则》第三十条的规定，查明背景技术中所描述的技术内容是否构成现有技术。

专利复审委员会和飞虹公司服从原审判决。

二审查明事实

二审法院经审理查明：2001年3月16日胡兵向中国专利局申请了01213645.X号"吸声、保温、隔热、防水压型彩板屋面"实用新型专利，该专利申请于2001年12月26日被授权公告，专利权人为胡兵。经授权的权利要求共有4项。该专利说明书载明：现有的压型彩板屋面，主要是复合压型彩板屋面，图1是现有的压型彩板屋面的剖面图，一般构造由防水层压型彩板、保温、隔热层玻璃棉毡、保护层压型彩板组成。2003年11月14日飞虹公司以本专利不具有新颖性和创造性，且不符合《专利法》第二十六条第三款以及《专利法实施细则》第二条第二款、第二十条第一款之规定为由，请求专利复审委员会宣告该专利权无效。飞虹公司共提交了11份证据，其中的附件2是2000年3月29日公开的99225557.0号实用新型专利说明书。专利复审委员会于2004年8月16日进行了口头审理。在口头审理中，胡兵明确承认本专利说明书第1页中所述的背景技术为本案争议专利的现有技术。专利复审委员会经审查认为，由于胡兵在口头审理中已经指出本案争议专利背景技术描述的内容就是本专利的现有技术，故附件2~9及本专利背景技术均可作为本案争议专利的现有技术用以评价其创造性。由附件2结合本案争议专利背景技术得到权利要求1技术方案是显而易见的，权利要求1不具有创造性。同理，权利要求2、3、4也不具有创造性。2004年10月20日专利复审委员会作出第6536号无效决定，宣告胡兵的01213645.X号实用新型专利权无效。

二审审理结果

二审法院认为：本案二审审理中各方当事人争议的焦点在于，胡兵在口头审理过程中关于本专利说明书第1页中所述背景技术为现有技术的自认行为，是否产生法律上的拘束效力。自认，是指一方当事人就对方当事人所主张的不利于自己的事实作出明确承认或某种表示，从而产生相应法律后果的诉讼行为。本案中，专利权人胡兵在口头审理中明确承认说明书第1页中的背景技术构成本专利的现有技术，其行为已构成自认。根据诚实信用原则，一般情况下自认产生法律上的拘束效力，当事人不得反悔。但自认也有例外，在特殊情况下自认的法律效力应受到限制，即当事人的自认行为有可能损害国家利益、公共利益或者他人合法权益。本案中，胡兵虽然自认本案专利说明书第1页中所述的背景技术为现有技术，但现有技术是指申请日前在国内外出版物上公开发表、在国内公开使用或者以其他方式为公众所知的技术。胡兵自认的现有技术一旦为法律所确认后，任何人均可依据此现有技术申请宣告他人专利权无效，即胡兵的自认行为有可能损害他人利益，故胡兵的自认行为应当受到限制，并不产生法律拘束力。在胡兵明确自认的情况下，专利复审委员会应当要求飞虹公司进一步举证证明其主张或依职调查有关事实，证实胡兵自认的内容在客观上确已构成现有技术，不应直接将胡兵自认的内容确认为现有技术。综上，专利复审委员会第 6536 号无效决定和一审判决认定事实、适用法律均有不当，本院应予纠正。上诉人胡兵的上诉理由成立，其上诉请求应予支持。据此，依照《中华人民共和国专利法实施细则》第三十条、《中华人民共和国行政诉讼法》第六十一条第（三）项、最高人民法院《关于执行〈中华人民共和国行政诉讼法〉若干问题的解释》第七十条之规定，判决如下：

一、撤销北京市第一中级人民法院（2005）一中行初字第 361 号行政判决；

二、撤销国家知识产权局专利复审委员会第 6536 号无效决定。

一、二审案件受理费各 1 000 元，由国家知识产权局专利复审委员会负担。

商 标

12. "新东方学校"著作权及商标侵权纠纷案

——(美国)研究生入学管理委员会诉北京市海淀区私立新东方学校

原告(被上诉人):(美国)研究生入学管理委员会
被告(上诉人):北京市海淀区私立新东方学校
案由:侵犯著作权纠纷、商标专用权

原审案号:北京市第一中级人民法院(2001)一中知初字第 33 号
原审合议庭成员:马来客、张广良、仪 军
原审结案日期:2003 年 9 月 27 日
二审案号:北京市高级人民法院(2003)高民终字第 1391 号
二审合议庭成员:刘继祥、魏湘玲、孙苏理
二审结案日期:2004 年 12 月 27 日

判决要旨

商标的主要功能在于使相关公众通过商标识别不同商品的来源,避免相关公众对不同来源的商品产生混淆、误认。因此,是否会造成相关公众对不同商品的来源产生或可能产生混淆、误认,是认定是否构成侵犯商标权的关键。如果仅仅为了说明或叙述商品的性质和内容,而不是为了区别不同来源的商品使用商标标识,那么这种行为就不是使用商标的行为,也不可能导致相关公众的混淆、误认,不会损害商标的区别来源的功能,也就不构成侵犯商标权。

起诉与答辩

原告(美国)研究生入学管理委员会(Graduate Management Admission Council,以下简称 GMAC)诉称:GMAC 是研究生入学考试(Graduate Management Admission Test,以下简称 GMAT)试题的著作权人,对所有 GMAT 考

试题在美国版权局进行了著作权登记，并将 GMAT 文字作为商标在相关类别予以注册。GMAC 的著作权和商标权均受中国法律的保护。自 90 年代中期以来，北京市海淀区私立新东方学校（以下简称新东方学校）未经 GMAC 的同意大量复制、出版和发行 GMAC 享有著作权和商标权的 GMAT 考试试题，非法获利巨大，给 GMAC 造成了损害。1996 年 1 月和 1997 年 1 月，国家工商行政管理部门在新东方学校查抄到大量侵权物品。1997 年查抄后，新东方学校的法定代表人俞敏洪曾承认违反中国《中华人民共和国著作权法》（以下简称《著作权法》），侵犯了 GMAC 的著作权，并保证今后未经授权不再使用 GMAC 享有著作权的资料。尽管作了如上承诺，新东方学校仍在未经 GMAC 授权的情况下，继续复制、销售和发行 GMAC 拥有著作权的考试试题，使用和展示 GMAC 的注册商标。新东方学校在其书店、上海和广州的分校出售侵权物品，并直接将侵权物品提供给接受培训的学生。2000 年 11 月 13 日，GMAC 在公证员的监督下，从新东方学校书店购得大量侵权 GMAT 材料。2000 年 12 月 13 日，在公证员的参加下，GMAC 的委托代理人从新东方学校网站上下载了证明新东方学校侵权的证据。新东方学校还未经授权向其他国家的个人提供侵权的 GMAT 材料。为制止新东方学校的侵权行为，GMAC 第三次向国家工商行政管理机关举报，国家工商行政管理机关于 2000 年 11 月 15 日对新东方学校进行了检查并封存了侵权的 GMAT 材料。但新东方学校在被查处后仍然无视 GMAC 的著作权和商标权，在其书店中继续大肆销售侵权的 GMAT 材料。尤为严重的是，新东方学校于 2000 年 12 月 13 日起将侵权材料上载到一个新的网站上，任何国家的任何人均可以从网站上下载这些材料。新东方学校的行为不仅侵犯了 GMAC 拥有的著作权及商标权，而且危及 GMAT 考试的安全和权威性，贻害中国考生。综上，请求人民法院判令被告：1. 停止一切侵犯 GMAC 著作权和商标权的行为；2. 销毁其所有的侵权资料和印制侵权资料的软片；3. 在全国媒体上向 GMAC 公开赔礼道歉；4. 消除因侵权造成的影响；5. 赔偿 GMAC 经济损失人民币 1 749 635.25 元；6. 承担 GMAC 为制止其侵权行为而支付的合理费用 1418197.09 元和本案诉讼费。

被告新东方学校辩称：1. 关于 GMAC 起诉侵犯其著作权的问题。新东方学校是根据中国法律设立的非营利性教育机构，主要从事英语、计算机等专业的教育培训和研究。GMAT 考试培训是新东方学校开办的教育培训项目之一，新东方学校强调在实质性地提高英语水平的同时，培养学习者的应试技巧。这种学习方法，必然以教学双方获得并使用 GMAT 考试以往的试题为教学的条件之一。GMAT 考试以往的试题，在中国、美国或其他国家的学生和应试者中都有流传。对 GMAC 而言，不论其对这些试题采取何种保密措施，一旦某一特定试题在众多的应试者参加考试，获知试题内容后，在法律上应没有权利要求禁止特定 GMAT 考试试题信息的流传。新东方学校为满足学生的学习需要，在无法获得 GMAC 授权的情形之下，只有将由各种渠道获得的 GMAC 享有著作权的 GMAT 以往考试的部分试题，根据学生的数量和要求进行复制，以用于课堂教学。由于在管理方面的问题，新东方学校没有完全控制复制的试题在本校学生中使用，出现过向学生之外的人销售的情形。新东方学校出现的这类问题，违反了《著作权法》的有关规定。但就总体而言，新东方学校复制的 GMAT 试题，是由新东方学校在课堂教学中使用的，根据《著作权法》第二十二条的规定，这种使用属于合理使用，无须获得 GMAC 的授权。因此，GMAC 要求全面禁止新东方学校复制其 GMAT 试题，缺乏法律依据，不能成立。2. 关于 GMAC 起诉侵犯其商标权的问题。新东方学校在教学中使用的一些资料上，确曾使用过"GMAT"字样，作为资料名称的组成部分。虽然 GMAC 在中国注册了相关的商标，但是，新东方学校的这种使用，是在"GMAT"已经成为 GMAC 某一考试专有名称的情况下，为说明和叙述有关资料而作的使用，与作为商标的使用在目的和实际效果上完全不同，根据《中华人民共和国商标法》（以下简称《商标法》）的有关规定，不应被视为侵犯商标专用权的行为。因此，GMAC 要求新东方学校承担侵犯其商标权的法律责任，缺乏法律依据，不能成立。综上所述，GMAC 起诉的部分诉讼请求不能成立，请法院依法作出裁判。

原审查明事实

原审法院经审理查明：

1. GMAC 设立于美国弗吉尼亚州，其开发创作了"研究生入学考试"（英文为 Graduate Management Admission Test，简称 GMAT）。

GMAT 考试试题一般包括若干"SECTION"，每个"SECTION"又包含若干考题，考题（包括题干和选择项）均是 GMAC 的工作人员独立命题。命题完成后，先由 GMAC 的两名工作人员进行审核，再由 GMAC 聘请的专家审核。审核完成后，将试题交给一些不知道考题性质的学生解答，并由 GMAC 的工作人员根据学生解答的情况再对试题进行修改和删除。最后，由 GMAC 聘请的专家最终审定。

1983 年至 1997 年，GMAC 将其开发的 23 套 GMAT 考试试题在美国版权局进行了著作权登记。

1995 年，GMAC 以"GMAT"（文字）作为商标在中国核准注册。核定使用商品分别为：第 9 类：已记录的计算机程序（作为与研究生管理教学计划决定入学录取和指导以及工作安排方面辅助有关的一系列考试的教育测验、测验评分和报告领域用的），有效期限自 1995 年 6 月 28 日至 2005 年 6 月 27 日，商标注册证第 752825 号；第 16 类：试卷，书籍，小册子，简讯，指导手册，指南，技术手册，统计报告，研究报告，分数报告，总结和论文，有效期限自 1995 年 5 月 21 日至 2005 年 5 月 20 日，商标注册证第 746847 号；第 41 类：教育，教育考核服务及教育信息服务，有效期限自 1995 年 1 月 14 日至 2005 年 1 月 13 日，商标注册证第 775703 号。

2. 1997 年 1 月，北京市工商行政管理局就新东方学校擅自复制 GMAT 考试试题的行为进行稽查，并暂扣了《GMAT 全真题选编》、《GMAT 国内最新全真题》等书籍资料。有关谈话记录表明：1996 年 1 月，北京市工商行政管理局已经就新东方学校擅自复制 GMAT 考试试题的行为进行过一次稽查，对该事实，俞敏洪未提出异议。同时，在该次谈话过程中，俞敏洪陈述："美国在中国的考题都是保密的，任何考生都不可能带出考点……"此后，新东方学校针对前述稽查行动向北京市工商行政管理局出具保证书，承认其复制发行 GMAT 考试试题的行为侵犯了 GMAC 的著作权。

2000 年 11 月 15 日，北京市工商行政管理局宣武分局对新东方学校进行稽查，并扣留封存了部分书籍，其中包括《GMAT 讲义》。

3. 2000 年 7 月，世界图书出版公司出版发行了《GMAT 填空式作文法》一书，印数为 12 000 册。该书收录了 GMAT – CAT 全真作文试题库。

4. 2000 年 11 月 9 日，中原信达知识产权代理有限责任公司（以下简称中原信达公司）受 GMAC 的委托，为收集固定证据，在位于北京市海淀区中关村路 15 号的新东方学校购买了 "GMAT 系列教材"，其中包括：《GMAT 词汇考试频率统计表录音词汇课笔记》、《GMAT 讲义》、《GMAT 逻辑》、《GMAT 阅读》、《GMAT 语法》、《GMAT 数学》、《GMAT 写作》、《GMAT 听力磁带》。北京市公证处对上述购买行为进行了公证，并出具了（2000）京证经字第 32772 号公证书。

2000 年 12 月 25 日，北京市正见永申律师事务所受 GMAC 的委托，为收集固定证据，在位于北京市海淀区中关村路 15 号的新东方学校购买了 "GMAT 系列教材"，其中包括：《GMAT 逻辑》、《GMAT 练习题》、《GMAT 语法》、《GMAT 数学》、《GMAT 写作》。北京市正见永申律师事务所律师在服务台获得的《新东方学校招生简章 2000 年》中载明，GMAT 住宿班所收取的费用中包含资料费、磁带费、住宿费、学费。北京市崇文区公证处对上述购买和获得招生简章的行为进行了公证，并出具了（2001）京崇证内经字第 3 号公证书。

上述两次公证购买的被控侵权出版物，在书名相同的情况下，其内容也是相同的。

经 GMAC 和新东方学校协商一致，并经本院确认，GMAC 和新东方学校于 2001 年 11 月自行就上述被控侵权出版物中被控侵权的部分和与之有关的 GMAT 考试试题进行了对比。对比工作由 GMAC 和新东方学校授权的人员参加，以（2000）京证经字第 32772 号公证书所涉及的被控侵权出版物为基准。对比工作按照 GMAC 和新东方学校具有特别授权权限的委托代理人签订的备忘录进行，首先由 GMAC 的委托代理人按照公证书所列出版物的顺序出示 GMAC 相关作品的著作权登记证书、考试试题及被控侵权出版物，并作详细的对比说明；然后，新东方学校的委托代理人对上述材料进行审核。对无异议的部分由双方签字确认，对有异议的部分以对比表和工作日志的形式予以记录。对比结果为：《GMAT 逻辑》、《GMAT 阅读》、《GMAT 语法》、《GMAT 数学》中被控侵权部分的内容与相关的 GMAT 考试试题内容一致。

上述被控侵权出版物均是将多套 GMAT 考试试题中的逻辑、语法、阅读、数学部分收录在一本分册。在上述被控侵权出版物的封面均用醒目的字样标明"GMAT"字样，且相对于其他文字"GMAT"的字体最大。在听力磁带包装盒的封面、封底以及磁带两侧标签上，没有"GMAT"字样。

5. 中原信达公司受 GMAC 的委托，为收集固定新东方学校通过其网站销售被控侵权出版物的证据，于 2000 年 11 月 13 日，由中原信达公司的工作人员使用北京市公证处的计算机上网登录新东方学校网站主页（网址为 http：//www. neworiental. org），并先后通过点击"英文书店"、"GMAT"进入 GMAT 培训教材书籍目录页面，在可以邮购的有关 GMAT 资料中列有：《GMAT 数学》、《GMAT 阅读》、《GMAT 逻辑》、《GMAT 语法》，其简介均为：本书为 90~97 年国内美国 ETS 所出全真题汇编，定价 20 元。北京市公证处对上述过程进行了公证，并出具了（2000）京证经字第 32774 号公证书。

GMAC 没有在网上订购或邮购上述书目或磁带。

6. 在北京天正会计师事务所有限责任公司于 2001 年 5 月 30 日出具的《审计报告》中载明："根据委托审计函要求，审计期应自 1998 年 1 月至 2001 年 1 月，而据所提供的会计资料并没有 2001 年 1 月的相关账簿、凭证、报表及其他资料，所以，2001 年 1 月的审计无法进行，本审计截止期至 2000 年 12 月 31 日止。……该校在培训过程中向受培训人员收取资料费。在培训费中是否含有资料费用，审计中对此曾予以关注，但没有证据足以证明。资料费的收取，无一例外地都不标注收取的是什么资料费，且收费高低悬殊差距较大，从收费不同看其种类繁多，无法认定 GMAT 的资料收费情况。"

该报告中载明，新东方学校 GMAT 的培训收入：1998 年为 561 702 元，占全年培训总收入的 2.2%；1999 年为 1 183 652 元，占全年培训总收入的3.3%；2000 年为 963 485 元，占全年培训总收入的 1.2%。新东方学校的资料收入：1998 年为 3 012 702 元，1999 年为 4 931 191 元，2000 年为 6 983 357 元。

原审审理结果

原审法院认为：

1. 关于 GMAC 对新东方学校侵犯其著作权的指控。我国《著作权法》规定，外国人在中国境外发表的作品，根据其作者所属国同中国签订的协议或者共同参加的国际条约享有的著作权，受本法保护。由于中国和美国均为《保护文学和艺术作品伯尔尼公约》的成员国，依据该公约，我国有义务对美国国民的作品在中国给予保护。

GMAC 作为 GMAT 考试的主持、开发者，独立设计、创作完成了 GMAT 考试试题，并在美国就 23 套 GMAT 考试试题进行了著作权登记。从 GMAT 考试试题的内容来看，在每一道考题的设计、创作上，每个部分的试题中每一道考题的选择、编排方面，整套试题中每个部分的试题的选择、编排方面，GMAT 考试试题具有独创性，属于我国著作权法保护的作品范畴。未经著作权人许可，任何人不得擅自复制、发行该考试试题。

对于 GMAC 关于未经其许可复制、发行 GMAT 考试试题的侵权指控，新东方学校提出其使用方式属于合理使用的抗辩理由。从新东方学校提交的证据分析，首先，世界图书出版公司出版发行《GMAT 填空式作文法》的事实不能证明新东方学校复制、发行 GMAT 考试试题获得了 GMAC 的授权，该事实不能作为其未经 GMAC 许可使用 GMAT 考试试题的理由，故与本案无关。其次，新东方学校大量复制并销售 GMAC 享有著作权的作品，超出了课堂教学合理使用作品的范围。其关于教学所涉及的学习方法必然以使用 GMAT 考试试题为教学条件的抗辩理由，不是法定的免责事由，不能成立。因此，新东方学校提交的有关证据均不能佐证其合理使用的主张，对其抗辩理由本院不予支持。由于新东方学校在未经 GMAC 许可的情况下，擅自复制 GMAC 享有著作权的 GMAT 考试试题，并将试题以出版物的形式通过互联网等渠道公开销售，其行为侵害了 GMAC 的著作权。

2. 关于 GMAC 对新东方学校侵犯其商标专用权的指控。我国《商标法》规定，商标注册人享有商标专用权，受法律保护。注册商标的专用权，以核准注册的商标和核定使用的商品为限。未经商标注册人的许可，在同一种商品或者类似商品上使用与其注册商标相同或者近似商标的属于侵犯注册商标专用权的行为。GMAC 将 "GMAT"（文字）作为商标核准注册，且其注册商标均在有效期内，故依据我国《商标法》，GMAC 对 "GMAT"（文字）在第 9 类、第 16 类和第 41 类上享有商标专用权，其合法权利受法律的保护。根据现有证据，新东方学校在由其发行的 GMAT 考试试题出版物封面上以醒目的字体标明 "GMAT" 字样，其使用 "GMAT" 的商品类别与 GMAC 注册的第 9 类、第 16 类和第 41 类的商品类别相同，其标明的 "GMAT" 字样也与 GMAC 的注册商标完全一致。故新东方学校在与 GMAC 核定使用商品类别相同的商品上使用了 GMAC 的注册商标，构成对 GMAC 注册商标专用权的侵犯。新东方学校关于其对 "GMAT" 的使用属于 "为说明和叙述有关资料而作的使用"，从而不构成侵权的抗辩理由不能成立，本院不予支持。

综合上述两方面，新东方学校的行为已经构成对 GMAC 著作权和 "GMAT"（文字）商标专用权的侵犯，应当承担停止侵害，赔偿损失，消除影响，向 GMAC 赔礼道歉等民事责任。GMAC 因本案诉讼支出的合理费用，新东方学校亦应赔偿。

3. 关于赔偿数额的确定。新东方学校自 1997 年 1 月已经实施侵犯 GMAC 著作权的行为，审计报告的有关数据反映，其侵权行为在 1998 年至 2000 年一直处于连续的状态。但根据现有证据，GMAC 在 1997 年向有关机关举报后直至 2000 年 11 月 15 日，一直未向新东方学校主张权利，故本案赔偿数额的计算应当从 2000 年 11 月 15 日向前追溯 2 年，即从 1998 年 11 月 15 日开始计算。从《审计报告》中可以看出，新东方学校向学员开具的收费票据反映的内容不全面，财务账目中也有不清晰之处，故不能准确地计算其非法获利情况。在新东方学校没有举证予以说明的情况下，其应当承担相应的不利后果。《审计报告》表明，新东方学校的收入主要是资料费和培训费，因此，赔偿数额的计算也主要以这两项收入为依据。其中，资料费中涉及侵权出版物和录音制品的部分，本院将参照 GMAT 培训在全年培训收入中所占比例予以确定。根据有关证据，培训收入中也包含有资料费，但不能确定涉及侵权的出版物和录音制品在培训收入中所占的份额，故本院将酌情以一定比例计算。1998 年的资料费和培训费，只按照平均数计算其中 11 月和 12 月的收入。GMAC 在主张权利的过程中，确实支付了一定的费用，且这些费用与本案诉讼具有直接关系，故本院酌情予以确定。由于新东方学校因侵犯 GMAC 著作权和商标专用权的行为所获利润相互重合，本院一并予以计算。

综上所述，依照《著作权法》第二条第二款、第四十七条第（一）项、《商标法》第五十一条、第五十二条第（一）项之规定，判决如下：

一、被告北京市海淀区私立新东方学校自本判决生效之日起立即停止侵犯原告（美国）研究生入学管理委员会 GMAT 考试试题著作权的行为，并于本判决生效之日起 15 日内将所有的侵权资料和印制侵权资料的软片交本院销毁；

二、被告北京市海淀区私立新东方学校自本判决生效之日起立即停止侵犯原告（美国）研究生入学管理委员会商标专用权的行为；

三、被告北京市海淀区私立新东方学校自本判决生效之日起 30 日内在《法制日报》上向原告（美国）研究生入学管理委员会公开赔礼道歉，消除因其侵权行为造成的影响（逾期不履行，本院将在该报上刊登本判决主文，费用由被告北京市海淀区私立新东方学校承担）；

四、被告北京市海淀区私立新东方学校自本判决生效之日起 15 日内赔偿原告（美国）研究生入学管理委员会经济损失人民币 41 万元及诉讼合理支出人民币6 3000元；

五、驳回原告（美国）研究生入学管理委员会的其他诉讼请求。

新东方学校不服原审判决，提起上诉，理由为：1. 一审判决认定 GMAC 对其 GMAT 考试题享有著作权，缺乏事实依据。实际上，考试题是不能作为作品受到我国法律保护的。2. 新东方学校只是在 1997 年和 2000 年两个时间点上，少量复制了 GMAT 考试题，一审判决却依据《审计报告》认定我方大量复制并销售了 GMAT 考试题。实际上，《审计报告》没有任何依据。3. GMAC 是在庭审结束后才提出赔偿合理诉讼支出的请求，并提供了相关证据材料，一审法院对这些证据材料并未质证就予以采信，同时支持了其诉讼请求，显然是错误的。4. 新东方学校在其相关培训资料中只是叙述性或描述性地使用了 GMAT 字样，并未将 GMAT 作为商标使用，根本不会造成商品来源混淆之可能，实际上也从未造成过混淆，一审法院却判定为侵犯 GMAC 的商标专用权，显系错误。5. 一审法院判决我方赔偿 GMAC 巨额经济损失缺乏依据。新东方学校提供考试培训并未侵犯 GMAC 的著作权，一审法院却将培训费收入作为确定赔偿额的基础，明显不合理。6. 新东方学校只少量向学员以外的人销售了相关培训资料，一审判决却判令我方在全国发行的《法制日报》上赔礼道歉，也不够公平合理。请求二审法院撤销一审判决之第二、三、四项并依法改判。

GMAC 服从原审判决。

二审查明事实

二审法院经审理查明：GMAC 系设立在美国的考试管理机构，GMAT 考试由其主持开发。1983 年至 1997 年，GMAC 将其开发的 23 套 GMAT 考试题在美国版权局进行了著作权登记。1995 年，GMAC 分别在中国核准注册了 752825、746847、775703 号"GMAT"商标，核定使用的范围分别是已记录的计算机程序、书籍、教育服务等。新东方学校成立于 1993 年 10 月 5 日，系民办非企业单位，主要从事外语类教学服务。1996 年 1 月，北京市工商行政管理局就新东方学校擅自复制 GMAT 试题一事对其进行了检查，并责令其停止侵权。1997 年 1 月，北京市工商局再次对新东方学校进行检查，并扣压了《GMAT 全套试题选编》等书籍资料。1997 年 2 月 18 日，新东方学校法定代表人俞敏洪到北京市工商局接受了询问，并出具了保证书，承认复制发行 GMAT 试题的行为侵犯了 GMAC 的著作权，保证不再发生侵权行为。2000 年 11 月 9 日，中原信达公司受 GMAC 委托，在新东方学校公证购买了"GMAT 系列教材"，包括：《GMAT 词汇考试频率统计表录音词汇课笔记》、《GMAT 讲义》、《GMAT 逻辑》、《GMAT 写作》、GMAT 听力磁带等。2000 年 11 月 15 日，北京市工商局宣武分局对新东方学校进行检查，并扣压了部分涉嫌侵权的图书。2000 年 12 月 25 日，受 GMAC 委托，北京市正见永申律师事务所在新东方学校公证购买了"GMAT 系列教材"，包括：《GMAT 逻辑》、《GMAT 练习题》、《GMAT 语法》、《GMAT 数学》、《GMAT 写作》。2001 年 1 月 4 日，GMAC 向北京市第一中级人民法院提起诉讼，状告新东方学校侵害其著作权及商标专用权。2001 年 2 月 22 日，一审法院对新东方学校的财务账册实施了证据保全，并委托北京天正会计师事务所对相关财务账册进行了审计，审计结果表明：新东方学校的收入主要分为培训收入和资料收入。GMAT 培训收入：1998 年为 561 702 元，占全年培训总收入的 2.2%；1999 年为 1 183 652 元，占全年总培训收入的 3.3%；2000 年为 963 485 元，占全年总培训收入的 1.2%。资料收入：1998 年为 3 012 702 元；1999 年为 4 931 191 元，2000 年为 6 983 357 元。GMAT 住宿班所收取的培训费用中包含了资料费。另外，本案一审审理中，双方当事人就 GMAC 主张权利的相关 GMAT 考试题与被控侵权物进行了对比。对比结果为：《GMAT 逻辑》、《GMAT 阅读》、《GMAT 语法》、《GMAT 数学》中被控侵权部分与相关的 GMAT 试题内容一致。此外，"GMAT 听力磁带"、"GMAT 系列教材"的封面及包装上均突出使用了"GMAT"字样。

二审审理结果

　　二审法院认为：中国和美国均是《保护文学和艺术作品伯尔尼公约》的成员国，根据《著作权法》第二条第二款及《保护文学和艺术作品伯尔尼公约》第三条第一款（a）项的规定，我国有义务对美国国民的作品在中国给予保护。《中华人民共和国著作权法实施条例》（以下简称《著作权法实施条例》）第二条规定，著作权法所称作品，指文学、艺术和科学领域内，具有独创性并能以某种有形形式复制的智力成果。GMAT 试题分为听力、语法、阅读和写作四个部分，由 GMAC 主持开发设计，就设计、创作过程来看，每一道考题均需多人经历多个步骤并且付出创造性劳动才能完成，具有独创性，属于我国著作权法意义上的作品，应受我国法律保护。由此汇编而成的整套试题也应受到我国法律保护。根据本案查明的事实，新东方学校未经著作权人 GMAC 许可，以商业经营为目的，以公开销售的方式复制发行了 GMAT 试题，其使用作品的方式已超出了课堂教学合理使用的范围，故对新东方学校关于其相关行为系合理使用 GMAT 试题的抗辩理由不予采信。新东方学校又主张，其系社会力量办学，根据《民办教育促进法》的规定，属于非营利机构。本院认为，新东方学校成立的目的与是否侵犯 GMAC 著作权并无必然联系，只要新东方学校实施的行为具有营利性，则必然对 GMAC 的著作权构成侵害，新东方学校的这一抗辩理由亦不能成立。另外，1997 年新东方学校法定代表人俞敏洪向北京市工商行政管理局出具的不再发生侵权行为的保证书以及与中原信达知识产权代理有限责任公司签订的作品使用许可协议也表明，新东方学校承认 GMAC 对 GMAT 试题享有著作权，并且明知其相关行为已侵犯了 GMAC 的著作权。综上，新东方学校复制并且对外公开销售 GMAT 试题的行为已侵犯了 GMAC 的著作权，理应承担相应的法律责任。但本院同时应当指出，鉴于 GMAT 试题的特殊性质以及新东方学校利用这一作品的特别形式及目的，新东方学校在不使用侵权资料的情况下在课堂教学中讲解 GMAT 试题应属于《著作权法》第 22 条规定的合理使用相关作品的行为，并不构成对他人著作权的侵犯。在我国目前的社会状况下，出版发行属于国家管制的特殊行业，出版物属于特殊商品，对出版物的来源进行识别一般是通过出版物的作者和出版单位来实现的。本案中，虽然 GMAC 在出版物、录音磁带上合法注册了 "GMAT"（文字）商标，新东方学校在 "GMAT 系列教材"、"GMAT 听力磁带" 上突出使用了 "GMAT" 字样，但新东方学校对 "GMAT" 是在进行描述性或者叙述性的使用，其目的是为了说明和强调出版物的内容与 GMAT 考试有关，是为了便于读者知道出版物的内容，而不是为了表明出版物的来源，并不会造成读者对商品来源的误认和混淆。一审判决认定新东方学校的相关行为侵犯了 GMAC 的商标专用权应属不当，本院予以纠正。《审计报告》表明，新东方学校 GMAT 项下的收入主要包括资料费和培训费，GMAT 住宿生的资料费已包含在培训费中。一审法院参照 GMAT 培训收入在全年培训总收入中所占比例确定 GMAT 资料收入的相应比例并无不当，但酌情以一定的比例推算 GMAT 住宿生的资料收入不够严谨。本案二审审理中查明，1999 年和 2000 年 GMAT 住宿生的资料收入为 40 960 元。故本院确认，新东方学校 GMAT 项下的侵权资料收入为 298 538.2 元，应当作为非法获利赔偿给 GMAC。GMAC 为本案诉讼而支出的合理费用 22 000 元亦应一并赔偿。综上，一审判决在新东方学校侵犯 GMAC 著作权问题上认定事实清楚、适用法律正确，但关于侵犯商标专用权及赔偿数额的认定和处理亦有不当，本院应予酌情纠正。上诉人新东方学校的上诉理由部分成立，其相应的上诉请求本院应予支持。据此，依照《中华人民共和国民事诉讼法》第一百五十三条第一款第（三）项之规定，判决如下：

一、维持北京市第一中级人民法院（2001）一中知初字第 33 号民事判决之第（一）、（三）、（五）项；即：（一）北京市海淀区私立新东方学校自判决生效之日起立即停止侵犯（美国）研究生入学管理委员会 GMAT 考试试题著作权的行为，并于判决生效之日起 15 日内将所有的侵权资料和印制侵权资料的软片交法院销毁；（三）北京市海淀区私立新东方学校自判决生效之日起 30 日内在《法制日报》上向（美国）研究生入学管理委员会公开赔礼道歉，消除因其侵权行为造成的影响（逾期不履行，法院将在该报上刊登判决主文，费用由北京市海淀区私立新东方学校承担）；（五）驳回（美国）研究生入学管理委员会的其他诉讼请求。

二、撤销北京市第一中级人民法院（2001）一中知初字第 33 号民事判决之第（二）、（四）项；即：（二）北京市海淀区私立新东方学校自判决生效之日起立即停止侵犯（美国）研究生入学管理委员会商标专用权的行为；（四）北京市海淀区私立新东方学校自判决生效之日起 15 日内赔偿（美国）研究生入学管理委员会经济损失人民币 41 万元及诉讼合理支出人民币 63 000 万元；

三、北京市海淀区私立新东方学校自本判决生效之日起 15 日内赔偿（美国）研究生入学管理委员会经济损失人民币 298 538.2 元及合理诉讼支出人民币 22 000 元。

一审案件受理费 25 849.16 元，由（美国）研究生入学管理委员会负担 10 839.16 元，由北京市海淀区私立新东方学校负担 15 010 元；一审审计费 3 671 元，由北京市海淀区私立新东方学校负担；二审案件受理费 25 849.16 元，由（美国）研究生入学管理委员会负担 15 010 元，由北京市海淀区私立新东方学校负担 10 839.16 元。

13. "诚品"商标侵权纠纷案

——（台湾）诚品股份有限公司诉北京世博伟业 房地产开发有限公司

原告（上诉人）：（台湾）诚品股份有限公司
被告（上诉人）：北京世博伟业房地产开发有限公司
案由：侵犯商标专用权纠纷

原审案号：北京市第一中级人民法院（2004）一中民初字第 1544 号
原审合议庭成员：刘海旗、李燕蓉、任进
原审结案日期：2004 年 6 月 18 日
二审案号：北京市高级人民法院（2004）高民终字第 1152 号
二审合议庭成员：刘继祥、孙苏理、李嵘
二审结案日期：2005 年 2 月 4 日

判决要旨

商品房是一种特殊的商品，其生产开发不具有重复性。楼盘名称既不是特定商品房的商品商标，也不是特定房地产开发商的服务商标，而是经有关行政主管部门确认的地名符号，具有惟一性，不能重复使用。

起诉与答辩

原告（台湾）诚品股份有限公司（以下简称诚品公司）起诉称：原告经向国家工商行政管理总局商标局（以下简称商标局）申请，获准从 2000 年起在"图书文具买卖"、"建筑"、"咖啡厅"等商品上有权专用"诚品"标识。而被告未经原告许可，擅自在其开发的坐落于北京市海淀区紫竹院路四季青桥东南角的占地 5.93 公顷的楼盘上使用"诚品建筑"名称，并制作大量宣传资料，频繁使用"诚品"字样，同时被告还将"诚品"中文拼音注册成网址www. chengpin. com，对"诚品建筑"进行宣传。被告的行为违反了《商标法》第五十二条和《最高人民法院关于审理商标民事纠纷案件适用法律若干问题的解释》第一条的规定，严重地侵犯了原告对"诚品"的商标专用权，为此诉至

法院，请求法院判令：1. 被告立即停止在其开发的"诚品建筑"楼盘及宣传资料（包括利用网络进行宣传的资料）上使用"诚品"标示；2. 判令被告停止使用带有"诚品"中文拼音的网址 www.chengpin.com；3. 判令被告在北京市市级报纸上，作出不小于 32 开面的公开道歉书，不少于两次。

被告北京世博伟业房地产开发有限公司（以下简称世博伟业公司）辩称：1. 答辩人在出售楼盘过程中使用"诚品建筑"标识，属于在第 36 类不动产事务服务类使用，与被答辩人注册商标核定使用的第 37 类服务项目完全不同，并没有侵犯被答辩人的商标专用权。2. 被答辩人已经连续三年未在第 37 类服务项目上使用该商标，答辩人已经向商标局提出撤销该商标的申请，被答辩人注册的"诚品"商标是不稳定的。3. "chengpin"与"诚品"不相近似，被答辩人注册商标的类别与答辩人注册域名是不同类别的，被答辩人的注册商标不是驰名商标而且不会造成混淆，因此，答辩人使用 www.chengpin.com 域名不侵犯被答辩人的商标专用权。4. 本案不存在对被答辩人名誉造成任何损害，故被答辩人要求公开赔礼道歉没有法律依据。请求法院依法驳回被答辩人的诉讼请求。

原审查明事实

原审法院经审理查明：

2000 年 6 月 28 日，原告诚品公司在商标局获得"诚品"文字注册商标专用权，商标注册证号为 1415868，核定使用的服务为第 35 类日用百货买卖进出口代理、图书文具买卖进出口代理等，注册有效期限自 2000 年 6 月 28 日至 2010 年 6 月 27 日止。

2000 年 7 月 28 日，原告诚品公司在商标局获得"诚品"文字注册商标专用权，商标注册证号分别为 1427864、1427971，核定使用的服务为第 42 类餐厅、咖啡厅等及第 41 类以书画展览方式经营画廊业务等，注册有效期限均自 2000 年 7 月 28 日至 2010 年 7 月 27 日止。

2000 年 8 月 7 日，原告诚品公司在商标局获得"诚品"文字注册商标专用权，商标注册证号为 1430708，核定使用的服务为第 37 类大楼清洁服务、建筑物的营建，建筑，室内装潢等，注册有效期限自 2000 年 8 月 7 日至 2010 年 8 月 6 日止。

2001 年 1 月 17 日，世博伟业公司成立，其经营范围为：房地产开发与商品房销售；信息咨询（中介除外）；投资管理；投资咨询。

2003 年 5 月 28 日，中华人民共和国上海市公证处对诚品公司代理人在国际互联网上登录 www.chengpin.com 的过程进行了公证，并制作了（2003）沪证经字第 6047 号公证书。该公证书 "诚品建筑" 网页中第 7、8 页显示："中关村天空下，讲究学问的建筑"，"售楼热线：88469888"，及 "售楼处"、"咖啡图书馆"、"建筑设计"、"园林设计" 等板块。第 20、21 页显示：诚品建筑内拥有 "咖啡图书馆"，原告诚品公司主张上述页面证明被告世博伟业公司从事了侵犯其在第 42 类上享有的 "诚品" 注册商标专用权；第 5 页显示 "诚品建筑"，第 9、10 页显示 "诚品建筑" 图标，并多次提到 "诚品建筑"，在 "售楼处设计理念" 板块显示："……如果你前往诚品建筑售楼处，怕你进去后，会误认为到了一家别具风格的咖啡图书馆呢。" 原告诚品公司主张该页面证明被告世博伟业公司从事了侵犯其在第 37 类上享有的 "诚品" 注册商标专用权；第 22、23 页显示："……拥有了一座北京独一无二藏书上万余册的诚品书坊。" 原告诚品公司主张该页面证明被告世博伟业公司从事了侵犯其在第 35 类、41 类上享有的 "诚品" 注册商标专用权。

在 "诚品建筑" 的客户通讯封面上，左上角标有 "诚品建筑" 字样，在其内标有 "打造社区文化品格，诚请业主推荐图书" 的 2002 年 11 月 18 日世博伟业公司致尊敬的诚品客户函中，亦载有 "诚品咖啡图书馆" 字样。

在位于北京市海淀区紫竹院路四季青桥东南角的 "诚品建筑" 楼盘的建筑工地，有 "'诚品建筑' 讲究学问的建筑" 的大幅公告牌及诚品售楼处，原告诚品公司还拍摄到 "诚品建筑" 在公路上的广告牌。在 "诚品建筑" 的户型广告、书签广告及售楼人员的名片上，均标有 "诚品建筑" 字样。

2004 年 2 月 13 日，北京市国土资源和房屋管理局颁发的京房售证字 1102 号北京市商品房预售许可证载明：开发企业：世博伟业公司，项目名称：云会里 远流清园（诚品建筑）等。

2004 年 3 月 29 日，世博伟业公司就注册在第 37 类的第 1430708 号 "诚品" 商标向商标局提出撤销申请，理由是商标专用权人三年未使用该商标。当日，商标局收到该申请书。2004 年 5 月 25 日，商标局向世博伟业公司出具了撤销申请受理通知书。

另，2003 年 7 月 3 日，商标局商标函（2003）32 号《关于 "商品房" 如何确定类别问题的复函》载明：在 "商品房" 建筑、销售等环节中，建造永久性建筑的服务属于 37 类，以 "商品房建造" 申报；出售 "商品房" 的服务属于 36 类，以 "商品房销售服务" 申报。

原审审理结果

原审法院认为：商标是消费者用以区别商品或服务来源的标志。根据我国《商标法》规定，经商标局核准注册的商标为注册商标，商标注册人对其注册商标享有商标专用权,受法律保护,不仅有权使用自己的注册商标,而且有权禁止他人未经其许可在同种或者类似商品上使用与其注册商标相同或者近似的商标。本案中原告诚品公司对其注册在第35类、第37类、第41类、第42类上的"诚品"商标享有商标专用权,所享有的商标专用权应以其核准注册的商标和核定使用的商品为限,其有权禁止他人未经其许可,在同种或者类似商品上使用与其注册商标相同或者近似的商标。

本案中,原告诚品公司在第37类建筑物的营建,建筑等、第41类以书画展览方式经营画廊业务等、第42类餐厅、咖啡厅等服务上注册了"诚品"商标,其有权禁止他人未经其许可,在相同或者类似的服务上使用与其"诚品"相同或者近似的商标,而被告世博伟业公司在其开发的"诚品建筑"楼盘中,使用"诚品建筑"字样,并在其广告宣传、网站宣传中广泛使用"诚品建筑"、"诚品书坊"、"诚品咖啡图书馆"等字样,"诚品"字样与原告诚品公司的注册商标相同,其所使用的服务与原告诚品公司注册商标核定使用的服务相同或者类似。故被告世博伟业公司的行为已侵犯了原告诚品公司在第37类、第41类、第42类上享有的"诚品"注册商标专用权。原告诚品公司在第35类日用百货买卖进出口代理、图书文具买卖进出口代理等服务上亦注册了"诚品"商标,但原告诚品公司未举证证明被告世博伟业公司在与其核定的服务相同或者类似的服务上使用了与"诚品"相同或者近似的商标,故原告诚品公司主张被告世博伟业公司侵犯其在第35类上享有的"诚品"商标专用权,缺乏事实依据,本院不予支持。

被告世博伟业公司辩称其在商品房的销售服务中使用"诚品"标识,属于在第36类上的使用,不构成侵权。对此,本院认为:我国《商标法》规定,未经商标注册人的许可,在同一种商品或者类似商品上使用与其注册商标相同或者近似的商标的,均是侵犯商标专用权的行为,而认定商品或者服务是否类似,应当以相关公众对商品或者服务的一般认识综合判断,《商标注册用商品和服务国际分类表》、《类似商品和服务区分表》可以作为判断类似商品或者服务的参考,但不是惟一依据。类似服务,是指在服务的目的、内容、方式、对象等方面相同,或者相关公众一般认为存在特定联系、容易造成混淆的服务。就本案而言,原告诚品公司注册在第37类上的"诚品"商标所核定的服务范围包括了建筑物的营建,建筑,而被告世博伟业公司在其开发的楼盘中使用"诚品建筑"字样,足以使一般公众认为二者存在特定联系,容易造成混淆,故二者是相类似的服务,因此,被告世博伟业公司在其开发的楼盘上使用"诚品"字样,并在其广告宣传、网络宣传中广泛使用"诚品"、"诚品建筑"等字样的行为,侵犯了原告诚品公司对"诚品"注册商标享有的专用权,被告世博伟业公司应当承担侵权的民事责任。鉴于原告诚品公司仅请求由被告世博伟业公司承担停止侵权、消除影响的民事责任，本院予以支持。但原告诚品公司要求被告世博伟业公司在报纸上两次刊登不小于 32 开的声明，没有法律依据，本院不予支持。

被告世博伟业公司注册的"chengpin"网络域名，与原告诚品公司注册的"诚品"商标不相同亦不相近似，原告诚品公司亦未举证证明其"诚品"商标为驰名商标，故对于原告诚品公司主张被告世博伟业公司注册"chengpin"网络域名的行为侵犯了其注册商标专用权的主张，本院不予支持。

综上所述，被告世博伟业公司在其开发的楼盘上使用"诚品"字样，并在其广告宣传、网络宣传中广泛使用"诚品"、"诚品建筑"、"诚品书坊"、"诚品咖啡图书馆"等字样的行为，侵犯了原告诚品公司在第 37 类、41 类、42 类服务上享有的"诚品"注册商标专用权，被告世博伟业公司应当承担停止侵权、消除影响的民事责任。依据《中华人民共和国民法通则》第一百一十八条，《中华人民共和国商标法》第五十二条第（一）项，《最高人民法院关于审理商标民事纠纷案件适用法律若干问题的解释》第十一条第二款、第十二条，《最高人民法院关于审理涉及计算机网络域名民事纠纷案件适用法律若干问题的解释》第四条、第五条之规定，判决如下：

一、被告北京世博伟业房地产开发有限公司自本判决生效之日起，立即停止侵犯原告（台湾）诚品股份有限公司注册商标专用权的行为；

二、被告北京世博伟业房地产开发有限公司自本判决生效之日起 30 日内，在《北京日报》上刊登声明，以消除其侵权行为给原告（台湾）诚品股份有限公司造成的影响（内容须经本院审核，逾期不履行，本院将公开判决主要内容，费用由被告北京世博伟业房地产开发有限公司承担）；

三、驳回原告（台湾）诚品股份有限公司的其他诉讼请求。

诚品公司和世博伟业公司均不服原审判决，分别提起上诉。诚品公司上诉称：1. "chengpin"是"诚品"商标的中文拼音，这样使用会引起公众误解，认为该网站与诚品公司关联。2. 世博伟业公司在其网站上的宣传中已明确其是借鉴了上诉人台湾诚品现象，显然这是一种故意盗用我方品牌的行为。3. "诚品"不是世博伟业公司的名称，也非商标标识的拼音，世博伟业公司根本没有使用"诚品"及其拼音"chengpin"的正当缘由。请求二审法院依法改判，判令世博伟业公司停止使用"www. chengpin. com"网址。

世博伟业公司上诉称：1. 我方并未侵犯诚品公司在第 37 类建筑物营造上的商标专用权。我公司从事房地产开发与商品房销售、投资管理、咨询业务，并不从事楼盘建造。楼盘销售与楼盘建筑是完全不同的服务项目，一审庭审中诚品公司也承认,房地产开发属于第 36 类不动产事务服务,与第 37 类建筑物营造并不类似,因此我方使用"诚品建筑"字样根本不会造成消费者混淆。而且,诚品公司在庭审中还承认在第 37 类上已连续三年未使用"诚品"商标,更不会造成实际混淆。2. 我方并未侵犯诚品公司在第 41、42 类上的商标专用权。我公司根本就不从事经营书画展览或餐厅业务,我公司在商品房销售及宣传资料中使用"诚品"字样,是烘托一种文化氛围的描述,并不是在书画展览及餐厅中使用"诚品"商标,根本无从构成对诚品商标的侵害。请求撤销一审判决,驳回诚品公司的诉讼请求。

二审查明事实

二审法院经审理查明:2000 年 6 月 28 日诚品公司在第 35 类日用百货买卖进出口代理、图书文具买卖进出口代理上核准注册了第 1415868 号"诚品"服务商标,有效期至 2010 年 6 月 27 日;2000 年 7 月 28 日,诚品公司在第 41 类以书画展览方式经营画廊业务、第 42 类餐厅和咖啡厅上核准注册了第 1427971、1427864 号"诚品"服务商标,有效期至 2010 年 7 月 27 日;2000 年 8 月 7 日,诚品公司在第 37 类大楼清洁服务、建筑物的营建、建筑、室内装潢上核准注册了第 1430708 号"诚品"服务商标,有效期至 2010 年 8 月 6 日。2001 年 1 月 17 日,世博伟业公司成立,其经营范围为房地产开发与商品房销售等,其开发项目位于北京市海淀区紫竹院路四季青桥东南角,占地 5.93 公顷,项目名称为:云会里 远流清园(诚品建筑),上述项目名称已经北京市国土资源和房屋管理局登记确认。世博伟业公司还自办了 www.chengpin.com 网站,在该网站中及对外散发的宣传资料中,世博伟业公司广泛使用了"诚品建筑"字样,2003 年 5 月 28 日上海市公证处出具(2003)沪证经字第 6047 号公证书,该公证书表明,世博伟业公司在开发远流清园(诚品建筑)项目中,借鉴吸收了台湾诚品书局的人文精神,着重突出文化理念和特色,社区内设有咖啡图书馆和名人书坊,并使用了"诚品咖啡图书馆"、"诚品书坊"、"诚品书友会"、"诚品读书日"等字样。2004 年 2 月 13 日,诚品公司向北京市第一中级人民法院起诉,状告世博伟业公司侵犯其商标专用权。诚品公司认为,世博伟业公司经营"诚品咖啡图书馆"侵犯了其在第 42 类上注册的商标专用权,使用"诚品建筑"字样侵犯其在第 37 类上注册的商标专用权,经营"诚品书坊"则侵犯了第 35 类、第 41 类上注册的商标专用权,使用 www.chengpin.com 网址也构成侵权。2004 年 3 月 29 日,世博伟业公司以三年未使用为由请求国家工商行政管理总局商标局(简称商标局)撤销诚品公司在第 37 类上注册的第 1430708 号"诚品"服务商标。2004 年 5 月 26 日,世博伟业公司以商标局已受理撤销第 1430708 号注册商标的申请为由，请求一审法院中止审理本案，但一审法院未予采纳。另查明，商标局于 2003 年 7 月 3 日在给武汉中南商标事务所有限公司《关于"商品房"如何确定类别问题的复函》（商标函〔2003〕32 号）中指出，按照世界知识产权组织提供的《商标注册用商品和服务国际分类》的分类原则，在"商品房"建筑、销售等环节中，建造永久性建筑的服务属于 37 类，以"商品房建造"申报；出售"商品房"的服务属于第 36 类，以"商品房销售服务"申报。《类似商品和服务区分表》（2002 年版）第 3604 不动产事务类似群，主要包括不动产出租、代理、中介、管理、评估等；第 3702 建筑工程服务类似群则主要包括建筑设备出租、建筑物的营造、拆除、修理等。

二审审理结果

　　二审法院认为：本案中世博伟业公司将其所开发楼盘命名为远流清园（诚品建筑），该楼盘名称已经有关行政主管部门登记确认。商品房是一种特殊的商品，其生产开发不具有重复性。"诚品建筑"这一楼盘名称既不是特定商品房的商品商标，也不是特定房地产开发商的服务商标，而是经有关行政主管部门确认的地名符号，具有惟一性，不能重复使用。世博伟业公司在经营中使用"诚品建筑"的行为不属于商标性使用，其行为不会侵犯诚品公司在第 37 类上享有的注册商标专用权；即使其行为属于商标性使用，第 37 类的建造永久性建筑与第 36 类的出售商品房也不构成类似服务，仍然不会侵犯诚品公司在第 37 类上享有的注册商标专用权。世博伟业公司在对外宣传中使用"诚品书坊"、"诚品咖啡图书馆"字样，其目的是在宣传介绍在"远流清园（诚品建筑）"这一社区将设有书坊和咖啡图书馆，宣传介绍的对象是商品房及社区服务，而不是书坊和咖啡图书馆，该书坊和咖啡图书馆将来是否实际运营、如何运营、由谁经营、服务好坏并不确定，世博伟业公司是在叙述性地合理使用"诚品"字样，而非在商标意义上使用。因此，世博伟业公司的上述行为不会侵犯诚品公司第 41 类、第 42 类上享有的注册商标专用权。行为人注册、使用域名行为构成侵权或不正当竞争的条件之一是：行为人的域名或其域名的主要部分构成对他人驰名商标的复制、模仿、翻译或音译；或者与他人的注册商标相同或近似，足以造成相关公众的误认。本案中，"chengpin"确是对"诚品"的音译，但诚品公司未能举证证明其"诚品"商标在大陆地区具有驰名性，而且"诚品"与"chengpin"并不构成相似标识，诚品公司在大陆地区也并未实际使用"诚品"商标，故不会造成相关公众的误认。世博伟业公司注册、使用 www.chengpin.com 域名并无不当。综上，世博伟业公司在经营中确实参考、借鉴了台湾诚品书局特有的名称及相关特点，但这种参考和借鉴并不违反法律规定，一审判决认定事实、适用法律均有不当，本院予以纠正。上诉人诚品公司的上诉理由不能成立，其上诉请求不予支持。上诉人世博伟业公司的上诉理由成立，其上诉请求本院应予支持。据此，依照《中华人民共和国民事诉讼法》第一百五十三条第一款第（三）项之规定，判决如下：

一、撤销北京市第一中级人民法院（2004）一中民初字第1544号民事判决；

二、驳回（台湾）诚品股份有限公司的诉讼请求。

一、二审案件受理费共计2 000元，均由（台湾）诚品股份有限公司负担。

14. "神机"及"神机妙算"商标侵权纠纷案

——上海神机电脑软件有限公司诉国际商业机器中国有限公司

原告： 上海神机电脑软件有限公司

被告： 国际商业机器中国有限公司

案由： 侵犯商标专用权纠纷

一审案号： 北京市朝阳区人民法院（2005）朝民初字第 4183 号

一审合议庭成员： 李有光、谢甄珂、普翔

一审结案日期： 2005 年 3 月 18 日

判决要旨

注册商标由具有描述性的成语或固定词语组成，其显著性并不强，他人在使用相同的成语或固定词语时，不会造成相关公众对商品来源的误认，不构成侵犯商标专用权。

起诉与答辩

原告上海神机电脑软件有限公司（以下简称上海神机公司）起诉称："神机"和"神机妙算"是我公司长期使用、合法拥有商标权的注册商标，注册范围包括计算机硬件和软件。通过长期使用和大量的广告宣传，该二商标已经和我公司的商品、服务建立了紧密的联系，在业内具有很高的知名度。国际商业机器中国有限公司（以下简称 IBM 中国公司）未经许可在《计算机世界》、《中国电脑教育报》上为销售计算机的目的而突出使用"神机妙算"4 个字，造成混淆、剥夺我公司长期积累的声誉，侵害了我公司作为商标被许可人享有的商标使用权。故我公司起诉，要求 IBM 中国公司停止侵权，向我公司赔礼道歉，消除影响，并赔偿经济损失 50 万元。

IBM 中国公司辩称：上海神机公司并非涉案商标的合法注册人，其所提供的商标许可授权委托书不符合法律规定，且从未生效，故其不具备诉讼主体资格。我公司正当、合理地使用神机妙算成语描述笔记本电脑的性能和价格，并没有使用涉案的图文组合的注册商标，不构成对他人权利的侵犯。因此我公司不同意上海神机公司的诉讼请求。

一审查明事实

一审法院经审理查明：2001 年 4 月 14 日，上海神机公司从海口神机电脑科技有限公司（以下简称海口神机公司）受让了由"神机妙算"4 个字和方、圆图形组合而成的注册商标（以下简称"神机妙算"商标），该商标核定使用商品为第 9 类，包括计算机软件（录制好的）和计算机周边设备。2002 年 3 月 7 日，国家工商行政管理总局商标局（以下简称商标局）核准了上海神机公司申请注册的由"神机"二字和矩形框组合而成的商标（以下简称"神机"商标），核定使用商品为第 9 类，包括计算机、已录制的计算机程序（程序）、已录制的计算机操作程序、计算机外围设备、计算机周边设备、计算机软件（已录制）、电脑软件（录制好的）、笔记本电脑、读出器（数据处理设备）、连接器（数据处理设备）。

2004 年 1 月 21 日，上海神机公司将上述二商标转让给其法定代表人陈青。后陈青作为许可人与被许可人上海神机公司签订《商标许可授权委托书》，约定：许可商标为"神机"商标和"神机妙算"商标；许可时间自2004 年 7 月 1 日至 2006 年 7 月 1 日；许可地域为中国；许可范围是商标注册证书所列商品的生产、销售；特别授权事项为，如果在中国地区发生商标被侵权情况，许可人全权委托被许可人处理相关事宜，包括但不限于采取行政、诉讼等手段；合同自双方签字盖章日起开始生效。该合同上有双方签字盖章，但没有签署日期。陈青到庭明确：双方于 2004 年 6 月 28 日签订上述合同；其授权上海神机公司独占使用涉案的两个商标，即上海神机公司和其本人有权行使商标权；上海神机公司有权就本案提起诉讼。目前，上海神机公司尚无计算机整机及笔记本电脑产品。

2004 年 7 月 5 日出版的《计算机世界》与同年 7 月 12 日出版的《中国电脑教育报》分别发布了 IBM 中国公司的笔记本电脑广告。该广告占用一整版，包括产品图片、宣传语、功能介绍、软硬件配置说明、价格与服务电话等内容。其中 3 行宣传用语位于广告的左上方，首行为"神机·妙算"4 个字，字体相对较大，后两行分别为"神机：特有一键复原功能，无线自由再度升级"、"妙算：9388 元轻松拥有，怎么都合算"，字体相对较小。图片上的产品及广告右上方均标有 IBM 字样。

一审审理结果

一审法院认为：陈青作为涉案二商标的合法受让人有权许可其任法定代表

人的上海神机公司使用该二商标。诉讼中陈青本人到庭就合同未载明的许可使用类型及合同签署日期进行了说明。从其陈述内容可知，其本人和上海神机公司均可使用涉案二商标，因此上海神机公司实际获得的是排他使用许可，并非陈青所述的独占使用许可。根据最高人民法院有关司法解释的规定，在发生注册商标专用权被侵害时，排他使用许可的被许可人可以和商标注册人共同起诉，也可以在商标注册人不起诉的情况下，自行提起诉讼。上海神机公司在陈青未起诉的情况下提起本案诉讼，陈青知晓后不持异议且仍未提起诉讼，故上海神机公司自行提起诉讼符合法律规定。IBM 中国公司对上海神机公司诉讼主体资格所持异议，本院不予支持。

商标的作用在于区别不同的商品或服务。涉案的 IBM 中国公司广告及广告的产品上均标有其自己的标识"IBM"。且涉案广告中出现"神机妙算"4个字时，另附有对这 4 个字的解释性文字。由此可见，广告中的"神机妙算"不是商品名称，也不具有识别商品的作用。IBM 中国公司没有将这 4 个字作为商标使用，而是使用"神机妙算"成语说明或描述其产品的特点。此外，涉案商标中的文字"神机妙算"、"神机"本身是具有描述性的成语或固定词语，单就文字而言，显著性并不强。因此，IBM 中国公司在涉案报纸广告上使用与涉案商标相同的文字"神机妙算"，不会造成相关公众对商品来源的误认，也不存在利用涉案商标为自己谋取不正当利益，未侵犯上海神机公司对涉案注册商标的使用权。

综上，依据《中华人民共和国商标法》第五十二条第（一）项之规定，判决如下：

驳回上海神机电脑软件有限公司的诉讼请求。

案件受理费 10 010 元，由上海神机电脑软件有限公司负担。

上海神机电脑软件有限公司不服一审判决并提出上诉，但在二审诉讼期间撤回上诉请求，故一审判决发生法律效力。

15."华能"商标侵权及不正当竞争纠纷案

——中国华能集团公司诉廊坊市华能建材有限公司

原告（上诉人）：中国华能集团公司
被告（上诉人）：廊坊市华能建材有限公司
案由：侵犯商标专用权及不正当竞争纠纷

原审案号：北京市朝阳区人民法院（2004）朝民初字第 3937 号
原审合议庭成员：李有光、党淑平、谢甄珂
原审结案日期：2004 年 11 月 16 日
二审案号：北京市第二中级人民法院（2005）二中民终字第 46 号
二审合议庭成员：刘薇、宋光、梁立君
二审结案日期：2005 年 3 月 18 日

判决要旨

涉案商标是否为驰名商标，不影响对被诉行为是否构成侵犯商标权认定的，不支持原告要求确认商标为驰名商标的主张。

起诉与答辩

原告中国华能集团公司（以下简称华能集团公司）诉称：我公司创建于 1988 年，是经国务院批准、在原华能发电公司的基础上成立的特大型国有独资电力集团公司，以经营电力为主，业务涉及电力、金融、信息、交通运输等多个领域。经过近 20 年的发展，我公司在全国拥有上百家全资、控股、参股企业，50 多家电厂，总资产高达近 1500 亿元人民币。在中国企业协会评定的 2003 年中国企业 500 强排名中；我公司名列第 34 位。

"华能"是我公司的企业字号，始用于 1985 年。我公司是中国华能集团的母公司，经我公司批准，该集团的成员单位名称中可冠有"华能"字样。"華能"和"HUANENG"是我公司的注册商标，始用于 1988 年。1992 年，我公司将上述两商标在中国核准注册，注册商品类别均为 1~42 类，经续展上述商标仍在保护期内。我公司对该二商标多年持续的使用和广泛的宣传，已使其成为在我国享有较高知名度和较高信誉、为相关公众熟知的驰名商标。

2003年9月，廊坊市华能建材有限公司（以下简称廊坊华能建材公司）在北京市朝阳区设立了驻京办事处，销售侵犯我公司注册商标专用权的商品。经我公司调查得知，廊坊华能建材公司不仅将与我公司知名字号"华能"相同、注册商标"華能"相近的文字登记为企业字号，且将该企业字号突出使用在与"華能"和"HUANENG"商标被核准使用的类别相同的商品上。在没有经过工商部门备案的情况下，廊坊华能建材公司将其企业名称简化为"华能建材"和"华能公司"，在其办公楼的牌匾、公司宣传材料、塑料袋、员工名片等多种场合不当使用，不仅构成了不正当竞争，而且淡化了我公司的驰名商标，侵害了我公司依法享有的商标专用权。综上，起诉要求认定我公司的注册商标"華能"和"HUANENG"为驰名商标；判令廊坊华能建材公司立即停止侵权行为，停止使用冠有"华能"字样的企业名称，并向有关工商部门申请变更企业字号；判令廊坊华能建材公司在全国发行的报纸上公开赔礼道歉，承担我公司为诉讼支出的调查取证费、律师代理费共计5万元。

廊坊华能建材公司辩称："华能"文字是一个普通含义的词汇，并非华能集团公司独创，其也不是最早的使用者，故其无权禁止他人合法善意使用该文字。我公司的企业名称是1996年10月经合法登记注册的，作为国家电力公司指定的保温、耐火材料归口定点产品企业，我公司一直使用自己的名称合法经营，在行业内享有良好信誉。而且我公司没有在产品及包装上单独、突出使用"华能"字样，也没有将"华能"作为商标进行使用；将企业简称为"华能建材"没有误导公众，也没有给华能集团公司造成任何损害，不构成商标侵权和不正当竞争，因此不同意华能集团公司提出的诉讼请求。

原审查明事实

原审法院经审理查明：华能集团公司系经国务院批准于1989年3月，在原华能国际电力开发公司、原华能发电公司等基础上改制而成立的"以电为主、综合发展"的特大型国有独资电力集团公司。1992年华能集团公司取得了"華能"和"HUANENG"的商标专用权，核准商品类别为1~34类，截至1995年增至42类，且均在续展期内进行了续展。该公司的部分下属企业将"華能"或者"华能"字样用于户外广告牌匾。《人民日报》、《中国电力报》、《经济日报》等媒体曾经广泛地对该公司进行宣传，其企业字号"华能"已为公众所熟知。

廊坊华能建材公司成立于1996年10月24日，经营范围为：轻质建筑材料、轻钢龙骨、烤漆龙骨的制造；建筑保温、装饰材料的批发、零售。该公司办公楼楼顶处标注有"华能橡塑"字样，其宣传企业及产品——建筑用耐火、保温材料的资料上使用了"华能建材"、"HuaNeng"等字样，该产品属商品国际分类中的第 17 类和第 19 类。

华能集团公司为诉讼支出律师费 45 000 元。

原审审理结果

原审法院认为：华能集团公司经国家商标局核准，在第 17 类、第 19 类商品上取得了"華能"和"HUANENG"的注册商标专用权，该权利应依法受到保护。注册商标专用权人有权禁止他人在相同或类似商品上使用与注册商标相同或近似的商标。廊坊华能建材公司在其宣传资料上所使用的"HuaNeng"字样，属商标性质的使用。该宣传资料上宣传的产品包括在商品国际分类的第 17 类和第 19 类上，故廊坊华能建材公司的上述行为应认定为在同类商品上使用与华能集团公司注册商标"HUANENG"近似商标的行为，侵犯了华能集团公司对注册商标"HUANENG"享有的专用权。

虽然廊坊华能建材公司并未单独将简体"华能"或繁体的"華能"用于其宣传资料或户外牌匾，而是使用了"华能建材"或"华能橡塑"，但其中"建材"和"橡塑"均是对某类产品的通用表述，"华能"二字仍然起到了区别不同产品的标识作用。因此该使用仍应认定为商标性质的使用，属于在同类商品上使用与华能集团公司注册商标"華能"近似的商标的行为，侵犯了华能集团公司对注册商标"華能"享有的专用权。由于廊坊华能建材公司侵犯了华能集团公司对于"HUANENG"和"華能"的注册商标专用权，故应当承担停止侵权、赔偿损失的民事责任。因华能集团公司未就其调查取证费用举证，而其支付的律师费数额过高，故本院将综合考虑本案的侵权情节和时间、廊坊华能建材公司的主观过错等因素，酌情支持律师费。赔礼道歉属于侵犯非财产权益时应承担的民事责任形式，现华能集团公司并未举证证明其商誉遭受了损害，故对该诉讼请求，本院不予支持。鉴于"華能"和"HUANENG"是否驰名并不影响本院对廊坊华能建材公司的上述行为作出认定，故本院对华能集团公司要求确认上述二商标为驰名商标的主张，不予支持。

虽然华能集团公司的注册商标是繁体字"華能"，而廊坊华能建材公司的字号是"华能"，但二者读音完全相同，除字体外并无其他区别，普通公众不会因此而产生繁体"華能"不同于"华能"的认识。这种使用极易使相关公众误认为廊坊华能建材公司与华能集团公司存在某种法律上、经济上或组织上的联系，应属不正当竞争行为。因此，对于华能集团公司据此要求廊坊华能建材公司停止使用冠有"华能"字样的企业名称的主张，本院予以支持。

综上，依据《中华人民共和国商标法》第五十二条第（一）项、《中华人民共和国反不正当竞争法》第二条第一款、《中华人民共和国民法通则》第一百一十八条之规定，判决如下：

一、廊坊市华能建材有限公司于本判决生效之日起立即停止使用冠有"华能"字样的企业名称，并停止涉案的侵权行为；

二、廊坊市华能建材有限公司于本判决生效之日起10日内赔偿中国华能集团公司律师费2万元；

三、驳回中国华能集团公司的其他诉讼请求。

原审判决后，华能集团公司及廊坊华能建材公司均不服并提起上诉。华能集团公司的上诉理由为：根据本案具体情况，法院有必要认定我公司注册的"華能"和"HUANENG"商标是驰名商标，而且我公司也提供了大量的证据，证明早在1996年廊坊华能建材公司成立之前，我公司的"華能"和"HUANENG"商标在第1类电和电能商品上就已经驰名。为维护我公司的合法权益，请求法院在查清事实的基础上，依法改判，认定我公司的"華能"和"HUANENG"商标为驰名商标，并由廊坊华能建材公司承担本案全部诉讼费。廊坊华能建材公司的上诉理由为：原审判决认定事实不清，没有足够证据证明华能集团公司提交的宣传材料是由我公司印发的。我公司在户外牌匾上使用"华能建材"字样，是属于对企业名称的一种使用，原审判决认定我公司的这种使用属于商标使用，这是原审判决对事实认定的错误。我公司使用现企业名称从事经营活动多年，是国家电力公司指定的保温、耐火材料归口定点产品企业，与华能集团公司根本不属于同一行业，不存在竞争关系。即使我公司使用企业名称的简称"华能建材"的行为不规范构成了不正当竞争，按照有关法律规定，也就应承担停止不规范使用企业名称的民事责任，原审判决我公司停止使用企业名称，扩大了我公司承担民事责任的范围。如果我公司的企业名称与华能集团公司的商标发生了冲突，根据有关规定，华能集团公司自我公司企业名称登记之日起5年内没有提出请求，也不能予以保护。故请求二审法院撤销原审判决，在查明事实的基础上依法改判，驳回华能集团公司的全部诉讼请求并由其承担全部诉讼费。

二审查明事实

二审对原审查明的全部事实予以确认，另查明：华能集团公司成立于1998年3月，是中国华能集团的核心，从事电力、煤炭、矿产、铁路、交通、石化、节能设备、钢材、木材、水泥、出口创汇产品等广泛的经营活动。华能集团公司于1992年起经国家商标局核准注册了"華能"及"HUANENG"商标，核定使用的商品或服务类别为第1～42类。其中，1992年7月10日经国家商标局核准注册了第 601601 号"HUANENG"商标及第 601602 号"華能"商标，核准使用的商品均为第 1 类：用于工业、科学、农业、园艺、森林气体，单质，化工原料，放射性元素及其化学品，用于工业、科学、农业、园艺、森林的化学品，化学剂，化学试剂等。华能集团公司请求将上述两商标认定为驰名商标，但上述两商标核定使用的商品范围中没有电和电能这一商品。

华能集团公司提交给法院的及原审法院调查取得的廊坊华能建材公司的企业宣传资料有两种。一种为蓝色封面的宣传册，封面上印有"廊坊华能建材公司 中日合资廊坊华能泓裕橡塑制品有限公司"及"华能建材"字样。另一种为红色封面的宣传册，封面上印有"廊坊华能（新型）建材有限公司 中日合资廊坊华能泓裕橡塑制品有限公司"及"华能建材"字样，在该红色封面宣传册的"公司简介"中写道："廊坊市华能建材有限公司、廊坊市华能新型建材有限公司、中日合资廊坊华能泓裕橡塑制品有限公司为同一董事会领导下的集团式综合保温建材企业……"。上述两种宣传册中均多处使用"华能建材"或"HUANENG"字样，且上述两种宣传册有很多文字和图片是相同的。廊坊华能建材公司否认红色封面的宣传册是其印制的，而华能集团公司则主张其曾到有关工商行政管理部门查询过，所谓"廊坊市华能（新型）建材有限公司、中日合资廊坊华能泓裕橡塑制品有限公司"均是不存在的。本院指定廊坊华能建材公司就此问题进行举证。在本案审理期间廊坊华能建材公司仅在代理词中做了一个说明，认为"廊坊市华能新型建材有限公司、中日合资廊坊华能泓裕橡塑制品有限公司"均是存在的，但没有举出有关证据予以证明。

二审审理结果

二审法院认为：

首先，关于华能集团公司注册的"華能"和"HUANENG"商标应否认定驰名商标的问题。我国《商标法》对在中国注册的驰名商标作出了特别保护的规定，该种保护适用于与驰名商标核定使用的商品或服务不相同或不相类似的商品（或服务）上。根据本案事实，华能集团公司在第 1～42 类商品或服务上均注册了商标，其中在第 17 类和第 19 类商品上注册的商标已经覆盖了廊坊华能建材公司生产销售的产品，因此，完全可以依据我国《商标法》对注册商标的保护规定处理本案，所以原审法院以不影响对廊坊华能建材公司的行为作出侵权认定为由，驳回了华能集团公司要求确认其注册商标为驰名商标的主张，本院认为适用法律正确，应予维持。华能集团公司在本院审理期间提出其在第 1 类商品上注册的"華能"和"HUANENG"商标（商标号为 601601

号及 601602 号）早已驰名，请求本院将上述两商标认定为驰名商标，但根据
华能集团公司提供的证据，上述两商标核定使用的商品均为化学类商品，根本
没有电和电能商品，华能集团公司也没有证据证明其生产的化学类商品已在相
关公众中产生了很高的认知度，故华能集团公司提出的此项请求，事实依据不
足，本院不予支持。

其次，关于廊坊华能建材公司是否构成侵犯华能集团公司商标权的问题。
廊坊华能建材公司虽否认红色封面的宣传册是其印制的，但在华能集团公司提
供的蓝色封面的宣传册、户外牌匾照片等证据上均能反映出廊坊华能建材公司
突出使用"华能建材"、"华能橡塑"、"HUANENG"等字样，与华能集团公
司注册的"華能"和"HUANENG"商标相同或近似，上述行为已经构成了侵
犯华能集团公司注册商标专用权的行为，原审判决廊坊华能建材公司就此行为
承担侵权的民事责任，认定事实清楚、适用法律正确，应予维持。廊坊华能建
材公司虽主张其上述使用"华能建材"等字样的行为是对其企业名称的使用，
而非商标的使用，不构成侵犯商标权，但在《最高人民法院关于审理商标民
事纠纷案件适用法律若干问题的解释》中明确规定了"将与他人注册商标相
同或者近似的文字作为企业的字号在相同和类似商品上突出使用，容易使相关
公众产生误认的，构成侵犯商标权"，所以廊坊华能建材公司此一主张本院不
予采信。原审法院根据本案案情酌定的律师费赔偿数额适当，对此本院予以维
持。原审法院驳回华能集团公司提出的赔礼道歉的诉讼请求，法律依据充分，
本院亦予维持。

再次，关于廊坊华能建材公司使用"华能"作为企业字号是否构成不正
当竞争的问题。华能集团公司早在 1989 年 3 月就已成立，是国有特大型企业，
从事多种行业的经营行为，因其长期的集团性经营活动和广泛的宣传，使其企
业名称及企业字号"华能"已具有很高的影响力。同时，华能集团公司自
1992 年起又在第 1～42 类商品或服务项目上广泛注册了"華能"和"HUA-
NENG"商标，因此，华能集团公司的企业名称及其注册的商标在公众中获得
了较高的认知度。廊坊华能建材公司成立于 1996 年 10 月 24 日，从时间上晚
于华能集团公司成立及注册商标的时间。而廊坊华能建材公司就保温建材等商
品的生产经营与华能集团公司的宽泛的经营领域中的相关经营领域相同或相近
似，在其使用含有"华能"字样的企业名称从事与华能集团公司相同或相近
似的经营活动时，容易使相关公众误认为廊坊华能建材公司与华能集团公司存
在某种经济上、组织上或法律上的联系，从而导致相关公众对商品或者服务的
来源产生混淆，而且在公众中"华能"字样与华能集团公司注册商标使用的
繁体字"華能"不产生认识上的显著区别，故应认定廊坊华能建材公司的上

述行为违反了诚实信用原则，构成了不正当竞争。原审判决对此问题作出的认定符合法律规定，但原审判决主文中判令廊坊华能建材公司"立即停止使用冠有'华能'字样的企业名称"的表述不恰当，本院将根据本案事实情况及有关法律法规的规定作出更正。廊坊华能建材公司关于其与华能集团公司不属于同一行业、其使用自己依法登记的企业名称不构成不正当竞争的主张，缺乏事实及法律依据，本院不予采信。

综上，华能集团公司的上诉请求没有事实及法律依据，本院不予支持；廊坊华能建材公司的上诉请求本院予以部分支持。原审判决认定事实及适用法律基本正确，表述有误之处，本院予以更正。依据《中华人民共和国民事诉讼法》第一百五十三条第一款第二项、《中华人民共和国反不正当竞争法》第二条第一、二款之规定，判决如下：

一、维持北京市朝阳区人民法院（2004）朝民初字第 3937 号民事判决第二、三项，即廊坊市华能建材有限公司于本判决生效之日起 10 日内赔偿中国华能集团公司律师费 2 万元、驳回中国华能集团公司的其他诉讼请求；

二、撤销北京市朝阳区人民法院（2004）朝民初字第 3937 号民事判决第一项，即廊坊市华能建材有限公司于本判决生效之日起立即停止使用冠有"华能"字样的企业名称，并停止涉案的侵权行为；

三、廊坊市华能建材有限公司于本判决生效之日起立即停止涉案侵犯中国华能集团公司注册商标权的行为，并在从事与"華能"和"HUANENG"注册商标核准使用的商品或服务项目相同或类似的经营活动中立即停止使用含有"华能"字样的企业名称；

四、驳回中国华能集团公司的上诉请求；

五、驳回廊坊市华能建材有限公司的其他上诉请求。

一审案件受理费 2 010 元，由廊坊市华能建材有限公司负担；二审案件受理费 2 010 元，由中国华能集团公司负担 1 200 元，由廊坊市华能建材有限公司负担 810 元。

16. "作坊"商标侵权纠纷案

——浙江萧山五粮液系列酒销售有限公司诉北京朝阳糖业烟酒公司、四川老作坊酒厂、大邑县大庄园实业有限公司

原告：浙江萧山五粮液系列酒销售有限公司
被告：北京朝阳糖业烟酒公司
被告：四川老作坊酒厂
被告：大邑县大庄园实业有限公司
案由：侵犯商标专用权纠纷

一审案号：北京市第二中级人民法院（2005）二中民初字第 78 号
一审合议庭成员：刘薇、宋光、梁立君
一审结案日期：2005 年 4 月 25 日

判决要旨

受让取得注册商标专用权的，对于发生在受让之前的侵权行为，受让人一般无权提起侵权诉讼。

起诉与答辩

原告浙江萧山五粮液系列酒销售有限公司诉称：2003 年 3 月 7 日，本公司经国家商标局核准，自案外人乌鲁木齐大漠绍君酒业有限公司（以下简称大漠绍君酒业公司）处受让了"作坊"注册商标的专用权，同年 3 月 10 日，本公司独占许可宜宾五粮液股份有限公司使用该注册商标。目前，使用该注册商标的系列白酒产品已行销全国。2004 年 11 月，本公司发现北京朝阳糖业烟酒公司在对外销售标注四川老作坊酒厂生产，但实际为大邑县大庄园实业有限公司（以下简称大庄园公司）生产销售的"老作坊十年陈玉酒"产品。该产品上使用的"老作坊"三个字，与前述本公司的"作坊"注册商标的读音及文字无本质差别，且使用在同类产品上，已构成近似。三被告生产、销售"老作坊十年陈玉酒"产品的行为，已构成对本公司注册商标专用权的侵犯。为此，本公司诉至法院，请求判决：1. 三被告立即停止生产、销售涉案侵权产品的行为；2. 北京朝阳糖业烟酒公司赔偿本公司经济损失 23.1198 万元

（含公证费 1 250 元）；3. 三被告承担本案全部诉讼费用。

被告北京朝阳糖业烟酒公司辩称：本公司销售的"老作坊十年陈玉酒"产品是经由合法途径由四川老作坊酒厂合法取得的。本公司对该产品是否为侵犯原告商标权的产品并不知情，且在进货时核查了四川老作坊酒厂生产经营方面的有关手续，已尽到合理的注意义务。综上，请求法院驳回原告针对本公司的诉讼请求。

被告四川老作坊酒厂辩称："老作坊十年陈玉酒"产品是本厂在原告取得"作坊"注册商标专用权之前生产销售的，因此不存在侵犯原告商标权问题；案外人已就原告前述注册商标向国家工商行政管理总局商标评审委员会（以下简称国家商标评审委员会）提出撤销申请且被受理。综上，请求驳回原告针对本厂的诉讼请求。

被告大庄园公司辩称：本公司的全称是大邑县大庄园实业有限公司，原告诉状中的四川省大邑县大庄园实业有限公司是不存在的，因此原告起诉的主体有误。本公司不是"老作坊十年陈玉酒"产品的生产者及销售者，该产品是四川老作坊酒厂在原告取得"作坊"注册商标专用权前生产销售的，因此不存在侵犯原告商标权问题；案外人已就原告前述注册商标向国家商标评审委提出撤销申请且被受理。综上，请求法院驳回原告针对本公司的诉讼请求。

一审查明事实

一审法院经审理查明：案外人大漠绍君酒业公司于 2001 年 3 月 14 日经国家商标局核准，获得第 1538725 号"作坊"文字及图形组合注册商标的专用权，有效期为 2001 年 3 月 14 日至 2011 年 3 月 13 日。该注册商标由汉字"作坊"及其外环绕的椭圆形圈组成，核定使用的商品为第 33 类果酒（含酒精）；烧酒；葡萄酒；米酒；鸡尾酒；苦味酒；白兰地；苹果酒；含水果的酒精饮料；青稞酒。

2003 年 3 月 7 日，原告经国家商标局核准，自案外人大漠绍君酒业公司处受让了该第 1538725 号"作坊"文字及图形组合注册商标。同年 3 月 10 日起，原告独家许可案外人宜宾五粮液股份有限公司使用该第 1538725 号"作坊"文字及图形组合注册商标。此后，原告及案外人宜宾五粮液股份有限公司在全国范围内使用该注册商标销售白酒产品。

2004 年 11 月 24 日，原告在北京市朝阳区公证处公证员的监督下，在北京朝阳糖业烟酒公司处以单价 36 元的价格购买了 6 桶（共 1 箱）包装上标注为四川老作坊酒厂生产的 46° "老作坊十年陈玉酒"产品，共计价款 216 元。此外，原告还同时以单价 15 元的价格购买了标注为四川老作坊酒厂生产的

"老作坊三星玉窖酒"产品（46°）6 瓶，共计价款 90 元。原告同时取得了北京朝阳糖业烟酒公司开具的发票 2 张，北京市朝阳区公证处就原告的前述购买过程出具了公证书。原告为本次公证购买支出了公证费 2 500 元。

原告公证购买的前述"老作坊十年陈玉酒"产品上的标签表明该产品系四川老作坊酒厂于 2001 年 10 月及 2002 年 2 月 25 日生产的。该"老作坊十年陈玉酒"产品外包装上"老作坊"三字明显大于"十年陈"和"玉酒"等字，字体也不相同。此外，该产品上还标有"老作坊玉"商标及"庄园"文字及图形组合注册商标。

2004 年 10 月 20 日，四川老作坊酒厂向北京朝阳糖业烟酒公司出具《委托书》，内容为："兹委托北京朝阳糖业烟酒公司为我厂'老作坊玉窖'酒在北京市区总代理。"原告认为四川老作坊酒厂此举证明其系在鼓励北京朝阳糖业烟酒公司实施侵权行为，而三被告对原告此主张不予认可。

在审理期间，北京朝阳糖业烟酒公司向本院提交了收货单，以证明其分别于 2001 年 12 月 27 日及 2002 年 4 月 7 日自四川老作坊酒厂处购进"老作坊十年陈玉酒"共计 5 400 瓶，进货价格为 15.385 元/桶（不含税），其对外销售批发价为 36 元/桶。原告对北京朝阳糖业烟酒公司的前述主张及证据不持异议，四川老作坊酒厂及大庄园公司对北京朝阳糖业烟酒公司的前述主张及证据亦不持异议。

北京朝阳糖业烟酒公司称目前尚有 2 400 瓶该产品未售出，已办理向四川老作坊酒厂的退货手续。原告对北京朝阳糖业烟酒公司此主张表示不能确认，四川老作坊酒厂及大庄园公司对北京朝阳糖业烟酒公司的前述主张不持异议。

在审理期间，原告确认其在本案中不主张四川老作坊酒厂、大庄园公司生产"老作坊十年陈玉酒"产品的行为构成对其"作坊"文字及图形组合注册商标专用权的侵犯，但认为四川老作坊酒厂、大庄园公司在其取得"作坊"文字及图形组合注册商标专用权后销售该产品的行为构成对其"作坊"文字及图形组合注册商标专用权的侵犯，但原告没有就四川老作坊酒厂、大庄园公司在其取得"作坊"文字及图形组合注册商标专用权后销售该产品的行为的主张提供充分证据。

一审法院还查明以下事实：

1. 2003 年 6 月 25 日，案外人四川省大邑县大庄园酿酒总厂向国家商标评审委员会提出撤销原告"作坊"文字及图形组合注册商标的申请并被受理，目前该案尚在审理之中。

2. 1998 年 7 月 14 日，案外人四川省大邑县大庄园酿酒总厂经国家商标局核准，获得"二作坊老"文字注册商标专用权；2002 年起，案外人四川省大邑县大庄园酿酒总厂许可四川老作坊酒厂独占使用该注册商标并经国家商标局备案。

3. 2000 年 4 月 27 日，案外人四川省大邑县大庄园酿酒总厂向国家商标局提出"老作坊玉"文字商标注册申请，该申请已经初审公告（2001 年 4 月 4日）及注册公告（2001 年 7 月 14 日核准公告），但因原告提起异议程序，该申请未获得核准；2004 年 5 月 10 日，国家商标局裁定原告的异议理由不成立，"老作坊玉"商标予以注册；此后，原告在法定期限内，向国家商标评审委员会提出复审申请，目前该案尚在审理中；2001 年 8 月 6 日起至今，案外人四川省大邑县大庄园酿酒总厂一直许可四川老作坊酒厂使用"老作坊玉"文字商标。

4. 大庄园公司成立于 1997 年 6 月 6 日，法定代表人为杨评，经营范围为销售白酒、瓶装酒、副食品、农副产品；案外人四川省大邑县大庄园酿酒总厂系大庄园公司的下属企业；四川老作坊酒厂系案外人四川省大邑县大庄园酿酒总厂于 2001 年 7 月 9 日成立的非法人合伙企业，负责人为杨雅雄，合伙人为杨雅雄、杨朝焜、杨辉，其中杨雅雄、杨朝焜为父子关系，杨朝焜、杨辉为兄弟关系，杨朝焜同时为案外人四川省大邑县大庄园酿酒总厂的法定代表人；四川老作坊酒厂的经营范围为制造销售白酒、瓶装酒（不含食用酒精）。

一审审理结果

一审法院认为：

鉴于大庄园公司已应诉并就本案的实体问题进行了答辩，而原告及其他二被告对大庄园公司的主体资格不持异议，也没有证据证明另存在一家名为四川省大邑县大庄园实业有限公司的企业，因此大庄园公司关于原告起诉大庄园公司主体资格有误的主张，本院不予支持，大庄园公司为本案适格被告。

虽然案外人已向国家商标评审委员会提出撤销原告"作坊"文字及图形组合注册商标的申请并被受理，但鉴于国家商标评审委员会目前并未作出撤销该注册商标的决定，因此原告就该注册商标享有的专用权依然受法律保护。

原告"作坊"文字及图形组合注册商标的核心部分是"作坊"文字及其读音。北京朝阳糖业烟酒公司销售的"老作坊十年陈玉酒"产品的外包装上标注的"老作坊"在文字及读音上与"作坊"虽略有不同，但在含义上与"作坊"并无二致，且系突出使用"老作坊"三字。因此"老作坊十年陈玉酒"产品的外包装上标注的"老作坊"与原告"作坊"文字及图形组合注册商标在整体结构上构成近似，容易使相关公众对商品的来源产生误认或者混淆，已构成对原告"作坊"文字及图形组合注册商标所享有的专用权的侵害。

但北京朝阳糖业烟酒公司自四川老作坊酒厂处购进"老作坊十年陈玉酒"产品的时间早于原告取得"作坊"文字及图形组合注册商标所享有专用权的时间，且其作为销售商，已就其销售的"老作坊十年陈玉酒"产品提供了合法来源，原告也没有证据证明北京朝阳糖业烟酒公司系明知该产品为侵权产品而进行销售，因此原告要求北京朝阳糖业烟酒公司承担赔偿经济损失的民事责任的主张及请求，本院不予支持。但北京朝阳糖业烟酒公司须立即停止销售该侵权产品。

现有证据表明，四川老作坊酒厂生产涉案"老作坊十年陈玉酒"产品的时间早于原告受让涉案"作坊"文字及图形组合注册商标专用权的时间。原告已明确本案不主张四川老作坊酒厂、大庄园公司生产"老作坊十年陈玉酒"产品的行为构成对其注册商标专用权的侵害，而原告也没有充分证据证明四川老作坊酒厂、大庄园公司在其取得"作坊"文字及图形组合注册商标专用权后，存在销售"老作坊十年陈玉酒"产品的行为，因此对原告关于四川老作坊酒厂、大庄园公司存在侵犯其"作坊"文字及图形组合注册商标专用权的行为的主张，本院不予支持。

综上，依照《中华人民共和国商标法》第五十六条第三款之规定，判决如下：

一、被告北京朝阳糖业烟酒公司于本判决生效后，立即停止销售侵犯原告浙江萧山五粮液系列酒销售有限公司的1538725号"作坊"文字及图形组合注册商标专用权的涉案"老作坊十年陈玉酒"产品的侵权行为；

二、驳回原告浙江萧山五粮液系列酒销售有限公司的其他诉讼请求。

案件受理费21 354元，由原告浙江萧山五粮液系列酒销售有限公司负担10 000元，由北京朝阳糖业烟酒公司、大邑县大庄园实业有限公司负担11 354元。

各方当事人均服从一审判决。

17. "夢特矯"商标侵权及不正当竞争纠纷案

——博内特里塞文奥勒有限公司诉博内特里服饰(深圳)有限公司、
义乌市新一派服饰有限公司、李祖鹏

原告：博内特里塞文奥勒有限公司（BONNETERIE CEVENOLE S. A. R. L.）
被告：博内特里服饰（深圳）有限公司
被告：义乌市新一派服饰有限公司
被告：李祖鹏
案由：侵犯商标专用权及不正当竞争纠纷

一审案号：北京市第二中级人民法院（2004）二中民初字第 12621 号
一审合议庭成员：刘薇、宋光、梁立君
一审结案日期：2005 年 4 月 25 日

判决要旨

作为《巴黎公约》成员国的企业，其企业名称在该联盟的一切国家内受保护，无须申请或注册。

起诉与答辩

原告博内特里塞文奥勒有限公司诉称：原告是在法国依法注册成立的公司，在中国注册了"夢特矯"文字商标和"花图形"商标，核定使用的商品类别为第 25 类服装、鞋、帽、头饰等，且上述商标已成为知名度极高的商标。同时原告商品上的包装装潢——花图形＋横列式字母＋横列式绿色或红色线条的组合，是原告特有且知名的包装装潢。由被告博内特里服饰（深圳）有限公司（以下简称深圳博内特里公司）作为案外人法国梦特娇（香港）国际集团发展有限公司的中国总代理、由被告义乌市新一派服饰有限公司（以下简称新一派公司）生产及销售、被告李祖鹏销售的服装，在内外包装、吊牌、防伪标签、扣粒、衣物左胸织图、衣领织带、交易文书、名片、广告资料上使用了与原告花图形注册商标近似的花图形，并同时突出使用与原告注册商标"夢特矯"相同字样的标识，构成对原告商标权的侵犯。同时，上述服装的包装、装潢、标签等仿冒了原告知名商品特有的包装、装潢、标签，构成了不正当竞争。并且被告使用的商品防伪标签上完全直接冒用了原告的法文企业名称，被告深圳博内特里公司还直接冒用了原告的中文企业名称，构成对原告企业名称权的侵犯。故原告诉至法院，请求判令：1. 三被告立即停止侵犯原告商标专用权的行为；2. 三被告立即停止仿冒原告知名商品特有包装、装潢的不正当竞争行为；3. 三被告立即停止侵犯原告企业名称权的行为；4. 三被告共同赔偿原告经济损失 150 万元。

被告深圳博内特里公司辩称：我公司没有与其他二被告实施共同侵权的行为，原告请求我公司与其他二被告共同赔偿其经济损失 150 万元没有依据。请求法院驳回原告的诉讼请求。

被告新一派公司辩称：我公司只生产衬衣，不生产毛衫等其他服装，李祖鹏销售的服装不是我公司生产的，故该商品是否侵权与我公司无关。本案三被告之间互不相关，既没有共同侵权的故意，也没有共同侵权的行为，因此，原告认为本案三被告是共同侵权，完全错误。我公司从 2004 年 1 月开始试生产"名利成"牌衬衣，商标标识、吊牌、包装等均是参照深圳博内特里公司原有的样式制作，制作不久就被浙江省工商行政管理局认定为侵权而被查封、处罚，立即停止了生产与销售。故我公司根本没有取得利润，反而有很大亏损，所以原告请求我公司与其余二被告共同赔偿 150 万元，没有事实及法律依据。请求法院驳回原告的诉讼请求。

被告李祖鹏辩称：首先，原告主张由我销售的产品侵犯了其商标权，并构成了不正当竞争不能成立。其次，我是在看到法国梦特娇（香港）国际集团发展有限公司的招商广告，并看到了其代理商出具的该公司及深圳博内特里公司的工商营业执照及商标注册证等合法手续后，才开始销售其毛衫产品，成为特许经销商。我并不知道销售的产品可能存在侵犯他人商标权的情况，故我不应承担与其他二被告共同的赔偿责任。原告所提 150 万元的赔偿额也没有事实及法律依据。故请求法院驳回原告对我的诉讼请求。

一审查明事实

一审法院经审理查明：

原告是法兰西共和国的一家公司，成立于 1956 年 9 月 26 日。"BON-NETERIE CEVENOLE S. A. R. L."是原告的法文企业名称。"博内特里塞文奥勒有限公司"是原告的中文企业名称。现有证据表明原告于 1991 年起即一直使用"博内特里塞文奥勒有限公司"这一中文企业名称在我国申请商标专用权及从事商业宣传等活动。1991 年 12 月 30 日，原告经我国商标局核准注册了"梦特矫"文字商标，核定使用的商品为第 25 类服装、鞋、帽、头饰，该

商标注册证号为第 577537 号，有效期限已续展至 2011 年 12 月 29 日；1995 年
11 月 28 日，原告经商标局核准注册了"花图形"商标，核定使用的商品为第
25 类服装、鞋、帽、皮带等，该商标注册证号为第 795657 号；1996 年 6 月 30
日，原告经商标局核准注册了"MONTAGUT 及图"组合商标，商标形式为在
字母"G"的上方有一"花图形"，核定使用商品为第 25 类服装、袜子、围
巾、手套，该商标注册证号为第 253489 号；1997 年 11 月 14 日，原告经商标
局核准注册了"MONTAGUT 及图"组合商标，商标形式为在字母"O"的位
置被一"花图形"所替代，核定使用商品为第 25 类服装、鞋、帽、皮带等，
该商标注册证号为第 1126662 号。2004 年，商标评审委员会将上述第 577537
号、第 795657 号商标认定为驰名商标。

原告在本院审理期间提交了一件由其生产、销售的蓝灰色 T 恤衫服装样
品。该服装用一白色纸质手提袋包装，手提袋的正反两面使用了一由红花绿叶
的"花图形"商标、黑色"MONTAGUT"文字、红色横条、横条上有白色的
"PARIS"文字共同组成的组合图案。手提袋中又有一塑料透明包装袋，该塑
料包装袋的正反两面使用了一由蓝花黑叶的"花图形"商标、蓝色"MON-
TAGUT"文字、蓝色"PARIS"文字共同组成的组合图案，封口处还印有一蓝
色条带，条带两端各有一金色"花图形"商标，中间有白色"FIL LUMIERE"
文字。原告提供的蓝灰色 T 恤衫服装的左胸处有一用同色线绣上的"花图形"
商标，领口织带上有一由蓝花黑叶的"花图形"商标、蓝色"MONTAGUT"
文字、黑色"PARIS"文字共同组成的组合图案。该 T 恤衫领口处拴有三件吊
牌，在其中的两件吊牌上使用了一由红花绿叶的"花图形"商标、黑色
"MONTAGUT"文字、绿色横条、横条上有黄色的"PARIS"文字共同组成的
组合图案；第三件吊牌是防伪吊牌，该防伪吊牌上使用了一由金色的"花图
形"商标、绿色"MONTAGUT"文字、绿色的"PARIS"文字共同组成的组
合图案，并印有法文"Bonneterie Cevenole S. A. R. L garantit……"，意即"博
内特里塞文奥勒有限公司保证……"。

原告在其防伪方法的宣传材料上，以及 1998 年出版的《世界时装之苑》
杂志等各种报刊宣传材料上均广泛使用由红花绿叶的"花图形"商标、黑色
"MONTAGUT"文字、绿色横条、横条上有黄色的"PARIS"文字共同组成的
组合图案，作为其产品的标识。2003 年《中国服饰报》的相关报道表明，在
相关市场调查中的销售排行统计及市场占有率排行统计中均包括梦特娇服装。
原告还在《世界时装之苑》、《楚天都市报》、《银川晚报》、《内蒙古日报》、
《山西晚报》、《信息日报》等多家报刊上进行广告宣传。自 2003 年起，原告
还在全国范围内就市场上出现的使用与其注册商标相同或近似的商标的行为向

有关工商行政管理部门提出举报，并得到了支持。

1997年6月3日，被告新一派公司正式成立。2000年5月7日，新一派公司经国家商标局核准，注册了"名利成"图文组合商标，注册证号为第1393099号，核定使用的商品为第25类服装、衬衣、夹克（服装）、内衣、外套、运动衫、工作服、裙子、风衣。该商标的形式为左侧是一花图形，花图形的右侧上方是"名利成"三字、下方是斜体的"Minglicheng"文字。该商标中的花图形与原告注册的第795657号商标的花图形仅在叶子的形状上略有不同。

2002年8月28日，经商标局核准，新一派公司将上述"名利成"商标转让给了法国梦特娇（香港）国际集团发展有限公司。2003年2月17日，深圳博内特里公司正式成立。2003年2月10日，法国梦特娇（香港）国际集团发展有限公司与深圳博内特里公司签订了商标使用许可合同，将上述"名利成"商标许可给了深圳博内特里公司使用，许可期限至2006年2月10日。双方所签商标使用许可合同已在商标局备案。2003年12月1日，深圳博内特里公司与新一派公司签订了一份商标使用许可合同，将上述"名利成"商标又许可给了新一派公司使用。

2003年11月12日，原告到天雅木樨园服装大厦2095号由李祖鹏开设的柜台处购买了一件棕色毛衫服装，北京市第二公证处对上述购买行为进行了公证，并出具了（2003）京二证字第24007号公证书。根据该公证书对购买的服装拍摄的照片及封存的相关证物可看出：所购买的棕色毛衫服装用一透明塑料包装袋包装、塑料包装袋外面又有一白色纸质包装盒，白色纸质包装盒又放入一白色纸质手提袋内。在这三件包装物上均多处使用一组合图案，该组合图案由上至下为：红花绿叶花图形、黑色"MINGLICHENG"文字、绿色横条、横条上有白色"HIGH QUALITY"文字。另外，在塑料包装袋上及羊毛衫衬纸上均单独使用了花图形。在该棕色毛衫左胸部位用同色线绣了一单独的花图形，在领口处的织带上也绣有一红花绿叶的花图形，下面是一行黑字"MINGLICHENG"。拴在上述领口织带上有三个吊牌，其中有二个吊牌上均有红花绿叶花图形、黑色"MINGLICHENG"文字、绿色横条、横条上有白色"HIGH QUALITY"文字的组合图案，并均印有"商标持有人：法国梦特娇（香港）国际集团发展有限公司 中国总代理：博内特里服饰（深圳）有限公司"文字。另一个吊牌是防伪标志牌，该吊牌上有金色"花图形"及绿色"MINGLICHENG"文字，还印有法文"Bonneterie Cevenole S. A. R. L garantit……"。在拴吊牌的绳扣上有一单独使用的红花绿叶花图形。上述在服装及包装物上使用的花图形均与新一派公司注册的"名利成"商标中的花图形相同。

根据公证书所付购物发票及税收通用完税证记载：该产品的单价为 438 元、实缴税金 20.45 元。在该购物发票上写有"礼品（梦特娇）"文字。

2004 年 4 月 29 日，北京市工商行政管理局丰台分局在接到原告举报后，对李祖鹏销售上述服装、误导消费者的不正当竞争行为，作出了罚款 1 万元的行政处罚决定。另外，处罚决定书还认定：李祖鹏在 2095 号摊位前矗立的白色广告牌上用醒目的红色并且加大字体的手法，突出"法国梦特娇"字迹，与原告享有的"梦特矫"商标相混淆，误导消费者，构成侵犯原告商标权。

2004 年 8 月 27 日，原告到"木樨园大红门服装商贸城"DE370 号由李祖鹏开设的柜台处购买了一件淡绿色条纹短袖 T 恤衫服装，北京市第二公证处对上述购买行为进行了公证，并出具了（2004）京二证字第 26342 号公证书。根据该公证书对购买的服装拍摄的照片及封存的相关证物可看出：所购买的淡绿色条纹 T 恤衫服装所使用的透明塑料包装袋、白色纸质手提袋上的文字与图形、T 恤衫包装衬纸上的图形、T 恤衫左胸部位的绣花、领口处的织带上的绣花，三个吊牌上的文字与图形均与上述棕色羊毛衫上的图文特征相同。根据公证书所付购物发票及税收通用完税证记载：该产品的单价为 180 元、实缴税金 8.91 元。北京市第二公证处还取得了一张马国忠的名片，该名片左上角印有一组合图形，从上至下为：红花绿叶花图形、黑色"MINGLICHENG"文字、绿色横条、横条上有白色"HIGH QUALITY"字样；右上方有"商标持有人：法国梦特娇（香港）国际集团发展有限公司 中国总代理：博内特里服饰（深圳）有限公司"三行文字。

上述两件服装的销售者李祖鹏提供证据证明其在 2003 年 8 月 22 日《中国服饰报》上看到法国梦特娇（香港）国际集团发展公司和深圳博内特里公司所作"诚招全国各地代理商"的广告后，遂按广告公布的方式与之取得了联系，并得到了法国梦特娇（香港）国际集团发展公司、深圳博内特里公司授予的《特约经销商授权证书》，开始经销上述服装。但李祖鹏并没有提供证据证明其销售的服装的进货渠道及销售数量。需要说明的是，在上述《中国服饰报》上刊登的广告中使用了一花图形、"MINGLICHENG"文字、"FRANCE STYLE"一行小字的组合图案，并印有"商标持有人：法国梦特娇（香港）国际集团发展公司 中国总代理：博内特里服饰（深圳）有限公司 中国区营销中心：杭州市延安路龙翔服饰城 7F7206－7208 室"文字。

2003 年 11 月 17 日，原告到位于浙江省杭州市延安路龙翔服饰城 7F7206－7208 室购买了浅咖啡色男士衬衫一件、黑咖啡色毛衫一件、棕色花纹领带一条。浙江省杭州市公证处对上述购买行为进行了公证，并出具了（2003）杭证字第 14711 号公证书。根据该公证书对购买的服装拍摄的照片及封存的相关证物可看出：原告所购买的浅咖啡色男士衬衫所使用的白色纸质包装盒及白色纸质手提袋上均有一组合图案，该组合图案由上至下为：红花绿叶花图形、黑色"MINGLICHENG"文字、绿色横条、横条上有白色"HIGH QUALITY"字样。在上述包装盒、手提袋及服装吊牌上均印有"商标持有人：法国梦特娇（香港）国际集团发展有限公司 中国总代理及制造商：博内特里服饰（深圳）有限公司"等字样。在服装的透明塑料包装袋上、服装的吊牌上均使用了花图形下面加"MINGLICHENG"文字的组合图案。在服装领口处的织带上绣有"名利成"商标，但"名利成"三字几乎无法辨认。在服装的左胸处有一用同色线绣的花图形。原告所购买的黑咖啡色毛衫的包装与上述男士衬衫的包装基本相同，只是在纸质包装盒正面、透明塑料包装袋正面、服装吊牌及拴吊牌的绳扣上所使用的是"名利成"商标，但突出及放大了左侧的花图形、缩小及淡化了右侧的"名利成 Minglicheng"文字。原告所购买的领带的纸质包装盒上印有花图形加"MINLICHENG"、"FRANCE"文字的组合图形，包装盒底部印有"总代理及制造商：博内特里服饰（深圳）有限公司"等字样。领带的吊牌上印有红花绿叶花图形、右侧有"Minglicheng"文字，下方有一"MINGLICHENG"文字、红色横线、横线上有白色"DRESS"文字、"COLLECTION"文字的组合图案。在领带的右下角用棕色线绣有一花图形。上述在服装及包装物上使用的花图形均与新一派公司注册的"名利成"商标中的花图形相同。根据公证书所付购物发票记载：上述三件产品的总价款为490元。在该购物发票上写有"法国梦特娇服饰"的文字。

原告主张上述三件服装的制造者及销售者除深圳博内特里公司外，还有新一派公司，上述两公司既有委托加工关系，又是关联企业，但没有举出相应证据加以证明。

2004年12月3日，江西省南昌市东湖区工商行政管理局接受原告的举报，对案外人于爱华、傅金保共同销售"名利成"牌服装，侵犯了原告商标权的行为进行了查处，并作出责令该二人立即停止侵权行为、没收侵权服装355件、罚款1万元的行政处罚决定。在该局查封的一件棕黄色羊毛衫服装的吊牌上印有"中国总代理及制造商：深圳市润禾曦服饰有限公司 生产总部：中国衬衫基地人民南路新一派服饰有限公司"字样。该件服装的领口处的织带上有"名利成"商标，然而"名利成"三字几乎无法辨认，在服装的左胸部有同色线绣的花图形，在服装吊牌上有一组合图形，自上而下为红花绿叶花图形、黑色"MINGLICHENG"文字、"HONGKONG"一行小字。

2004年7月25日，浙江省工商行政管理局接受原告举报后，就新一派公司生产、销售"名利成"牌衬衣，侵犯了原告商标权的行为进行了查处，并作出了罚款 21 万元、没收库存产品及包装物的行政处罚决定。该处罚决定书中记载：至案发止，新一派公司已销售了"名利成"衬衣 5 286 件，销售额 150 915.3 元。新一派公司库存的"名利成"衬衣 12 420 件（货值 273 240 元）及其展示厅中带有上述标识的夹克衫 42 件、西服 34 套、休闲服 57 件、休闲裤 53 条、T 恤衫 174 件、领带 14 条及包装物一批被该局查封。

2004 年 6 月 17 日，香港特别行政区高等法院作出高院民事诉讼 2004 年第 835 号判令，该判令禁止法国梦特娇（香港）国际集团发展有限公司使用该企业名称及"名利成"商标等。

原告为本案诉讼支出公证费 3 894 元，购买证物的费用 1 137.36 元。原告为证明其受到的经济损失，还向本院提交了其向工商行政部门提出投诉、由工商行政部门查封扣押的相关商品一览表。

一审审理结果

一审法院认为：

1. 关于三被告的涉案行为是否侵犯了原告所享有的"夢特矯"、"花图形"、"MONTAGUT 及图"注册商标专用权问题。原告作为"夢特矯"、"花图形"、"MONTAGUT 及图"注册商标专用权人，其所享有的注册商标专用权受我国法律的保护。根据我国《商标法》的有关规定，未经注册商标专用权人的许可，在同一种商品或者类似商品上使用与其注册商标相同或者近似的商标的，为侵犯注册商标专用权的行为。本案三被告生产、销售的涉案产品为服装，与原告主张的 3 个注册商标核定使用的第 25 类商品为同类商品。被控侵权产品在服装上、吊牌等服装附属物上、包装物上所使用的花图形，与原告的"花图形"注册商标仅在叶子的形状上略有差别，构成近似，侵犯了原告依法对"花图形"商标享有的专用权，应承担相应的法律责任。被告深圳博内特里公司虽取得了法国梦特娇（香港）国际集团发展有限公司给予其"名利成"注册商标的使用许可，而新一派公司又取得了深圳博内特里公司给予其"名利成"商标的使用许可，但该二被告在其服装上、服装吊牌等附属物上、包装物上并没有使用或没有规范使用"名利成"商标，而是单独使用或突出使用了与原告"花图形"商标相近似的花图形，故该二被告的上述行为不属于对"名利成"商标的使用。李祖鹏在天雅木樨园服装大厦 2095 号摊位前放置的广告牌上使用的"法国梦特娇"的文字，以及深圳博内特里公司、李祖鹏在发票上所写的"梦特娇"的文字，与原告享有的"夢特矯"商标构成近似，此行为侵犯了原告依法对"夢特矯"商标享有的专用权，亦应承担相应的法律责任。

2. 关于三被告的涉案行为是否属于对原告所主张的知名商品特有包装、装潢的仿冒，是否构成不正当竞争。原告是法兰西共和国的一家公司。法兰西共和国与我国同为《巴黎公约》及世界贸易组织成员国，因此，我国法律给予原告制止不正当竞争的保护。根据我国《中华人民共和国反不正当竞争法》（以下简称《反不正当竞争法》）的有关规定，知名商品是指在市场上具有一定知名度，为相关公众所知悉的商品。法院在认定知名商品时，应以该商品在相关的市场领域中具有较高的知名度为条件，根据该商品的质量、销售时间、销售地域、市场份额、广告宣传、在相关消费者中的信誉度等因素综合判定。依据本案现有证据，原告梦特娇品牌的服装销售量和市场占有率较高，且原告对该产品进行了大量宣传，该产品具有一定的知名度，应认定为知名商品。知名商品的特有包装、装潢受我国法律保护，未经许可，任何人不得擅自使用他人知名商品的特有包装、装潢。

依据本案已查明的事实，原告于 1998 年即在相关广告宣传中确定了以红花绿叶"花图形"、黑色"MONTAGUT"文字、绿色或红色横条、横条上有"PARIS"文字的组合图案作为其产品的标识，并在其产品包装上、广告宣传材料等处广泛使用。该组合图案作为原告产品包装的装潢，其相关文字、图案、色彩及其组合等是具有独创性的设计，属于该产品所特有的装潢。而被告深圳博内特里公司及新一派公司受让取得"名利成"商标的使用权是在原告使用其特有的包装装潢之后，经比对，涉案被控侵权产品的包装物上、吊牌等服装附属物上、服装领口织带等处使用的由红花绿叶花图形、黑色"MINGLI-CHENG"文字、绿色横条、横条上有"HIGH QUALITY"文字共同组成的组合图案或与此相近似的、仅在文字或色彩上稍加变化的组合图案装潢与原告涉案知名商品特有的装潢在构图、色彩等方面相近似，造成了与知名商品的混淆，足以使购买者产生误认。因此，涉案被控侵权产品的装潢属于对原告知名商品特有装潢的仿冒，构成了不正当竞争，三被告应当承担相应的法律责任。

关于原告主张其防伪吊牌所使用的纸张、金属线装饰、彩色线型花纹图案装饰等也为原告知名商品的特有包装装潢的依据不足，对此主张本院不予支持。

3. 关于三被告使用"法国梦特娇（香港）国际集团发展有限公司"的企业字号是否构成不正当竞争问题。三被告在其生产、销售的服装包装物上、吊牌等服装附属物上、广告宣传材料上等多次使用"商标持有人：法国梦特娇（香港）国际集团发展有限公司"文字，虽然"法国梦特娇（香港）国际集团发展有限公司"系案外人的企业名称，而该企业确实为"名利成"注册商标的权利人，但该企业名称中的企业字号部分为"梦特娇"三字，与原告

"梦特矫"文字商标仅为简体字与繁体字之分，构成近似，被告使用该企业名称明显有"搭便车"的故意，使购买者误认为其生产、销售的服装是法国梦特娇服装品牌的系列产品，故本院认定三被告的上述行为构成不正当竞争，应承担相应的法律责任。

4. 关于被告深圳博内特里公司、李祖鹏使用原告法文企业名称的涉案行为是否构成不正当竞争的问题。因法兰西共和国与我国同为《巴黎公约》的成员国，原告的企业名称在该联盟的一切国家内受到保护，无须申请或注册。因此，原告有权就其法文企业名称在我国主张权利，其所主张的权利应当受到我国法律的保护。

依据本案已查明的事实，被告深圳博内特里公司生产、销售，李祖鹏销售的涉案被控侵权产品的防伪吊牌上带有原告的法文名称，系对原告法文名称的不当使用，易使相关公众产生混淆和误认，违反了诚实信用原则，构成了不正当竞争，二被告应对此行为承担相应的法律责任。

5. 关于深圳博内特里公司使用"博内特里"作为企业字号是否构成不正当竞争问题。原告以"博内特里塞文奥勒有限公司"作为其中文企业名称，自1991年起即使用该中文企业名称在我国申请商标、从事商业活动及商业宣传，故原告该中文企业名称应与其法文的企业名称同样受到我国法律的保护。被告深圳博内特里公司的成立时间为2003年，晚于原告使用"博内特里塞文奥勒有限公司"这一中文企业名称的时间。而深圳博内特里公司使用与原告中文企业名称中前半部分完全相同的"博内特里"一词作为其企业字号，容易引起消费者对其生产、销售的服装商品的制造者产生误认，深圳博内特里公司也没有举出证据证明该词有其他特别含义，故其行为侵犯了原告在先享有的企业名称权，构成了不正当竞争，应当承担相应的法律责任。

6. 关于被告深圳博内特里公司及被告新一派公司是否存在共同侵权行为的问题。原告主张深圳博内特里公司与新一派公司有委托加工关系，并为关联企业，故二被告应承担共同侵权的责任，但原告未就此举出相应证据，从本案现有证据看，原告通过北京市第二公证处、浙江省杭州市公证处公证购买的服装均未标明生产者为新一派公司，李祖鹏也不承认其销售的服装是从新一派公司进的货，所以，原告的上述主张本院不予支持。

但本院确认江西省南昌市东湖区工商行政管理局及浙江省工商行政管理局查处的服装为新一派公司生产、销售。新一派公司否认浙江省工商行政管理局查处的服装中除衬衫以外的服装是由其生产的，但其没有提供相应证据，对此主张本院不予采信。据此，本院认为被告深圳博内特里公司及被告新一派公司应各自承担其相应的法律责任。

7. 关于被告李祖鹏销售侵权商品的责任认定问题。根据我国《商标法》的有关规定，销售不知道是侵犯注册商标专用权的商品，能证明该商品是自己合法取得的并说明提供者的，不承担赔偿责任。被告李祖鹏虽销售的是深圳博内特里公司的服装，也提交了《特许经销商授权证书》等文件，但没有提交其销售的服装的进货凭证等证据材料，也不能证明该商品的提供者，故本院不能认定李祖鹏销售的服装系合法取得，故李祖鹏应承担停止销售、赔偿原告经济损失的法律责任。

综上，三被告的涉案行为分别构成了对原告"花图形"、"夢特嬌"注册商标专用权的侵犯，并构成了不正当竞争。本案原告请求法院判令三被告承担停止侵权、赔偿原告经济损失的法律责任的主张，理由正当，本院予以支持。关于三被告承担法律责任的具体方式及具体赔偿数额，本院将依据有关法律的规定，根据本案的具体情况，综合考虑三被告各自不同的涉案侵权行为的方式、范围、持续时间以及主观过错程度等因素予以酌定。原告提出150万元赔偿请求的依据是其自行统计的各地工商行政管理部门的查处记录一览表，但原告并未依据此表提交全部相应的工商行政管理部门现场检查笔录。在原告已经提交的工商行政管理部门的处罚决定书中对查获的服装已采取了查封并没收的处罚，被告已不能从中获利，而对本案三被告已经生产或销售的数额及获利情况工商行政管理部门并未全部查清，故原告所提赔偿请求的依据，事实及法律根据不足，本院不予全部采纳。

依据《中华人民共和国民法通则》第一百三十四条、《中华人民共和国商标法》第五十一条、第五十二条第（一）项、第（二）项、第五十三条、第五十六条、《中华人民共和国商标法实施条例》第三条、《中华人民共和国反不正当竞争法》第二条、第五条第（二）项、第（三）项、第二十条之规定，判决如下：

一、博内特里服饰（深圳）有限公司、义乌市新一派服饰有限公司、李祖鹏于本判决生效之日起立即停止涉案侵犯博内特里塞文奥勒有限公司注册商标专用权及不正当竞争的行为；

二、博内特里服饰（深圳）有限公司于本判决生效之日起，在从事与博内特里塞文奥勒有限公司"花图形"、"夢特嬌"、"MONTAGUT及图"注册商标核准使用的商品相同或类似的经营活动中立即停止使用含有"博内特里"字样的企业名称；

三、博内特里服饰（深圳）有限公司于本判决生效之日起30日内赔偿博内特里塞文奥勒有限公司经济损失人民币40万元及因本案诉讼而支出的合理费用人民币2 531元；

四、义乌市新一派服饰有限公司于本判决生效之日起 30 日内赔偿博内特里塞文奥勒有限公司经济损失人民币 35 万元及因本案诉讼而支出的合理费用人民币 2 500 元；

五、李祖鹏于本判决生效之日起 30 日内赔偿博内特里塞文奥勒有限公司经济损失人民币 20 000 元；

四、驳回博内特里塞文奥勒有限公司的其他诉讼请求。

案件受理费 17 510 元，由博内特里塞文奥勒有限公司负担 400 元，由博内特里服饰（深圳）有限公司负担 9 000 元，由义乌市新一派服饰有限公司负担 8 000 元、由李祖鹏负担 110 元。

各方当事人均服从一审判决。

18. "金箍棒孙悟空"商标侵权纠纷案

——北京金捷诺科技有限公司诉北京鑫亿达北方电子有限公司、
北京鑫亿达北方电子有限公司海淀分公司

原告： 北京金捷诺科技有限公司
被告： 北京鑫亿达北方电子有限公司
被告： 北京鑫亿达北方电子有限公司海淀分公司
案由： 侵犯商标专用权纠纷

一审案号： 北京市海淀区人民法院（2005）海民初字511号
一审合议庭成员： 宋鱼水、李颖、高正
一审结案日期： 2005年5月19日

判决要旨

进口的商品是同品牌正宗商品，其品质与国内商标所有人或商标使用人生产或销售的商品基本一致，一般不会扰乱市场秩序，属于平行进口行为，在法律无明确禁止性规定的情况下不违反我国现行法律规定。但如果平行进口商未经许可在进口商品上使用我国的注册商标，则可能构成对该注册商标专用权的侵犯。

起诉与答辩

原告北京金捷诺科技有限公司（以下简称金捷诺公司）诉称，韩国三星电子株式会社系中国第3082993号注册商标的注册人，我公司是该公司授权的三星光存储产品在中国区域的惟一总代理人，取得了第3082993号注册商标在中国区域内的独占排他使用权。我公司在营销及售后服务中发现在海淀区存在非法使用我公司专用商标和专用包装，大量销售三星光存储产品的情况。经调查，数家销售侵权商品机构的侵权商标、包装及产品均来自北京鑫亿达北方电子有限公司（以下简称鑫亿达公司）。在依法向工商机关举报后，北京市工商行政管理局海淀分局（以下简称海淀工商分局）在鑫亿达公司的仓库中查获数万套非法印制的注册商标和专用包装；约7000台非法经销的DVD - ROM、CD - ROM、COMBO - ROM等光存储商品；用于制造假冒商品的喷涂工具；出

入库记录、销售账簿等物品。经鉴定,上述涉案商标及包装与我公司的正品有明显区别,但商标图案及特有的标志、标识等与我公司完全相同,构成商标侵权。经对涉案的 DVD－ROM、CD－ROM、COMBO－ROM 产品的出厂序列号、技术参数等特征进行鉴定,发现第一被告将非供中国区域销售的三星光存储产品经喷涂换色、重新分包后,假冒我公司拥有独占使用权的商标、包装及其配套使用的特有标志、标识,违法在中国大陆销售。由于非供中国区域销售的光存储产品的技术参数不完全支持中国大陆地区的使用要求,使用侵权产品的用户经常出现不能正常读取数据的现象,导致不明真相的用户投诉我公司,并要求提供售后服务。二被告的侵权行为直接导致我公司销售额下降,售后服务成本增加,商标及商誉受损,严重侵害了我公司的合法权益,故诉至法院,请求判令二被告:1. 停止侵犯原告商标专用权的行为;2. 赔偿因侵权造成的经济损失 50 万元;3. 承担因诉讼支出的合理费用 27 000 元。诉讼费由二被告承担。

被告鑫亿达公司及北京鑫亿达北方电子有限公司海淀分公司(以下简称海淀分公司)共同辩称:承认在外包装盒上使用了原告的商标,但原告没有对其第 3082993 号注册商标进行相关标注,不知道孙悟空图形是注册商标。我方自 2004 年 10 月 26 日被海淀工商分局查处后就停止了一切相关的销售行为,原告要求停止侵权不再具有意义。我公司经销的 DVD－ROM、CD－ROM、COMBO－ROM 是从美国以一般贸易形式进口的三星公司产品,各项技术指标完全符合标准,并非假冒。同时海淀工商分局也于 2004 年 12 月 21 日将扣押的光存储器发还给了我公司,理由是我公司经销光存储产品本身并不侵权,同时被扣押商品数量也不到 7000 台。因原告所销售的商品存在市场因素和同类商品性能价格比的竞争,另外我方销售的 DVD－ROM、CD－ROM、COMBO－ROM 系三星公司生产,我方没有改变产品的机械性能,原告也未举证证明北美销售的三星光存储产品与中国大陆销售的产品技术参数有何不同,所以不存在损害商品信誉情况,不会对原告造成重大损失,原告要求赔偿损失 50 万元没有依据。因原告第一、二项诉讼请求均不能成立,其要求我方支付因诉讼支出的合理费用以及负担本案诉讼费也没有依据。故请求驳回原告的全部诉讼请求。

一审查明事实

一审法院经审理查明:韩国三星电子株式会社系中国第 3082993 号注册商标(该商标为图形商标,图形为挥舞金箍棒的孙悟空)的注册人,商标核定使用商品(第 9 类),包括计算机硬件:计算机外围设备、光盘驱动器(计算

机）、调制解调器等。注册有效期限为 2003 年 5 月至 2013 年 5 月。2004 年 9
月 20 日，韩国三星电子株式会社出具授权书，授权三星光存储中国惟一总代
理金捷诺公司，对其享有的第 3082993 号注册商标在中华人民共和国境内光存
储领域拥有独占排他的使用权。使用期限为 2003 年 1 月至 2006 年 1 月。金捷
诺公司在其代理经销的三星光存储器 DVD - ROM、CD - ROM、COMBO - ROM
的外包装盒上，均使用了该注册商标。

金捷诺公司在经营过程中发现鑫亿达公司及其海淀分公司销售标有其专用
的孙悟空商标外包装的三星光存储产品，遂向工商机关举报。2004 年 10 月 26
日，海淀工商分局在鑫亿达公司租用的北京市海淀区杏石口路北京翔远通物流
有限公司库房内进行检查，发现该仓库中存放三星 52X CD - ROM 光驱 3000
台，16X DVD - ROM 3000 台，52X COMBO - ROM 520 台，另存有上述物品的
包装盒分别有 52X CD - ROM 光驱 125 包，16X DVD 201 包，52X COMBO 41
包，每包 50 个。包装盒上均带有与第 3082993 号注册商标相同的孙悟空标识。
海淀工商分局对此进行了现场拍照，并暂扣了上述三星光存储商品、非法印制
的注册商标和专用包装、用于喷涂面板的刷标喷涂工具、包装用内胆、气泵、
拆下的三星光存储商品喷色标志、包装用泡沫、仓库账本、单据等物品。

2004 年 10 月 26 日，海淀工商分局出具 9 份鉴定委托书，委托金捷诺公司
对查封的上述三星光盘驱动器（16X DVD - ROM，52X CD - ROM，52X COM-
BO）及其包装盒进行鉴定，要求其对上述物品是否侵犯第 3082993 号图形注
册商标专用权作出说明。2004 年 12 月 20 日，金捷诺公司出具鉴定书，鉴定
结果为：被鉴定包装盒在包装盒颜色、商标及标注、包装盒两侧的第 3082993
号商标注册证项下商标标识的特征上与正品物（包装盒）区别明显，证明并
非金捷诺公司销售的三星电子光存储产品的包装物，但其使用的商标与金捷诺
公司授权使用的第 3082993 号商标注册证项下商标标识完全相同。

在工商查处过程中，鑫亿达公司向海淀工商分局提供了从美国进口三星光
盘驱动器的进口合同、海关进口货物报关单、海关进口增值税专用缴款单。以
上单据载明，鑫亿达公司经由黑龙江省和昌进出口有限公司从美国进口了三批
光存储产品。2004 年 5 月 9 日进口的一批货物，包括三星 52X CDROM 光盘驱
动器 2000 台（原产国印度尼西亚，单价 12.5 美元）；三星 16X DVD - ROM 光
盘驱动器 1000 台（原产国印度尼西亚，单价 22 美元）；BENQ 16X DVD -
ROM 光盘驱动器 1020 台（原产国中国，单价 23 美元）；SONY 16X DVD -
ROM 光盘驱动器 1000 台（原产国中国，单价 22 美元）。2004 年 9 月 7 日进口
的一批货物，包括索尼 52X CDROM 光盘驱动器 2500 台（原产国中国，单价
10.8 美元）；索尼 16X DVD 光盘驱动器 2000 台（原产国中国，单价 20.8 美

元）；三星 52X CD－ROM 光盘驱动器 2000 台（原产国菲律宾，单价 10.5 美元）；三星 16X DVD 光盘驱动器 2610 台（原产国印度尼西亚，单价 20.5 美元）。2004 年 10 月 19 日进口的一批货物，包括三星 16X DVD 光盘驱动器 5000 台（原产国印度尼西亚，单价 20.3 美元）；三星 52X CD－ROM 光盘驱动器 5000 台（原产国菲律宾，单价 10.25 美元）；BENQ 16X DVD 光盘驱动器 2000 台（原产国中国，单价 20.2 美元）。以上三批货物的起运国均为美国，均从天津口岸入境，用途均为外贸自营内销，包装方式均为厂家原始包装纸盒。

2004 年 12 月 21 日，海淀工商分局对鑫亿达公司进行了行政处罚。根据处罚决定书中载明的事实，被告鑫亿达公司于 2004 年 10 月初开始，在租用的北京市海淀区杏石口路 88 号北京翔远通物流有限公司库房内，将进口的三星光盘驱动器进行刷标加工后，装入使用第 3082993 号（图形）注册商标的三星光盘驱动器包装盒中用于销售。在鑫亿达公司被查处时，已销售使用上述包装盒的三星光盘驱动器产品共计 495 台，销售金额为 8 万元，未签订销售合同，未开具发票。在当事人库房中存有使用第 3082993 号（图形）注册商标的三星光盘驱动器包装盒共 18 350 个，由鑫亿达公司从产品供应商处取得，每个 0.6 元，费用计入进货款项。海淀工商分局认定，鑫亿达公司的上述行为已构成侵犯注册商标专用权，作出如下处罚决定：1. 责令立即停止侵权行为；2. 没收侵犯第 3082993 号（图形）注册商标专用权的三星光盘驱动器包装盒 18 350 个、刷标用工具 9 片、喷涂用工具 1 箱、气泵 1 台；3. 罚款 20 万元。同日，海淀工商分局作出解除行政强制措施通知书，对之前扣留的光存储器解除了强制措施，予以发还。

庭审中，鑫亿达公司及其海淀分公司称这些光驱是从美国进货，到货后将光驱的面板拆下，将面板喷成银色或刷上"SAMSUNG"的标识，然后装回光驱，装入使用了金捷诺公司享有专有使用权的商标的包装盒后发货，在市场上销售，未改变光存储器的机械功能。

鑫亿达公司及其海淀分公司销售的三星光存储产品外包装与金捷诺公司经销的光存储产品外包装相比，二者在包装盒正、反面右下方、两侧正下方及上面的盒盖上均标注了以红色、黄色为基色绘制的孙悟空图形，二者的孙悟空图形在用色、图形组成上基本相同或者非常近似，不同之处在于金捷诺公司的孙悟空图形商标旁边标注了"金将军™"，而鑫亿达公司的孙悟空图形旁边标注了"三星光盘驱动器"。在金捷诺公司包装侧面标注了代理商、制造商、产地等信息，而鑫亿达公司的产品包装上未标注经销商，但标注了制造商、产地印度尼西亚或菲律宾等信息。

金捷诺公司为本案支付律师费 27 000 元。

庭审中，经法院释明，金捷诺公司明确表示此次诉讼仅就鑫亿达公司及其海淀分公司使用的包装上孙悟空商标侵权部分提起诉讼，对于包装上其他方面的相同或相似可能造成的不正当竞争问题，本案中不予主张，保留该方面的诉权。

一审审理结果

一审法院认为：原告金捷诺公司经由韩国三星电子株式会社授权，取得了第 3082993 号注册商标在中国区域内的独占排他使用权，其可以在该区域内阻止包括授权人在内的不特定主体行使上述权利。因此作为独占排他的被许可人，原告取得第 3082993 号注册商标使用权具有相应的绝对性，其在授权地域内可以独立主张其相应的权利。

鑫亿达公司及其海淀分公司进口、销售的三星光存储产品，系由美国进口而来。经金捷诺公司鉴定，该部分进口的三星光存储器确系韩国三星电子株式会社生产的正宗产品，且履行了正当的进口关税手续。随着我国加入 WTO，考虑到国际商品自由贸易的加强、对商品自由流动的保障、使消费者可以购买到物美价廉的商品等因素，特别是考虑到进口的商品是同品牌正宗商品，而非假冒伪劣商品，其品质与国内商标所有人或商标使用人生产或销售的商品基本一致，一般不会扰乱市场秩序，因而在法律无明确禁止性规定的情况下，不应认为鑫亿达公司及其海淀分公司单纯从美国进口三星光存储器的商业行为有何不当。但在本案，鑫亿达公司及其海淀分公司在从美国进口了三星光存储器之后，采用到货后将光驱的面板拆下，将面板喷成银色或刷上"SAMSUNG"的标识，然后装回光驱的方式，特别是将光存储器装入使用了金捷诺公司享有专有使用权的商标的包装盒后发货销售，这种重新包装并使用金捷诺公司享有独占排他使用权的第 3082993 号注册商标的行为，使得该注册商标对于销售代理商的识别功能降低，消费者易对三星光存储器的来源和具体销售者产生误解和混淆。这种更换包装、擅用他人商标的行为扰乱了市场经济秩序，损害了商标使用权人金捷诺公司的商标权益，构成商标侵权。鑫亿达公司及其海淀分公司辩称，金捷诺公司未对其第 3082993 号注册商标标注™或®进行公示，其不清楚第 3082993 号商标是注册商标，考虑注册商标的使用方面法律并未强制规定必须标注™或®，否则他人就可任意使用，且鑫亿达公司及其海淀分公司作为销售光存储器的企业，对于三星产品中国总销售商的商标使用情况应是知晓的，其使用该商标图形应认为具有"搭便车"的故意。故其应承担停止侵权、赔偿损失等责任。

金捷诺公司主张在中国销售的三星光存储产品和在北美地区销售的产品在技术参数方面存在一些不同，北美市场的产品对于光盘的识别率较低，不能完全支持中国大陆地区的使用要求，使用侵权产品的用户经常出现不能正常读取数据的现象，从而许多不明真相的用户投诉并要求其提供售后服务，导致其商誉受损。被告鑫亿达公司及其海淀分公司认为三星公司的光存储产品并未针对不同的地区设计不同的技术参数。本院认为，本案中鑫亿达公司的进口合同显示，部分三星光存储器的生产国是中国，是从美国返销而来的，鑫亿达公司和金捷诺公司包装上标明的技术标准和参数也是基本一致的，不能看出原告金捷诺公司与被告鑫亿达公司销售的产品之间存在技术参数、光盘识别率方面的差异。金捷诺公司也未向本院提供相应的证据证明中国地区销售的三星光存储产品和北美地区销售的产品在技术参数、读盘功能等方面存在差异，进而这种差异给其造成损失，故对原告金捷诺公司有关该部分损失的事实及诉讼请求，本院不予支持。

在本院予以释明的情况下，本案原告金捷诺公司明确表示仅就商标侵权部分起诉，对于双方包装存在相同或相似可能导致的不正当竞争行为保留诉权，根据不告不理原则，本院对此不予处理。

原告金捷诺公司在本案中提出由被告鑫亿达公司及其海淀分公司赔偿经济损失 50 万元及为本案支付的律师费 27 000 元，但其未能提交充分的证据予以证明，故本院将结合二被告涉案侵权行为的性质、持续时间、涉案已销售侵权商标产品的数量、工商部门查实的销售产品数量、查扣数量及总进口三星产品数量之间的差额、商标侵权行为在销售行为中的作用、侵权行为给原告所造成损失的合理程度、合理费用的支出等因素综合酌定本案的赔偿数额。

综上所述，被告鑫亿达公司及其海淀分公司销售涉案的更换含有第3082993 号注册商标图形包装的三星光存储商品的行为，侵犯了原告金捷诺公司的商标独占排他使用权，应承担停止侵权、赔偿经济损失的民事责任。本院依据《中华人民共和国民法通则》第一百三十四条第（一）项、第（七）项、《中华人民共和国商标法》第五十二条第（一）项、第（二）项、第五十六条第一款之规定，判决如下：

一、被告北京鑫亿达北方电子有限公司、北京鑫亿达北方电子有限公司海淀分公司于本判决生效之日起停止销售包装上标有与原告北京金捷诺科技有限公司在中国区域内享有独占排他使用权的 3082993 号注册商标相同或相似标识的三星光存储产品；

二、被告北京鑫亿达北方电子有限公司、北京鑫亿达北方电子有限公司海淀分公司于本判决生效之日起 10 日内赔偿原告北京金捷诺科技有限公司经济损失及因诉讼支出的合理费用共计 67 000 元；

三、驳回原告北京金捷诺科技有限公司的其他诉讼请求。

案件受理费 10 280 元，由原告北京金捷诺科技有限公司自行负担 3 000 元，被告北京鑫亿达北方电子有限公司、北京鑫亿达北方电子有限公司海淀分公司共同负担 7 280 元。

各方当事人均服从一审判决。

19. "528 招聘网" 商标侵权纠纷案

——北京信立华夏网络技术有限公司诉
北京三七二一科技有限公司

原告： 北京信立华夏网络技术有限公司
被告： 北京三七二一科技有限公司
案由： 侵犯商标专用权纠纷

一审案号： 北京市朝阳区人民法院（2005）朝民初字第 7284 号
一审合议庭成员： 李有光、刘德恒、谢甄珂
一审结案日期： 2005 年 6 月 17 日

判决要旨

网络实名服务是关键词搜索，以利于用户更方便地查找到对应的网址或网页，这种服务形式是互联网增值服务，具体注册的网络实名词汇是由用户选定的，从这个意义上讲，网络实名服务提供者是被动的，其所负有的应该是对网络实名词汇的审查责任。

起诉与答辩

原告北京信立华夏网络技术有限公司（以下简称信立华夏公司）诉称：我公司合法拥有并经营 528 招聘网站（www.528.com.cn）。经国家工商总局商标局核准，我公司已于 2004 年 5 月 21 日获得由 "528 招聘网" 文字及图形组合的注册商标，享有专用权。经过近 5 年的努力经营，我公司以高额广告投入和诚信有效的服务，使 "528 招聘网" 成为同行业内知名商标。北京三七二一科技有限公司（以下简称三七二一公司）于 2004 年在其网络平台（www.3721.com）上擅自将 "528 招聘网"、"528 招聘"、"528" 等网络实名公开出售给与我公司同行业的其他企业，并与其他企业的网站链接，致使他人获得了 "528 招聘网" 商标的网络使用权，使大批客户将其他企业误认为我公司而使客户流失，给我公司造成巨大的经济损失。三七二一公司将我公司上述网络实名非法出卖给与我公司同类型的网站，其实质是利用我公司的商标和所经营的 528 招聘网的知名度，非法出卖我公司注册商标的使用权，侵犯了我公

司商标专用权。原告请求法院判令三七二一公司立即注销其他企业在其网站注册的"528 招聘网"、"528 招聘"及"528"网络实名，中断该实名与对应网站的链接；在三七二一公司网站显著版面登载致歉声明，说明销售上述 3 个网络实名侵害了我公司的商标专用权；赔偿我公司经济损失 10 万元。

被告三七二一公司辩称：网络实名是我公司向公众提供的一种互联网商业性增值服务，是网络实名注册者实现直达其网站、网页的关键词，是一种在已有的数据库中通过 IE 地址栏进行搜索的入口关键词，不产生任何法律意义上的权利。因法律对网络实名服务无禁止性规定，故此服务具有合法性。在法律没有强制性规定的情况下，实践中应当按照公平、合理的原则确定我公司作为网络实名服务商的注意和审查义务。信立华夏公司据以主张权利的商标核定的范围是通讯设施和信息传送技术服务，而我公司利用 IE 地址栏关键词搜索技术向广大客户提供网络实名服务，两者不构成商标法意义上的相同或类似服务，不会导致消费者对服务的提供者产生混淆或误认。故我公司为客户注册"528"、"528 招聘网"等网络实名及客户使用网络实名的行为没有侵犯信立华夏公司的注册商标专用权。况且，信立华夏公司注册的是由"招聘网"文字、"528"数字及"com. cn"英文字母组成的图形商标，将图形商标中的一部分"528"、"528 招聘"、"528 招聘网"等分割出来，不具有区分其他服务的特征，不具有专有性，不应该按商标权进行保护。综上，不同意信立华夏公司的诉讼请求。

一审查明事实

一审法院经审理查明：网络实名是三七二一公司提供的一种互联网服务，在上网用户已经安装三七二一公司网络实名插件的情况下，根据上网用户在地址栏输入的一个名称将用户直接引导到一个对应的网站或网页。根据三七二一公司公开的《网络实名注册规范》，任何个人或企事业单位、组织、社会团体均可申请注册网络实名，并通过交纳服务费享受该服务；注册网络实名仅表示申请者通过申请注册享受一段时期的网上服务，并不意味着申请者将因此获得此名称在法律意义上的所有权。为方便用户查询网络实名产品的销售状态，三七二一公司还提供了在线查询服务，具体的操作过程是：登录三七二一公司网站，用户可在"要购买词汇"栏内随意输入一个想购买的字、词或更多的文字组合（比如本案的"528 招聘"等字样），用户发出的该查询请求会在后台系统数据库中进行搜索对应匹配，如果该词已经被售出并且仍在服务期内，前端界面会如实显示销售状态，反之，如果没有查到已经售出信息，前端界面会显示"可购买"。这时用户就有机会去注册购买。查询过程中所输入的文字内容完全由用户自主决定，不为三七二一公司所控制。

2004 年 5 月 21 日，经国家工商行政管理总局商标局核准，信立华夏公司获得第 3354431 号商标注册证，商标为左侧"528"文字，右侧上为"招聘网"文字、下为".com.cn"组合而成，核定服务项目为第 38 类：计算机辅助信息与图像传输；计算机辅助信息与图像传送（商品截止）。信立华夏公司将该商标使用于其经营的网站（www.528.com.cn）上，该网站主要提供招聘信息等服务内容。

2004 年 11 月 22 日，信立华夏公司的委托代理人登录互联网，在 IE 地址栏中输入"528"，弹出页面为"528 人才招聘导航网（www.078.cn）"。登录三七二一公司网站，在"输入要注册的实名"栏目框中输入"528 招聘网"，界面显示该网络实名的用户为深圳鹰才信息咨询有限公司，处于"不可售"状态。在"要购买词汇"栏目中输入"528 招聘"，界面显示该网络实名没有用户使用，处于"可购买"状态。在"要购买词汇"栏目中输入"528"，界面显示该网络实名的用户为杭州精鹰人力资源管理有限公司，处于"不可售"状态。北京市公证处对上述登录互联网过程进行了公证。信立华夏公司为此证据保全支出了公证费。

此前，2004 年 10 月 19 日信立华夏公司曾就涉案问题与三七二一公司进行交涉。同年 10 月 20 日，三七二一公司以传真形式向信立华夏公司发出了通知，内容为："我公司从产品使用感受出发，就网络实名'528 招聘网'问题与'深圳人才热线网'进行了多次沟通。现该客户愿意放弃实名'528 招聘网'的使用权。我们会尽快进行取消该实名的相关操作。"

另查，经深圳鹰才信息咨询有限公司注册申请，三七二一公司自 2004 年 2 月 25 日起向其提供为期一年的"528 招聘网"的网络实名服务，对应网址为"www.0755job.com"。诉讼中，因服务期满，三七二一公司已停止对该网络实名的服务，并进行了技术性处理，现登录三七二一公司网站，在"要购买词汇"栏目中输入"528 招聘网"，界面显示该网络实名没有用户使用，且处于"不可售"状态，即"528 招聘网"的网络实名不再售予他人使用。

经杭州精鹰人力资源管理有限公司注册申请，三七二一公司向其提供"528"的网络实名服务，对应网址为 www.078.cn，服务期限为 2004 年 3 月 5 日至 2005 年 3 月 5 日。

一审审理结果

一审法院认为：网络实名既是三七二一公司特定互联网服务的名称，也是注册者注册的在网络实名服务中实现直达的关键词的称谓。注册者不因注册网络实名而获得法律意义上的所有权，仅表示申请者通过申请注册享受一段时期的三七二一公司提供的网上服务的权利。三七二一公司作为互联网增值服务的提供者，在不违反法律法规强制性规定的情况下，有权自行确定提供服务的方式，包括关键词的构成与使用规则。其提供的网络实名状态查询系统是为方便注册者了解要注册的网络实名词汇是否处于可注册状态。从技术角度看，涉案的"528"、"528招聘"、"528招聘网"词汇之所以能够被注册为网络实名，并非由于三七二一公司主动将其作为备选词汇提供给注册者，而是基于注册者的自行拟定。

信立华夏公司在其核准的服务项目范围内，依法享有对涉案图形组合商标的专用权，但其商标中的"528"属于常用数字词汇，不具有显著性，也不构成其商标组合中的主要识别部分。信立华夏公司对"528"不享有专用权，无权禁止他人使用。信立华夏公司主张三七二一公司向他人出售"528"网络实名侵犯其商标专用权的主张没有法律依据，本院不予支持。三七二一公司的"528招聘"网络实名并没有用户注册使用，信立华夏公司主张三七二一公司出售"528招聘"的网络实名没有事实依据，对其主张三七二一公司侵犯了其商标专用权，本院亦不予支持。

三七二一公司提供的网络实名服务是关键词搜索，以利于用户更方便地查找到对应的网址或网页，这种服务形式是互联网增值服务，具体注册的网络实名词汇是由用户选定的，从这个意义上讲，其是被动的，其所负有的应该是对网络实名词汇的审查责任。本案中三七二一公司向案外人提供"528招聘网"的网络实名服务始于2004年2月，早于信立华夏公司取得商标专用权的时间。因此，三七二一公司出售该网络实名时，就案外人而言，通过合同形式获得了网络实名服务的权利，该先于信立华夏公司的商标专用权取得的合同权利，应该受到保护；就三七二一公司而言，则不存在侵犯信立华夏公司的权利的问题。在信立华夏公司取得商标专用权并通知了三七二一公司后，三七二一公司于第二天就明确作出了将停止向案外人提供该网络实名服务的意思表示，并在此后停止了服务，并在其查询系统中将该网络实名进行了不再售出的操作处理。三七二一公司在整个事件过程中是积极的、合作的，不存在忽视他人权利的懈怠行为，尽到了审查和更正责任，不应该承担侵犯信立华夏公司商标专用权的民事责任。

综上，三七二一公司不存在提供侵犯信立华夏公司商标权的服务行为，也不存在侵害信立华夏公司商标权的其他行为，信立华夏公司主张三七二一公司侵犯其注册商标专用权，缺乏事实与法律依据，本院不予支持。现依据《中华人民共和国民法通则》第四条之规定，判决如下：

驳回北京信立华夏网络技术有限公司的诉讼请求。

案件受理费 3 510 元，由北京信立华夏网络技术有限公司负担。

一审宣判后，北京信立华夏网络技术有限公司不服并提出上诉，在二审诉讼中其撤回了上诉请求。

20. "惠尔康"商标权撤销纠纷案

——福州维他龙营养食品有限公司诉国家工商
行政管理总局商标评审委员会

原告（上诉人）：福州维他龙营养食品有限公司
被告（被上诉人）：国家工商行政管理总局商标评审委员会
第三人（被上诉人）：厦门惠尔康食品有限公司
案由：商标权撤销纠纷

原审案号：北京市第一中级人民法院（2004）一中行初字第 712 号
原审合议庭成员：张广良、姜颖、仪军
原审结案日期：2004 年 12 月 20 日
二审案号：北京市高级人民法院（2005）高行终字第 31 号
二审合议庭成员：刘继祥、魏湘玲、孙苏理
二审结案日期：2005 年 6 月 20 日

判决要旨

驰名商标的认定，应考虑相关公众对该商标的知晓程度、使用的持续时间、作为驰名商标受保护的记录以及该商标的任何宣传工作的持续时间、程度和地理范围等因素。驰名商标的主张者对商标驰名负有举证责任。

起诉与答辩

原告福州维他龙营养食品有限公司（以下简称维他龙公司）诉称：1. 第3239 号裁定在认定事实和适用法律上存在错误。（1）天津市惠尔康科技公司（以下简称天津惠尔康公司）在先注册了第 701244 号商标。之后，厦门惠尔康食品有限公司（以下简称惠尔康公司）也开始在第 32 类 02 组商品上先后申请注册"HUI—ERKANG"和"惠尔康"商标，但均被商标局以所申请注册商标与第 701244 号商标读音相同或近似为由予以驳回。在此情况下，惠尔康公司仍然长时间、大规模地在其生产销售的第 32 类 02 组商品上使用与第701244 号商标近似的"惠尔康"商标，其行为已构成对第 701244 号商标专用权的侵犯。而且，根据商标评审委员会作出的终局驳回惠尔康公司"惠尔康"

商标注册申请的《商评字（1999）第1424号决定》，惠尔康公司在第32类02组商品上不能对"惠尔康"文字取得任何商标权利。因此，商标评审委员会将惠尔康公司侵权使用的"惠尔康"商标认定为未注册的驰名商标，缺乏事实和法律依据。（2）第701244号商标系维他龙公司在天津惠尔康公司注销后，从继受该公司权利义务的中国医学科学院放射医疗研究所（以下简称放射医疗研究所），而非从已注销的天津惠尔康公司合法受让取得。天津惠尔康公司注销的事实，并不影响其权利义务继受人与维他龙公司就第701244号商标进行转让的合法性和有效性。维他龙公司申请的第1267138号商标能够被核准注册，是由于我公司当时已经取得了第701244号商标，并以此作为在先权利。故第1267138号商标作为第701244号商标的合法延伸和扩展，不是针对惠尔康公司在先权利的抢注商标行为。而且，在维他龙公司申请的第1267138号商标被审定公告后，惠尔康公司就曾依据与本案同样的事实和所谓的抢注理由提出过异议，但被商标局驳回。这一事实也证明维他龙公司注册第1267138号商标不是针对惠尔康公司在先权利的抢注商标行为。（3）第3239号裁定以"在第32类豆乳商品上，维他龙公司对第701244号商标已不享有合法权利"，作为其认定我公司抢注第1267138号商标的理由之一没有法律依据。根据《中华人民共和国商标法实施条例》（以下简称《商标法实施条例》）第四十条的规定，因不使用而被撤销的注册商标，其专用权自商标局的撤销决定作出之日起终止。也就是说，商标局的撤销决定不具有追溯既往的效力，不影响注册人在撤销决定作出之前对被撤销商标所享有的合法权利。因此，维他龙公司目前在第32类豆乳商品上对第701244号商标不享有合法权利的事实，并不能改变维他龙公司在申请注册第1267138号商标时，在第32类豆乳商品上对"惠尔康"享有合法的在先权利的事实。（4）第3239号裁定认定"惠尔康"是惠尔康公司的字号，系在先使用于饮料等商品并享有较高知名度的商标，进而认定惠尔康公司对"惠尔康"享有可以对抗维他龙公司第1267138号商标注册行为的在先权利，缺乏事实和法律依据。第3239号裁定所认定的字号问题及在先使用问题，依法并不能使惠尔康公司从中获得足以对抗第701244号商标注册行为的在先权利。2. 商标评审委员会作出第3239号裁定在程序上有诸多违法之处。（1）违反一事不再理原则。第1267138号商标在审定公告阶段，惠尔康公司就曾提出过异议。但该项异议已由商标局裁定不成立。现惠尔康公司请求撤销第1267138号商标所持的事实和理由，与其在上述异议中所持的事实和理由实质上相同。因此，商标评审委员会受理惠尔康公司的申请并作出与已经生效的异议裁定相反的决定，违反了《商标法》第四十二条规定的一事不再理原则。（2）商标评审委员会对不属于其法定职权范围的事项进行越权评判。第3239号裁定中关于维他龙公司受让第701244号商标的行为无效的结论，超出了《商标法实施条例》第二十八条所规定的评审职权范围，属于越权评审。（3）商标评审委员会在审理本案期间，曾致函审理维他龙公司诉惠尔康公司侵犯商标专用权案件的长沙市中级人民法院，告知"本案正在加快审理，将于近日作出裁定"，以暗示长沙市中级人民法院延缓审理，其做法有失公正。综上，维他龙公司请求人民法院依法撤销商标评审委员会作出的第3239号裁定。

　　被告商标评审委员会辩称：1. 商标评审委员会审理第1267138号商标争议案件符合法定程序，没有违反一事不再理原则。惠尔康公司就第1267138号商标向商标局提交的《异议申请书》与向商标评审委员会提交的《商标争议裁定申请书》，在主张的事实与理由方面有着明显不同。在异议申请中惠尔康公司的理由主要在于维他龙公司以欺骗或者其他不正当手段进行恶意抢注，对于在先权利的主张主要是针对企业名称权。商标局的异议裁定重点也只放在类似商品的比对上。在商标争议裁定申请中，惠尔康公司不仅增加了将其"惠尔康"商标作为驰名商标予以保护这一新理由，而且还提交了新的证据，其提交的26份证据材料中有19份是新的，包括广告宣传材料、市场调查报告、外观设计专利证书、企业经济指标资料以及更多的荣誉证书等。鉴于惠尔康公司提出了新的事实、理由和请求，故商标评审委员会进行审理并未违反一事不再理原则。2. 商标评审委员会在审理案件过程中查明与本案有关的事实，是依法行使职权。（1）维他龙公司摹仿惠尔康公司商标而申请注册第934358号"惠尔康及图"商标（简称第934358号商标），经商标局异议裁定不予注册。维他龙公司于1997年从已经注销的天津惠尔康公司受让取得第701244号商标，该商标转让行为明显不合法。维他龙公司在受让第701244号商标后没有实际使用，结果被商标局于2003年8月25日以连续三年不使用为由予以撤销。上述事实表明维他龙公司申请注册本案争议商标系基于进行不正当竞争、牟取非法利益的目的，其抢注惠尔康公司商标的行为具有连续性，其主观上具有明显的恶意。这些事实与维他龙公司申请注册第1267138号商标的行为密切相关，商标评审委员会有必要、有权力予以认定，不存在越权评审的问题。（2）至于维他龙公司提出的所谓"违反程序发函干扰人民法院依法办案"的问题与本案无关。3. 本案的焦点问题在于，维他龙公司申请注册第1267138号商标的行为是否正当、合法，是否属于《商标法》所禁止的行为。商标评审委员会在评审中查明，早在争议商标申请注册日即1997年8月20日之前，惠尔康公司就已将"惠尔康"作为字号使用，并在饮料等商品上长期使用"惠尔康"商标。惠尔康公司及其"惠尔康"牌饮料获得了多项荣誉称号，

"惠尔康"商标具有较高的知名度。维他龙公司明知"惠尔康"是惠尔康公司的字号,且是在先使用于饮料等商品并享有较高知名度的商标,却采用复制、摹仿的不正当手段在类似商品上进行注册,其行为既损害了惠尔康公司就其驰名商标、字号所享有的权利,也容易导致消费者混淆误认。我国《商标法》保护商标专用权的宗旨就在于维护诚实经营者通过艰苦努力创立的、凝结于商标之上的商业信誉,维护公平竞争的市场经济秩序,恶意抢注商标的行为应予以坚决制止。综上所述,商标评审委员会依法审理、裁决第1267138号商标争议案,程序合法,认定事实清楚,适用法律正确,请求人民法院维持第3239号裁定。

第三人惠尔康公司述称:1. 请求人民法院采信惠尔康公司在商标评审程序中已经提交但未被商标评审委员会认定的证据,并对相关事实给予认定。2. 维他龙公司在1995年就开始连续在多个商品类别上抢注"惠尔康"、"旺仔"、"唐宫"、"绿得"等他人高知名度的商标,其目的不是为了使用,而是为了牟取非法利益。其中部分商标因三年不使用而被撤销。维他龙公司蓄意抢注多个"惠尔康"商标,并以不正当手段阻止惠尔康公司对在先使用的"惠尔康"商标进行注册。维他龙公司抢注"惠尔康"商标后不使用,而是伺机牟取非法暴利。维他龙公司的行为是商标注册领域里典型的不正当竞争行为和恶意抢注行为,违反了《商标法》第三十一条和第四十一条第二款的有关规定。3. 惠尔康公司依法享有在先的企业名称权(字号权)、商标权、外观设计权等在先权利,同时惠尔康公司的字号及"惠尔康"商标在相关公众中已享有较高知名度。惠尔康公司长期、合法地在饮料产品上使用"惠尔康"商标,已在相关公众中享有很高的知名度,符合《商标法》第十四条认定驰名商标的条件,依照《商标法》第十三条的规定,有权禁止维他龙公司恶意抢注第1267138号商标。4. 维他龙公司获得第701244号商标存在明显的主观恶意,并且是无效的民事行为,其自始不应该拥有第701244号商标专用权。惠尔康公司使用"惠尔康"商标没有侵犯第701244号商标专用权。综上所述,商标评审委员会在第3239号裁定中认定的事实清楚,适用法律正确,程序合法,符合诚实信用原则和《商标法》的有关规定,体现了法律公平、公正的精神,也有利于维护公平竞争的市场经济秩序。请求人民法院依法维持第3239号裁定。

原审查明事实

原审法院经审理查明:

一、维他龙公司注册第1267138号商标以及与此有关的事实

(一)天津惠尔康公司注册"惠尔康 HEK"商标及与其有关的情况

天津惠尔康公司于 1992 年 11 月 14 日成立，注册资金 30 万元，经营方式为服务、零售兼批发。其主管部门为放射医疗研究所。第 701244 号"惠尔康 HEK"商标由天津惠尔康公司于 1993 年 3 月 25 日申请，1994 年 8 月 14 日获得核准注册，核定使用商品类别为第 30 类豆乳。

（二）维他龙公司注册"惠尔康"商标及与其有关的情况

维他龙公司于 1993 年 3 月 17 日成立，注册资金 10 万美元，经营范围为生产果味饮料、果味汽水、可乐。

1995 年 2 月 16 日，维他龙公司申请注册"惠尔康及图"商标，其中图形部分与惠尔康公司经核准注册的"HUIERKANG 及图"商标中的图形部分基本相同，申请核定使用商品为咖啡、巧克力饮料、茶、八宝粥、元宵、面粉等，该申请于 1996 年 10 月 21 日被初步审定公告，公告号为第 934358 号。审定公告发布后，惠尔康公司向商标局提出异议。商标局于 1998 年 11 月 12 日作出（1998）商标异字第 1829 号《关于第 934358 号"惠尔康及图"商标异议的裁定》，认定：维他龙公司申请注册的"惠尔康及图"商标与"HUIERKANG 及图"商标的图形部分基本相同，发音极为近似，使用在第 30 类"八宝粥"等相同或类似商品上，构成近似商标，该商标的注册使用势必引起消费者对商品来源的混淆，故裁定第 934358 号商标不予核准注册。

1996 年 4 月 22 日，天津惠尔康公司以企业经营不善，产品不适销对路等为由向工商行政管理机关申请注销，放射医疗研究所在该注销申请上签署了意见。1996 年 4 月 30 日，天津惠尔康公司被注销。1997 年 6 月 12 日，维他龙公司与天津惠尔康公司共同向商标局提出转让注册申请，申请将第 701244 号商标转让给维他龙公司，在转让注册商标申请书上加盖有维他龙公司与天津惠尔康公司的公章。1997 年 11 月 28 日，商标局出具核准转让注册商标证明，该证明载明："本证明标注的日期为生效日期"。

1997 年 8 月 20 日，维他龙公司申请注册"惠爾康"文字商标。1999 年 1 月 21 日被初步审定公告，指定使用商品为国际分类 32 类：汽水；果汁；豆奶；蔬菜汁（饮料）；果子粉；矿泉水（非医用）；水（饮料）。商标注册证号为第 1267138 号。

1999 年 4 月 16 日，惠尔康公司就被初步审定公告的第 1267138 号商标提出异议，其理由为：1. 惠尔康公司使用的"惠尔康"商标在本行业和惠尔康公司所在地区内已经具有一定的知名度，是相关消费者所熟知的知名品牌。2. 维他龙公司注册第 1267138 号商标，是以抢注他人商标为目的，具有主观恶意。3. "惠尔康"是惠尔康公司企业名称的核心部分，维他龙公司将其作为商标申请，侵犯了惠尔康公司的合法在先权利。2000 年 9 月 21 日，商标局作出（2000）商标异字第 1606 号《关于第 1267138 号"惠爾康"商标异议的裁定》，认为惠尔康公司的"惠尔康"商标最早的申请日期是 1996 年 10 月 24 日，指定商品是啤酒、饮料制剂等，被提出异议的"惠爾康"商标指定商品是汽水，豆奶等，一般消费者对于含酒精的啤酒和不含酒精的汽水、豆奶等饮料能够区别。另外，惠尔康公司在无酒精饮料商品上未获得商标注册专用权，依据《商标法》第十九条的规定，第 1267138 号商标予以核准注册。

2002 年 12 月 25 日，惠尔康公司就维他龙公司注册的第 1267138 号商标提出商标争议裁定申请，其理由是：维他龙公司注册"惠爾康"商标不符合《商标法》第三十一条的规定，具有不正当竞争的目的，同时，惠尔康公司还提出其在第 32 类商品上使用的"惠尔康"商标已经具备驰名商标的条件，维他龙公司注册第 1267138 号商标不符合《商标法》第十三条第一款的规定，不应予以注册。维他龙公司在答辩中提出其注册第 1267138 号商标是在受让第 701244 号商标后在第 32 类上进行的扩展和延伸注册。

2003 年 8 月 25 日，商标局作出编号为撤 200200848 的《关于撤销 701244 号"惠尔康 HEK"商标的决定》，该决定以维他龙公司自 1999 年 12 月 13 日至 2002 年 12 月 12 日没有使用第 701244 号商标为由，决定撤销第 701244 号商标。

2004 年 7 月 2 日，商标评审委员会作出前述第 3239 号裁定，认定：维他龙公司自天津市惠尔康科技公司（简称天津惠尔康公司）受让第 701244 号"惠尔康 HEK"商标之前，天津惠尔康公司已经注销，因此，维他龙公司受让该商标的行为存在明显瑕疵。因第 701244 号商标已经被撤销，故维他龙公司对第 701244 号商标已不享有合法权利。维他龙公司明知"惠尔康"是惠尔康公司的字号，且是在先使用于饮料等商品并享有较高知名度的商标，却采用抄袭、复制的不正当手段在类似商品上进行注册，其主观上具有明显地进行不正当竞争、牟取非法利益的恶意，其行为既损害了惠尔康公司就其驰名商标、字号所享有的权利，也容易造成消费者对商品来源的混淆、误认，构成了《商标法》第十三条第一款所指"就相同或者类似商品申请注册的商标是复制、摹仿或者翻译他人未在中国注册的驰名商标，容易导致混淆的，不予注册并禁止使用"的情形，违反了《商标法》第三十一条关于"申请商标注册不得损害他人现有的在先权利，也不得以不正当手段抢先注册他人已经使用并有一定影响的商标"的规定，第 1267138 号"惠爾康"商标（简称第 1267138 号商标）应予撤销。据此，商标评审委员会依据《商标法》第十三条第一款、第三十一条、第四十一条第二款、第四十三条之规定，裁定：惠尔康公司对维他龙公司注册的第 1267138 号"惠爾康"商标所提撤销理由成立，第 1267138 号

"惠爾康"商标注册予以撤销。

二、惠尔康公司申请、使用"惠尔康"和"惠爾康"商标的情况及与此有关的事实

（一）惠尔康公司申请注册商标的有关情况

惠尔康公司成立于1992年12月23日，注册资本人民币16 800万元，经营范围为从事饮料、小食品及食用油和糖果、饼干、蜜饯、调味品、酱制品、罐头、果露酒的生产加工。

1993年12月23日，惠尔康公司申请注册"HUIERKANG及图"商标，1995年10月7日经核准注册，核定使用商品为第30类黑米粥，八宝粥，燕麦食品，速溶麦片，咖啡茶，非医用营养液，商标注册证号为781105。

1994年3月，商标局发出（1994）标审驳字第02307号商标核驳通知书，认为惠尔康公司在第32类果汁饮料等商品上申请注册的"HUI－ERKANG"商标与天津惠尔康公司在类似商品上已注册的第701244号商标读音相同，依照《商标法》第十七条的规定，予以驳回。1997年，商标评审委员会发出商评字（1999）第1424号《商标驳回复审终局决定书》，认为惠尔康公司在第32类矿泉水等商品上申请注册的"惠尔康"商标与天津惠尔康公司已注册的第701244号商标构成使用在类似商品上的近似商标，依照《商标法》第十七条的规定，予以驳回。

（二）惠尔康公司获得外观设计专利权的情况

1996年10月16日，惠尔康公司被授予"饮料罐（花生拌凉粉）"外观设计专利权，该专利的申请日为1995年11月6日，该外观设计后视图和使用状态参考图2显示：在"花生拌凉粉"字样上方使用了"惠爾康"字样。1996年12月6日，惠尔康公司被授予"饮料罐（绿豆拌凉粉）"外观设计专利权，该专利的申请日为1995年11月6日，该外观设计后视图和使用状态参考图2显示：在"绿豆拌凉粉"字样上方使用了"惠爾康"字样。

（三）惠尔康公司的经营业绩

1. 惠尔康公司经营"惠尔康"商标所取得的业绩

惠尔康公司成立后发展迅速，其生产的"惠尔康"牌系列产品自1994年至2002年先后获得多项荣誉，如：1994年，八宝粥、高丽人参D、冰糖雪耳燕窝产品被中国游泳队认定为指定饮品，冬瓜薏米水产品被全国精品饮料品定活动组委会授予银奖，燕窝八宝粥产品被94（郑州）国际名优饮品博览会组织委员会认定为指定产品，"惠尔康"牌饮品被福建省消费者信得过商品推荐活动委员会授予"94福建省消费者信得过商品"。1995年，"惠尔康"牌系列饮品被95全国开发旅游名牌商品活动组委会和95全国开发旅游名牌商品推荐

评审委员会推荐为"旅游名牌商品",粒粒红毛丹产品被福建省食品工业协会授予优秀产品证书,冰糖八宝粥和粒粒红毛丹产品被中国王牌产品组织委员会和中国王牌产品评审委员会授予"中国王牌产品"证书,雪莲红枣和粒粒红毛丹产品被福建省食品工业协会和福建省食品卫生监督检验所授予"1995 年度优秀产品"称号。1996 年,柠檬红茶、正宗菊花茶、粒粒红毛丹、吸的冻凉粉和翡翠椰纤果产品被福建省消费者委员会评为 1996~1997 年推荐产品,"惠尔康"牌系列饮品被中国轻工协会和中国保护消费者基金会推荐为"96 中国消费者信得过名优产品"。1997 年,利乐花生牛奶产品被中国食品工业协会推荐为"全国食品行业优秀产品",红苹果饮料(利乐包)产品被评选为"全国食品行业名牌产品",红苹果饮料吸的冻产品被中国食品工业协会评为推荐产品,果奶产品被中国食品工业协会推荐为名牌产品。1998 年,红苹果、牛奶花生饮料产品被福建省乡镇企业名牌产品评选委员会授予"百项名牌产品"称号,红苹果、花生牛奶、红毛丹、吸的冻饮品产品被福建省人民政府授予"福建名牌产品"称号。1999 年,惠尔康公司获得"中国学生奶推广活动定点企业"称号。鲜奶、花生牛奶、多奇优酪乳产品被中国食品工业协会评为推荐产品,红苹果、花生牛奶产品被'99 中国国际农业博览会认定为名牌产品。2000 年,惠尔康公司注册的"HUIERKANG"图形与汉语拼音组合商标被认定为福建省著名商标。2001 年,惠尔康公司注册的"HUIERKANG"图形与汉语拼音组合商标被认定为厦门市著名商标。2002 年,纯奶和酸奶产品被厦门市消费者委员会推介为 2002~2003 年度绿色消费品。

2. 惠尔康公司取得的业绩

1995 年,惠尔康公司先后被中国企业形象认定委员会授予"中国企业最佳形象 AAA 级",被福建省乡镇企业管理局授予"省级先进乡镇企业称号"。1999 年,惠尔康公司先后获得中华人民共和国农业部颁发的全面质量管理达标证书,被中国食品工业协会授予"中国食品工业优秀企业"称号,被评选为"全国食品行业质量效益型先进企业"。1995~2000 年先后被厦门市政府和福建省工商行政管理局评为"重合同、守信用单位"。1996 年至 2001 年,因惠尔康公司纳税额均超过 100 万元,受到人民政府嘉奖。惠尔康公司还被福建省食品工业协会授予福建省食品行业"质量第一,诚信经营"企业荣誉称号。根据中国饮料工业协会编纂的《全国饮料工业企业经济指标资料汇编》的记载,在 1997 年和 1999 年全国饮料企业产量和销售收入前 20 名的排序中,惠尔康公司均列第 19 位。在 2000 年全国饮料企业产量、销售收入和利税前 20 名的排序中,惠尔康公司分别列第 16 位、第 17 位和第 18 位,在 2000 年进入全国饮料企业前 20 名的汇总中,惠尔康公司列第 11 位。在 2001 年全国饮料企业产量、销售收入、利税和利润前 20 名的排序中，惠尔康公司分别列第 11位、第 13 位、第 18 位和第 13 位。

对惠尔康公司取得的上述业绩，各新闻媒体也给予了大量报道。其中，1995 年 7 月 21 日的《温州日报》刊登了标题为《市区饮料市场又见新品》的文章，介绍惠尔康公司生产的"惠尔康"牌系列饮料；1995 年 7 月 27 日的《温州晚报》刊登了标题为《惠尔康来温悬赏打假》一文，介绍惠尔康公司在温州打击假冒活动的情况；1995 年 9 月 6 日的《福建工商报》刊登了标题为《夏季饮料市场整治工作结束》一文，其中介绍了福州市工商行政管理局查处假冒惠尔康公司生产的饮料产品的情况；1996 年 5 月 25 日《福建消费者报》刊登了《"惠爾康"的经验是：企业精神 员工素质》一文。

3. 惠尔康公司的广告投入

惠尔康公司成立后先后在福建省、浙江省、贵州省、陕西省、黑龙江省、云南省、江西省、山东省等地以发布产品广告、特约播出电视剧、户外广告、与其他单位联合举办活动等各种形式进行广告宣传，据厦门银城会计师事务所有限公司出具的（2003）厦银会综字 005 号《专项审计报告》记载，惠尔康公司 1995 年至 2001 年的广告投入为：1995 年 482.58 万元，1996 年 1 279.79万元，1997 年 1 748.15 万元，1998 年 1 849.25 万元，1999 年 1 978.98 万元，2000 年 2 018.60 万元，2001 年 2 513.20 万元。

三、与本案有关的其他事实

2004 年 3 月 15 日，商标评审委员会向长沙市中级人民法院发出商评综字（2004）第 2 号《关于第 1267138 号"惠尔康"商标争议案件审理情况的函》，告知长沙市中级人民法院惠尔康公司与维他龙公司关于第 1267138 号商标的争议案进入加急审理阶段，正在加快审理，将于近期作出裁定。

在本案审理过程中，维他龙公司提交了其与放射医疗研究所于 1996 年 6月 6 日签订的《"惠尔康"商标过户协议》，维他龙公司在商标评审委员会审理期间没有提交该协议。

原审审理结果

原审法院认为：

一、关于维他龙公司提出的商标评审委员会在审理中存在的程序问题

（一）商标评审委员会审理本案商标争议是否违反一事不再理原则

《商标法》第四十二条规定，对核准注册前已经提出异议并经裁定的商标，不得再以相同的事实和理由申请裁定。从惠尔康公司就被初步审定公告的第 1267138 号商标提出的异议理由和对第 1267138 号商标提出商标争议裁定申

请所提的理由看，惠尔康公司在提出商标争议裁定申请时增加了"其在第32类商品上使用的'惠尔康'商标已经具备驰名商标的条件，维他龙公司注册第1267138号商标不符合《商标法》第十三条第一款的规定，不应予以注册"的理由，并提供了证明"惠尔康"商标为驰名商标的证据，故其申请裁定的事实和理由与提出异议的事实和理由不同，商标评审委员会受理该商标争议，并进行审理未违反一事不再理原则。维他龙公司就此所提出的异议不能成立，本院不予支持。

（二）商标评审委员会审理本案商标争议时是否进行了越权评判

鉴于维他龙公司在商标评审委员会审理本案商标争议过程中提出其注册第1267138号商标是在受让第701244号商标后在第32类上进行的扩展和延伸注册，故商标评审委员会在审理时涉及维他龙公司受让第701244号商标的有关事实并作出评价是必要的。且值得注意的是，商标评审委员会在第3239号裁定中并没有对维他龙公司受让第701244号商标作出是否有效的认定，而只是认为该行为"存在明显的法律上的瑕疵"，并将其作为应当考虑到的一个事由与第701244号商标已经被撤销的事实结合起来进行认定，故商标评审委员会在第3239号裁定中对该事实在此程度上进行的评价是适当的。因此，维他龙公司就商标评审委员会越权评判所提出的理由不能成立，本院不予支持。

（三）关于商标评审委员会向长沙市中级人民法院发函是否违反评审程序

人民法院审理行政案件系对行政机关作出的具体行政行为进行合法性判断。就本案而言，即审查商标评审委员会作出的第3239号裁定是否符合法律、法规的规定。商标评审委员会向长沙市中级人民法院发函与商标评审委员会作出第3239号裁定没有直接关系。因此，维他龙公司关于商标评审委员会向长沙市中级人民法院发函干扰审判的主张不能成立，本院不予支持。

二、维他龙公司受让第701244号商标的行为效力及与其注册第1267138号商标的关系

根据现有证据，首先，天津惠尔康公司于1996年4月30日已被注销，却在1997年6月12日与维他龙公司共同申请转让注册商标，换言之，维他龙公司是与一个一年多以前就已经不存在的民事主体进行商标转让行为，其行为缺乏民事法律行为成立的必要条件。其次，依照有关法律规定，公司注销后，其公章应当上缴核准其注销的工商行政管理机关。而在天津惠尔康公司注销一年多以后，在第701244号商标的转让注册申请书上却加盖有天津惠尔康公司的公章，对该公章的来源，维他龙公司没有给予合理的解释。第三，尽管维他龙公司在本案审理过程中提交了其与放射医疗研究所于1996年6月6日签订的《"惠尔康"商标过户协议》，但是其未向商标评审委员会提交该协议，不是商

标评审委员会作出第 3239 号裁定的依据。同时，该证据作为维他龙公司主张其权利的重要依据，维他龙公司应当清楚该证据的重要性，其未向商标评审委员会提交，后果应由其自行承担。综上，维他龙公司受让第 701244 号商标存在重大瑕疵，虽然商标局已经出具了核准转让注册商标证明，但是维他龙公司以此作为其主张权利的基础，证据不足，对该事实本院不予认定。有鉴于此，维他龙公司主张其注册第 1267138 号商标是在第 701244 号商标的基础上进行的扩展和延伸注册，亦缺乏事实依据。同时，维他龙公司提出的"扩展和延伸注册"之说也缺乏法律依据，本院不予支持。

三、关于惠尔康公司使用"惠尔康"商标是否侵犯了天津惠尔康公司的商标专用权

首先，惠尔康公司成立于 1992 年 12 月 23 日，"惠尔康"作为其企业字号的使用，早于维他龙公司成立的时间，因此，相对于维他龙公司而言，惠尔康公司对"惠尔康"享有合法的在先权利；其次，根据现有证据，天津惠尔康公司在其注销之前并未向惠尔康公司主张权利。而在 1997 年 11 月 28 日以后，尽管商标局已经出具了核准第 701244 号商标转让注册证明，但由于该转让注册商标的行为存在重大瑕疵，且第 701244 号商标已被撤销，故维他龙公司仅以此作为主张惠尔康公司侵犯第 701244 号商标专用权的依据，证据不充分，本院不予支持。

四、惠尔康公司使用的"惠尔康"商标是否为驰名商标

依据我国《商标法》第十四条的规定，驰名商标的认定，应考虑相关公众对该商标的知晓程度、该商标使用的持续时间、该商标作为驰名商标受保护的记录以及该商标的任何宣传工作的持续时间、程度和地理范围等因素。驰名商标的主张者负有举证责任。

根据现有证据，虽然惠尔康公司没有注册"惠尔康"商标，但惠尔康公司为该商标作了大量的、各类型的广告宣传。自 1995 年以来其广告投入逐年递增，仅 1995 年至 1997 年各类广告投入总计就达到 3500 多万元。另外，"惠尔康"与惠尔康公司一直使用的"HUIERKANG 及图"商标在读音和含义上相同，且"惠尔康"作为其公司名称中最显著的部分，消费者在看到"惠尔康"商标时总是会将其与惠尔康公司联系起来，使"惠尔康"商标与惠尔康公司一起为广大消费者所知悉，"惠尔康"品牌的各种产品与惠尔康公司形成了特定联系。同时，由于惠尔康公司注重产品质量，其"惠尔康"品牌的各种产品在各类评比、评选中取得多项荣誉，获得了包括中国食品工业协会、中国轻工协会和中国保护消费者基金会在内多家业内权威机构的认可，赢得了商业信誉和产品声誉。在此基础上，惠尔康公司的产量、利税等在 1997 年就在

众多同行业企业中名列前茅，并在此后一直呈上升趋势。因此，"惠尔康"作为惠尔康公司的产品品牌，符合驰名商标的认定条件。商标评审委员会将该商标认定为驰名商标并无不当，本院不持异议。

五、第1267138号商标应否被核准注册

我国《商标法》第十三条第二款规定，就相同或者类似商品申请注册的商标是复制、摹仿或者翻译他人未在中国注册的驰名商标，容易导致混淆的，不予注册并禁止使用。判定两个商标近似与否应当以商标的字形、读音、含义等是否易使相关公众对商品的来源发生混淆为标准。商标近似与否，应当结合个案的具体情形予以判定。

结合本案而言，维他龙公司注册的第1267138号商标与惠尔康公司使用的"惠尔康"商标在读音、含义上完全一致，虽然在字形上存在汉字简繁的不同，但惠尔康公司使用"惠尔康"商标在先，并且该商标经过惠尔康公司的使用已成为驰名商标，因此，维他龙公司在相同商品上申请注册的第1267138号商标属于摹仿惠尔康公司未在中国注册的驰名商标，其主观恶意明显，如予以注册容易导致消费者混淆，故不应予以注册。商标评审委员会裁定"惠爾康"商标注册予以撤销是正确的。

综上，商标评审委员会作出第3239号裁定程序合法，认定事实清楚，适用法律正确，应予维持。本院依照《中华人民共和国行政诉讼法》第五十四条第（一）项及《中华人民共和国商标法》第十三条第一款、第十四条之规定，判决：维持被告国家工商行政管理总局商标评审委员会商评字（2004）第3239号《关于第1267138号"惠尔康"商标争议裁定书》。

维他龙公司不服一审判决并提起上诉，请求撤销一审判决和商标评审委员会第3239号裁定，维持第1267138号商标有效。维他龙公司上诉称：1. 商标评审委员会作出第3239号裁定违反了一事不再理原则。第1267138号商标审定公告后，惠尔康公司曾提出异议，商标局裁定异议不成立，惠尔康公司又以相同事实和理由向商标评审委员会提出商标争议，不应受理。2. 商标评审委员会在第3239号裁定中超越职权对我公司受让第701244号商标一事进行了评判。商标评审委员会无权认定商标转让行为是否合法有效，但在第3239号裁定中却对商标转让行为进行了越权评审，并实质上确认该项转让行为无效。3. 第701244号商标的转让行为是一项清算行为，与天津惠尔康公司的主体资格无关，我公司受让该商标是一项正常的财产清算和权利处分行为，其有效性不容置疑。4. 惠尔康公司在第32类上无法注册"惠尔康"商标后，就在饮料产品上公然强行使用，这就对第701244号商标构成了侵权，行为具有违法性。违法行为不可能导致产生在先权利，更不应被认定为驰名商标。商标评审委员

会认定惠尔康公司违法使用的未注册商标构成在先权利并成为驰名商标有悖于事实和法律。

商标评审委员会和惠尔康公司服从原审判决。

二审查明事实

二审法院查明事实与原审相同。

二审审理结果

二审法院认为：惠尔康公司针对第1267138号商标于1999年4月16日向商标局提出异议，后又于2002年12月25日就同一商标向商标评审委员会提出争议，但二者依据的事实和理由并不相同，商标评审委员会受理在后的商标争议，并未违反一事不再理原则。天津惠尔康公司于1996年4月30日注销后，又于1997年6月12日与维他龙公司签订转让第701244号注册商标的协议，这一行为本身确实存在法律上的瑕疵，但如认为维他龙公司的行为违反了相关法律规定，认定双方签订的商标转让协议无效，也缺乏法律上的依据。本院认为，维他龙公司自天津惠尔康公司受让第701244号注册商标的行为，并未违反当时的相关法律规定。商标评审委员会仅是指出维他龙公司受让第701244号商标在法律上有瑕疵，并未对该转让行为是否有效作出认定。维他龙公司关于商标评审委员会超越职权评审商标转让事宜的主张不能成立。由于天津惠尔康公司已在先注册第701244号商标，惠尔康公司在饮料产品上不能成功注册"惠尔康"或"HUI－ERKANG"商标，但惠尔康公司确在1994年开始即在饮料上使用"惠尔康"商标，这一行为确有对第701244号商标构成侵权的可能。本案中，无论是第701244号商标转让前还是转让后，任何人包括天津惠尔康公司和维他龙公司均未依据第701244号商标主张惠尔康公司的行为构成侵权，只是在本案中涉及在饮料产品上使用但未注册的"惠尔康"商标时，维他龙公司才提出可能对第701244号商标构成侵权的问题，此时第701244号商标已因三年未连续使用而被撤销。还应当指出，维他龙公司自天津惠尔康公司受让第701244号商标后，在饮料产品上继续扩展注册并无不妥，但维他龙公司在扩展注册本案争议的第1267138号商标时，却改变了标识，维他龙公司采用的标识正是惠尔康公司未成功注册却已使用多年的"惠尔康"文字，维他龙公司的这一行为带有明显的主观恶意。依据公平诚信原则及本案具体情况，本院认定惠尔康公司在先使用"惠尔康"未注册商标的行为已构成法律应予保护的在先权利。商标评审委员会和一审法院均认定惠尔康公司未注册并在饮料产品上使用的"惠尔康"商标为驰名商标,本院对此不持异议。维他龙公司注册的第 1267138 号商标复制了惠尔康公司在饮料产品上未经注册的"惠尔康"驰名商标,且容易导致混淆,依照《商标法》第十三条第二款之规定,不应予以注册并禁止使用。综上,一审判决和商标评审委员会第 3239 号裁定认定事实清楚,适用法律正确,审理程序合法,本院应予维持。上诉人维他龙公司的上诉理由不能成立,其上诉请求不予支持。据此,依照《中华人民共和国行政诉讼法》第六十一条第(一)项之规定,判决如下:

驳回上诉,维持原判。

一、二审案件受理费共计 2 000 元,由福州维他龙营养食品有限公司负担。

21. "PIERPOLO 皮爾保羅" 商标转让纠纷案

——广州名人路皮业有限公司诉国家工商行政管理总局商标局

原告：广州名人路皮业有限公司
被告：国家工商行政管理总局商标局
第三人：赵金飞
案由：商标转让纠纷

一审案号：北京市第一中级人民法院（2005）一中行初字第 197 号
一审合议庭成员：姜颖、江建中、刘晓军
一审结案日期：2005 年 6 月 20 日

判决要旨

转让注册商标采取的是核准制，而非备案制，目的主要在于确认转让人与受让人之间存在转让注册商标的法律关系，避免商标注册人的权利受到不应有的损害。商标局在核准商标转让过程中，除了审查《转让注册商标申请书》的形式是否符合规定，是否有转让人和受让人盖章或者签字，以及受让人的主体资格外，至少还应当对注册商标转让合同、商标注册证原件、转让人的主体资格证明等文件进行审查，才能对商标注册人的权益给予应有的保护，避免注册商标被非法转让。

起诉与答辩

原告广州名人路皮业有限公司（以下简称名人路公司）诉称：原告是第 1685182 号商标的注册人。2004 年 12 月，原告在办理注册商标使用许可时发现，该商标已经被告核准转让至第三人名下。然而，原告从未将该商标转让给第三人，商标转让申请上加盖的原告印章并非原告的真实印章。被告在未核实公章真伪、未审查原告的主体资格证明以及商标注册证原件的情况下，在《商标公告》上对该商标的转让予以核准公告，导致原告的注册商标专用权发生转移，被告的行为违反了法律规定，侵犯了原告的合法权益。原告据此请求人民法院判决：1. 撤销被告作出的核准公告第 1685182 号商标转让给第三人的行政行为，将该注册商标转回原告名下；2. 被告承担原告为本案诉讼支付

的律师费 15 000 元。

被告国家工商行政管理总局商标局（以下简称商标局）辩称：1. 根据原告起诉的事实和理由，原告系对商标转让这一民事行为合法性提出质疑，应提起确认转让行为无效的民事诉讼，不应提起行政诉讼。2. 被告对第 1685182 号商标申请予以核准的具体行政行为系依法作出。在原告和第三人共同提交的《转让注册商标申请书》上，盖有原告的印章并有第三人签字，转让行为是原告与第三人的真实意思表示。被告同时审查了第三人签署的《商标代理委托书》和第三人的身份证复印件。该商标转让申请要件完备，符合《商标法》第三十九条及《商标法实施条例》第二十五条第一款的规定，被告按照规定的工作程序依法予以核准，适用法律准确、程序得当。3. 被告在对商标转让申请进行审查时，只需审查申请书件是否齐备，填写内容是否正确，转让人、受让人加盖的公章或者签名与商标档案中的名义是否相符，被告对转让人的印章的真实性并无审查义务，也不具备专业能力进行鉴别。综上所述，被告请求人民法院维持其作出的具体行政行为，驳回原告的诉讼请求。

第三人赵金飞未提交书面意见，也未出庭陈述意见。

一审查明事实

一审法院经审理查明：

1. 各方当事人无争议的事实。"PIERPOLO 皮爾保羅"商标由名人路公司向商标局提出注册申请，于 2001 年被核准注册，核定使用商品为第 25 类帽、袜、领带、皮带（服饰用）、服装，注册有效期为 2001 年 12 月 21 日至 2011 年 12 月 20 日，商标注册号为 1685182。目前，该商标注册证仍由名人路公司持有。

2004 年 4 月 7 日，在 2004 年第 13 期（总第 922 期）《商标公告》第 1030 页上刊登了第 1685182 号商标由转让人名人路公司转让给受让人赵金飞的公告事项。

2004 年 7 月 7 日，在 2004 年第 25 期（总第 934 期）《商标公告》第 1048 页上刊登了注册人为赵金飞的第 1685182 号商标注册证遗失声明公告。

各方当事人对上述事实没有争议，且有原告提供的商标注册证、《商标公告》、第 1685182 号商标资料在案佐证，本院予以确认。

2. 各方当事人争议的证据以及事实的认定。在庭审过程中，本院组织双方当事人对原告提供的名人路公司印章与《转让注册商标申请书》上加盖的名人路公司的印章进行了对比。双方当事人均认可，凭肉眼观察，上述两印章明显不相同。

为慎重起见，本院于 2005 年 6 月 6 日对原告提供的印章与商标局存档的第 1685182 号商标的《商标注册申请书》原件上的名人路公司印章进行了对比，两印章不一致。同日，本院经审核，被告提供的《转让注册商标申请书》复印件与其存档的原件无误。原、被告对上述事实均予以认可。

根据本院采信的证据以及当事人陈述可以认定，在行政程序中，被告对第 1685182 号商标《转让注册商标申请书》、《商标代理委托书》、赵金飞的身份证复印件进行了审查。《转让注册商标申请书》上加盖的名人路公司的印章与名人路公司在第 1685182 号商标的《商标注册申请书》上的印章以及现在使用的印章均不相同。

3. 其他有关事实。2005 年 6 月 16 日，本院应名人路公司的申请，对第 1685182 号注册商标采取了财产保全措施，禁止赵金飞对该商标进行转让。

一审审理结果

一审法院认为：根据《中华人民共和国行政诉讼法》（以下简称《行政诉讼法》）第二条规定，公民、法人或者其他组织认为行政机关和行政机关工作人员的具体行政行为侵犯其合法权益的，有权提起行政诉讼。第 1685182 号商标由原告提出申请，并经商标局核准注册，故原告对该商标享有专用权。被告在其发布的《商标公告》上刊登了第 1685182 号商标由原告转让给第三人的公告，其对该商标转让予以核准公告的行为，使原告对该商标享有的专用权自公告日起转移至第三人。原告认为被告的这一具体行政行为侵犯了原告的商标专用权，故按照《行政诉讼法》的规定，原告有权提起行政诉讼。被告关于本案不属于行政诉讼的抗辩理由不能成立，本院不予支持。

我国《商标法》第三十九条规定：转让注册商标的，转让人和受让人应当签订转让协议，并共同向商标局提出申请。转让注册商标经核准后，予以公告。《商标法实施条例》第二十五条第一款规定：转让注册商标的，转让人和受让人应当向商标局提交转让注册商标申请书。转让注册商标申请手续由受让人办理。商标局核准转让注册商标申请后，发给受让人相应证明，并予以公告。从上述法律规定可以看出，转让注册商标由商标局负责审核、批准，并予以公告。但是相关法律均未就商标局应当审查哪些法律文件以及如何进行审核进行规定，因此，商标局应当尽到何种审查义务是本案争议处理的关键。

本案中，在确定商标局是否尽到行政审查义务时，首先应当审查其行政行为是否符合相关法律规定的目的。根据《商标法》及《商标法实施条例》的规定，转让注册商标采取的是核准制，而非备案制，其目的主要在于确认转让人与受让人之间存在转让注册商标的法律关系，避免商标注册人的权利受到不应有的损害。被告仅仅审查了《转让注册商标申请书》的形式是否符合规定，是否有转让人和受让人盖章或者签字，以及受让人的主体资格，但上述文件并不足以证明转让人与受让人之间存在转让注册商标的法律关系。被告至少还应当对注册商标转让合同、商标注册证原件、转让人的主体资格证明等文件进行审查，只有这样，才能对商标注册人的权益给予应有的保护，避免注册商标被非法转让。本案中，被告没有尽到上述审查义务，未能保证商标注册人的合法权益，不能实现立法目的，其对第1685182号商标转让申请予以核准公告的行为不具备合法性，应予撤销。

此外，根据审理查明的事实，第三人向商标局提交的《注册商标转让申请书》上虽加盖有名人路公司的印章，但原告对该印章的真实性提出异议，认为并非原告的真实印章，并提供了原告的印章以证明其主张。经过本院对原告提供的印章和转让注册商标申请书上的印章进行对比，仅凭肉眼观察，即可发现两个印章具备明显差异，不具备同一性，被告在庭审中对此亦表示了认可。虽然原告实际使用有两个不同的印章，但不能以此推定转让注册商标申请书上的印章是原告的印章。在第三人未提供证据证明其与原告之间存在转让注册商标的法律关系的情况下，被告对该商标转让申请予以核准公告的行政行为亦欠缺合法基础。如果第三人能够提供证据证明其与原告确实存在转让注册商标的法律关系，则可重新提出转让注册商标申请。

鉴于被告对将第1685182号商标转让给第三人的申请予以核准公告的行政行为程序违法，证据不充分，原告请求撤销该具体行政行为的诉讼请求有事实与法律依据，本院予以支持。被告应当在本判决规定的期限内将本判决结果予以公告，使第1685182号商标注册人恢复为原告。

关于原告主张判决被告承担其律师费的诉讼请求，因无法律依据，本院不予支持。

综上所述，本院依照《中华人民共和国行政诉讼法》第五十四条第（二）项第1目、第3目，《中华人民共和国商标法》第三十九条、《中华人民共和国商标法》第二十五条第一款之规定，判决如下：

一、撤销被告国家工商行政管理总局商标局核准公告将注册人为原告广州名人路皮业有限公司的第1685182号"PIERPOLO皮爾保羅"注册商标转让给第三人赵金飞的行政行为；

二、被告国家工商行政管理总局商标局于本判决生效之日起60日内，在《商标公告》上刊登公告，撤销其核准公告将注册人为原告广州名人路皮业有限公司的第1685182号"PIERPOLO皮爾保羅"注册商标转让给第三人赵金飞的行政行为；

三、驳回原告广州名人路皮业有限公司的其他诉讼请求。

案件受理费 1 000 元，财产保全费 1 020 元，均由被告国家工商行政管理总局商标局负担。

各方当事人均服从一审判决。

22. "花图形"和"梦特娇"商标侵权及不正当竞争纠纷案

——(法国)博内特里塞文奥勒有限公司诉
广州梦娇公子贸易有限公司等

原告(被上诉人):(法国)博内特里塞文奥勒有限公司
被告(上诉人):广州梦娇公子贸易有限公司
被告(原审被告):广州梦娇公子服装有限公司
被告(原审被告):北京三利商城房地产开发有限公司
案由:侵犯商标专用权及不正当竞争纠纷

原审案号:北京市第二中级人民法院(2004)二中民初字第4399号
原审合议庭成员:董建中、张晓津、何暄
原审结案日期:2004年12月16日
二审案号:北京市高级人民法院(2005)高民终字第308号
二审合议庭成员:刘继祥、魏湘玲、孙苏理
二审结案日期:2005年6月20日

判决要旨

判断是否构成侵犯注册商标专用权,应判断被控侵权标识与该注册商标是否相同或近似,被控侵权商品与注册商标核定使用的商品是否相同或类似,并判断是否造成相关公众的混淆和误认,即以相关公众的一般注意能力为标准,并参考商品或服务的具体特点、差异大小、价格高低、知名度等因素综合判断。

起诉与答辩

原告博内特里塞文奥勒有限公司诉称:原告是在法国依法注册成立的公司,在中国注册了"MONTAGUT"、"梦特娇"文字商标和"花图形"商标,核定使用商品类别为第25类服装、鞋、帽、头饰等,且上述商标已成为知名商标。被告梦娇公子贸易公司和梦娇公子服装公司作为所谓"梦特娇(香港)发展有限公司"中国总代理、总经销商,在广州、北京等地销售所谓"梦特娇"服装,并在服装上突出使用"梦特娇"字样,同时使用与原告"花图形"

商标相近似的标识，侵犯了原告的注册商标专用权。而且，上述商品的包装、装潢、防伪吊牌等亦仿冒原告商品特有的包装、装潢，并使用原告的法文企业名称，构成不正当竞争。被告三利公司销售梦娇公子贸易公司和梦娇公子服装公司经销的上述商品，侵犯了原告的注册商标专用权。故诉至法院，请求判令：三被告停止侵犯注册商标专用权的涉案行为，被告梦娇公子贸易公司和梦娇公子服装公司停止涉案仿冒知名商品特有名称、包装装潢等不正当竞争的行为；被告梦娇公子贸易公司和梦娇公子服装公司就其侵犯注册商标专用权行为共同连带赔偿原告经济损失 25 万元，就其不正当竞争行为共同连带赔偿原告经济损失 25 万元。

被告广州梦娇公子贸易有限公司（以下简称梦娇公子贸易公司）辩称：梦娇公子贸易公司经法国大卫伊立斯有限公司（以下简称大卫公司）许可，使用大卫公司合法注册的第 1633439 号"花图形"商标和"梦娇公子 MOONGBOY"文字商标，并未使用原告的注册商标或与原告的注册商标相近似的商标；原告所提交的指控被告侵权的证据均与梦娇公子贸易公司无关，梦娇公子贸易公司不是梦特娇公司的中国总代理或总经销；原告未举证证明涉案产品是梦娇公子贸易公司生产销售的，产品包装上虽标注有该公司名称，但相关地址和联系电话并非该公司的注册地址和电话，且对该公司出现总经销和总代理的不同称谓，该产品应为假冒产品。因此，原告起诉梦娇公子贸易公司侵犯其商标权和构成不正当竞争缺乏依据，请求法院驳回原告的诉讼请求。

广州梦娇公子服装有限公司（以下简称梦娇公子服装公司）辩称：该公司作为服装销售商，其供应商是梦特娇（香港）发展有限公司（以下简称梦特娇公司），其所销售的商品上使用的是梦特娇公司的合法字号，未在商品上突出使用"梦特娇"字样，未将其作为商标使用；商品上使用的标识是第 1633439 号合法注册商标的主要部分，与原告的商标不相近似，不会引起消费者的误认；梦娇公子服装公司经销的商品是梦娇公子贸易公司和梦特娇公司合法提供的，其使用的商标是合法注册的商标。即使其经销的商品是侵犯注册商标专用权的商品，根据《商标法》的有关规定也不应承担赔偿责任；原告主张权利的包装、装潢并无独创性，并非特有的包装、装潢，且并非商品的整体装潢，梦娇公子服装公司经销的商品使用了第 1633439 号合法商标，不可能使消费者对商品来源发生混淆，且其经销的商品具有合法来源，并非法律禁止的擅自使用行为；原告所主张的字号权也不存在，国外的字号并不当然受中国法律保护，且原告未举证证明被告对其字号的使用。因此，梦娇公子服装公司未实施侵犯商标权和不正当竞争行为，请求法院驳回原告的诉讼请求。

北京三利商城房地产开发有限公司（以下简称三利公司）辩称：三利公

司作为天雅木樨园服装大厦（以下简称天雅大厦）的开发商，合法开发建设了天雅大厦。2003 年 11 月 6 日，三利公司与王德丰签订了商品房买卖合同，将天雅大厦 2007 号房屋卖给王德丰并已交付使用。三利公司仅是天雅大厦的开发建设单位，与本案被告梦娇公子贸易公司和梦娇公子服装公司并无任何关系，不应承担法律责任。因此，请求法院驳回原告的诉讼请求。

原审查明事实

原审法院经审理查明：1991 年 12 月 30 日，经商标局核准，博内特里塞文奥勒有限公司取得"梦特娇"文字商标注册，"梦特娇"文字为中文繁体，核定使用商品为第 25 类衣服、鞋、帽、头饰，该商标注册证号为第 577537 号，有效期限已续展至 2011 年 12 月 29 日；1995 年 11 月 28 日，经商标局核准，博内特里塞文奥勒有限公司取得"花图形"图形商标注册，核定使用商品为第 25 类服装、鞋、帽、皮带等，该商标注册证号为第 795657 号；1997 年 11 月 14 日，经商标局核准，博内特里塞文奥勒有限公司取得"MONTAGUT 及图"组合商标注册，其中字母"O"被"花图形"所替代，核定使用商品为第 25 类衣服、鞋、帽、皮带等，该商标注册证号为第 1126662 号。

博内特里塞文奥勒有限公司的产品吊牌上使用了由红花绿叶的"花图形"、黑色"MONTAGUT"文字、绿色横条、横条上有黄色的"PARIS"字样共同组成的组合图案；该组合图案还使用在其防伪方法宣传册上、产品广告宣传材料及台历上，其中包括 1998 年 5 月的《世界时尚之苑》。其防伪方法宣传册及《中国工商报》刊载的相关信息均表明其产品有两种防伪吊牌，吊牌上方均有"花图形"和"MONTAGUT"文字，下方均有"Bonneterie Cevenole S. A. R. L Garantit……"等文字，意即"博内特里塞文奥勒有限公司保证……"。

2003 年《中国服饰报》的相关报道表明，在相关市场调查中的销售排行统计及市场占有率排行统计中均包括梦特娇服装。2003 年 7 月 15 日，博内特里塞文奥勒有限公司就《楚天都市报》刊载的相关广告向武汉市工商行政管理局提出投诉，2003 年 11 月 24 日，湖北省工商行政管理局出具行政处罚决定书，对湖北日报报业集团、郑时华在《楚天都市报》上发布"梦娇公子——来自法国梦特娇的新一代品牌"的误导消费者的广告行为进行了处罚。此外，博内特里塞文奥勒有限公司提交了对与其注册商标相近似的商标注册提出异议的相关材料及对相关仿冒梦特娇服装的行为人进行处罚的处罚决定书，其中商标评审委员会作出的商标异议裁定书中曾认定博内特里塞文奥勒有限公司的"MONTAGUT 及图"商标已经在世界上广为使用、该商标及"梦特娇"

商标通过宣传和长期使用，已为中国相关消费者所知晓。

2003 年 11 月 13 日，北京市第二公证处出具了（2003）京二证字第 23732 号公证书。该公证书对自天雅大厦 F2 – 2007 号柜台购买两件服装的过程进行了记载，拍摄了照片，并封存了相关证物及购物发票。其中天雅大厦销货凭证及梦特娇公司销售单上盖有"天雅大厦、货已付讫、F2 – 2007 号"印章；北京市商业企业专用发票上盖有"北京市丰台区国家税务局发票专用章"，并在商品名称栏写有"梦特娇服装礼品"，金额为 430 元。

在所购买的衬衫的外包装提袋正面上方均有一组合图案，下方有"梦特娇公司"中英文字样。该组合图案由红花绿叶花图形，花图形外有两个浅色的圆圈、黑色"MENGJIAOBOY"文字、绿色横条、横条上有黄色"GUANGZHOU"字样共同组成；在外包装袋侧面有"梦特娇公司、中国总代理：梦娇公子服装公司、地址：广州市白云区机场路 635 号明珠商业广场 4 楼、邮编：510406、电话：020 – 36318894 36319537、传真：020 – 36318750、网址：www. shdf. com. cn"字样。在该衬衫的外包装盒盖上亦包括上述组合图案及"梦特娇公司"的中英文字样，且在花图形处标注有商标注册标记；在外包装盒内底部除印有上述标注有注册标记的组合图案及"梦特娇公司"中英文字样外，还包括"梦特娇公司、中国总代理：梦娇公子贸易公司、地址：广州市白云区机场路 635 号明珠商业广场 4 楼、邮编：510406、电话：020 – 36318894 36319537、传真：020 – 36318750、网址：www. shdf. com. cn"字样。在该衬衫的塑料外包装上除印有上述标注有注册标记的组合图案及"梦特娇公司"中英文字样外，其中公司名称中的"梦特娇"中文文字使用黑色字体，较为突出，其余文字使用浅灰色字体。在该衬衫吊牌绳扣上有红花绿叶花图形并有 2 个白色外圆，4 个吊牌上均有"梦特娇公司"中英文字样及上述组合图案，其中 3 个吊牌在花图形处标注有注册标记，其中 2 个吊牌上标注"大卫公司（授权）、梦特娇公司（总代理）、梦娇公子贸易公司（总经销）、地址：广州市白云区机场路 635 号明珠广场 4 楼、电话：86643437、传真：86625550、邮编：510406"字样。在该衬衫领部的标识上有前述加有两个外圆的花图形及"MENGJIAOBOY"字样，在衬衫扣子上有与衬衫同色的花图形及"MENGJIAOBOY"字样，在衬衫左部兜口有与衬衫同色的花图形。

所购买的外衣的外包装袋与前述衬衫的外包装袋的文字及图案相同，该外衣的塑料包装袋与前述衬衫的外包装盒盖上的文字及图案相同，该外衣吊牌绳扣、吊牌上的组合图案及"梦特娇公司"中英文字样与前述衬衫吊牌相同，花图形处无商标注册标记，且其中一个吊牌上标注有"大卫公司（授权）、梦特娇公司（总代理）、梦娇公子服装公司（总经销）、地址：广州市机场路

635 号明珠商业广场 4 楼、电话：020 – 36318457 36319537、传真：020 – 36319537 36318750、邮编：510406"字样。该外衣还包括一个防伪吊牌，包括"Bonneterie Cevenole S. A. R. L Garantit……"等文字。在该外衣左胸前有与外衣同色的花图形。

2004 年 5 月 17 日，北京市国信公证处出具了（2004）京国证民字第 06145 号公证书。该公证书对 2004 年 5 月 14 日自天雅大厦 1 层 1059 号购买袋鼠牌领带的过程及所取得的票据等进行了记载。其中所取得的天雅大厦销货凭证上盖有"天雅大厦 货已付讫 F1 – 1059 号"的印章，所取得的北京市商业企业专用发票上盖有"北京市丰台区国家税务局发票专用章"。

2003 年 12 月 29 日，广东省广州市天河区公证处出具了（2003）穗天证经字第 186 号公证书。该公证书对自广州市白马商贸大厦 6 楼 6117 档购买"梦特娇"商标 T 恤衫的过程进行了记载，拍摄了照片，并封存了名片及相关票据。其中名片一面包括有前述带有注册商标标记的组合图案，一面包括"黄晓飞，白马 6117 档，020 – 86228737，梦特娇公司，梦娇公子服装公司（总经销），ADD：广州市机场路 635 号明珠商业广场 4 楼，http：www. shdf. com. cn"等字样；在梦娇公子服装公司销售单上载明"梦特娇 T 恤 1 件，零售价为 580 元"，同时还载明该公司及白马档口和北京档口的联系地址和电话。

所购买 T 恤衫的外包装袋与前述所购衬衫的外包装袋上的文字及图案相同，其外包装塑料袋上使用了前述组合图案，并在花图形处标注有注册标记，但颜色采用黑色和灰色。该 T 恤衫的 3 个吊牌均使用了前述组合图案，并在 1 个吊牌上记载有"大卫公司（授权）、梦特娇公司（总代理）、梦娇公子贸易公司（总经销）"等内容。此外，还包括防伪吊牌，其上亦包括"Bonneterie Cevenole S. A. R. L Garantit……"等文字。在该 T 恤衫领部的标识上有前述加有两个外圆的花图形及"MENGJIAOBOY"字样，该 T 恤衫的左前胸有与 T 恤衫同色的花图形。

2003 年 9 月 22 日，北京市第二公证处出具了（2003）京二证字第 17735 号公证书，对网址为"www. shdf. com. cn"的相关网页进行了公证。该网站首页有"梦特娇公司"中文名称，及"WELCOME TO MONTAGUT"字样，并标注"梦特娇公司版权所有"；在该网站"公司简介"栏目下的页面上有"梦特娇公司"中英文字样，并介绍有"上海德丰……专卖店遍及全国 200 多个城市……构建了'梦特娇'专卖体系……；2002 年大卫公司携手上海德丰制衣有限公司……必将谱写出梦娇公子中国时尚之华丽新篇章……；地址：广州白云区明珠广场 635 号 4 楼；邮件：shdf@ 163. net"等内容；在其"产品一览"栏目下的页面上介绍产品名称为"梦特娇"或"梦特娇男装"；在"欢迎加盟"

栏目下有"梦特娇服饰全方位的加盟支持"等内容。

2004 年 4 月 28 日，北京市第二公证处出具了（2004）京二证字第 10433 号公证书。该公证书对自中国国际展览中心第 8 号展馆 M8004 号左侧梦娇公子贸易公司展台现场索取资料的过程进行了记载，并封存了相关宣传资料及不同地区代理商的名片。其中梦特娇公司总经理王德明、拓展部经理吴健的名片上载明"大卫公司（授权）、梦特娇公司（总代理）、梦娇公子贸易公司总经销"，并有梦娇公子贸易公司地址为"明珠商业广场 4F"及电子邮箱为"shdf@163.com"等信息；梦特娇公司华北地区总代理销售经理司雷的名片上载明档口地址为"木樨园天雅服饰城 2007"，网址为"www.shdf.com.cn"，电子邮箱为"shdf@163.net"。宣传材料中《MAN'S FASHION COLLECTION》宣传册的封底标有"法国名牌授权：梦特娇公司，中国总代理：梦娇公子服装公司"及该公司地址等信息。

2003 年 11 月 18 日，《消费日报》刊载了《"梦娇公子"是如何变成"梦特娇"的?》一文，该文对武汉市工商行政管理部门向媒体披露的相关事实进行了报道。

2002 年 6 月 20 日，梦娇公子贸易公司成立，其经营范围为批发和零售贸易，注册地址为广州市白云区三元里群英大街 7 号 3 楼。2003 年 6 月 30 日，梦娇公子服装公司成立。其经营范围为销售服装、皮具、鞋，其注册地址为广州市黄埔区南岗购物中心第三层 C 区。

2001 年 9 月 14 日，经商标局核准，上海鸿达皮件有限公司取得"带有两个外圆的花图形"图形商标注册，核定使用商品为第 25 类服装、游泳衣、鞋、帽等，该商标注册证号为第 1633439 号；2002 年 4 月 10 日，经商标局核准，该商标被转让给大卫公司。2002 年 6 月 26 日，商标局对大卫公司许可梦娇公子贸易公司使用第 1633439 号图形商标的商标使用许可合同进行了备案，许可期限自 2002 年 6 月 1 日至 2011 年 9 月 13 日。2003 年 9 月 4 日，商标局对梦娇公子贸易公司许可梦特娇公司使用第 1633439 号图形商标的商标使用许可合同进行了备案，许可期限自 2003 年 6 月 1 日至 2008 年 5 月 31 日。

2002 年 12 月 14 日，经商标局核准，大卫公司取得"梦娇公子 MOONG-BOY"文字商标注册，核定使用商品为第 26 类背带钩扣、搭扣带、服装扣等，该商标注册证号为第 1986056 号。2003 年 12 月 25 日，商标局对大卫公司许可梦娇公子贸易公司使用第 1986056 号文字商标的商标使用许可合同进行了备案，许可期限自 2003 年 6 月 30 日至 2008 年 6 月 30 日。

在本案审理过程中，梦娇公子服装公司向本院提交了其销售的使用第 1633439 号商标标识的衬衫及 T 恤衫各一件。其中衬衫的塑料外包装上无厂商、产地等标记，T恤衫的塑料外包装袋上使用了前述组合图案，并在花图形处标注有注册标记。两服装的左前胸使用了与服装颜色相近的加有两个外圆的花图形，衬衫的领部标识上有加有两个外圆的红花绿叶花图形及黑色"MENGJIAOBOY"字样，T恤衫的领部有加有两个外圆的绿色花图形及绿色"MOONGBOY"字样。

本院受理本案诉讼后，于2004年3月24日委托广东省广州市中级人民法院代为向梦娇公子贸易公司及梦娇公子服装公司送达相关应诉手续，并在委托送达函上标明两公司的地址为"广州白云区机场路635号明珠商业广场4楼"，联系电话为"020-36319537"。2004年3月30日，梦娇公子贸易公司签收了相关文件，将梦娇公子服装公司的相关文件在明珠商业广场4楼留置送达。2004年4月28日，梦娇公子贸易公司和梦娇公子服装公司分别向本院提交了答辩状。

北京市国土资源和房屋管理局颁发的北京市商品房预售许可证载明：售房单位为三利公司，项目名称为天雅大厦，用途为商业，许可证有效期限自2003年9月至12月。2003年11月6日，王德丰与三利公司签订商品房买卖合同。合同约定，三利公司将天雅大厦2007号房出售给王德丰，并明确买受人的房屋仅作商业使用，买受人使用期间不得擅自改变房屋用途。

另查明，博内特里塞文奥勒有限公司为本案诉讼支出公证费3 500元，翻译费394元，购买证物费用1 090元。博内特里塞文奥勒有限公司为证明其受到的经济损失，向本院提交了其产品代理商所提出的相关投诉材料。

原审审理结果

原审法院认为：本案双方当事人争议的焦点问题是被告梦娇公子贸易公司、被告梦娇公子服装公司是否为涉案被控侵权服装的总代理或总经销，天雅大厦内销售涉案产品的行为是否与被告三利公司有关；三被告的涉案行为是否侵犯了原告所享有的"梦特娇"注册商标、"花图形"注册商标、"MONTAGUT及图"注册商标专用权；被告梦娇公子贸易公司和梦娇公子服装公司的涉案行为是否属于对原告所主张的知名商品特有名称、包装装潢的仿冒，是否构成不正当竞争，是否对原告的法文企业名称构成不正当竞争；三被告是否应就此承担相应的法律责任问题。

第一，关于被告梦娇公子贸易公司、梦娇公子服装公司及三利公司是否为涉案带有"加有两个外圆的花图形"、组合图案、防伪标贴等标识的被控侵权服装的销售者问题。

本案原告指控被告梦娇公子贸易公司和梦娇公子服装公司作为梦特娇公

的中国总代理或总经销商，在广州和北京等地销售涉案服装，被告梦娇公子贸易公司对原告公证购买的证物提出异议，认为证物上所标注的地址并非该公司注册地址，且对两公司总代理或总经销的称谓有矛盾之处，因此属于冒用该公司名义的仿冒产品，与该公司无关。但本院受理本案后，曾委托广东省广州市中级人民法院根据该证物上所标注的地址代为向被告梦娇公子贸易公司和梦娇公子服装公司送达相关文件，此后两公司均到庭应诉；且经公证购买的证物及从展览会索取的相关宣传材料中，对总代理和总经销的称谓亦有不同之处，因此被告梦娇公子贸易公司据此主张他人冒用其名义，依据不足，本院对其上述抗辩主张不予采纳；被告梦娇公子服装公司主张其仅经销梦特娇公司的部分产品，并非该公司商品的总经销，经公证购买的证物上有关总经销等标注未经其同意，总经销与总代理的标注存在矛盾之处，并向本院提交了其经销的两件商品实物，但该两件商品实物并无生产者、产地等标记，不能表明该产品为梦特娇公司的产品，因此，梦娇公子服装公司的上述主张缺乏依据，本院对此不予采纳。

原告还指控被告三利公司在天雅大厦销售涉案产品，三利公司主张其仅是天雅大厦的开发商，天雅大厦的 2007 号房间已售出，其不应就此承担责任，但相关商品房销售合同等证据均表明天雅大厦的用途为商业，天雅大厦作为涉案商品的经销单位，三利公司作为该大厦的开发商，应对该大厦内发生的商品销售等行为承担相应的责任。

综上，本案相关证据证明被告梦娇公子贸易公司、被告梦娇公子服装公司作为涉案被控侵权服装的总代理或总经销，三利公司作为涉案被控侵权服装的销售者，其应就此承担相应的法律责任。

第二，关于三被告的涉案行为是否侵犯了原告所享有的"梦特娇"注册商标、"花图形"注册商标、"MONTAGUT 及图"注册商标专用权问题。

原告博内特里塞文奥勒有限公司作为"梦特娇"注册商标、"花图形"注册商标、"MONTAGUT 及图"注册商标专用权人，其所享有的注册商标专用权应当受到我国法律的保护。

根据我国《商标法》的有关规定，未经注册商标专用权人的许可，在同一种商品或者类似商品上使用与其注册商标相同或者近似的商标的，为侵犯注册商标专用权的行为。判断是否构成侵犯注册商标专用权，应判断被控侵权标识与该注册商标是否相同或近似，被控侵权商品与注册商标核定使用的商品是否相同或类似，并判断是否造成相关公众的混淆和误认，即以相关公众的一般注意能力为标准，并参考商品或服务的具体特点、差异大小、价格高低、知名度等因素综合判断。本案被告销售的涉案产品为服装，与原告主张的 3 个注册商标核定使用的第 25 类商品为同类商品。

被控侵权产品在服装左前胸、衬衫扣子上所使用的花图形，与原告的"花图形"注册商标的构图和整体结构相近似，容易引起相关公众的误认，构成对原告该图形商标的侵犯。被告梦娇公子服装公司主张该图形系对涉案第 1633439 号商标主体部分的使用，未侵犯原告的商标权，但第 1633439 号商标的图形为花图形外有两个圆圈，而被控侵权产品的上述使用略去了两个外圆，不属于对该商标的使用，因此被告梦娇公子服装公司的上述主张缺乏依据，本院不予采纳。原告还主张被控侵权产品吊牌绳扣上的花图形图案与其"花图形"商标相近似，但被控侵权产品上的图案带有两个外圆，并非对第 1633439 号商标的不规范使用，因此，对原告的上述主张，本院不予支持。

根据有关法律规定，将与他人注册商标相同或者近似的文字作为企业的字号在相同或者类似商品上单独或者突出使用，容易使相关公众产生误认的，属于侵犯他人注册商标专用权的行为。本案被控侵权产品衬衫的塑料包装上所标注的"梦特娇公司"的中英文名称，其中"梦特娇"三字使用黑色，与其他灰色文字形成对比，属于对"梦特娇"文字的突出使用，容易使相关公众产生误认，构成对原告"梦特娇"繁体文字注册商标的侵犯。根据本案现有证据，被控侵权产品在销售时所使用的交易文书使用了带有"梦特娇"文字的产品名称，应属于我国《商标法》所规定的商标使用行为，亦侵犯了"梦特娇"注册商标专用权。

被控侵权产品上所使用的标识"梦娇公子"文字与原告的"梦特娇"注册商标相比，从文字的字形、读音、含义上均有所不同，二者不相近似，原告主张二者相近似构成商标侵权，依据不足，本院不予支持；根据本案现有证据，相关网站版权所有人为梦特娇公司，并未涉及被告梦娇公子贸易公司和梦娇公子服装公司，因此原告主张被告梦娇公子贸易公司和梦娇公子服装公司在相关网页上突出使用了"梦特娇"、"花图形"及"MONTAGUT"标识，侵犯了原告的相关商标专用权，证据不足，本院对此不予支持。原告还主张被控侵权产品的内外包装上使用"梦特娇公司"中英文名称的行为，侵犯了"梦特娇"文字的注册商标专用权，但规范使用自己的企业名称及其字号的，可以认定为商标合理使用行为，因此被控侵权产品在标注"梦特娇公司"名称时未突出使用"梦特娇"文字的，并不构成对原告"梦特娇"注册商标专用权的侵犯，原告的上述主张缺乏依据，本院不予支持。

综上，涉案被控侵权服装及相关交易文书上所使用的"梦特娇"文字、"花图形"标识与原告的相关注册商标相同或近似，构成侵犯相关注册商标专用权。被告梦娇公子贸易公司、梦娇公子服装公司作为涉案服装的总代理或总经销商，应就涉案侵权行为承担停止侵权、赔偿损失的法律责任。被告梦娇公子贸易公司、梦娇公子服装公司主张其并非涉案服装的总代理或总经销，与本案现有证据不符，且梦娇公子服装公司主张其所售商品有合法来源，但未提供充分证据予以证明，故本院对其上述抗辩主张不予采纳。

根据我国《商标法》的有关规定，销售不知道是侵犯注册商标专用权的商品，能证明该商品是自己合法取得的并说明提供者的，不承担赔偿责任。本案被告三利公司未提交证据证明该商品是其合法取得、也未说明该商品的提供者，因此应承担停止侵权、赔偿损失的法律责任。鉴于本案原告未提出要求被告三利公司赔偿损失的诉讼请求，本院对此不予处理。被告三利公司主张其仅是天雅大厦的开发商，不应就涉案销售行为承担责任，但天雅大厦系涉案商品的经销单位，三利公司作为该大厦的开发商，应对该大厦内发生的商品销售等行为承担停止侵权的法律责任，被告三利公司的抗辩主张缺乏依据，本院不予采纳。

第三，关于被告梦娇公子贸易公司和梦娇公子服装公司的涉案行为是否属于对原告所主张的知名商品特有名称、包装装潢的仿冒，是否构成不正当竞争；是否对原告的法文企业名称构成不正当竞争的问题。

中国和法国同为《巴黎公约》的成员国，根据该公约及我国相关法律规定，原告博内特里塞文奥勒有限公司有权对他人在工商业活动中违反诚实信用原则的不正当竞争行为请求予以取缔。同时，根据该公约的规定，厂商名称应在成员国受到保护，而无须申请或注册。因此，原告有权就其法文企业名称在我国主张权利，其所主张的权利应当受到我国法律的保护。

根据我国《反不正当竞争法》的有关规定，知名商品是指在市场上具有一定知名度，为相关公众所知悉的商品。在认定知名商品时，应以该商品在相关的市场领域中有较高的知名度为条件，根据该商品的质量、销售时间、销售地域、市场份额、广告宣传、在相关消费者中的信誉度等因素综合判定。依据本案现有证据，原告梦特娇服装的销售量和市场占有率较高，且原告对该产品进行了大量宣传，该产品具有一定的知名度，应认定为知名商品。

知名商品的特有名称、包装、装潢应当受到法律保护，未经许可，任何人不得擅自使用他人知名商品的特有名称、包装、装潢。依据本案已查明的事实，原告早在1998年即在相关广告宣传中记载了其产品的包装、装潢，即其产品的包装采用了红花绿叶的"花图形"、黑色"MONTAGUT"文字、绿色横条、横条上有"PARIS"字样共同组成的组合图案。该组合图案的装潢具有特有性，属于特有的包装、装潢。而被告梦娇公子贸易公司于2002年4月才受让取得涉案第1633439号图形商标并许可梦特娇公司使用，被告梦娇公子服装公司于 2003 年 6 月成立。因此，本案原告在涉案产品上所使用的装潢是其在先使用的，相关文字、图案、色彩及其组合等是具有独创性的设计，属于该产品所特有的装潢。经比对，涉案被控侵权产品上使用的由红花绿叶花图形、花图形外有两个浅色的外圆、黑色"MENGJIAOBOY"文字、绿色横条、横条上有"GUANGZHOU"字样共同组成的组合图案的装潢与原告涉案知名商品特有装潢在构图、色彩等方面相近似，造成了与知名商品的混淆，足以使购买者产生误认。因此，涉案被控侵权产品的装潢属于对原告知名商品特有装潢的仿冒，构成了不正当竞争。依据本案已查明的事实，涉案被控侵权产品的防伪吊牌上带有原告的法文名称，系对原告法文名称的不当使用，易使相关公众产生混淆和误认，违反了诚实信用原则，构成了不正当竞争。本案被告提出原告所主张的装潢并非产品的整体装潢、原告无权主张法文名称、其无法识别法文文字等抗辩主张，依据不足，本院不予采纳。

原告还主张"梦特娇服装"是其产品的特有名称，但知名商品的特有名称是指不为相关商品所通用，具有显著区别性特征，并通过在商品上的使用使消费者能够将该商品与其他经营者的同类商品相区别的商品名称。"梦特娇服装"中"梦特娇"是原告的注册商标，不属于具有特有性的商品名称；"服装"系通用名称，因此该商品名称本身并不具有特有性。故原告主张"梦特娇服装"为涉案商品的特有名称，被告梦娇公子贸易公司和梦娇公子服装公司的涉案行为属于对该名称的仿冒，构成不正当竞争，缺乏依据，本院不予支持。鉴于本案被告梦娇公子贸易公司和梦娇公子服装公司的涉案行为并非我国《反不正当竞争法》所规定的假冒注册商标的行为，而是属于与原告注册商标相同或相近似的商标侵权行为，并不构成不正当竞争，因此原告所提两被告涉案行为属于对其注册商标的假冒，构成不正当竞争的主张，依据不足，本院不予支持。

因此，被告梦娇公子贸易公司、梦娇公子服装公司作为涉案被控侵权服装的总代理或总经销，应就上述不正当竞争行为承担停止侵权、赔偿损失的法律责任。

综上，三被告的涉案行为构成了对原告"花图形"和"梦特娇"注册商标专用权的侵犯，被告梦娇公子贸易公司和梦娇公子服装公司的涉案行为构成了不正当竞争。本案原告请求法院判令被告梦娇公子贸易公司、梦娇公子服装公司承担停止侵权、赔偿经济损失，被告三利公司承担停止侵权的法律责任的主张，理由正当，本院予以支持。关于被告梦娇公子贸易公司、梦娇公子服装公司赔偿经济损失的数额问题，原告所提赔偿请求数额过高，本院不予全额支持。本院将根据本案的具体情况，综合考虑被告涉案侵权行为的方式、范围、持续时间、利润以及主观过错程度等因素，酌情确定被告梦娇公子贸易公司、梦娇公子服装公司赔偿原告经济损失的合理数额。

依照《中华人民共和国民法通则》第一百三十四条，《中华人民共和国商标法》第五十一条、第五十二条第（一）项和第（二）项、第五十三条、第五十六条，《中华人民共和国商标法实施条例》第三条，《最高人民法院关于审理商标民事纠纷案件适用法律若干问题的解释》第一条第（一）项，《中华人民共和国反不正当竞争法》第二条、第五条第（二）项、第二十条之规定，判决如下：

一、广州梦娇公子贸易有限公司、广州梦娇公子服装有限公司、北京三利商城房地产开发有限公司于判决生效之日起停止侵犯注册商标专用权行为；

二、广州梦娇公子贸易有限公司、广州梦娇公子服装有限公司于判决生效之日起停止不正当竞争行为；

三、广州梦娇公子贸易有限公司、广州梦娇公子服装有限公司于判决生效之日起30日内共同赔偿（法国）博内特里塞文奥勒公司经济损失35万元、合理诉讼支出4 984元；

四、驳回（法国）博内特里塞文奥勒公司其他诉讼请求。

梦娇公子贸易公司不服原审判决，提起上诉，请求撤销原审判决，驳回博内特里塞文奥勒公司的诉讼请求。梦娇公子贸易公司上诉称：1. 我公司只是许可案外人梦特娇（香港）发展有限公司生产、销售带有第1633439号商标的产品，我公司从未生产、销售过被控侵权产品，不应承担任何责任。2. 我公司从未许可梦娇公子服装公司使用第1633439号商标。梦娇公子服装公司擅自使用第1633439号商标且未经许可擅自将我公司名称印在其产品及包装上，对我公司构成侵权。3. 被控侵权产品中使用的特有名称、包装、装潢等，均非我公司制造、使用或许可他人制造、使用，如构成不正当竞争，也与我公司无关。

博内特里塞文奥勒公司、梦娇公子服装公司、三利公司服从原审判决。

二审查明事实

二审法院查明事实与原审相同。

二审审理结果

二审法院认为：二审审理中本案争议的焦点在于梦娇公子贸易公司对于被控侵权产品及制造、销售被控侵权产品的行为是否负有法律上的责任。博内特里塞文奥勒公司于 2003 年 11 月 13 日、2003 年 12 月 29 日分别在北京天雅大厦和广州白马商贸大厦公证购买了被控侵权产品，又于 2004 年 4 月 28 日对"2004 年中国国际服装博览会"的相关情况作了公证，上述经过公证的证据均表明，梦娇公子贸易公司是被控侵权产品的总经销商，其向全国各地经销商包括梦娇公子服装公司批发、销售被控侵权产品。案件审理中，梦娇公子贸易公司虽主张其从未生产、销售被控侵权产品，但亦未提供任何证据证明，上述被控侵权产品来自于他人，不能推翻上述经过公证的证据。同时经过公证的证据还表明，法国大卫伊立斯有限公司、梦特娇（香港）发展有限公司、梦娇公子贸易公司之间有着极为密切的联系，只有梦娇公子贸易公司设于境内，其余两家均设于境外，而且被控侵权产品上使用的第 1633439 和第 1986056 号商标均来自于梦娇公子贸易公司的许可，梦娇公子贸易公司从被控侵权产品中获取了相应的非法利润，其对于被控侵权产品及生产、销售被控侵权产品的行为理应承担法律上的责任。一审法院判决梦娇公子贸易公司和梦娇公子服装公司共同承担相应侵权责任并无不当。梦娇公子服装公司的有关行为对于梦娇公子贸易公司是否构成侵权不属本案审理范围，应当另行解决。综上，一审判决认定事实清楚、适用法律正确，本院应予维持。上诉人梦娇公子贸易公司的上诉理由不能成立，其上诉请求不予支持。据此，依照《中华人民共和国民事诉讼法》第一百五十三条第一款第（一）项之规定，本院判决如下：

驳回上诉，维持原判。

一审案件受理费 10 010 元，由（法国）博内特里塞文奥勒有限公司负担 1 010 元，由广州梦娇公子贸易有限公司、广州梦娇公子服装有限公司负担 8 000 元，由北京三利商城房地产开发有限公司负担 1 000 元；二审案件受理费 10 010 元，由广州梦娇公子贸易有限公司负担。

23. "托玛琳"商标权转让纠纷案

——广州市康佰保健用品有限公司诉上海企玛科技开发有限公司、冯琏、北京维澳知识产权咨询有限公司

原告（上诉人）：广州市康佰保健用品有限公司
被告（上诉人）：上海企玛科技开发有限公司
被告（被上诉人）：冯琏
被告（被上诉人）：北京维澳知识产权咨询有限公司
案由：商标专用权转让纠纷

原审案号：北京市朝阳区人民法院（2004）朝民初字第 17272 号
原审合议庭成员：林子英、李有光、谢甄珂
原审结案日期：2004 年 12 月 19 日
二审案号：北京市第二中级人民法院（2005）二中民终字第 2980 号
二审合议庭成员：刘薇、宋光、冯刚
二审结案日期：2005 年 7 月 17 日

判决要旨

转让注册商标的，转让人和受让人应当签订转让协议，并共同向商标局提出申请。作为专业的商标代理机构，在代为办理商标转让时，应认真审核转让人与受让人是否签订了转让注册商标的协议，从形式上审核委托人为申请转让注册商标所申报的事项和所提供的材料准确、完整，已知被委托代理事项不合法而为之的，应承担相应的民事责任。

起诉与答辩

原告广州市康佰保健用品有限公司（以下简称康佰公司）诉称：2002 年 3 月至 7 月，经商标局核准并公告，我公司依法享有了 6 枚"托玛琳"注册商标的专用权。冯琏曾是我公司股东兼高级管理人员，2002 年 1 月离开我公司，与他人在上海成立与我公司经营范围相同的上海企玛科技开发有限公司（以下简称企玛公司），并任法定代表人，占有该公司 80％的股份。2002 年企玛公司私自委托北京维澳知识产权咨询有限公司（以下简称维澳公司）向商标局

申请将上述 6 枚注册商标转让给该公司。维澳公司未审核转让事实，即代为办理转让手续，以致商标局在 2002 年 9 月 14 日、11 月 21 日分别核准了上述 6 枚注册商标的转让。冯琏利用曾在我公司负责商标事务的身份，未经我公司股东会同意和授权，将上述 6 枚"托玛琳"注册商标转让给由其本人控制的企玛公司。企玛公司未与我公司签订转让协议，也未支付任何合理对价，利用冯琏的特殊身份，非法获得我公司上述注册商标，违反了民事活动中的诚实信用、等价有偿原则。企玛公司与冯琏恶意串通，以转让注册商标的形式，掩盖非法占有我公司注册商标专用权的事实。维澳公司未尽到足够的注意义务，存在过错，应当承担连带责任。企玛公司在非法取得上述商标后，在相关商品上使用，对我公司的信誉造成了损害。因此我公司起诉，要求确认企玛公司转让我公司 6 枚"托玛琳"注册商标的行为无效；判令企玛公司、冯琏和维澳公司连带赔偿我公司为追回该注册商标所支付的费用 6 万元；判令企玛公司和冯琏向我公司公开赔礼道歉。

企玛公司辩称：经双方协商后，我公司依据《转让注册商标申请书》（以下简称《转让申请》）办理商标转让事宜，符合法律规定。《转让申请》上的康佰公司公章与其申请注册涉案商标时所使用的公章相同，康佰公司主张我公司未经其许可转让商标，不能成立。转让行为已完成，我公司合法取得了涉案商标的所有权，康佰公司事后反悔，要求确认转让无效，无事实依据，我公司没有赔偿义务，不同意康佰公司的诉讼请求。

冯琏辩称：我并非商标转让关系的主体。我曾任康佰公司总经理，现在是企玛公司的法定代表人，不论申请注册商标，还是办理商标转让事宜，都是职务行为，我个人不应承担责任。因此我不同意康佰公司的诉讼请求。

维澳公司辩称：我公司与企玛公司是委托代理关系，代理行为的责任应由企玛公司负担。依据企玛公司的委托书，我公司在业务范围内代为办理商标转让，并查看了《转让申请》。由于该材料使用的是中国商标专利事务所的专用书式，故我公司采取扫描形式进行技术性处理，将重新制作的《转让申请》提交给商标局办理商标转让，在合法授权的基础上，采用打印方式制作申请文书具有合法性。我公司在代理商标转让的过程中没有过错，不同意康佰公司的诉讼请求。

原审查明事实

原审法院经审理查明：康佰公司分别于 2002 年 3 月 14 日、3 月 21 日、4 月 7 日、4 月 14 日、5 月 21 日、7 月 7 日获得 6 枚"托玛琳"注册商标的专用权。该 6 枚商标由相同的"托玛琳"文字组成，注册号分别为 1728688 号、

1732815 号、1741456 号、1745388 号、1770187 号、1800963 号，核定使用商品分别为第 24 类、第 20 类、第 25 类、第 3 类、第 19 类、第 21 类。上述注册商标由时任康佰公司总经理的冯琏负责办理。诉讼中，康佰公司认可上述注册商标权归其所有，但否认为办理上述商标注册事宜出具的《商标代理委托书》上印章的真实性。

2002 年 6 月 28 日，企玛公司的股东冯琏至维澳公司处，持该公司公章、营业执照副本、商标核准注册公告复印件、加盖了该公司和康佰公司公章的 6 份空白《转让申请》，并在 6 份《商标代理委托书》上加盖企玛公司的公章，委托维澳公司代理"托玛琳"商标的转让注册。维澳公司分别在 2 份空白《转让申请》上手填、打印了康佰公司向企玛公司转让第 1728688 号、第 1800963 号注册商标的内容，后因发现 6 份《转让申请》均为中国商标专利事务所的专用书式，遂逐份扫描，进行技术处理，最终将重新制作的、去掉了中国商标专利事务所相关内容、填写了转让涉案 6 枚注册商标内容的《转让申请》打印件提交给商标局，办理商标转让注册。经商标局核准，涉案 6 枚"托玛琳"注册商标转让分别于 2002 年 9 月 14 日、11 月 21 日生效。现涉案 6 枚注册商标的权利人均为企玛公司，其不曾向康佰公司支付受让该 6 枚注册商标的对价。根据企玛公司的申请，本院委托北京市公安局刑侦总队刑事技术处对涉案商标注册时备案的《商标代理委托书》和维澳公司提供的 6 份《转让申请》原件进行了康佰公司印章的同一性鉴定。结论为：系同一印章所盖印。

冯琏曾是康佰公司股东并任总经理，负责公司整体事务。2002 年 1 月 6 日其将股份全部转让给其他股东后离开康佰公司。企玛公司于 2002 年 6 月 12 日成立，冯琏占该公司 80% 的股份，并自 2003 年 7 月起任该公司法定代表人。

为本次诉讼，康佰公司支出了商标、户籍、工商档案的查询费、自行委托鉴定费、律师费及交通食宿费，共计 43 600 元。

原审审理结果

原审法院认为，康佰公司在认可涉案商标为其所有的情况下，否认办理商标注册时所使用的公章，缺乏依据。根据鉴定结论可以认定企玛公司委托维澳公司代办商标转让注册时所持的《转让申请》上加盖了康佰公司的公章。

我国《商标法》规定，转让注册商标的，转让人和受让人应当签订转让协议，并共同向商标局提出申请。本案中，企玛公司所持空白《转让申请》上虽加盖了康佰公司的公章，但并没有记载所转让商标的具体内容，据此不足以认定双方就转让涉案的"托玛琳"商标权达成一致意见，形成了转让商标权的法律关系。此外，企玛公司并未就受让涉案商标向康佰公司支付相应对价，从而亦不能佐证康佰公司有转让涉案商标的意思表示。因此企玛公司仅凭盖有康佰公司公章的空白《转让申请》实施转让涉案商标的行为，有违法律规定，应属无效。

冯琏持企玛公司公章、营业执照等手续，以企玛公司的名义委托维澳公司办理商标转让事宜，其目的是为企玛公司设定权利。根据《最高人民法院关于贯彻＜中华人民共和国民法通则＞若干问题的意见（试行）》的规定，企业法人的法定代表人和工作人员，以法人名义从事的经营活动，给他人造成经济损失的，企业法人应当承担民事责任。因此康佰公司要求冯琏个人承担商标转让行为无效的民事责任，本院不予支持。

维澳公司是专业的商标代理机构，应当知晓并遵守《商标法》的相关规定，认真审核转让人与受让人是否签订了转让涉案 6 枚商标的协议，并保证为申请转让注册商标所申报的事项和所提供的材料真实、准确、完整。现其在企玛公司所持《转让申请》并无具体转让内容的情况下，主动制作并向有关机关提供非真实印章的《转让申请》，代理涉案商标的转让注册。由此应认为维澳公司明知被委托代理事项不合法，仍然进行代理活动，应与企玛公司承担连带责任。

转让涉案商标的行为无效，作为过错一方，企玛公司、维澳公司应当赔偿康佰公司为诉讼合理支出的查询费、鉴定费、交通住宿费、律师费损失。因赔礼道歉的民事责任方式一般仅适用于侵犯人身权的案件，无效的商标转让行为只造成康佰公司的财产损失，康佰公司虽主张其商业信誉因此受到损害，但缺乏依据。因此其有关公开赔礼道歉的主张，本院不予支持。

综上，依据《中华人民共和国民法通则》第五十八条第一款第（五）项、第六十一条第一款、第六十七条，《中华人民共和国商标法》第三十九条第一款之规定，判决如下：

一、涉案的"托玛琳"商标权转让行为无效；

二、上海企玛科技开发有限公司于本判决生效之日起 10 日内赔偿广州市康佰保健用品有限公司 43 600 元；

三、北京维澳知识产权咨询有限公司对上述第二项承担连带责任；

四、驳回广州市康佰保健用品有限公司的其他诉讼请求。

一审判决后，康佰公司、企玛公司不服并提出上诉。康佰公司的上诉理由为：本公司对原审法院作出的判决事项无异议，但前述《转让注册商标申请书》上加盖的公章非本公司在工商部门登记备案的印章，因此原审法院关于该印章为本公司印章的认定是错误的。该公司上诉请求为：1. 变更原审判决中关于康佰公司委托他人代办商标转让时所持有的《转让注册商标申请书》上加盖了本公司印章的认定，并认定《转让注册商标申请书》上加盖的公章非本公司印章；2. 由企玛公司、冯琏、维澳公司承担本案的全部诉讼费。

企玛公司的上诉理由为：本公司在办理涉案商标转让手续时持有康佰公司加盖公章的《转让注册商标申请书》及商标证原件、企业营业执照复印件，这些材料均系康佰公司交给冯琏及本公司的，因此康佰公司转让商标的意思表示是真实的、明确的。而且，涉案商标申请注册的费用并非由康佰公司支付，而是由冯琏任股东的案外人支付，因该案外人已注销，故该费用实际为冯琏支付，这就是商标转让的对价。冯琏是以康佰公司转让涉案6枚商标为对等条件放弃其在康佰公司的股份和所有权益后离开该公司的，此亦应为转让的对价。因此，原审判决以双方未签订转让协议，《转让注册商标申请书》仅盖有康佰公司印章但系未填写内容的空白格式因而不能表明康佰公司的转让意思表示，转让无对价作为理由，认定转让行为无效，缺乏事实及法律依据。本案系商标权属之争而非侵权之诉，因此原审判决本公司承担对方的差旅费没有法律依据。企玛公司的上诉请求为：1. 请求撤销原判并重新审理；2. 确认本公司受让涉案6枚注册商标合法有效；3. 康佰公司负担本案全部费用。

冯琏、维澳公司服从原审判决。

二审查明事实

二审法院经审理查明：2001年2月，康佰公司委托中国商标专利事务所（现名中国专利商标事务所有限公司）作为该公司的代理人，向商标局提出注册涉案6枚"托玛琳"商标的申请，时任该公司总经理、股东的冯琏和该公司的员工欧阳卓楠为该公司此项事务的联系人及经办人。2001年2月13日，冯琏为股东之一的案外人上海康佰科技开发有限公司（与康佰公司分系独立企业法人，已于2003年9月8日办理注销手续）向中国商标专利事务所支付了涉案6枚商标的申请代理费、查询费、申请费共计10 800元。2002年1月6日，冯琏将其股份全部转让给康佰公司其他股东并放弃在该公司的所有权益后离开该公司。

经商标局审查核准，康佰公司分别于2002年3月14日、3月21日、4月7日、4月14日、5月21日、7月7日获得6枚"托玛琳"注册商标的专用权。该6枚商标由相同的"托玛琳"文字组成，注册号分别为1728688号、1732815号、1741456号、1745388号、1770187号、1800963号，核定使用商品分别为第24类、第20类、第25类、第3类、第19类、第21类。诉讼中，康佰公司认可上述注册商标由其申请，商标权归其所有，但否认为办理上述商标注册申请事宜所需的《商标代理委托书》上其公章的真实性。

企玛公司于 2002 年 6 月 12 日成立，冯瑢占该公司 80％的股份，并自 2003 年 7 月起任该公司法定代表人。2002 年 6 月 28 日，时任企玛公司股东的冯瑢持该公司公章及营业执照副本、2 份商标核准注册公告复印件、4 份涉案注册商标的商标证书原件、加盖了康佰公司公章的 6 份空白《转让注册商标申请书》至维澳公司处，委托维澳公司代理涉案 6 枚"托玛琳"注册商标的转让事宜。维澳公司在 6 份《商标代理委托书》上加盖了企玛公司的公章，并分别在 2 份空白《转让注册商标申请书》上手填、打印了康佰公司向企玛公司转让第 1728688 号、第 1800963 号注册商标的内容，后因发现 6 份《转让注册商标申请书》均为中国商标专利事务所的专用书式，遂逐份扫描，进行技术处理，最终将重新制作的、去掉了中国商标专利事务所相关内容、填写了转让涉案 6 枚注册商标内容的《转让注册商标申请书》打印件提交给商标局办理商标转让手续。经商标局核准，涉案 6 枚"托玛琳"注册商标转让分别于 2002 年 9 月 14 日、11 月 21 日生效。2002 年 10 月 31 日，企玛公司委托维澳公司向商标局办理了涉案 6 份注册商标证书的遗失补办手续，现企玛公司持有的涉案 6 份注册商标证书系经补证手续后自商标局取得，其上的注册人处已变更为企玛公司。

诉讼中，依企玛公司的申请，原审法院委托北京市公安局刑侦总队刑事技术处对涉案商标注册时备案的《商标代理委托书》和维澳公司提供的 6 份《转让注册商标申请书》原件进行了康佰公司印章的同一性鉴定。结论为：系同一印章所盖印。康佰公司否认其曾在涉案 6 枚商标被核准注册后取得了注册商标证书的原件，并称注册商标证书的最初原件由冯瑢领取。相反，企玛公司及冯瑢则主张康佰公司在涉案 6 枚商标被核准注册后，将其取得的 6 枚注册商标证书的原件交给企玛公司及冯瑢用于办理涉案 6 枚商标的转让事宜。

在二审审理期间，企玛公司、冯瑢为支持其关于康佰公司在申请阶段即已将涉案 6 枚商标转让给冯瑢的主张，新提交了 3 份证据：1. 未签字盖章的转让协议草稿，内容为：康佰公司将涉案 6 枚商标转让给冯瑢，冯瑢无偿将其在康佰公司的股份及权益转让给该公司的法定代表人李权文，申请商标的费用由冯瑢负责支付，如涉案 6 枚商标未被批准，则该协议自动终止；2. 花泽炜的公证证言，内容为其知晓康佰公司将涉案 6 枚商标在申请阶段即转让给冯瑢，冯瑢放弃在该公司的权益及股份后离开的事实；3. 花泽炜与李权文（康佰公司法定代表人）、冯瑢合影的照片，证明其与李、冯二人的关系。康佰公司首先认为此 3 份证据不属于新证据，其次对其真实性不予认可。维澳公司对此 3 份证据不持异议。

在诉讼期间，维澳公司确认在 2002 年 6 月 28 日办理涉案 6 枚注册商标转让手续时，冯琏向其出示了 4 份涉案注册商标的证书原件，此后的 2002 年 7 月、8 月，企玛公司又向其出示了其余 2 份涉案注册商标的证书原件。康佰公司对维澳公司此主张不予认可，冯琏、企玛公司对维澳公司此主张予以认可。

在二审审理期间，本院委托北京市刑事科学技术研究所对涉案 6 份《转让注册商标申请书》上康佰公司的公章与该公司在公安或工商部门备案的公章的同一性进行鉴定。本院派员会同北京市刑事科学技术研究所的两名鉴定人员于 2005 年 5 月 18 日～20 日至广州市公安及工商部门进行样本调取工作，但是在广州市公安局及康佰公司属地的广州市东山区公安分局均未查询到康佰公司印章刻制的手续及备案的印模，仅在广州市工商行政管理局东山分局调取了康佰公司的工商档案，由鉴定部门人员在该档案中调取了康佰公司 1999 年 7 月 30 日给广州市工商局的《申请报告》及该公司 1999 年、2000 年、2001 年《年检报告书》、《（2002）年度企业年检登记表》等 6 份年检档案材料上的该公司印章作为鉴定样本。

北京市刑事科学技术研究所于 2005 年 6 月 6 日出具鉴定结论，认为：（1）作为样本的前述康佰公司 6 份历年年检档案中的该公司印章为同一枚印章所盖；（2）涉案 6 份《转让注册商标申请书》上康佰公司的公章为同一枚印章所盖；（3）涉案 6 份《转让注册商标申请书》上康佰公司的公章与前述样本的印章不具有同一性。康佰公司认为鉴定结论恰好支持其上诉主张，即涉案 6 份《转让注册商标申请书》上的该公司公章系伪造，因此从根本上说明涉案 6 枚注册商标的转让是不成立的。

企玛公司及冯琏认为此次鉴定对本案不具有实质作用，理由如下：（1）由于未在公安部门查找到康佰公司公章刻制手续及印章备案印模，而工商部门对企业年检材料上的印章并不进行审查，且康佰公司还存在另外一枚据称仅使用了几个月即损坏的公章，因此仅依据在工商部门调取的样本进行鉴定并不具有说服力；（2）原审所作鉴定已说明涉案 6 枚商标在办理申请和转让时的印章是相同的，根据本次鉴定结论，则申请时使用的康佰公司的印章也应是虚假的，而涉案 6 枚商标的申请费用也不是康佰公司交纳的，故涉案 6 枚商标应非康佰公司申请，其无权就涉案 6 枚商标主张权利；（3）康佰公司既然认可涉案 6 枚商标是其申请的，就应认可申请时使用的公章的真实性，也就应认可转让时使用印章的真实性，否则对企玛公司而言显失公平。维澳公司对二审鉴定结论无意见，只是称其对印章的真伪无鉴别能力。

为本次诉讼，康佰公司支出了商标、户籍、工商档案的查询费、自行委托鉴定费、律师费及交通食宿费，共计 43 600 元。此外，康佰公司预交了二审鉴定费 5 000 元及鉴定人员的差旅费 8 130 元。

二审审理结果

二审法院认为：在康佰公司对涉案 6 枚注册商标的申请及转让时使用的其公章真实性均否认的前提下，原审法院依据原审鉴定结论认定企玛公司委托维澳公司代办商标转让注册时所持的涉案 6 份《转让注册商标申请书》上加盖的康佰公司的公章系该公司的真实公章，应属不当。虽然二审鉴定未能调取康佰公司在公安部门备案的印章作为样本，但是本院从工商部门调取的该公司工商档案材料上的公章具有连续性、稳定性、一贯性的特征，因此该公司工商档案材料上的公章应系该公司的真实公章，以其作为二审鉴定的样本并无不当。鉴定部门以此为样本所作出的鉴定结论已说明在涉案 6 枚注册商标办理申请及转让时使用的该公司公章均非该公司的真实印章。企玛公司及冯琏虽对此鉴定结论有异议，但理由并不充分且缺乏证据支持。

我国法律规定，没有代理权或超越代理权的行为，被代理人可以追认其效力。因此康佰公司可以在对涉案 6 枚注册商标的申请及转让时使用的其公章真实性均否认的同时，认可涉案 6 枚注册商标系其申请注册及商标权为其所有。而事实上，国家商标局的授权行为也确定涉案 6 枚注册商标系由康佰公司申请并被核准注册。虽然企玛公司、冯琏二审期间就其关于康佰公司已同意将涉案 6 枚商标转让给冯琏的主张提交了协议书草稿、证人证言及照片，但因康佰公司否认存在此事实并对此 3 份证据不予认可，因此企玛公司、冯琏此主张缺乏充分证据支持，本院不予支持。

我国《商标法》规定，转让注册商标的，转让人和受让人应当签订转让协议，并共同向商标局提出申请。本案中，没有充分证据显示康佰公司与冯琏和企玛公司签有转让涉案 6 枚商标权利的合同。冯琏在办理涉案 6 枚注册商标转让事宜时所持的涉案 6 份《转让注册商标申请书》不仅内容空白，其上加盖的康佰公司的公章不仅康佰公司不认可真实性且也已经鉴定证明不具有真实性。此外，企玛公司并未就受让涉案 6 枚注册商标的商标权向康佰公司支付相应对价，从而亦不能佐证康佰公司有转让涉案商标的意思表示。因此，企玛公司及冯琏关于其与康佰公司就转让涉案 6 枚"托玛琳"注册商标权达成一致意见，形成了转让商标权的法律关系的诉讼主张，本院不予支持。基于以上理由，原审判决关于涉案 6 枚注册商标的转让应属无效的认定的事实依据及法律依据均充分，本院予以维持。作为过错一方，企玛公司应当赔偿康佰公司为诉讼支出的查询费、鉴定费、交通住宿费、律师费等合理诉讼支出。

冯琏持企玛公司公章、营业执照等手续，以企玛公司的名义委托维澳公司办理商标转让事宜，其目的是为企玛公司设定权利。根据《最高人民法院关于贯彻＜中华人民共和国民法通则＞若干问题的意见（试行）》的规定，企业法人的法定代表人和工作人员，以法人名义从事的经营活动，给他人造成经济损失的，企业法人应当承担民事责任。因此，康佰公司要求冯琏个人承担商标转让行为无效的民事责任的主张，不能成立。

维澳公司是专业的商标代理机构，应当知晓并遵守《商标法》的相关规定，认真审核转让人与受让人是否签订了转让涉案 6 枚注册商标的协议，并从形式上审核委托人为申请转让注册商标所申报的事项和所提供的材料准确、完整。现维澳公司在企玛公司所持涉案 6 份《转让注册商标申请书》并未填写具体转让内容，且其也未见到企玛公司与康佰公司签订的商标转让合同的情况下，主动制作并向商标局提供盖有非真实印章的《转让注册商标申请书》，代理涉案 6 枚注册商标的转让事宜，由此应认定维澳公司系明知被委托代理事项不合法而为之，其所从事的涉案商标转让代理行为应属无效。原审判决关于维澳公司应与企玛公司承担连带赔偿责任的认定是正确的，本院予以维持。

综上，企玛公司的上诉理由不能成立，对其上诉请求，本院不予支持。康佰公司的上诉理由成立，对其上诉请求中的合理部分，本院予以支持。原审法院判决认定事实有误，本院予以纠正。但原审判决处理结果并无不妥，本院予以维持。依照《中华人民共和国民事诉讼法》第一百五十三条第一款第（一）项之规定，判决如下：

驳回上诉，维持原判。

一审案件受理费 2 310 元，由广州市康佰保健用品有限公司负担 310 元，由上海企玛科技开发有限公司、北京维澳知识产权咨询有限公司负担 2 000 元；一审鉴定费 3 000 元，由上海企玛科技开发有限公司负担；财产保全费 3 520 元，由上海企玛科技开发有限公司、北京维澳知识产权咨询有限公司负担；二审案件受理费 2 310 元，二审鉴定费用 13 130 元，均由上海企玛科技开发有限公司负担。

24. "公牛"商标侵权及不正当竞争纠纷案

——慈溪市公牛电器有限公司诉温州市 公牛电器有限公司、陈曦

原告： 慈溪市公牛电器有限公司
被告： 温州市公牛电器有限公司
被告： 陈曦
案由： 侵犯商标权专用权及不正当竞争纠纷

一审案号： 北京市第二中级人民法院（2005）二中民初字第 5550 号
一审合议庭成员： 张晓津、何暄、梁立君
一审结案日期： 2005 年 9 月 20 日

判决要旨

对于在同一种或者类似商品上将与他人注册商标相同或者近似的标志作为商品名称或者商品装潢使用，误导公众的，属于侵犯他人注册商标专用权的行为。

起诉与答辩

原告慈溪市公牛电器有限公司（以下简称慈溪公牛公司）诉称：慈溪公牛公司成立于 1995 年，登记企业字号为"公牛"。1997 年原告在第 9 类商品上取得"公牛"文字及图形组合注册商标。经过多年的发展，原告及原告的注册商标已经具有较高的知名度。被告温州市公牛电器有限公司（以下简称温州公牛公司）在其生产销售的插座等产品上大量突出使用与原告的注册商标的显著部分"公牛"非常近似的"会牛"、"会牛电器"等商业标识，构成商标侵权；温州公牛公司成立于 2001 年 3 月，其恶意登记"公牛"为字号并在产品外包装上使用"公牛电器有限公司"字样的行为构成不正当竞争。被告陈曦在北京市崇文区沙子口温州灯具厅二楼 B33 摊位销售被告温州公牛公司生产的上述产品，其行为与被告温州公牛公司的行为共同侵犯了原告的"公牛"注册商标专用权并构成了不正当竞争。故原告诉至法院，请求判令：1. 两被告停止涉案商标侵权及不正当竞争行为；2. 两被告在《中国工商报》

和《中国质量报》上刊登声明，消除影响；3. 两被告就涉案商标侵权行为赔偿原告经济损失 40 万元，就涉案不正当竞争行为赔偿原告经济损失 10 万元；4. 被告温州公牛公司不得使用"公牛"字号。

被告温州公牛公司辩称：1. 温州公牛公司从未在北京地区销售过产品，原告指控侵权的产品并非该公司生产。温州公牛公司自成立以来主要生产电子元件，自 2005 年起少量生产的转换器仅在温州市销售。公证封存产品的外包装与该公司的产品外包装不同，温州公牛公司与被告陈曦的摊位也无业务往来，且被告陈曦也否认曾销售涉案产品，因此不能仅根据产品外包装上的商标及企业名称与温州公牛公司相近似而推定该产品由温州公牛公司生产；2. 温州公牛公司在其生产的电子元件产品上规范使用其注册取得的"会牛"文字及图形组合商标，并未侵犯原告的商标权；3. 温州公牛公司合理使用依法登记的企业名称，并未进行不正当竞争。该公司使用"公牛"字号是基于美国篮球职业联赛中的领军球队公牛队，"公牛"二字具有较高的商业价值，且希望该公司将来具有公牛的雄性刚毅、坚韧不拔的品质才取名温州公牛公司。当时原告及其注册商标均无知名度，温州公牛公司没有将他人注册商标注册为企业名称的故意；"公牛"二字作为汉语常用词，并非原告的独创，且其注册商标也非著名或驰名商标，其保护范围不能禁止他人对该文字的合理使用；原告注册商标的主要部分是图形部分，"公牛"二字仅是次要部分，温州公牛公司从未在企业名称中单独使用或突出使用"公牛"字样，不会造成消费者的误认；原告如认为被告温州公牛公司企业名称注册不当，应向企业登记主管机关提出请求；4. 原告的企业及注册商标均不具有较高知名度，其主张 50 万元的赔偿数额没有事实和法律依据。因此，请求法院驳回原告的诉讼请求。

被告陈曦辩称：其经营的摊位承租给项炳忠经营，经了解，项炳忠并未销售原告指控侵权的涉案产品，因此不同意原告的诉讼请求。

一审查明事实

一审法院经审理查明：

慈溪公牛公司于 1995 年 1 月 5 日成立，其经营范围包括漏电保护插头和插座、开关、空气开关、闸刀、电线电缆、插头插座、熔断器、电源变压器、电风扇、电工器材、电器配件等。经商标局核准，慈溪公牛公司于 1997 年 2 月 7 日取得"公牛"文字及图形组合注册商标专用权，注册证号为第 942664 号。该注册商标标识上方为牛头图案，下方为"公牛"文字及其拼音。该商标核定使用的商品类别为第 9 类电器插头（触点）、插头、插座、高低压开关板。

　　慈溪公牛公司为证明其注册使用的涉案"公牛"注册商标的知名度，向本院提交了 1998 年及 2001 年部分增值税发票；1999 年、2000 年、2001 年 12 月工业企业财务月报表；该公司 1999 年、2001 年、2002 年、2003 年、2004 年取得的荣誉证书、会员证书等；《中国质量报》、《慈溪日报》、《北京质量与市场》、《中华五金》的相关报道；2002 年 CCTV "公牛电器"投放情况统计；慈溪公牛公司于 2001 年、2002 年、2003 年、2004 年签订的电视广告承揽合同、广告发布业务合同、媒体执行案及其履行情况，以及慈溪公牛公司的代理商及关联公司发布广告的合同等；2002 年、2003 年相关展览会资料；2004 年杭州致略企业管理咨询公司对中央电视台有关涉案产品宣传情况的监测报告；宁波市工商行政管理局慈溪分局出具的关于"公牛"商标具有较高知名度，曾于 2004 年被宁波市工商行政管理局认定为"宁波市知名商标"的证明。

　　温州公牛公司于 2001 年 3 月 8 日成立，其经营范围为制造、加工、销售电器配件。经商标局核准，温州公牛公司于 2002 年 3 月 28 日取得"会牛"文字及图形组合注册商标专用权，注册证号为第 1738296 号。该注册商标标识上方为"会牛"拼音及字母"N"组成的图形，下方为"会牛"文字。该商标核定使用的商品类别为第 9 类电开关、插头、插座及其他接触器等。被告温州公牛公司主张原告公证购买的证物并非其生产销售，其生产的相关产品的外包装与此并不相同，并向本院提交了其"HN-103 多位插座/转换器"产品外包装复印件。在本案开庭审理过程中，被告温州公牛公司主张由于不能提交该外包装原件，对此不作为证据提交。该产品外包装复印件上标注有被告"会牛"注册商标的图形部分及"会牛电工"字样，并标注有"制造商：公牛电器有限公司；地址：龙湾天河工业区；电话：86-577-86827101"，以及"本产品执行标准：GB1002-96 GB2099.1-96"等内容。

　　根据北京市企业查询信息，被告陈曦是编号为 1101033024200 的个体经营者，经营地址为北京市崇文区东革新里 42 号永外城文化用品市场 D2-33 号，经营范围主要为零售灯具，经营期限为 2003-02-14 至 2007-02-13，联系电话为 67254507。在本案审理期间，被告陈曦认可该号码为其联系电话。

　　北京市国信公证处于 2004 年 12 月 22 日出具（2004）京国证民字第 15816 号公证书，对北京市集佳律师事务所张亚洲在北京市崇文区沙子口温州灯具厅二楼 B33 号摊位购买多位插座转换器的过程进行了公证。其自该摊位购买的插座包括 HN-878 3 个，HN-868 1 个以及 HN-206 2 个；其自该摊位取得的入库单及销售发票载明 HN-878 的销售单价为 23 元，HN-868 的销售单价为 18.5 元，合计 124.5 元；其还自该摊位取得项炳忠的名片一张，载明"上海本奇电器有限公司、广州广本电器有限公司、上海四蒙电器有限公司北京地区总代理"，办事处地址为"北京市崇文区沙子口温州灯具厅二楼 B33 号"，办事处电话为"87203511 67244836"。被告陈曦认可其中第 2 个电话号码系其经营摊位的电话号码，其经营地点原名为"温州灯具城"。

该公证书对上述所购买的插座产品进行了封存并拍摄了相关照片，其中所购买的涉案 HN‑878 多位插座转换器产品外包装正面上方有与涉案"会牛"商标图形部分相近似的标识以及"会牛电器"字样，其中"会"字作了变形处理；外包装侧面下方有蓝色的"公牛电器有限公司"字样，该文字两侧有与外包装盒基本同色的"浙江"和"温州"字样，该文字下方有"公司地址：龙湾天河工业区；电话：86 – 577 – 86827101；传真：86 – 577 – 86827102"字样；外包装盒顶部及底部亦包括与涉案"会牛"商标图形部分相近似的标识以及"会牛电器"字样，其中"会"字作了变形处理，并有产品型号及产品执行标准。其中涉及的产品型号包括"HN – 207，HN – 208，HN – 838，HN – 878"，产品执行标准为"GB1002 – 1996 GB2099.3 – 1997"。该产品正面上方有与涉案"会牛"商标标识相近似的标识，其中"会牛"拼音位于相关图形下方，"会"字作了变形处理；正面下方有"会牛精品"字样，其中"会"字作了变形处理；产品背面贴有与"会牛"商标相近似的标识，其中"会"字作了变形处理；产品背面下方有黑色的"公牛电器有限公司"字样，及基本与背板同色的"公牛电器有限公司制造"及两侧"浙江"和"温州"字样；该产品插头上有"会牛"商标的图形部分。

经公证购买的 HN‑206 产品外包装装潢与上述 HN‑878 型号产品外包装装潢基本相同，该包装顶部及底部标注的产品型号包括"HN – 206，HN – 828，HN – 868"。在该产品正面上方标注有基本规范使用的"会牛"商标标识，其中商标标识中"会牛"拼音位于相关图形下方；该产品正面下方标注有"会牛精品"字样，其中"会"字作了变形处理；该产品背面标注有与背板同色的规范使用的"会牛"商标标识及"公牛电器有限公司"字样；该产品插头上标注有"会牛"商标标识的图形部分。该产品包装内还有合格证一张，其上标注有"会牛"商标标识的图形部分及"会牛电器"字样，其中"会"字作了变形处理；以及"制造商：温州市公牛电器有限公司"字样及该公司地址和电话。

经公证购买的 HN‑868 产品外包装装潢与 HN‑206 产品外包装装潢基本相同，该产品正面及背面标注有与"会牛"商标近似的标识，其中"会"字作了变形处理；该产品背面还标注有黑色的"公牛电器有限公司"字样及与背板同色的"公牛电器有限公司制造"及两侧的"浙江"和"温州"字样。

该产品插头上标注有"会牛"商标标识的图形部分。该产品包装内的合格证与 HN－206 产品合格证相同。

原告慈溪公牛公司为证明被告温州公牛公司使用与涉案"公牛"注册商标相近似的标识及注册、使用涉案企业名称的行为，造成了与原告及其产品的混淆与误认，提交了 2004 年 11 月 2 日、2004 年 11 月 3 日《今商报》的相关报道。上述报道中，涉及北京市质量技术监督局对北京市销售的电源插座和转换器的抽查结果，其中《中国质量报》相关报道中涉及的不合格的产品和企业包括"会牛 公牛电器有限公司"，《今商报》相关报道中涉及的不合格的产品和企业包括"公牛 公牛电器有限公司"；此后 2004 年 11 月 18 日的《中国质量报》刊载了《"公牛"的呼吁》一文，表明慈溪公牛公司澄清插座抽查结果中涉及的"会牛"插座并非其生产，抽查不合格的企业为温州公牛公司。

另，根据原告慈溪公牛公司提交的 1999 年、2000 年、2001 年 12 月工业企业财务月报表显示，该公司 1999 年度、2000 年度及 2001 年度净利润分别为 172 990.17 元，328 188.04 元，344 601.71 元。

一审审理结果

一审法院认为：本案双方当事人争议的焦点问题是被告温州公牛公司、陈曦是否为涉案被控侵权产品的生产者和销售者；涉案被控侵权产品及其包装、合格证使用涉案"会牛"标识及"会牛电器"、"会牛精品"等字样是否侵犯了原告所享有的涉案"公牛"注册商标专用权；被告温州公牛公司注册使用含有"公牛"字样的企业名称，涉案产品上标注"公牛电器有限公司"字样是否造成与原告企业和相关产品的混淆，是否构成不正当竞争；两被告是否应就此承担相应的法律责任问题。

第一，关于被告温州公牛公司、陈曦是否为涉案被控侵权产品的生产者和销售者问题。

本案原告指控被告温州公牛公司生产、销售涉案侵权产品，并提交了经公证购买的相关产品，被告温州公牛公司对此不予认可。鉴于公证购买的涉案产品包装上标注的地址和电话与被告温州公牛公司相关工商登记资料内容相同，且该产品上使用了与该公司涉案"会牛"注册商标相近似的图形和对"会"字做了变形处理的"会牛电器"、"会牛精品"等字样，且标注有"公牛电器有限公司"及"浙江"和"温州"字样，因此本院认定被告温州公牛公司生产、销售了涉案被控侵权产品。被告温州公牛公司主张其未生产、销售涉案产品，其相关产品外包装与公证证物的包装并不相同，上述产品存在被他人仿制的可能性，但其并未就此举证证明，本院对其上述主张不予采纳。

原告还指控被告陈曦在其经营的摊位销售涉案被控侵权产品，并提交了经公证购买的相关产品，被告陈曦主张其将摊位承租给项炳忠经营，项炳忠并未销售涉案产品，其不应承担相应的法律责任。但根据涉案公证书证明的事实，购买涉案产品时取得了项炳忠的名片，其中包括陈曦经营摊位的电话，虽然公证书记载的购买涉案物品的地址与陈曦相关工商登记资料中的经营地址不同，但原告慈溪公牛公司主张二者为同一经营摊位，公证购买时该摊位上亦悬挂有陈曦的营业执照，鉴于被告陈曦对此未提交证据予以反驳，且其亦认可其经营地点原名为"温州灯具城"，本院认定被告陈曦销售了涉案侵权产品。被告陈曦主张其未销售涉案产品，依据不足，本院对此不予支持。

综上，本案相关证据证明被告温州公牛公司系涉案被控侵权产品的生产者和销售者，被告陈曦系涉案被控侵权产品的销售者。

第二，关于涉案被控侵权产品及其包装、合格证使用涉案"会牛"标识及"会牛电器"、"会牛精品"等字样是否侵犯了原告所享有的涉案"公牛"注册商标专用权问题。

原告慈溪公牛公司作为涉案"公牛"图形及文字组合注册商标专用权人，其所享有的注册商标专用权应当受到我国法律的保护。对于文字和图形组合而成的商标而言，其主要识别部分往往在于其中的文字。涉案"公牛"商标由牛头图案和"公牛"文字及拼音组合而成，其中"公牛"文字应为该商标的主要识别部分。被告温州公牛公司主张该商标的主要部分应为图形部分，缺乏依据，本院不予采纳。

根据我国《商标法》的有关规定，未经注册商标专用权人的许可，在同一种商品或者类似商品上使用与其注册商标相同或者近似的商标的，为侵犯注册商标专用权的行为。判断是否构成侵犯注册商标专用权，应判断被控侵权标识与该注册商标是否相同或近似，被控侵权产品与注册商标核定使用的商品是否相同或类似，并判断是否造成相关公众的混淆和误认。本案被告生产、销售的涉案产品为多位插座转换器，与原告主张权利的涉案"公牛"注册商标核定使用的第9类商品为同类商品。涉案被控侵权的 HN－878 和 HN－868 插座产品上使用了与被告温州公牛公司的涉案注册商标"会牛"相近似的标识，虽然其中"会"字作了变形处理，"会牛"二字近似于"公牛"二字，但二者的图形部分不相近似，经整体比对综合观察，该标识与涉案"公牛"注册商标标识并不相近似。原告慈溪公牛公司主张涉案产品中使用"会"字做变形处理的"会牛"二字侵犯了其注册商标专用权，依据不足，本院不予支持。

根据有关法律规定，在同一种或者类似商品上，将与他人注册商标相同或者近似的标志作为商品名称或者商品装潢使用，误导公众的，亦属于侵犯他人注册商标专用权的行为。本案被控侵权产品及包装、合格证上使用了"会牛电器"、"会牛精品"等字样,其中"会"字做了变形处理,与涉案注册商标"公牛"的主要部分"公牛"文字相近似,容易误导相关公众,被告温州公牛公司未经涉案"公牛"注册商标专用权人许可,生产、销售带有上述标识的涉案产品,侵犯了涉案"公牛"注册商标专用权。

依据我国《商标法》的有关规定,销售不知道是侵犯注册商标专用权的商品,能证明该商品是自己合法取得的并说明提供者的,不承担赔偿责任。本案被告陈曦未提交证据证明其销售的涉案被控侵权产品是其合法取得、也未说明该商品的提供者,因此应承担停止侵权、赔偿损失的法律责任。

综上,被告温州公牛公司、陈曦生产、销售了涉案侵权产品,侵犯了原告涉案"公牛"注册商标专用权,应当承担停止侵权、赔偿损失的法律责任。

第三,关于被告温州公牛公司注册使用含有"公牛"字样的企业名称,涉案产品上标注"公牛电器有限公司"字样是否造成与原告企业和相关产品的混淆,是否构成不正当竞争问题。

根据我国《反不正当竞争法》及其他相关规定,经营者在市场交易中应当遵循自愿、平等、公平、诚实信用的原则,遵守公认的商业道德。在处理注册商标与注册使用企业名称冲突纠纷案件中,应当遵循诚实信用、保护在先合法权益的原则。根据本案查明的事实,原告慈溪公牛公司于1995年注册成立并于1997年注册取得涉案"公牛"注册商标,通过长期的经营和较为广泛的宣传活动,该企业及其注册商标在相关公众中获得了一定的知名度。被告温州公牛公司于2001年注册成立,其企业名称中的字号为"公牛"。被告温州公牛公司与原告慈溪公牛公司同为涉案插座产品的生产者,而涉案插座产品作为一种普通消费品,相关消费者针对该产品的特点往往在购买时仅仅施以一般注意力,容易引起消费者对产品来源的误认和混淆;且本案相关证据表明在相关报刊报道中已经出现了对"公牛电器有限公司"产品为"会牛"与"公牛"的不同报道,实际产生了混淆的事实。因此,综合考虑全案事实,被告温州公牛公司在涉案产品包装上使用"公牛电器有限公司"字样,淡化与原告企业名称相区别的行政区划"温州市",并在涉案被控侵权产品及包装、合格证上使用"会"字经过变形处理的"会牛"、"会牛电器"、"会牛精品"字样,其上述行为显然具有利用他人商誉的故意,足以使相关消费者对涉案产品的来源以及不同经营者之间具有关联关系产生混淆误认,违反了诚实信用的基本原则,构成不正当竞争。被告温州公牛公司主张其合法注册使用其企业名称,并不具有将他人注册商标注册为企业名称的故意,且并未单独使用或突出使用"公牛"二字,原告的"公牛"注册商标并不具有知名度,其行为不构成不正当竞争，缺乏依据，本院不予支持。被告陈曦销售了被告温州公牛公司生产的上述涉案侵权产品，且未举证证明其所销售商品的合法来源，其行为亦构成不正当竞争，应当承担停止侵权、赔偿损失的法律责任。

综上，被告温州公牛公司和陈曦的涉案行为侵犯了原告涉案"公牛"注册商标专用权，构成了不正当竞争。本案原告请求法院判令两被告承担停止侵权、赔偿损失的法律责任的诉讼主张，理由正当，本院予以支持。关于停止涉案不正当竞争行为的具体方式，本院结合本案的具体情况予以确定；关于赔偿经济损失的数额问题，原告所提赔偿请求数额过高，本院不予全额支持。本院将根据本案的具体情况，综合考虑两被告侵权的方式、范围、主观过错程度，两被告涉案侵权行为持续的时间及获利状况等因素，酌情确定两被告赔偿原告经济损失的数额。原告主张两被告应就涉案侵权行为承担共同侵权责任，依据不足，本院不予支持。鉴于停止涉案侵权行为、赔偿损失足以弥补原告因涉案侵权行为所受到的损害，本院对其要求两被告承担消除影响的法律责任的主张不予支持。依据《中华人民共和国商标法》第五十一条、第五十二条第（一）项、第（二）项、第五十六条、《中华人民共和国商标法实施条例》第五十条第（一）项、《中华人民共和国反不正当竞争法》第二条、第二十条、《中华人民共和国民法通则》第一百三十四条第一款第（一）项、第（七）项的规定，判决如下：

一、温州市公牛电器有限公司于本判决生效之日起停止涉案侵犯"公牛"注册商标专用权行为和不正当竞争行为，并在从事与慈溪市公牛电器有限公司涉案"公牛"注册商标核准使用的商品相同或类似商品的经营活动中，停止使用涉案含有"公牛"字样的企业名称；

二、陈曦于本判决生效之日起停止销售涉案侵权产品；

三、温州市公牛电器有限公司于本判决生效之日起 10 日内赔偿慈溪市公牛电器有限公司经济损失 20 万元；

四、陈曦于本判决生效之日起 10 日内赔偿慈溪市公牛电器有限公司经济损失 3 000 元；

五、驳回慈溪市公牛电器有限公司的其他诉讼请求。

案件受理费 10 010 元，由慈溪市公牛电器有限公司负担 1 510 元，由温州市公牛电器有限公司负担 8 000 元，由陈曦负担 500 元。

各方当事人均服从一审判决。

25. "天同"商标侵权纠纷案

——山东天同高圣投资管理有限公司诉天同基金管理有限公司、中国银行北京市西城区支行

原告（被上诉人）： 山东天同高圣投资管理有限公司
被告（上诉人）： 天同基金管理有限公司
被告（原审被告）： 中国银行北京市西城区支行
案由： 侵犯商标专用权纠纷

原审案号： 北京市第一中级人民法院（2004）一中民初字第 8421 号
原审合议庭成员： 刘海旗、任进、李燕蓉
原审结案日期： 2005 年 6 月 20 日
二审案号： 北京市高级人民法院（2005）高民终字第 1030 号
二审合议庭成员： 刘继祥、孙苏理、魏湘玲
二审结案日期： 2005 年 11 月 18 日

判决要旨

基金的发行、管理人将他人注册商标使用在其发行、管理的基金名称上是使用商标的行为，构成对他人商标专用权的侵犯。商标专用权是一项财产权，商标权人不能举证证明被告的侵权行为使其商业信誉受到了侵害，提出的赔礼道歉的诉讼请求不应支持。

起诉与答辩

原告山东天同高圣投资管理有限公司（以下简称天同高圣公司）诉称：山东大和投资管理有限公司于 2001 年 8 月 14 日经商标局核准注册了"天同"文字商标，商标注册号为 1619837，核定服务项目为第 36 类资本投资、基金投资等。2002 年 5 月 29 日，经商标局核准，第 1619837 号商标注册人变更为天同高圣公司，原告是第 1619837 号"天同"商标专用权人，在第 36 类资本投资、基金投资等服务上享有商标专用权。2001 年 12 月 28 日，原告将"天同"商标许可张建国使用，2004 年 4～5 月间，被许可人张建国到上海市工商行政管理局申请天同高圣上海天同基金投资管理、山东天同高圣上海天同基金

投资管理等 8 项企业名称登记，但未予核准。被告天同基金管理有限公司（以下简称天同基金公司）成立于 2002 年 8 月 30 日，是从事专业指数化投资管理的基金管理公司，其分别于 2003 年 1 月 26 日、2004 年 9 月 28 日开始发售天同 180 指数基金和天同保本增值基金，并在网站宣传、印刷资料、基金契约及公开说明书等上使用"天同"字样。被告天同基金公司主要委托中国农业银行、中国银行等代销机构在全国范围内公开发售天同基金。根据被告天同基金公司对外发行的《天同 180 指数证券投资基金 2003 年年度报告》显示，2003 年其发行天同基金总额为 13 亿元人民币，天同基金公司收取基金管理费12 186 588.52 元。原告要求天同基金公司赔偿 2003 年原告受到的经济损失600 万元。本案受理后，被告天同基金公司不仅继续发售天同 180 指数基金，而且自 2004 年 9 月 28 日又发行天同保本增值基金，其侵犯原告的"天同"注册商标专用权具有恶意。被告中国银行北京市西城区支行（以下简称中行西城区支行）未经商标权人许可，擅自发售带有"天同"商标的基金，并在印刷资料上使用"天同"字样。被告天同基金公司管理、被告中行西城区支行发售的"天同"基金上的"天同"商标与原告核准注册商标完全相同，被告所从事的服务与原告"天同"商标核定使用的金融服务完全相同，根据《商标法》第五十二条规定，被告天同基金公司、被告中行西城区支行的行为已经构成在相同服务项目上使用相同商标的侵犯注册商标专用权行为，应承担侵权民事责任，被告还应支付原告制止侵权行为所支付的调查取证费用和律师费用。据此，原告天同高圣公司请求法院判令：1. 被告天同基金公司、被告中行西城区支行停止侵权；2. 被告天同基金公司赔偿原告 2003 年的经济损失600 万元；3. 被告天同基金公司赔偿原告 2004 年的经济损失 400 万元；4. 被告天同基金公司赔偿原告因制止侵权行为支付的合理费用律师费 10 万元，公证费 2100 元；5. 被告天同基金公司在全国发行的报纸上刊登声明，消除影响；6. 被告天同基金公司承担本案诉讼费。

被告天同基金公司辩称：天同基金公司对"天同"文字拥有合法在先权利。"天同"是天同基金公司主要发起人"天同证券有限公司"于 1999 年获准使用的企业名称中的字号，早于原告获得注册商标的时间，天同基金公司对"天同"文字的使用是作为企业字号使用的，其为表示基金管理人的身份，用企业字号命名开放式基金的名称是行业惯例，也是深圳交易所要求使用企业字号命名基金名称以径直揭示基金管理者。天同基金公司将"天同"文字与其他文字结合使用，并未突出使用，"天同"不是作为商标使用，没有造成混淆；天同基金公司发行、管理基金与原告的商标核定的服务不相同也不类似，原告没有发行管理基金的权利，并且原告的"天同"商标缺乏知名度，行业内不会仅凭"天同"二字就将原告的商标与天同基金公司发行管理的基金相混淆。原告的诉讼请求缺乏依据,天同基金公司获利与使用"天同"文字没有关系,天同基金公司亦从未从发行、管理基金上获利。原告享有的商标权仅是财产权,不涉及名誉、商誉的侵害,不适用停止侵害、消除影响的救济方式。综上,请求法院驳回原告天同高圣公司的诉讼请求。

被告中行西城区支行未提交书面答辩意见,其在庭审中口头辩称:天同基金公司发行基金是经过中国证券监督管理委员会(以下简称证监会)批准的,中国银行与天同基金公司签订了销售代理协议,所有手续均完备,中行西城区支行的代销行为是直接受总行领导的,没有侵犯原告的注册商标专用权。

原审查明事实

原审法院经审理查明:1999 年 6 月 3 日,国家工商行政管理局企业注册局作出(国)名称变核内字[1999]第 125 号《企业名称变更核准通知书》,载明:"核准山东证券有限责任公司企业名称变更为:天同证券有限责任公司。以上名称在企业登记主管机关核准变更登记,换发营业执照后生效。本通知书有效期至 1999 年 12 月 2 日。"2000 年 6 月 19 日,山东大和投资管理有限公司向商标局提出"天同"商标注册申请。2001 年 8 月 14 日,经商标局核准,山东大和投资管理有限公司获得了"天同"文字注册商标,核定服务项目为第 36 类资本投资、基金投资、金融分析、金融咨询、金融信息、证券交易行情、期货经纪、信托、受托管理。商标注册号为 1619837,有效期自 2001 年 8 月 14 日至 2011 年 8 月 13 日止。2001 年 7 月 13 日,证监会作出了证监机构字[2001]21 号《关于核准山东证券有限责任公司更名、增资扩股及划分为综合证券公司的批复》,准许山东证券有限责任公司更名为天同证券有限责任公司,要求其换领《经营证券业务许可证》和《证券经营机构营业许可证》,并到工商行政管理部门办理注册登记。

2001 年 12 月 28 日,天同高圣公司(甲方)与张建国(乙方)签订商标使用许可合同,约定将第 1619837 号"天同"商标许可张建国使用,期限自 2001 年 12 月 28 日至 2010 年 12 月 27 日止。许可使用费每年一缴(6 万元),9 年共计 54 万元。甲方授权乙方在江苏省、浙江省和上海市地区独家使用,具有排他使用权。2002 年 3 月 7 日,该商标使用许可合同报商标局备案,2002 年 8 月 12 日,商标局发出商标使用许可合同备案通知书。张建国分 3 次向天同高圣公司交纳了 2002~2004 年 3 年的商标使用许可费。

2002 年 1 月 22 日,证监会作出证监基金字[2002]2 号《关于同意筹建天同基金管理有限公司的批复》,该批复载明:"同意天同证券有限责任公司、上海久事公司等作为发起人筹建天同基金公司，同意天同证券有限责任公司为主要发起人……天同基金公司筹建就绪后，应向我会申请正式开业。"

2002 年 5 月 29 日，经商标局核准，第 1619837 号"天同"商标注册人名义变更为天同高圣公司。

2002 年 11 月 25 日，证监会作出证监基金字 [2002] 88 号《关于同意天同 180 指数证券投资基金设立的批复》，同意天同基金公司发起设立天同 180 指数证券投资基金，基金类型为契约型开放式；同意天同基金公司为基金管理人，中国银行为基金托管人；天同基金公司应在本批复下发之日起 6 个月内进行基金的设立募集活动。

2003 年 1 月 27 日，中国银行与天同基金公司签署销售代理协议及补充协议，天同基金公司同意委托中国银行作为天同 180 指数证券投资基金的销售代理人。

2004 年 5 月 8 日，在上海市工商行政管理局网站上，经张建国查询检索，其于 2004 年 4 月 20 日至 2004 年 5 月 6 日，共向上海市工商行政管理局提出了 8 项含有"天同"字样的企业名称注册申请，经检索均未通过。

2004 年 5 月 8 日，经天同高圣公司申请，山东省济南市公证处对董磊（天同高圣公司职员）登录"天同基金管理有限公司"网站并打印相关网页内容的情况进行了公证，并制作了（2004）济南证经字第 3004 号公证书，该公证书显示：在天同基金公司的网站上，有天同基金公司简介、公司大事记、基金概况等内容的相关信息。在"天同基金公司简介"中载有：天同基金公司成立于 2002 年 8 月 23 日。在"公司大事记"中载有：2002 年 12 月 2 日，天同 180 指数证券投资基金获准设立。在"基金概况"中载有：天同 180 指数证券投资基金，基金类型：契约型开放式基金，基金管理人：天同基金公司，基金托管人：中国银行，基金销售机构：天同基金公司、中国银行等，管理费率：1.00%。在"天同 180 指数证券投资基金 2003 年年度报告"中载有基金基本资料：基金成立时间：2003 年 3 月 15 日，本次募集总份额：1 929 789 525.65 份，基金管理人报酬：12 186 588.52 元，基金托管费 2 437 317.73 元等。天同高圣公司为此支付了公证费 600 元。

2004 年 6 月 14 日，证监会作出证监基金字 [2004] 86 号《关于同意天同保本增值证券投资基金设立的批复》，同意天同基金公司发起设立天同保本增值证券投资基金，基金类型为契约型开放式。同意天同基金公司为基金管理人，中国农业银行为基金托管人。天同基金公司应在本批复下发之日起 6 个月内进行基金的设立募集活动。

2004 年 7 月 17 日，经天同高圣公司委托代理人马翔申请，北京市海淀区第二公证处在北京市西城区阜成门大街 5 号中行西城区支行对马翔取得宣传册及名片的行为进行了公证，并制作了（2004）京海民证字第 4006 号公证书。在现场取得的天同 180 指数证券投资基金宣传册上载明"基金管理人：天同基金公司；基金托管人：中国银行"等相关信息。山东天同咨询公司为此支付了公证费 1500 元。

2005 年 2 月 2 日，天同高圣公司向北京市天驰律师事务所支付了 10 万元律师费。天同基金公司向本院提交了 2003 年度利润表和 2004 年会计月度报表，证明 2003 年基金管理收入为 12 186 588.52 元，营业利润为 −13 496 375.29 元；2004 年主营业务（基金管理）收入为 13 990 575.75 元，营业利润为 −20 702 172.68 元。

原审审理结果

原审法院认为：原告天同高圣公司经商标局核准注册了"天同"文字商标，因此，其对该商标在核定的服务项目（资本投资、基金投资、金融分析等）上享有注册商标专用权，依法应受到保护。《商标法》第五十二条第（一）项规定：未经商标注册人的许可，在同一种商品或者类似商品上使用与其注册商标相同或者近似的商标的，属于侵犯注册商标专用权的行为。

本案中，原告天同高圣公司指控被告天同基金公司侵犯其注册商标专用权的行为是天同基金公司在其发行、管理的证券投资基金上使用了原告的注册商标"天同"，其所从事的服务与原告"天同"注册商标核定的服务完全相同。故被告天同基金公司所发行、管理的天同 180 指数证券投资基金、天同保本增值证券投资基金中"天同"是否作为商标使用，投资基金的发行、管理与原告"天同"注册商标核定使用的服务项目（资本投资、基金投资、金融分析等）是否相同或者类似是本案审理的关键。

首先，在天同 180 指数证券投资基金、天同保本增值证券投资基金的名称中，180 指数、保本增值均指明了该基金产品的特点，是一类基金产品的通用名称，并不具有显著性，而"天同"才是该基金的显著识别部分，故"天同"文字在天同 180 指数证券投资基金、天同保本增值证券投资基金中系作为基金的区别性标志使用，具有商标的属性。其次，原告的"天同"注册商标核定使用的服务项目资本投资、基金投资、金融分析等主要是金融服务类的信息、咨询、投资管理、投资服务等，原告在上述服务类别上对"天同"注册商标享有专用权。被告天同基金公司是从事投资基金发行、管理的企业法人，其发行、管理投资基金的业务范围与原告"天同"注册商标核定使用的服务是相类似的。被告天同基金公司关于其发行、管理基金与原告天同高圣公司"天同"注册商标经核定的服务不相同亦不相类似的抗辩主张不能成立，本院不予采信。天同基金公司发行、管理天同 180 指数证券投资基金、天同保本增值证券投资基金，中行西城区支行销售天同 180 指数证券投资基金、天同保本增值证券投资基金的行为，属于未经商标注册人许可，在类似的服务上使用了与其注册商标相同的商标的情形，侵犯了原告天同高圣公司对"天同"注册商标享有的专用权，应承担停止侵权、赔偿损失的侵权责任。但天同基金公司发行、管理基金是经过有关证券监督管理机构批准的，中行西城区支行系依据中国银行与天同基金公司签订的销售代理协议，在审查了天同基金公司发行基金的资格后进行销售的，其并不知道销售的基金侵犯了他人的注册商标专用权，故中行西城区支行依法不应承担赔偿责任。鉴于原告天同高圣公司亦未请求中行西城区支行赔偿其经济损失，故中行西城区支行不承担赔偿责任。另外，根据本院查明的事实，天同 180 指数证券投资基金、天同保本增值证券投资基金发行的数量巨大，所涉及的基金持有人人数众多，并且变更基金名称的程序相对复杂，故应给予天同基金公司一定的履行期限。逾期仍不履行的，则应按照发行、管理基金的种类，每年须向原告天同高圣公司支付经济补偿金，直至基金名称变更之日止。参照原告天同高圣公司商标许可使用费的数额，本院确定每种基金每年的补偿费为 25 万元人民币，并于其应停止侵权行为之日起算。

根据本院查明的事实，原告的"天同"商标于 2000 年 6 月向商标局提出注册申请，2001 年 8 月 14 日经核准注册，而被告天同基金公司成立于 2002 年 8 月，其主要发起人天同证券有限责任公司至少在 2001 年 7 月 17 日时，企业名称仍是"山东证券有限责任公司"，故天同基金公司对"天同"文字不享有任何在先的权益，其关于对"天同"文字享有在先合法权利的抗辩主张不能成立，本院不予支持。由于天同基金公司系 2002 年 8 月注册成立，在其对"天同"文字并不享有在先合法权利的情况下，其关于以基金管理人的字号作为基金名称的首部是证券行业的惯例，"天同"系其对企业字号的合理使用的抗辩主张亦不能成立，本院亦不予支持。

关于损失赔偿数额的计算，原告天同高圣公司系根据被告天同基金公司 2003 年、2004 年发行、管理基金的管理费收入进行计算。对此，本院认为，投资基金管理者收取基金管理费是其正常经营收益，无论基金管理者发行、管理何种基金，均应收取管理费用。本案中，原告天同高圣公司并未举证证明其因天同基金公司的侵权行为所受到的损失，亦不能证明天同基金公司收取的基金管理费与使用"天同"文字有必然的关系，故其依据天同基金公司所收取的基金管理费计算损失赔偿数额的方式没有依据。本院将参照天同高圣公司与他人的商标许可使用费的种类和数额、侵权行为的性质、期间、后果、原告为制止侵权行为所支付的合理开支等因素，在法律规定的范围内酌情综合确定。

由于注册商标专用权是商标权人的一项财产权，原告天同高圣公司并未举证证明被告的侵权行为使其商业信誉受到了侵害，故原告天同高圣公司要求被告天同基金公司公开赔礼道歉，缺乏事实和法律依据，本院不予支持。

综上，被告天同基金公司发行、管理天同180指数证券投资基金、天同保本增值证券投资基金，被告中行西城区支行销售天同180指数证券投资基金、天同保本增值证券投资基金的行为侵犯了原告天同高圣公司在第36类服务项目上享有的"天同"文字注册商标专用权，应承担停止侵权的民事责任，天同基金公司还应赔偿原告天同高圣公司的经济损失。原告要求判令两被告立即停止侵权的诉讼请求，有事实和法律依据，本院予以支持，但应给予被告相应的履行时限，逾期不履行，须每种基金每年向原告天同高圣公司支付注册商标专用权补偿费。原告天同高圣公司要求被告天同基金公司赔偿其经济损失和诉讼合理费用10 102 100元，明显过高，本院将依法酌情确定。原告天同高圣公司要求被告天同基金公司在全国性报纸上公开赔礼道歉，没有事实和法律依据，本院不予支持。依照《中华人民共和国商标法》第五十二条第（一）项、第五十六条、法释〔2002〕32号《最高人民法院关于审理商标民事纠纷案件适用法律若干问题的解释》第十一条、第十六条、第十七条、第二十一条之规定，本院判决如下：

一、被告天同基金管理有限公司、被告中国银行北京市西城区支行自本判决生效之日起90日内，停止侵犯原告山东天同高圣投资管理有限公司注册商标专用权的行为，逾期不履行，每种基金每年向原告山东天同高圣投资管理有限公司支付注册商标专用权补偿费25万元；

二、被告天同基金管理有限公司自本判决生效之日起10日内，赔偿原告山东天同高圣投资管理有限公司经济损失30万元；

三、驳回原告山东天同高圣投资管理有限公司的其他诉讼请求。

天同基金公司不服原审判决提出上诉，理由是：1. 一审判决对当事人提交的重要证据未作评述，对尚有疑点的证据予以认定属于事实不清。2. 一审判决确定的"商标专用权补偿费"超出了天同高圣公司的请求范围，同时也不符合法律规定的侵权救济方式。3. 天同基金公司并未将"天同"作为商标使用，其使用行为不构成商标侵权。

天同高圣公司、中行西城区支行服从原审判决。

二审查明事实

二审法院查明事实与原审相同。

二审审理结果

二审法院认为：本案争议的焦点问题在于天同基金公司对"天同"二字是否享有在先权利。天同基金公司在本案中虽然一再强调其对"天同"享有企业名称在先权利，但是，其提交的证据均为其发起人之一天同证券有限责任公司的企业登记注册档案等相关材料，与天同基金公司本身无关。天同基金公司作为独立的经济实体，在其合法成立之前，天同高圣公司已经对"天同"享有注册商标专用权是不争的事实。因此，天同基金公司以其享有企业名称在先权利作为其对天同高圣公司侵权指控的抗辩理由是不能成立的。由于天同基金公司对"天同"二字不享有在先权利，故其上诉所称的其在上市发行的 180 指数基金和保本增值基金中对"天同"的使用是其善意使用自己企业名称，是区别于其他基金公司产品的标志性使用的理由同样不能成立。天同高圣公司虽然目前尚未申请获得基金管理资质，也未经营基金产品，但是以后天同高圣公司是否申请从事基金管理产品的经营活动，乃是该公司的民事权利，他人无权干涉，天同基金公司以此断定其对"天同"字样的使用不会在客观上造成消费者对天同高圣公司"天同"商标的任何混淆，缺乏法律依据。关于经济损失赔偿，天同高圣公司在诉讼请求中有明确的要求，由于其损失计算依据不合理而未得到一审法院支持，但是并不意味着天同高圣公司赔偿损失的请求完全不合理，一审法院在认定天同基金公司被控侵权行为成立、天同基金公司依法应当承担侵权赔偿责任的前提下，依据本案具体案情及天同基金公司的侵权事实、情节、侵权行为延续时间等因素，依法酌定赔偿方式并无不当。

综上，天同基金公司的上诉理由因缺乏事实和法律依据而不能成立，其上诉请求不予支持。一审判决认定事实清楚，证据充分，审理程序合法，适用法律及判决结果正确，应予维持。依照《中华人民共和国民事诉讼法》第一百五十三条第一款第（一）项之规定，判决如下：

驳回上诉，维持原判。

一审案件受理费 60 520.50 元，由山东天同高圣投资管理有限公司负担 50 510.50 元，由天同基金管理有限公司负担 10 010 元；二审案件受理费 60 520.50 元，由天同基金管理有限公司负担。

26. "鳄鱼"商标权撤销纠纷案

——（香港）林维尔国际有限公司诉国家工商行政管理总局商标评审委员会

原告（被上诉人）： （香港）林维尔国际有限公司
被告（上诉人）： 国家工商行政管理总局商标评审委员会
第三人（上诉人）： （法兰西共和国）拉科斯特衬衫股份有限公司
案由： 商标权撤销纠纷

原审案号： 北京市第一中级人民法院（2005）一中行初字第 112 号
原审合议庭成员： 仪军、赵明、旭昀
原审结案日期： 2005 年 6 月 20 日
二审案号： 北京市高级人民法院（2005）高行终字第 341 号
二审合议庭成员： 刘继祥、魏湘玲、张雪松
二审结案日期： 2005 年 12 月 19 日

判决要旨

　　中国商标局对国际注册商标没有公告的义务。中国商标局在不影响和不改变国际注册商标在中国实际核准保护日的前提下，可以进行提示性的二次公告，但在商标已过驳回期并已进入注册状态的情况下，再进行任何公告以及依据此公告作为评判国际注册商标是否注册乃至作为计算争议期起点的做法，都是违反《商标国际注册马德里协定》规定的。

起诉与答辩

　　（香港）林维尔国际有限公司（以下简称林维尔公司）诉称：1. 被告对事实认定错误，对法律适用的理解和运用也是错误的。原告的引证商标注册在先，与争议商标是相同或近似商标，指定商品相同或类似。商标局在审查争议商标时，应当根据修改前《商标法》第十七条的规定驳回争议商标注册申请，但商标局错误地核准了争议商标在中国的领土延伸保护。原告提出撤销申请，要求被告依据修改前《商标法》第十七条进行补救，于法有据。2. 被告关于争议裁定申请超过法定争议期限的认定错误。（1）《商标国际注册马德里协

定》中没有商标争议及其期限的规定。由于国际注册商标的注册日期就是申请日期，故修改前《商标法》第二十七条不能直接适用于国际注册商标，也没有法律依据认可该规定可以直接适用于国际注册商标。（2）按照修改前《商标法》第二十七条的规定，争议期限为自被争议商标的注册日起起算一年，则争议商标的争议期限就应当是1990年3月26日至1991年3月25日。但在此期间，该商标还不是注册商标，无法提出争议申请。（3）自中国加入《商标国际注册马德里协定》至1993年1月5日，中国未对国际注册商标的争议期限进行规定并向社会公布，也未向公众公布过可以取得国际注册商标信息资料的途径，原告无法通过正常渠道了解争议商标在中国申请领土延伸保护的事实。（4）在中国国家工商行政管理总局于1996年5月正式发布《马德里商标国际注册实施办法》之前，商标局对被其核准注册的国际注册商标另行发布一次中国国际商标公告，该公告是有效的法律文件，被告均以国际注册商标在中国的公告日起算一年作为争议的期限，并按照这一期限来受理对国际注册商标的争议案件。但争议商标的核准注册公告却被遗漏，使原告无法得知该商标的注册情况。（5）中国司法或行政机关在1996年5月前从未有任何规定，将知识产权国际局（以下简称国际局）的国际商标公告定为在中国合法提出商标争议的依据。（6）在中国法律未确认国际局公告的合法性及作用，国际局公告刊登的商标有可能被各成员国商标局驳回而成为无效公告，并且商标局已经以法律文件的形式明确了自行刊登已被核准注册的国际注册商标公告的情况下，被告认为原告应当随时关注国际局公告并以国际局公告为根据提出争议，没有事实和法律依据。结合上述理由，原告认为，在商标局未刊登争议商标公告，且原告没有其他正常渠道可以获知争议商标注册信息的情况下，本案争议期限应当以原告发现争议商标在中国注册之日起起算，故原告在1993年1月提出争议申请，没有超过法定争议期限。综上，原告请求人民法院依法撤销被告作出的第5210号裁定，并责令被告重新作出争议裁定。

被告国家工商行政管理总局商标评审委员会（以下简称商标评审委员会）辩称：1. 修改前《商标法》第二十七条第二款的规定专门针对在先注册商标申请人认为他人在后注册的商标与其商标构成类似商品上的近似商标的情形。而修改前《商标法》第十七条的规定是用来指引商标局审查人员处理在后商标注册申请的原则性规定，一般不适用于当事人提出争议。2. 国际注册商标由国际局进行公告，任何人均可依一定手续进行查询或获得上述有关材料。原告完全可以查询并获得相关信息。虽然中国商标局自1990年开始对国际注册商标进行公告，但由于排版时间滞后等原因，后公告被终止。3. 由于国际局及中国商标局对国际注册商标最终核准注册均不予公告，因此，对已注册商标所提争议期限一般采取自驳回期限届满之日开始起算的做法，即自国际注册商标申请日起一年届满开始，这与 1996 年及 2003 年中国发布的《马德里商标国际注册实施办法》的规定相一致。争议商标的国际注册申请日为 1990 年 6 月 19 日，中国商标局经审查，除对第 3 类、第 9 类、第 18 类部分商品的领土延伸保护申请予以驳回外，对其他商品上的领土延伸保护申请予以核准，注册日期为 1990 年 6 月 19 日。争议商标至 1991 年 6 月 19 日驳回期限届满。原告提出商标争议的时间为 1993 年 1 月 5 日，已经超过了修改前《商标法》第二十七条第二款规定的一年争议期限。综上，被告认为其作出的第 5210 号裁定认定事实清楚，适用法律正确，审查程序合法，请求人民法院驳回原告的诉讼请求，维持第 5210 号裁定。

第三人（法兰西共和国）拉科斯特衬衫股份有限公司（以下简称拉科斯特公司）述称：1. 原告提出撤销注册不当商标申请的日期是 1993 年 1 月 5 日，不能适用修改前《商标法》第十七条的规定。另外，原告的撤销注册不当理由中也未提及争议商标的注册有任何注册不当、应予撤销的情况。2. 按照修改前《商标法》第十七条和第二十七条的规定，如果基于在先的商标对在后的商标提起争议，应自有争议的商标经核准注册之日起一年内提出。国际注册的"经核准注册之日"应为一年的驳回期届满之日。争议商标于 1990 年 3 月 26 日取得国际注册，并于 1990 年 6 月 19 日在国际局登记指定中国的领土延伸，故争议商标自 1992 年 6 月 19 日起已进入不可争议的状态。而原告提出注册不当撤销申请的日期是 1993 年 1 月 5 日，已超过了法律规定的期限。综上所述，原告主张的事实和理由不成立，请求人民法院依法驳回原告的诉讼请求。

原审查明事实

原审法院经审理查明：

第 233201 号"鳄鱼"商标（以下简称引证商标）由宜宾市鳄鱼实业有限公司（以下简称宜宾鳄鱼公司）于 1985 年 1 月 3 日向商标局提出注册申请，于 1985 年 9 月 30 日被核准注册，注册有效期限自 1985 年 9 月 30 日至 1995 年 9 月 29 日，核定使用商品为第 25 类服装。1993 年，引证商标经商标局核准转让给林维尔公司。经续展，引证商标有效期至 2005 年 9 月 29 日止。

1990 年 3 月 26 日，拉科斯特公司提出"鳄鱼"商标的国际注册申请，并申请在第 3、9、18、24、25 和 28 类商品上的保护延伸至中国。国际局于 1990 年 6 月 19 日在瑞士出版的《国际商标公告》中用法文对争议商标申请进行了公告。中国商标局经审查，对第 3、9、18 类部分商品的领土延伸保护申请予以驳回，对第3、9、18类的其余商品及第24、25（服装、鞋、帽）、28类商品上的领土延伸保护申请予以核准。其中，指定使用于第25类的"鳄鱼"商标（即争议商标）注册证号为552436。

1993年1月5日，宜宾鳄鱼公司以第552436号"鳄鱼"商标（以下简称争议商标）的注册不符合修改前《商标法》第十七条的规定为由向商标评审委员会提出撤销申请。2004年4月27日，林维尔公司以依法受让引证商标并继承与该商标有关的一切权利义务为由，向商标评审委员会申请参加本商标争议案的审理。

2004年9月20日，商标评审委员会作出第5210号裁定。商标评审委员会在该裁定中认定：1.修改前《商标法》第十七条的规定对应于现行《商标法》第二十八条的规定。宜宾鳄鱼公司提出本案申请时，争议商标已获得注册，因此，本案不属于现行《商标法》第二十八条所规范的范畴，对宜宾鳄鱼公司依据上述规定撤销争议商标的主张不予支持。2.宜宾鳄鱼公司提出本案申请时，争议商标注册已满一年，因此，本案撤销申请也已超出修改前《商标法》第二十七条第二款关于争议裁定的法定期限。此外，宜宾鳄鱼公司也未能证明争议商标的注册有其他违反现行《商标法》规定的不当行为，因此，其撤销理由不能成立。商标评审委员会依据《中华人民共和国商标法》第四十一条、第四十三条的规定，作出裁定：林维尔公司对争议商标所提撤销理由不成立，该商标的注册予以维持。

在本案审理过程中，原告称其于1992年12月得知争议商标的注册情况。

另查明：在1990年第18期（总第291期）《商标公告》上刊登了商标局关于国际商标公告的说明，其内容为："中国于1989年10月4日加入《商标国际注册马德里协定》，并已开始受理商标国际注册申请。为此，我局在《商标公告》中开辟了《国际商标公告》专栏，对经我局核准的马德里联盟成员国在中国申请领土延伸的国际商标及有关事宜实行一次公告。有关人士可以依中国现行《商标法》提出异议、争议、注册不当等申请。"在1993年第12期（总第393期）《商标公告》中仍刊登有《国际商标公告》。林维尔公司主张，商标局并未在《商标公告》中公告争议商标的注册情况，对此，商标评审委员会未予反驳，也未提供相反证据。

原审审理结果

原审法院认为：

1.关于本案的法律适用。中国现行《商标法》于2001年12月1日起施行，《商标法实施条例》于2002年9月15日起施行，《马德里商标国际注册实施办法》于 1996 年 6 月 1 日起施行。由于本商标争议于 1993 年提出，发生于上述法律规定施行前，被告于 2004 年作出商标争议裁定，在上述法律规定施行后，因而本案的处理涉及了新、旧法律的衔接、适用问题，故首先应当明确本案应适用的法律规定。按照法律不溯及既往的原则，法律一般只能适用于生效后发生的事件和行为，不适用于生效前发生的事件和行为，但法律另有规定的除外。

国家工商行政管理总局发布，于 2002 年 10 月 17 日起施行的《商标评审规则》第九十九条规定：对《商标法》修改决定于 2001 年 12 月 1 日施行前发生，属于修改后《商标法》第四条、第五条、第八条、第九条第一款、第十条第一款第（二）、（三）、（四）项、第十条第二款、第十一条、第十二条、第十三条、第十五条、第十六条、第二十四条、第二十五条、第三十一条所列举的情形，商标评审委员会在《商标法》修改决定施行后进行评审的，依据修改后《商标法》的相应规定进行评审；属于其他情形的，商标评审委员会适用修改前《商标法》的相应规定进行评审。法释〔2002〕1 号《最高人民法院关于审理商标案件有关管辖和法律适用范围问题的解释》第五条就人民法院审理此类案件的法律适用也做了相同的规定。

按照上述法律原则和规定，由于本商标争议在《商标法》修改决定施行前发生，且不属上述规定列举的情形，故被告应当适用修改前《商标法》的相应规定进行评审。同时，现行的《商标法实施条例》和 1996 年、2003 年发布的《马德里商标国际注册实施办法》因在本商标争议发生后施行，亦不应予以适用，而应适用当时有效的《商标法实施细则》。被告在第 5210 号裁定中适用现行《商标法》第二十八条、第四十一条的规定，属适用法律错误，本院予以纠正。

2. 关于本案是否属于修改前《商标法》第十七条规范的范畴。修改前《商标法》第二十七条第一款和第二款规定：已经注册的商标，违反本法第八条规定的，或者是以欺骗手段或者其他不正当手段取得注册的，由商标局撤销该注册商标；其他单位或者个人可以请求商标评审委员会裁定撤销该注册商标。除前款规定的情形外，对已经注册的商标有争议的，可以自该商标经核准注册之日起一年内，向商标评审委员会申请裁定。由上述规定可知，《商标法》只对商标局可以依职权撤销注册商标的情形进行了规范，而对可以提出商标争议的理由并无明文规定。在被告没有提供其他法律规范对此进行明确规定的情况下，应当理解为只要注册商标违反了有关法律规定，当事人即可提出商标争议申请。

修改前《商标法》第十七条规定，申请注册的商标，凡不符合本法规定或者同他人在同一种商品或者类似商品上已经注册的或者初步审定的商标相同或者近似的，由商标局驳回申请，不予公告。从该规定的字面上看，其适用的主体只能是商标局，针对的是尚未核准注册的商标。但是，对于法律的理解不应仅仅局限于法律规定的字面含义，应当结合立法目的综合理解。从该规定的立法本意看，凡是不符合《商标法》规定或者同他人在同一种商品或者类似商品上已经注册的或者初步审定的商标相同或者近似的，均不应予以核准注册。如果基于某些原因使这些商标得以核准注册，由于修改前《商标法》及《商标法实施细则》均未规定相关的救济途径，如果不允许当事人以该规定提出商标争议请求，将会使这类不符合《商标法》规定的商标继续维持有效，容易导致消费者在交易中对商品来源产生混淆和误认，违背了《商标法》保护商标专用权，保障消费者利益的立法目的。修改前《商标法》第十七条除适用于商标局对商标注册申请的审查外，同样适用于商标争议案件的处理，即可以作为商标评审委员会及人民法院撤销按照修改前《商标法》第十七条不应予以核准注册的已注册商标的法律依据。被告在第5210号裁定中认为争议商标已经注册，故本案争议不属于修改前《商标法》第十七条（被告将其对应于现行《商标法》第二十八条）规范的范畴，被告对该法律规定仅仅从字面含义进行解释，脱离了《商标法》的立法目的，其认定是错误的，本院予以纠正。

关于被告提出的修改前《商标法》第二十七条第二款的规定是专门针对在先注册商标申请人认为他人在后注册的商标与其商标构成类似商品上的近似商标的情形的主张，本院认为，该规定主要对商标争议期限进行了规范，并包含了除针对前款规定的情形以外，也可以以其他理由提出商标争议的含义。从法律条文的内容和其他相关规定中均无法得出该规定系针对上述情形进行规范，故该条款不能作为对上述情形进行实体处理的法律依据。因此，被告的上述主张不能成立，本院不予支持。

3. 关于本商标争议请求是否超过了法定的争议期限。按照修改前《商标法》第二十七条第二款的规定，对已经注册的商标有争议的，可以自该商标经核准注册之日起一年内，向商标评审委员会申请裁定。根据修改前《商标法实施细则》第二十四条的规定，商标争议期限自他人商标刊登注册公告之日起起算。这一规定与《商标法》的规定并不矛盾，其区别在于着重强调了争议期限的起算日为公告日。在中国于1989年10月4日加入《商标国际注册马德里协定》，开始受理商标国际注册申请之后，对于国际注册商标的争议程序并无明文规定。由于争议商标为国际注册商标，按照《商标国际注册马德里协定》的规定，系由国际局就其申请进行国际商标公告，而不是刊登注册公告，故无法以国际局的公告日起算商标争议期限，修改前《商标法》及《商标法实施细则》关于商标争议期限自他人商标刊登注册公告之日起起算的规定不能直接适用于国际注册商标。

虽然《商标国际注册马德里协定》并未要求各成员国需对国际注册商标另行公告，但中国负责商标注册和管理的行政部门商标局于1990年起在《商标公告》中开辟了《国际商标公告》专栏，对经中国商标局核准的马德里联盟成员国在中国申请领土延伸的国际商标及有关事宜实行一次公告，并明确告知有关人士可以依《商标法》提出争议。商标局的该行为已经设定了其对国际注册商标进行公告的义务，并解决了不能以国际局的公告起算商标争议期限的问题，因此，结合修改前《商标法》及《商标法实施细则》的规定，对于国际注册商标提出争议的期限应当自争议商标在中国《商标公告》上进行公告之日起计算。

由于争议商标一直未在中国进行公告，原告无法得知该商标已经被核准注册，故对争议商标提出争议的期限应当自原告实际得知争议商标注册之日起计算。根据原告的陈述，其于1992年12月得知争议商标的注册情况，被告和第三人均无相反证据推翻原告的主张，故争议期限应当从1992年12月起算。原告于1993年1月提出商标争议申请，没有超过《商标法》规定的一年争议期。被告在第5210号裁定中关于本撤销申请超过法定争议期限的认定没有事实和法律依据，本院予以纠正。

关于被告和第三人提出的应当以国际公告日作为原告应知争议商标注册的主张，本院认为，《商标国际注册马德里协定》中并未明确规定国际局公告刊物的名称以及查询办法，在本商标争议发生前，中国商标局亦未公示相关的查询办法，也未规定国际公告日作为计算争议期限的依据。事实上，中国直至1996年才在《马德里商标国际注册实施办法》中明确了国际局商标公告的名称、取得办法以及争议期限。故在本案商标争议发生时，有关部门并未告知公众应当对国际商标注册情况进行查询以及取得这些信息的正当途径。此外，商标局在设定了对国际注册商标及有关事宜进行公告的义务之后，应当严格履行义务，不得随意变更和撤销。公众基于对行政机关的信任，其有理由相信商标局应当对所有经中国核准的国际商标进行公告，其并无必要也无义务另行查询国际局的商标公告。在被告没有撤销其公告义务的情况下，其要求原告另行查询国际局商标公告，既与其对公众的承诺相悖，也必然损害原告的预期利益。基于上述理由，被告和第三人的这一抗辩主张不能成立，本院不予支持。

综上所述，被告作出的第5210号裁定认定事实和适用法律均存在错误，原告请求撤销该裁定的诉讼请求有事实与法律依据，本院予以支持。由于被告自本商标争议提出至其作出商标争议裁定耗时 11 年，属对其法定职责的拖延履行，被告应当在本院规定的期限内尽快就原告的商标争议申请重新作出裁定。依照修改前《中华人民共和国商标法》第十七条、第二十七条第二款，修改前《中华人民共和国商标法实施细则》第二十四条第一款，《中华人民共和国行政诉讼法》第五十四条第（二）项第 1 目、第 2 目以及第（三）项之规定，本院判决如下：

一、撤销被告国家工商行政管理总局商标评审委员会商评字〔2004〕第5210 号《关于第 552436 号"鳄鱼"商标争议裁定书》；

二、被告国家工商行政管理总局商标评审委员会于本判决生效之日起 6 个月内重新就原告（香港）林维尔国际有限公司针对第 552436 号"鳄鱼"商标提出的争议裁定申请作出裁定。

商标评审委员会不服原审判决，提出上诉，其理由是：1. 一审判决认为对国际注册商标提出争议的期限应当自争议商标在中国《商标公告》上进行公告之日起计算，由于本案争议的国际注册第 552436 号"鳄鱼"商标未进行公告，因此，对其提出争议应自被上诉人实际得知该商标注册之日起计算。上诉人认为，该部分内容与《商标国际注册马德里协定》及 2001 年修改前的《商标法》的有关规定不符。根据《商标国际注册马德里协定》的规定，任何人均可向国际局要求查阅有关国际注册商标公告，了解有关国际注册商标的情况；中国商标局对国际注册商标没有公告的义务。2. 根据修改前的《商标法》第二十七条第二款的规定及《商标法实施细则》第二十四条的规定，修改前的《商标法》所称的"争议"即针对在先申请的商标注册人对他人在后的注册商标提出争议的情形，一审判决对前述规定的理解与立法原意不符。请求二审法院撤销一审判决，维持上诉人作出的第 5210 号裁定，判令由被上诉人承担本案的全部诉讼费用。

拉科斯特公司不服原审判决提出上诉，其上诉理由是：1. "核准注册之日"是计算争议期的惟一合法依据，一审法院擅改计算基准于法无据。2. 国际局的公告为国际注册的充分有效公告，中国商标局开辟《国际商标公告》专栏不具有任何法律效力。3. 中国商标局关于国际商标公告的说明从一开始就自相矛盾，其开辟《国际商标公告》专栏的行为或承诺不能损害国际公约的实施和国际注册人的利益。请求二审法院撤销一审判决，维持商标评审委员会作出的第 5210 号裁定。

林维尔公司服从原审判决。

二审查明事实

二审法院经审理查明：第 233201 号"鳄鱼"商标由宜宾鳄鱼公司于 1985 年 1 月 3 日向中国商标局提出注册申请，于 1985 年 9 月 30 日被核准注册，注册有效期限自 1985 年 9 月 30 日至 1995 年 9 月 29 日，核定使用商品为第 25 类服装。1993 年 6 月，引证商标经中国商标局核准转让给林维尔公司。经续展，引证商标有效期至 2005 年 9 月 29 日止。

1990 年 3 月 26 日，拉科斯特公司向国际局提出"鳄鱼"商标的国际注册申请，并申请在第 3、9、18、24、25 和 28 类商品上的保护延伸至中国。国际局于 1990 年 6 月 19 日在瑞士出版的《国际商标公告》中用法文对争议商标申请进行了公告。中国商标局经审查，对第 3、9、18 类部分商品的领土延伸保护申请予以驳回，对第 3、9、18 类的其余商品及第 24、25（服装、鞋、帽）、28 类商品上的领土延伸保护申请予以核准。其中，指定使用于第 25 类的"鳄鱼"商标注册证号为第 552436 号。

1993 年 1 月 5 日，宜宾鳄鱼公司以争议商标的注册不符合修改前的《商标法》第十七条的规定为由，向商标评审委员会提出撤销申请。2004 年 4 月 27 日，林维尔公司以依法受让引证商标并继承与该商标有关的一切权利义务为由，向商标评审委员会申请参加本商标争议案的审理。

2004 年 9 月 20 日，商标评审委员会作出第 5210 号裁定，该裁定认定：1. 修改前《商标法》第十七条的规定对应于现行《商标法》第二十八条的规定。宜宾鳄鱼公司提出本案申请时，争议商标已获得注册，因此，本案不属于现行《商标法》第二十八条所规范的范畴，对宜宾鳄鱼公司依据上述规定撤销争议商标的主张不予支持。2. 宜宾鳄鱼公司提出本案申请时，争议商标注册已满一年，因此，本案撤销申请也已超出修改前《商标法》第二十七条第二款关于争议裁定的法定期限。此外，宜宾鳄鱼公司也未能证明争议商标的注册有其他违反现行《商标法》规定的不当行为，因此，其撤销理由不能成立。商标评审委员会依据《中华人民共和国商标法》第四十一条、第四十三条的规定作出裁定：林维尔公司对争议商标所提撤销理由不成立，该商标的注册予以维持。

在 1990 年第 18 期（总第 291 期）《商标公告》上刊登了中国商标局关于国际商标公告的说明，其内容为："中国于 1989 年 10 月 4 日加入《商标国际注册马德里协定》，并已开始受理商标国际注册申请。为此，我局在《商标公告》中开辟了《国际商标公告》专栏，对经我局核准的马德里联盟成员国在中国申请领土延伸的国际商标及有关事宜实行一次公告。有关人士可以依中国现行《商标法》提出异议、争议、注册不当等申请。"在 1993 年第 12 期（总第 393 期）《商标公告》中仍刊登有《国际商标公告》专栏。林维尔公司主张，中国商标局并未在《商标公告》中公告争议商标的注册情况。对此，商标评审委员会未予反驳，也未提供相反证据。林维尔公司称其是于 1992 年 12 月得知争议商标的注册情况的。

二审审理结果

二审法院认为：各方当事人在二审中争议的焦点在于：1. 关于本案的法律适用；2. 对国际注册商标提出争议的日期应从何时起计算，其依据是什么；3. 中国商标局开辟《国际商标公告》是否具有法律依据，该行为是否具有法律效力。

1. 关于本案的法律适用。审理本案争议应当适用 2001 年 10 月 27 日修正前的《商标法》及《商标法实施细则》的有关规定，商标评审委员会适用 2001 年 10 月 27 日修正后的《商标法》第四十一条裁决本案确有错误，但并未导致裁决结果错误，本院在此予以酌情纠正。另外，一审判决认定商标评审委员会适用 2001 年 10 月 27 日修正后的《商标法》第二十八条裁决本案，而实际上商标评审委员会并未适用该条款，故一审判决该认定有误，本院亦予以纠正。

2. 关于对国际注册商标提出争议的日期应从何时起计算及其依据。国际注册商标一旦注册，其注册日期就是申请日期。我国于 1989 年 10 月 4 日正式加入《商标国际注册马德里协定》，根据该协定的规定，领土延伸至各成员国的注册申请，其商标主管当局必须在 12 个月作出是否给予保护的决定，并在该期限内通知国际局。本案中，拉科斯特公司于 1990 年 3 月 26 日取得第 552436 号"鳄鱼"商标的国际注册，并于 1990 年 6 月 19 日依据《商标国际注册马德里协定》在国际局实际登记指定中国的领土延伸。在此之后截止到 1991 年 6 月 19 日的一年内，拉科斯特公司没有收到中国商标局就本案争议商标现有状况的任何驳回通知。在此情况下，根据《商标国际注册马德里协定》第五条第（二）、（五）项之规定，争议商标立即进入不得拒绝保护的状态，亦即我国修改前的《商标法》第二十七条第二款所指的"经核准注册"的状态。因此，1991 年 6 月 19 日即是"经核准注册之日"，该"核准注册之日"是计算争议期限的惟一合法依据。根据修改前的《商标法》第二十七条第二款的规定，任何争议均应自该日起一年内提出。鉴于在此后截止到 1992 年 6 月 19 日的一年内没有任何人提起争议，故该商标已实际处于不可争议的状态。

3. 关于中国商标局开辟《国际商标公告》是否具有法律依据，该行为是否具有法律效力。《商标国际注册马德里协定》明确规定国际局的公告为国际注册商标的充分有效公告，因此中国商标局对国际注册商标没有公告的义务。中国商标局于1990年6月30日开辟的《国际商标公告》虽名为公告，但并不是我国修改前《商标法》第十六条、第十九条和《商标国际注册马德里协定》第三条第（四）、（五）项，第三条之三第（二）项所规定的具有法律意义的公告，因此不具有任何法律效力。中国商标局在不影响和不改变国际注册商标在中国实际核准保护日的前提下，可以进行提示性的二次公告，但在商标已过驳回期并已进入注册状态的情况下，再进行任何公告以及依据此公告作为评判国际注册商标是否注册乃至作为计算争议期起点的做法，都是违反《商标国际注册马德里协定》规定的。中国商标局关于国际商标公告的说明尚不能构成规范性文件，其没有任何理由损害国际条约的实施。

根据《商标国际注册马德里协定》的规定，任何人均可向国际局要求查阅有关国际注册商标公告，了解有关国际注册商标的情况。至于国际公告的名称，《商标国际注册马德里协定实施细则》中有明确规定，利害关系人完全可以得知，并不存在一审判决所说的无法得知的情况。目前国内商标所有人在没有二次公告的情况下，照样可以提起对国际注册商标的异议和争议的事实，已充分证明商标国际公告完全可以满足权利人维权的需要。

综上，商标评审委员会作出的第5210号裁定认定事实清楚，审理程序合法，适用法律虽稍有不当，但鉴于裁决结果并无不妥，故应予维持。原审判决认定事实有误，适用法律不当，应予撤销。商标评审委员会、拉科斯特公司的上诉理由成立，对其上诉请求本院予以支持。依照1993年2月22日修正的《中华人民共和国商标法》第二十七条第二款，《中华人民共和国行政诉讼法》第六十一条第一款第（二）、（三）项之规定，判决如下：

一、撤销北京市第一中级人民法院（2005）一中行初字第112号行政判决；

二、维持国家工商行政管理总局商标评审委员会作出的商评字〔2004〕第5210号《关于第552436号"鳄鱼"商标争议裁定书》。

一审案件受理费1 000元，由（香港）林维尔国际有限公司负担；二审案件受理费1 000元，由（香港）林维尔国际有限公司负担。

27. "集佳"商标侵权纠纷案

—— 北京集佳知识产权代理有限公司诉
北京博导集佳商标代理有限公司

原告（被上诉人）：北京集佳知识产权代理有限公司
被告（上诉人）：北京博导集佳商标代理有限公司
案由：侵犯商标专用权纠纷

原审案号：北京市第一中级人民法院（2005）一中民初字第 3270 号
原审合议庭成员：刘海旗、任进、侯占恒
原审结案日期：2005 年 9 月 12 日
二审案号：北京市高级人民法院（2005）高民终字第 1383 号
二审合议庭成员：刘继祥、魏湘玲、李燕蓉
二审结案日期：2005 年 12 月 20 日

判决要旨

将与他人注册商标相同或者相近似的文字作为企业的字号在相同或者类似商品上突出使用，容易使相关公众产生误认的，可以认定构成侵犯商标专用权，无须举证证明已存在误认的事实。

起诉与答辩

原告北京集佳知识产权代理有限公司（以下简称集佳公司）诉称：原告成立于 1995 年，字号为"集佳"。原告自成立以来，持续使用"集佳"字号至今。2000 年原告经商标局核准，在第 42 类的版权管理、专利实施、法律服务、知识产权许可、知识产权咨询、工业品外观设计、包装设计等服务项目上获得"集佳 UNITALEN 及图"的商标注册，注册号为第 1491858 号。经过多年的发展，原告和原告的"集佳 UNITALEN 及图"商标已广为相关公众知晓，并取得了良好的商业信誉。

被告成立于 2004 年 2 月，字号为"博导集佳"。被告在其网站、宣传手册等商业宣传及商业交易过程中大量突出使用"博导集佳"标识。该标识与原告的"集佳 UNITALEN 及图"商标构成近似。首先，被告的"博导集佳"

指示的服务项目与原告注册商标核定使用的服务项目完全相同；其次，原告的
注册商标中突出显著的部分为臆造词"集佳"，而被告突出使用的"博导集
佳"标识恰恰与原告注册商标中突出显著的部分"集佳"构成近似。故被告
的行为属于侵犯商标专用权的行为。此外，被告将原告注册商标"集佳"登
记为其企业字号，并大量使用及在媒体刊登的广告宣传中使用"注册准确率
99%、30 年商标审查经验"，以及在向相关公众发送的传真中宣称"国内最大
规模知识产权代理机构"等，属于虚假宣传，误导相关公众，造成市场混乱。
上述行为均构成不正当竞争。综上，请求法院判令被告：1. 立即停止侵犯原
告的注册商标专用权行为，停止不正当竞争行为；2. 不得使用"博导集佳"
字号；3. 赔偿原告经济损失 5 万元；4. 在《中国工商报》上刊登声明，为原
告消除影响。

被告北京博导集佳商标代理有限公司（以下简称博导集佳公司）辩称：
1. 被告的企业字号中使用了"博导集佳"，原告的注册商标为"集佳"，二者
不构成近似，因此不构成对原告注册商标专用权的侵犯。2. 原告指控被告虚
假宣传不是民事案件审理范围，亦缺乏法律依据。3. 原告就被告的企业名称
的争议已向工商行政管理机关提请处理，不应再采取诉讼方式解决。综上，请
求法院驳回原告的诉讼请求。

原审查明事实

原审法院经审理查明：

原告集佳公司前身为北京集佳专利商标事务所，成立于 1995 年 2 月 15
日，注册资金 100 万元。根据北京市工商行政管理局于 2005 年 4 月 1 日核发
的企业法人营业执照记载，集佳公司的营业期限自 1994 年 4 月 29 日至 2044
年 4 月 28 日。其企业法人营业执照载明的经营范围为：商标代理；专利代理；
版权代理（不含涉外）；知识产权事务咨询、培训；商务信息咨询。2000 年
12 月 14 日，北京集佳专利商标事务所获得商标局核准注册的"集佳 UNI-
TALEN 及图"商标，商标注册证号为第 1491858 号，核定服务项目为第 42 类
中的版权代理，专利实施，知识产权许可，知识产权咨询，工业品外观设计，
包装设计，翻译，无形资产评估、研究和开发（替他人）。2005 年 3 月 1 日，
经商标局核准，"集佳 UNITALEN 及图"商标注册人变更为原告集佳公司。根
据部分媒体报道所见，自 2000 年起介绍及报道集佳公司或集佳公司律师的文
章便常见于报端，尤其在 2004 年为最甚。此外，根据《商标公告》记载，自
2001 年至 2004 年经原告代理并获得商标注册的申请在该公告中出现了 20
余次。

被告博导集佳公司成立于 2004 年 2 月 25 日，注册资金 10 万元。其企业法人营业执照载明的经营范围为：商标代理；版权代理（不含涉外）。营业期限自 2004 年 2 月 25 日至 2014 年 2 月 23 日。2004 年 7 月、12 月及 2005 年 1 月，被告博导集佳公司先后在广东省广州市、深圳市及东莞市设立分公司从事商标代理业务。同时在《广州日报》发布公告称"30 年商标审查经验，商标注册率极高"。2004 年 6 月至 2005 年 4 月间支付广告费 25 万余元。

由于被告博导集佳公司在其注册的企业名称中，将"博导"与"集佳"组合作为其企业字号，双方当事人就企业名称产生争议。集佳公司于 2004 年 11 月 24 日向北京市工商行政管理局提出申请，要求进行查处。北京市工商行政管理局已受理该申请。集佳公司未向本院提交其请求赔偿损失的依据。在本院审理过程中，集佳公司放弃了对博导集佳公司不正当竞争的指控。

原审审理结果

原审法院认为：由于集佳公司放弃了对博导集佳公司不正当竞争的指控，因此本案当事人争讼的主要焦点仅限于：博导集佳公司在其字号中使用"集佳"二字是否构成侵犯集佳公司的注册商标专用权。

商标是消费者用以区别商品或服务来源的标志。根据我国《商标法》规定，经商标局核准注册的商标为注册商标，商标注册人对其注册商标享有商标专用权，受法律保护，不仅有权使用自己的注册商标，而且有权禁止他人未经其许可在同种或者类似商品或服务上使用与其注册商标相同或者近似的商标。根据原告提交的商标注册证及注册商标变更证明可以证实，原告为第 1491858 号"集佳"服务商标的商标权人，原告对其注册在第 42 类的"集佳"商标享有服务商标专用权，所享有的商标专用权应以其核准注册的商标和核定使用的服务范围为限，其有权禁止他人未经许可在同种或者类似服务上使用与其注册商标相同或者近似的商标。

原告的企业名称为北京集佳知识产权代理有限公司，其中"北京"系行政区划，"集佳"系字号，"知识产权代理"系行业，"有限公司"系组织形式。被告的企业名称为北京博导集佳商标代理有限公司，在被告的企业名称中，其行政区划、字号、行业、组织形式与原告均相同或相近似。由于商标和企业名称系依不同的法定程序确定，原告的"集佳"商标于 2000 年 12 月 14 日被核准注册，而被告企业名称注册于 2004 年 2 月。原告集佳公司的"集佳"商标在先于被告博导集佳公司成立而注册，因此集佳公司享有在先权利。虽然被告的企业名称系合法注册，但是，在对企业名称申请注册使用时，应当注意规避他人的在先权利，不得侵犯他人的注册商标专用权。被告在企业名称中使用了"集佳"二字，在文字的识别上与原告商标相同。因此，在客观上，被告的行为已经不是对其企业名称的使用，实际是对原告服务商标的使用或变相使用。商标专用权自核准注册之日起产生，在中国范围内产生了排他的法律后果，无论是否驰名均不影响商标权人对该商标享有的专用权。综上，博导集佳公司在其企业字号中使用"集佳"二字，足以引起相关公众误认博导集佳公司与"集佳"商标注册人集佳公司存在某种联系或误解为同一市场主体，使他人对服务的来源产生混淆。

原告商标中"集佳"文字内容是原告商标中最显著的特征，在原告商标的保护范围内，是识别原告服务来源的具体标志。被告的企业名称字号使用了"集佳"字样，且文字与原告商标文字相同。虽然被告的企业名称中在"集佳"二字前增加了"博导"二字，即以"博导"加"集佳"作为其企业字号使用，而原告的商标"集佳"二字是其商标文字部分的核心。原告注册商标核定的服务范围与被告所从事的服务为相同领域，被告在其企业名称字号中使用"集佳"二字会导致相关公众难以与原告商标区分，造成对其服务来源产生误认及混淆的后果，该使用方式应认定为突出使用。故被告在企业名称中使用原告"集佳"商标的行为违反了《商标法》和相关司法解释的规定，构成对原告注册商标专用权的侵犯。被告博导集佳公司关于其企业字号中使用了"博导集佳"，原告的注册商标为"集佳"，二者不构成近似，因此不构成对原告注册商标专用权的侵犯之抗辩理由，本院不予支持。

由于原告集佳公司未就其经济损失提交相关证据，本院对其要求被告赔偿5万元的诉讼请求不予支持。

综上所述，依照《中华人民共和国民法通则》第一百三十四条第（九）项、《中华人民共和国商标法》第五十二条第（五）项、《最高人民法院关于审理商标民事纠纷案件适用法律若干问题的解释》第一条第（一）项之规定，判决如下：

一、被告北京博导集佳商标代理有限公司自本判决生效之日起，立即停止在其企业字号中使用"集佳"文字；

二、被告北京博导集佳商标代理有限公司自本判决生效之日起30日内，就其侵犯原告北京集佳知识产权代理有限公司注册商标专用权的行为在《中国工商报》上刊登启事，为原告北京集佳知识产权代理有限公司消除影响；

三、驳回原告北京集佳知识产权代理有限公司其他诉讼请求。

博导集佳公司不服原审判决，提起上诉，理由为：1. 一审判决认定事实不清，定性有误。（1）一审判决认定上诉人企业名称与被上诉人企业名称在行政区划、字号、行业组织形式上均相同或者相近似，与事实不符，上诉人的企业名称是经工商行政主管机关核准注册的；（2）一审判决认定上诉人在企业名称中使用了"集佳"二字，……已经不是对企业名称的使用，实际是对被上诉人服务商标的使用或者变相使用，与事实不符，极为牵强，上诉人是使用自己合法注册的企业名称，并且与被上诉人的注册商标不相同也不相近似；（3）一审判决认定上诉人突出使用被上诉人的"集佳"商标，没有证据支持；（4）一审判决认定上诉人使用"集佳"二字足以引起相关公众的误解，没有证据支持；（5）一审判决对上诉人提交的证据 1~4、8、11、12 不予采纳而对被上诉人提交第 2、4、6、8 组形式合法但不能起到证明作用的证据予以采纳，是错误的。2. 一审判决适用法律错误。一审判决所适用的《最高人民法院关于审理商标民事纠纷案件适用法律若干问题的解释》第一条第（一）项不适合本案案情。本案被上诉人的注册商标和字号都是"集佳"，上诉人的字号和商标都是"博导集佳"，不能仅以被上诉人的注册商标与上诉人的字号相比较，而抛弃字号之间的比较，故一审判决援引此司法解释不当。综上，请求二审法院撤销一审判决第一、二项，维持第三项。

集佳公司服从原审判决。

二审查明事实

二审法院查明的事实与原审查明事实基本相同，另查明：

2004 年 6 月 1 日，博导集佳公司向商标局申请注册"博导集佳"文字商标，商标局于 2004 年 7 月 27 日受理。博导集佳公司未提供证据证明该申请已被初审公告或授予商标专用权。

在博导集佳公司的《员工手册》中，有关于其企业名称含义的记载"博——博爱，导——传导，集——汇聚，佳——精英"，整个加在一起的含义是："传导博爱的精神，汇聚精英人才"。

二审审理结果

二审法院认为：根据上诉人博导集佳公司的上诉请求，本案审理的焦点在于一审判决认定事实是否正确，以及博导集佳公司在其企业名称中使用"集佳"文字，是否侵犯了集佳公司享有的"集佳"注册商标专用权。

1. 一审判决认定事实是否正确。从本院前述对证据的分析认定可知，一审判决对博导集佳公司提交的证据 2、4、8、11、12 未予采纳，对集佳公司提交的第 2、4、6、8 组证据予以采纳是正确的。对于博导集佳公司提交的证据 1、3，一审法院未予采纳，本院予以采纳并作为本案相关的事实予以认定。但是，该两证据证明的仅是博导集佳公司在 2004 年 6 月向商标局申请注册"博导集佳"商标，但该申请并未予以核准注册，故博导集佳公司不能以"博导集佳"商标作为其不侵权的抗辩。至于博导集佳公司对其字号"博导集佳"含义的释义，仅是其单方的解释，亦不能成为其不侵权抗辩的理由。根据以上分析，本院认为，一审判决虽然对博导集佳公司申请注册"博导集佳"商标、博导集佳公司对其字号"博导集佳"的释义的相关事实未予认定，但因上述事实均不能成为博导集佳公司不侵权的抗辩理由，故一审判决对博导集佳公司提交的证据 1、3 未予采信，虽有不妥，但并非认定事实错误。博导集佳公司其他关于一审判决认定事实错误的上诉主张，实际是一审判决关于是否构成侵犯商标专用权的法律判断，故博导集佳公司关于一审判决认定事实错误的上诉请求不能成立，本院不予支持。

2. 博导集佳公司在其企业名称中使用"集佳"文字是否侵犯了集佳公司享有的"集佳"注册商标专用权。我国《商标法》规定，经商标局核准注册的商标为注册商标，商标注册人享有商标专用权，受法律保护，注册商标的专用权以核准注册的商标和核定使用的商品或服务为限。本案中，集佳公司系第 1491858 号"集佳"注册商标的商标专用权人，集佳公司对其注册在第 42 类版权代理，专利实施，知识产权许可，知识产权咨询，工业品外观设计，包装设计，翻译，无形资产评估、研究和开发（替他人）服务上的"集佳"商标享有商标专用权，其有权禁止他人未经许可在同种或者类似服务上使用与其注册商标相同或者相近似的商标。

根据本案查明的事实，集佳公司的"集佳"注册商标于 2000 年 12 月即核准注册，在"集佳"注册商标中"集佳"文字是其核心并具有显著性特征的部分，是消费者用于区别服务来源的主要部分。而博导集佳公司成立于 2004 年 2 月，其从事的服务为商标代理，版权代理（不含涉外），与集佳公司"集佳"注册商标所核准使用的服务范围相同，在"博导集佳"企业字号的构成中，系在"集佳"前增加了"博导"二字。由于"集佳"商标注册在先，系用于版权代理，专利实施，知识产权许可，知识产权咨询，工业品外观设计等服务，"博导集佳"与"集佳"在主要构成部分"集佳"上是相同的，故应认定"博导集佳"与"集佳"是相近似的，而且"集佳"是被突出使用于"博导集佳"字号中的。由于博导集佳公司亦从事商标代理、版权代理服务，其在使用"博导集佳"的字号提供服务时，应认定为亦是对"集佳"注册商标的使用，这种使用方式容易使接受相关知识产权服务的公众误认为"博导集佳"公司与"集佳"注册商标存在特定联系，从而对服务来源产生混淆。故博导集佳公司在其企业字号中使用"集佳"文字的行为已构成对集佳公司所享有的"集佳"注册商标专用权的侵犯。一审判决对此认定是正确的，本院应予维持。

关于法律适用问题，由于本案中集佳公司主张的是博导集佳公司使用"博导集佳"的企业字号侵犯了集佳公司的"集佳"注册商标专用权，而博导集佳公司的"博导集佳"商标并未核准注册，故一审判决适用《最高人民法院关于审理商标民事纠纷案件适用法律若干问题的解释》第一条第（一）项审理本案，是正确的。博导集佳公司关于一审判决适用法律错误的上诉理由不能成立，本院不予支持。

关于相关公众是否产生误认，本院认为，《最高人民法院关于审理商标民事纠纷案件适用法律若干问题的解释》第一条第（一）项规定，将与他人注册商标相同或者相近似的文字作为企业的字号在相同或者类似商品上突出使用，容易使相关公众产生误认的，即构成侵犯商标专用权。从司法解释的规定分析，其强调"容易使相关公众产生误认"，而并非"已经"使相关公众产生误认，本案中，"博导集佳"的字号与"集佳"注册商标相近似，博导集佳公司的服务与"集佳"注册商标核定的服务相同，这种使用容易使相关公众产生误认，而无须集佳公司举证证明已存在误认的事实。故博导集佳公司关于没有证据证明已经产生相关公众误认的事实，故其行为不构成侵权的主张不能成立，本院不予支持。

综上，一审判决认定事实基本清楚、适用法律正确，本院应予维持。上诉人博导集佳公司的上诉理由不能成立，对其上诉请求，本院不予支持。据此，依照《中华人民共和国民事诉讼法》第一百五十三条第一款第（一）项之规定，判决如下：

驳回上诉，维持原判。

一审案件受理费2 010元，由北京集佳知识产权代理有限公司负担1 010元，由北京博导集佳商标代理有限公司负担1 000元；二审案件受理费2 010元，由北京博导集佳商标代理有限公司负担。

28. "HONDA" 及 "本田" 商标侵权纠纷案

——（日本）本田技研工业株式会社等诉曹亚文、 重庆力帆实业（集团）有限公司、王冰

原告：（日本）本田技研工业株式会社
原告： 五羊一本田摩托（广州）有限公司
原告： 新大洲本田摩托有限公司
原告： 嘉陵一本田发动机有限公司
被告： 曹亚文
被告： 重庆力帆实业（集团）有限公司
被告： 王冰
案由： 侵犯商标专用权纠纷

一审案号： 北京市第二中级人民法院（2004）二中民初字第 4376 号
一审合议庭成员： 邵明艳、何暄、张晓津
一审结案日期： 2005 年 12 月 20 日

判决要旨

认定商标近似按照以下原则：以相关公众的一般注意力为标准；既要进行对商标的整体比对，又要进行对商标主要部分的比对，比对应当在比对对象隔离的状态下分别进行；应当考虑请求保护的注册商标的显著性和知名度。

起诉与答辩

原告（日本）本田技研工业株式会社（以下简称本田株式会社）、五羊—本田摩托（广州）有限公司（以下简称五羊本田公司）、新大洲本田摩托有限公司（以下简称新大洲本田公司）、嘉陵—本田发动机有限公司（以下简称嘉陵本田公司）共同诉称：原告本田株式会社是一家主要制造摩托车、汽车、发动机等产品的大型公司，拥有 "HONDA"、"本田" 文字注册商标专用权。"HONDA" 商标多次被国际知识产权保护组织评为驰名商标，"HONDA" 及 "本田" 商标已经于 1999 年和 2000 年两次被商标局认定为中国重点保护商标。原告本田株式会社制造的标有 "HONDA" 商标的产品以优良的质量和可靠的

性能在全世界包括中国享有极高的声誉。

原告本田株式会社的各种产品自从进入中国市场以来，一直受到各种各样的侵权行为及假冒产品的侵扰。原告五羊本田公司、新大洲本田公司和嘉陵本田公司作为原告本田株式会社的第 314940 号"HONDA"注册商标在中国的被许可人，也受到侵权产品的侵扰，并因此而蒙受了巨额的直接经济损失。

原告本田株式会社的"HONDA"产品自从进入中国市场以来，从未授权本案被告使用"HONDA"注册商标，亦从未与被告建立任何形式的合作关系。2000 年，原告本田株式会社发现北京市自立自强摩托车商店销售标有"HONGDA"标志的"力帆"牌"LF100－4"型摩托车，遂公证购买了该摩托车一辆。该摩托车的销售发票上盖有北京市自立自强摩托车商店的印章，该字号的经营者是被告曹亚文。上述所购"力帆"牌"LF100－4"型摩托车的随车资料以及车体上的标牌表明，该摩托车系由重庆力帆摩托车厂（重庆力帆力邦摩托车有限公司的前身）制造。

原告认为，重庆力帆力邦摩托车有限公司擅自制造、销售标有与原告本田株式会社的"HONDA"注册商标近似的"HONGDA"标志的摩托车产品的行为，已经构成了对原告本田株式会社注册商标专用权的侵犯。被告曹亚文擅自销售标有"HONGDA"标志的摩托车的行为，混淆了四原告与被告制造的商品，误导了消费者，不仅损害了四原告在中国的切身利益，而且侵犯了原告本田株式会社的注册商标专用权，侵害了四原告的商誉，使四原告蒙受了巨大经济损失。鉴于重庆力帆力邦摩托车有限公司在原告提起本案诉讼后，于 2004 年 3 月 31 日经中华人民共和国重庆市沙坪坝区工商行政管理局核准注销，本案被告重庆力帆实业（集团）有限公司（以下简称力帆实业公司）作为重庆力帆力邦摩托车有限公司的大股东，在本案诉讼中恶意注销重庆力帆力邦摩托车有限公司，故意造成该公司丧失主体资格，故重庆力帆力邦摩托车有限公司实施涉案侵权行为所应承担的法律责任应由其负有清算责任的两股东力帆实业公司和王冰承担。原告请求法院：1. 判决被告立即停止制造、销售侵犯四原告"HONDA"注册商标专用权的摩托车产品的侵权行为；2. 判决被告立即采取诸如全部销毁库存的侵权商品，全部追回并销毁已流入销售商、市场和社会的侵权商品，以及在受到被告侵权行为影响的范围内发布澄清事实的公告等有效措施，消除因被告的侵权行为所产生的影响；3. 判决被告全部销毁其侵犯四原告注册商标专用权的商品以及有关的商标标识、广告宣传材料等相关资料，以及用于制造侵权商品的模具、印版等其他作案工具；4. 判决被告赔偿四原告因被告的侵权行为而受到的经济损失 12 509 555.01 元人民币；5. 判决被告承担本案的全部诉讼费用以及原告本田株式会社因本案所支付的调查费、制止和消除侵权行为等实际费用92 120.77元人民币；6. 判决被告在《人民日报》（海外版）、《摩托车商情》上向四原告赔礼道歉。

在本案诉讼过程中，四原告明确：第314940号"HONDA"注册商标作为在本案主张权利的依据；指控本案被告的侵权事实只涉及标有"LIFAN HONGDA""LIFANHONGDA"标志的"力帆"牌"LF100-4"型摩托车；四原告在本案中的诉讼主张不包括LF125T-2D和LF100T摩托车产品的相关事实；本案中原告本田株式会社为本案诉讼所支出的公证费15 250元人民币，调查费、代理费等共计72 370.77元人民币，原告购买涉案摩托车花费4500元人民币，以上合计92 120.77元人民币；被告曹亚文承担其销售涉案摩托车侵权产品的赔偿责任，被告力帆实业公司和被告王冰共同承担全部赔偿责任。

被告曹亚文辩称：认可销售过涉案"力帆"牌"LF100-4"型摩托车，但不同意四原告的诉讼请求。

被告力帆实业公司和王冰共同辩称：原告主张力帆实业公司和王冰承担侵犯商标权的侵权责任没有依据，其并未主张二被告承担清偿责任。力帆实业公司和王冰没有实施涉案被控侵权行为，力帆实业公司和王冰作为重庆力帆力邦摩托车有限公司的股东，只应承担清算和清偿责任。现两股东已经承担了清算责任，重庆力帆力邦摩托车有限公司的债权债务经合法清算程序清理完毕，未在清算期间申报的债权人将丧失受偿权利，因此，力帆实业公司和王冰作为清算主体不应承担责任。原告关于重庆力帆力邦摩托车有限公司涉案侵权赔偿数额的计算没有依据，本案应适用法定赔偿。

一审查明事实

一审法院经审理查明：

原告本田株式会社于1948年9月24日在日本注册成立，是主要制造汽车、摩托车、发动机等产品的公司。1988年5月29日，本田株式会社经中国国家工商行政管理总局商标局核准注册了"HONDA"商标，核准使用商品为第19类航空、船舶、车辆和其他运输工具等，续展后有效期至2008年5月29日，经核准续展注册在商品国际分类第12类，该商标注册号为314940。"HONDA"注册商标于1999年和2000年两次被商标局认定为中国重点保护商标。

原告五羊本田公司是本田株式会社和广州摩托集团公司于1992年7月14日在中国注册成立的合资企业。经营范围为：制造摩托车及其零部件、销售本企业产品及提供售后服务。2000年10月，经商标局商标使用许可合同备案，原告本田株式会社许可五羊本田公司使用第314940号"HONDA"注册商标，许可使用期限为 2000 年 6 月 30 日至 2008 年 5 月 29 日。

原告新大洲本田公司是于 1992 年 12 月 18 日在中国注册成立的中外合资企业。主要经营范围为：制造摩托车、电动自行车、助动车、发动机及其零部件等。2001 年 11 月 19 日，经商标局商标使用许可合同备案，原告本田株式会社许可新大洲本田公司使用第 314940 号 "HONDA" 注册商标，许可使用期限为 2001 年 11 月 2 日至 2008 年 5 月 29 日。原告新大洲本田公司为使用 "HONDA" 注册商标的摩托车产品进行了广告宣传。

原告嘉陵本田公司是本田株式会社和中国嘉陵工业股份有限公司于 1993 年 1 月 12 日在中国注册成立的中外合资企业。主要经营范围为：制造、销售汽油发动机、通用发动机及整机、摩托车及其零部件等。2002 年 8 月 14 日，经商标局商标使用许可合同备案，本田株式会社许可嘉陵本田公司使用第 314940 号 "HONDA" 商标，许可使用期限为 2001 年 12 月 15 日至 2008 年 5 月 29 日。

1993 年 7 月 21 日，重庆市轰达车辆配件研究所与上海中摩实业公司签订合作协议，约定联合兴办上海中摩实业公司重庆力发摩托车厂，该协议中止后，1995 年 5 月 20 日经向中国重庆市工商行政管理局沙坪坝分局申请办理企业更名手续，将上述企业名称变更为重庆力发摩托车厂，并于 1998 年 1 月 18 日经上述工商局核准，将该企业名称又变更为重庆力帆摩托车厂。该企业住所地为重庆市沙坪坝区上桥张家湾 60 号，法定代表人为尹明善。2002 年 9 月 11 日，重庆力帆摩托车厂改制为重庆力帆力邦摩托车有限公司，法定代表人为黄道德，注册资本为 400 万元人民币，公司经营范围为：生产、销售摩托车及零部件。

力帆实业公司原企业名称为重庆力帆轰达实业（集团）有限公司，成立于 1997 年 12 月 1 日，住所地为重庆市沙坪坝区上桥张家湾 60 号，法定代表人为尹明善，主要经营范围为：研制、开发、制造、销售车辆配件、摩托车配件等，该企业名称变更日期为 2001 年 11 月 6 日。该公司成员企业包括：重庆市轰达车辆配件研究所、重庆市力帆摩托车制造有限公司、重庆力帆摩托车厂（系重庆力帆力邦摩托车有限公司前身）、重庆力帆摩托车有限公司。

被告曹亚文为个体工商户，其字号名称为 "北京市自立自强摩托车商店"，注册登记日为 2000 年 2 月 1 日。

1998 年 10 月 8 日，商标局〔(1999) 商标异字第 3547 号〕裁定书表明，重庆市车辆配件研究所申请的 "轰达 SINO‒HONGDA" 商标被驳回，理由是 "HONDA" 商标已为中国消费者所知晓，"HONGDA" 易使消费者误认为与原告本田株式会社有某种联系。

2001 年 10 月 29 日，商标评审委员会〔商评字（2001）第 4487 号〕异议复审终局裁定书表明，重庆市车辆配件研究所申请的"轰达 SINO – HONGDA"商标被终局驳回，理由是"SINO –"意为"中国的"，"HONGDA"与"HONDA"近似，该商标易使消费者误解为"中国的""HONGDA"（轰达），易造成消费者对商品来源的误认，与"HONDA"构成近似商标。

2002 年 3 月 2 日，商标局〔（2002）商标异字第 00280 号〕裁定书表明，力帆实业公司申请的"LIFAN – HONGDA"商标被驳回，理由是"HONDA"已为中国消费者所知晓和熟悉，"HONGDA"与"HONDA"在字母组合和读音上非常接近，消费者容易将该商标与本田株式会社加以不恰当的联系，从而导致误认误购。

2002 年 6 月 9 日，商标局〔（2002）商标异字第 00281 号〕裁定书表明，力帆实业公司申请的"力帆轰达 LIFAN – HONGDA"商标被驳回，理由是"HONDA"已为中国消费者所知晓和熟悉，"HONGDA"与"HONDA"在字母组合和读音上非常接近，"轰达"与"HONDA"发音几乎完全相同，且"轰达"易被视为"HONDA"的中文对应音译，消费者容易将该商标与本田株式会社加以不恰当的联系，从而导致误认误购。

1996 年 12 月 7 日，重庆市轰达车辆配件研究所经商标局核准注册了"轰达"（繁体）文字商标，核定使用商品为第 12 类：火车及其零部件、汽车、电车及其零部件等，商标注册号为 910005，注册有效期限自 1996 年 12 月 7 日至 2006 年 12 月 6 日。1996 年 9 月 7 日，上海中摩实业公司重庆力发摩托车厂经商标局核准注册了"力帆"文字商标，核定使用商品为第 12 类：摩托车、摩托车发动机、摩托车零件（轮胎除外），商标注册号为 868524，注册有效期限自 1996 年 9 月 7 日至 2006 年 9 月 6 日。2002 年 4 月 18 日，上述第 868524 号"力帆"文字注册商标变更注册人名义为力帆实业公司。1996 年 9 月 7 日，上海中摩实业公司重庆力发摩托车厂经商标局核准注册了"LIFAN"文字商标，核定使用商品为第 12 类：摩托车、摩托车发动机、摩托车零件（轮胎除外），商标注册号为 868501，注册有效期限自 1996 年 9 月 7 日至 2006 年 9 月 6 日。2002 年 4 月 18 日，上述第 868501 号"LIFAN"文字注册商标变更注册人名义为力帆实业公司。

2000 年 12 月 27 日，经中国北京市公证处公证，案外人韩登营于北京市顺义区府前中街 11 号的燕泽州商城购买了标有"HONGDA"标志的"力帆"牌"LF100 – 4"型摩托车一辆。该摩托车发动机号为 99110450，车架号码/车辆识别代码为 LF3PAG408XA002387。该摩托车的销售发票上盖有北京市自立自强摩托车商店的印章。该北京市自立自强摩托车商店位于北京市怀柔区南大街 15 号，经营者是被告曹亚文。上述所购"力帆"牌"LF100-4"型摩托车的保修卡、合格证以及车体上的标牌表明，该摩托车由重庆力帆摩托车厂（系重庆力帆力邦摩托车有限公司前身）制造，出厂日期为 1999 年 8 月 9 日。该摩托车上与车把相连接的立轴上的金属标贴标有"重庆力帆摩托车厂"、"厂牌 力帆型，型号 LF100-4，排量 98ml，出厂日期 1999 年 8 月"。该摩托车前减震器两侧贴有"SUPER LIFAN HONGDA"标贴，其中"SUPER"为红色，其余字母为黑色，发动机左右边盖压刻有"LIFAN HONGDA"字样，发动机边盖右侧上的蓝色标贴标有白色"力帆·轟達 關重部品 純正進口 LIFAN-HONGDA"字样、右排气管上压刻有"LIFAN HONGDA"字样。该摩托车单价为 4 500 元人民币。

另查：2001 年，中国汽车技术研究中心和中国汽车工业协会编发的《中国汽车工业年鉴》中 2000 年摩托车产量居前 50 名企业分排量常量统计表显示：力帆实业公司 2000 年 100ml 排气量的摩托车制造量为 125 135 辆。按摩托车排量常量统计，涉案"力帆"牌"LF100-4"型摩托车属 100ml 排量的摩托车。

原告本田株式会社为本案诉讼所支出的公证费为 15 250 元人民币，调查费、代理费等共计 72 370.77 元人民币，购买涉案摩托车花费 4 500 元人民币，以上合计 92 120.77 元人民币。原告本田株式会社提交的证据材料显示其 1999 年摩托车产品利润率为 10.2%，2000 年为 6.6%，2001 年为 7.0%，原告在本案主张其摩托车产品利润率为 10%。

四原告按照涉案"力帆"牌"LF100-4"型摩托车出厂日 1999 年 8 月 9 日至 2002 年 6 月 30 日，计算原告因涉案注册商标专用权被侵犯所受损失为：125 135（重庆力帆力邦摩托车有限公司 2000 年 100ml 排气量摩托车产量）÷13（100ml 排气量摩托车共有机种）÷366（一年天数）×1057（侵权天数）×4500（涉案摩托车销售单价）×10%（原告摩托车产品利润率）= 12 509 555.01 元人民币。

再查：重庆力帆力邦摩托车有限公司的前身重庆力帆摩托车厂系由中华人民共和国重庆市沙坪坝区科技企业管理办公室管辖的一家制造、销售摩托车及其零部件的企业。该厂由个人出资，但因历史原因在注册时登记为沙坪坝区民营科技企业，经济性质属集体所有。2002 年 1 月，中华人民共和国重庆市沙坪坝区科技企业管理办公室同意将重庆力帆摩托车厂的经济性质由集体企业改为有限责任公司。重庆力帆摩托车厂评估后的净资产 400 万元人民币进入到改制后的重庆力帆力邦摩托车有限公司，并按比例量化到原股东，作为原股东对改制后的重庆力帆力邦摩托车有限公司的投资，其中，尹明善 360 万元人民币、陈巧凤 30 万元人民币、尹喜地 10 万元人民币。根据尹明善、陈巧凤、尹喜地、力帆实业公司、王冰签订的《出资转让协议书》规定,尹明善、陈巧凤、尹喜地将 400 万元人民币的股份全部平价转让给力帆实业公司、王冰,转让后,力帆实业公司出资 204 万元人民币,占注册资本的 51%,王冰出资 196 万元人民币,占注册资本的 49%。截至 2002 年 7 月 4 日,重庆力帆力邦摩托车有限公司收到全部股东缴纳的注册资本合计 400 万元人民币。

力帆实业公司承诺,重庆力帆力邦摩托车有限公司改制前,即 2002 年 7 月之前,其所有债权债务及其潜在遗留问题全部由力帆实业公司承担,改制后的债权债务由重庆力帆力邦摩托车有限公司自行承担。本案四原告指控重庆力帆力邦摩托车有限公司实施涉案侵权行为的期间为 1999 年 8 月 9 日至 2002 年 6 月 30 日,该期间在重庆力帆力邦摩托车有限公司改制之前。

2003 年 11 月 17 日,由本院另案审结的四原告诉被告力帆实业公司、曹亚文侵犯注册商标专用权案件〔(2003)二中民初字第 6284 号〕进行第一次开庭审理,本院曾明确告知四原告及被告力帆实业公司、曹亚文,虽四原告在该案指控中包含有重庆力帆力邦摩托车有限公司实施侵权行为的相关事实,但上述相关事实本院不在该案中合并审理,而在本案中予以审理。

2003 年 12 月 10 日,重庆力帆力邦摩托车有限公司作出股东会议决议,股东力帆实业公司和王冰一致同意注销重庆力帆力邦摩托车有限公司,并于 2003 年 12 月 11 日、2004 年 2 月 5 日、2004 年 2 月 6 日进行了三次通知债权人的公告。重庆万隆方正会计师事务所于 2004 年 3 月 25 日对重庆力帆力邦摩托车有限公司作出《清算审计报告》,2004 年 3 月 29 日,由股东力帆实业公司、王冰及清算组成员签字出具了《重庆力帆力邦摩托车有限公司清算报告》,该报告显示:重庆力帆力邦摩托车有限公司全部债权、债务均已清算完毕,企业剩余资产 3 393 786.28 元人民币归王冰所有,亏损 592 629.89 元人民币也由王冰承担,同日,重庆力帆力邦摩托车有限公司向中华人民共和国重庆市沙坪坝区工商行政管理局提出注销登记申请,2004 年 3 月 31 日,重庆力帆力邦摩托车有限公司经中华人民共和国重庆市沙坪坝区工商行政管理局核准注销登记。

一审审理结果

一审法院认为:涉案 "HONDA" 商标在中国经核准予以注册,原告本田株式会社作为上述注册商标权人,其所享有的注册商标专用权应受中国法律保护。

中国《商标法》于 2001 年 10 月 27 日进行了修正,并于 2001 年 12 月 1

日起生效。鉴于本案四原告指控重庆力帆力邦摩托车有限公司制造涉案"力帆"牌"LF100－4"型摩托车的时间为1999年8月9日，其中公证购买涉案摩托车的时间为2000年12月27日，本案四原告指控重庆力帆力邦摩托车有限公司、曹亚文实施涉案侵权行为的时间自1999年8月9日起至2002年6月30日，由于重庆力帆力邦摩托车有限公司在其注销前经本院合法传唤未应诉，未就1999年8月9日及2000年12月27日后所制造、销售的"力帆"牌"LF100－4"型摩托车是否使用被控侵权的"LIFAN HONGDA"标志之事项提出主张，由此可确定本案被控侵权行为发生在中国《商标法》修正生效日前，并延续至中国《商标法》修正生效日后，因此，综合本案案件事实，本案应适用修正后的中国《商标法》。

根据中国《商标法》的规定，本案原告本田株式会社对其所主张的第314940号"HONDA"商标享有注册商标专用权，他人未经许可不得在同一种或者类似商品上使用与该注册商标相同或者近似的商标，也不得销售侵犯该注册商标专用权的产品。

按照中国相关法律规定，商标普通使用许可合同的被许可人经商标注册人明确授权，可以提起诉讼。本案三原告五羊本田公司、新大洲本田公司、嘉陵本田公司均为原告本田株式会社第314940号"HONDA"注册商标普通使用许可合同的被许可人，经涉案"HONDA"注册商标专用权人本田株式会社明确授权，该三原告可以参加本案诉讼。鉴于本案重庆力帆力邦摩托车有限公司实施被控侵权行为，即制造、销售标有"LIFAN HONGDA"标志的"LF100－4"摩托车的行为期间为1999年8月9日至2002年6月30日，涉案被告未就此提出异议，而上述三原告在此期间内已取得许可使用涉案第314940号"HON-DA"注册商标的权利，因此，上述三原告具有在本案提出主张的权利基础。

关于四原告指控重庆力帆力邦摩托车有限公司、曹亚文制造、销售标有与涉案注册商标相近似标志的摩托车产品，构成侵犯注册商标专用权问题。

首先，依据现有证据，可以认定涉案"力帆"牌"LF100－4"型摩托车制造者为重庆力帆力邦摩托车有限公司，销售者为曹亚文，上述摩托车上标有"LIFAN HONGDA"、"LIFANHONGDA"标志。

其次，中国《商标法》规定，未经商标注册权人许可，在同一种商品或者类似商品上使用与其注册商标相同或者近似的商标的，构成侵犯注册商标专用权。《最高人民法院关于审理商标民事纠纷案件适用法律若干问题的解释》规定：商标近似，是指被控侵权的商标与原告的注册商标相比较，其文字的字形、读音、含义或者图形的构图及颜色，或者其各要素组合后的整体结构相似，或者其立体形状、颜色组合近似，易使相关公众对商品的来源产生误认或者认为其来源与原告注册商标的商品有特定的联系。认定商标近似按照以下原则：以相关公众的一般注意力为标准；既要进行对商标的整体比对，又要进行对商标主要部分的比对，比对应当在比对对象隔离的状态下分别进行；应当考虑请求保护的注册商标的显著性和知名度。

涉案第 314940 号"HONDA"注册商标核准使用的商品为商品国际分类第 12 类，核定使用商品为航空、船舶、车辆和其他运输工具，该核定使用商品范围属于国际商品分类第 12 类大类别，根据《商标注册用品商品和服务国际分类》，摩托车应属于第 12 类范围中的商品，亦即属于原告涉案注册商标核准使用的商品。故涉案摩托车产品属于与涉案第 314940 号"HONDA"注册商标同一种的商品。

商标最基本的功能是使消费者能够识别商品及其来源。从原告涉案注册商标"HONDA"在中国注册、使用和宣传，以及被中国国家工商行政管理总局商标局列为重点保护商标的事实来看，涉案"HONDA"注册商标具有一定知名度和显著识别性。将涉案"力帆 LF100 – 4"型摩托车上标有的"LIFAN HONGDA"、"LIFANHONGDA"标志与原告涉案注册商标"HONDA"相比对，其中，以相关消费者的一般注意力来看，从整体及主要部分隔离比对，"HONGDA"与"HONDA"二者仅相差中间一个字母，并且"HONDA"作为在具有较强流动性的车辆等商品上被较为广泛地使用的注册商标，其按照日语的发音而形成的特有的文字与中文"轰达"在发音上相似，为相关消费者所知悉，相关消费者易对"HONGDA"与"HONDA"在文字外形及读音上产生混淆，进而对"HONGDA"所标志产品的来源容易产生误认，因此，应认定"HONGDA"标志与注册商标"HONDA"二者相近似。将"LIFAN HONGDA"与"HONDA"相比对，前者中的"HONGDA"与"HONDA"在文字外形、读音上相近似，将"LIFANHONGDA"与"HONDA"相比对，由于"LIFAN-HONGDA"与"LIFAN HONGDA"在文字外形、读音上相同，后者按文字读音分为两组文字排列，前者虽合为一组文字排列，但读音未变，因此，应认定"LIFANHONGDA"的文字拼写和组合读音中包含有与"HONDA"相近似部分。对于"LIFAN HONGDA"、"LIFANHONGDA"标志来说，虽由"LIFAN"与"HONGDA"组合使用，但对于相关消费者而言，基于涉案注册商标"HONDA"所具有的知名度和显著识别性，易于将"HONGDA"作为该组合标志的主要部分，又基于"HONGDA"与"HONDA"相近似，易使相关消费者对上述标志与"HONDA"注册商标所标志的产品及其制造者之间在是否具有合作生产、许可使用、关联企业等方面产生误认和联想，进而对"HONDA"注册商标的识别功能产生不利的影响，故应认定"LIFAN HONG-

DA"、"LIFANHONGDA"标志与涉案注册商标"HONDA"相近似。据此，本院认定涉案"力帆"牌"LF100－4"型摩托车上使用"LIFAN HONGDA"、"LIFANHONGDA"标志，构成了对涉案"HONDA"注册商标专用权的侵犯，重庆力帆力邦摩托车有限公司制造、销售标有上述标志的涉案摩托车产品，对原告本田株式会社享有的涉案注册商标专用权及三原告五羊本田公司、新大洲本田公司、嘉陵本田公司享有的涉案注册商标的使用权构成了侵犯，应当承担相应的法律责任。被告曹亚文销售标有"LIFAN HONGDA"、"LIFANHONG-DA"标志的涉案"力帆"牌"LF100－4"型摩托车产品，构成了对四原告所享有的"HONDA"注册商标专用权或使用权的侵犯，其应承担相应的法律责任。

根据中国《商标法》规定，销售侵犯注册商标专用权的商品的，构成侵犯注册商标专用权，销售不知道是侵犯注册商标专用权的商品，能证明该商品是自己合法取得的并说明提供者的，不承担赔偿责任。被告曹亚文虽不是重庆力帆力邦摩托车有限公司的经销商，其对所销售涉案摩托车的标志是否构成侵权不具有客观判断能力，但其未能提交相关的证据证明所销售摩托车的来源，因此，按照中国《商标法》的规定，其应当承担停止侵权、赔偿经济损失的法律责任。

关于四原告请求二被告赔偿其经济损失数额问题。依据中国《商标法》的相关规定，侵犯商标专用权的赔偿数额，为侵权人在侵权期间因侵权所获得的利益，或者被侵权人在被侵权期间因被侵权所受到的损失，包括被侵权人为制止侵权行为所支付的合理开支。侵权人因侵权所得利益，或者被侵权人因被侵权所受损失难以确定的，由人民法院根据侵权行为的情节判决给予50万元以下的赔偿。

本案中，四原告计算因涉案注册商标专用权被侵犯所受损失的方式为：125 135（重庆力帆力邦摩托车有限公司2000年100ml排气量摩托车产量）÷13（100ml排气量摩托车共有机种）÷366（一年天数）×1057（侵权天数）×4500（涉案摩托车销售单价）×10%（原告摩托车产品利润率）=12 509 555.01元人民币。

对此，本院认为，上述计算方式缺乏依据。首先，虽然原告公证购买涉案型号摩托车的时间为2000年12月，但该《公证书》表明重庆力帆力邦摩托车有限公司制造涉案摩托车的时间是1999年8月，四原告没有证据表明重庆力帆力邦摩托车有限公司在此之后持续制造、销售标有涉案侵权标志摩托车的具体时间段和相应数量。其次，四原告没有证据证明被告制造、销售涉案摩托车的数量，虽其提交证据23，即2001年《中国汽车工业年鉴》封面和第312

页的复印件，但该年鉴表明的是力帆实业公司 2000 年 100ml 排气量摩托车的制造数量，并不能因此确定该摩托车制造数量为重庆力帆力邦摩托车有限公司制造同等型号摩托车的数量。虽四原告主张重庆力帆力邦摩托车有限公司于 1999 年将制造产品的说明目录转给了力帆实业公司，说明目录存在滞后的情况，但力帆实业公司否认存在说明目录转移和滞后的情况，且依据本院查明的事实，力帆实业公司作为集团公司，其成员企业包括重庆市轰达车辆配件研究所、重庆市力帆摩托车制造有限公司、重庆力帆力邦摩托车有限公司、重庆力帆摩托车有限公司，因此，不能得出力帆实业公司名下的摩托车制造数量等同于重庆力帆力邦摩托车有限公司的制造数量的结论。综上，四原告关于涉案侵权赔偿数额的计算方式缺乏依据，本院不予支持。

原告本田株式会社为本案诉讼所支出的公证费为 15 250 元人民币，调查费、代理费等共计 72 370.77 元人民币，购买涉案摩托车花费 4 500 元人民币，以上合计 92 120.77 元人民币。鉴于原告本田株式会社所提交的证据不能充分证明其上述支出费用的真实性和关联性，且上述支出费用中含有本案诉讼主张之外的事项，因此，本院将根据本案诉讼的具体情况，酌情确定被告赔偿四原告为本案支出费用的合理数额。

鉴于四原告未能提供充分证据证明其因涉案注册商标专用权被侵犯所受损失或涉案侵权行为人因侵权行为所得利益，故本院根据涉案侵权行为的性质、期间、侵权后果、侵权行为人的主观状况等因素，酌情判定本案侵权赔偿的具体数额。

鉴于被告曹亚文未能提交销售标有涉案侵权标志摩托车的来源，因此，其应就销售涉案摩托车行为承担停止侵权行为、赔偿经济损失的法律责任。但四原告及曹亚文均未提交关于曹亚文销售涉案摩托车产品数量、获利的相应证据，本院将综合被告曹亚文涉案侵权行为的性质、经营规模等情况，酌情确定被告曹亚文赔偿四原告经济损失的数额。

虽三原告五羊本田公司、新大洲本田公司、嘉陵本田公司基于与原告本田株式会社的商标使用许可合同关系及原告本田株式会社的明确授权，可以就本案认定的侵权事实主张权利，并享有就利益受到损害请求相应赔偿的权利，但由于该三原告获得涉案注册商标使用许可的时间不同，其各自因侵权所受损害期间、程度亦有差别，因此，该三原告所应获得的赔偿份额也不相同。鉴于四原告并未就此提出明确主张及相应的计算依据，故本院对四原告各自应获得的具体赔偿份额不予确定。

鉴于注册商标专用权从本质上属于知识产权中的一项财产性权利，四原告未能提交证据证明与其商誉有关的相应权益受到损害，因此，四原告请求被告承担消除影响、赔礼道歉法律责任的诉讼主张，本院不予支持。

关于被告力帆实业公司和王冰是否承担法律责任的问题。

根据上述认定，重庆力帆力邦摩托车有限公司制造、销售标有涉案标志的摩托车的行为，对四原告享有的涉案注册商标专用权、使用权构成了侵害，作为侵权行为人其应当承担停止侵权行为、赔偿损失的法律责任。虽重庆力帆力邦摩托车有限公司在本案诉讼期间被注销，但根据本案查明的事实，力帆实业公司作为重庆力帆力邦摩托车有限公司的股东及清算主体之一，尤其作为在先审理并审结的四原告诉力帆实业公司、曹亚文侵犯注册商标专用权〔（2003）二中民初字第 06284 号〕案件的被告，其在对重庆力帆力邦摩托车有限公司的债权债务进行清算及申请注销之前，明知重庆力帆力邦摩托车有限公司已为未决诉讼中的被控侵权行为人，仍组织清算并同意注销重庆力帆力邦摩托车有限公司的行为，具有使重庆力帆力邦摩托车有限公司逃避侵权民事责任的主观恶意，其为此应当承担相应的法律责任。被告王冰作为重庆力帆力邦摩托车有限公司的股东亦应为恶意清算、注销行为承担相应的法律责任，虽力帆实业公司曾承诺负责重庆力帆力邦摩托车有限公司改制前遗留的债权债务问题，但被告王冰未对此提出相应主张，且重庆力帆力邦摩托车有限公司剩余资产 3 393 786.28 元人民币归被告王冰所有，亏损 592 629.89 元人民币由王冰承担，故应当由被告力帆实业公司和王冰共同对重庆力帆力邦摩托车有限公司涉案侵权行为承担相应的民事赔偿责任。被告力帆实业公司和王冰提出的关于其已经承担了清算责任，重庆力帆力邦摩托车有限公司的债权债务经合法清算程序清理完毕，四原告未在清算期间申报债权，已丧失受偿权利，其作为清算主体不应承担责任的主张，缺乏事实与法律依据，本院不予采纳。

鉴于重庆力帆力邦摩托车有限公司已被注销，其主体资格已经不存在，故四原告提出的关于停止其涉案侵权行为的相关诉讼请求，本院不予支持。

综上，依照《中华人民共和国商标法》第五十一条、第五十二条第（一）项、第（二）项、第五十六条，《最高人民法院关于审理商标民事纠纷案件适用法律若干问题的解释》第九条第二款、第十条、第十六条、第十七条、第二十一条第一款的规定，判决如下：

一、曹亚文于本判决生效之日起，停止销售标有侵犯涉案 "HONDA" 注册商标专用权的 "LIFAN HONGDA"、"LIFANHONGDA" 标志的摩托车产品；

二、曹亚文于本判决生效之日起 10 日内，赔偿（日本）本田技研工业株式会社、五羊—本田摩托（广州）有限公司、新大洲本田摩托有限公司、嘉陵—本田发动机有限公司经济损失 3 000 元人民币，赔偿因本案而支出的合理费用 1 000 元人民币；

三、重庆力帆实业（集团）有限公司、王冰于本判决生效之日起 10 日内，共同赔偿（日本）本田技研工业株式会社、五羊—本田摩托（广州）有限公司、新大洲本田摩托有限公司、嘉陵－本田发动机有限公司经济损失 50 万元人民币；

四、驳回（日本）本田技研工业株式会社、五羊—本田摩托（广州）有限公司、新大洲本田摩托有限公司、嘉陵—本田发动机有限公司的其他诉讼请求。

案件受理费 73 018.38 元，由重庆力帆实业（集团）有限公司、王冰共同负担 49 000 元；由曹亚文负担 1 000 元；由（日本）本田技研工业株式会社、五羊—本田摩托（广州）有限公司、新大洲本田摩托有限公司、嘉陵—本田发动机有限公司共同负担 23 018.38 元。

各方当事人均服从一审判决。

29."御生堂"商标侵权纠纷案

——北京御生堂生物工程技术有限公司诉
北京御生堂生物工程有限公司等

原告（被上诉人）：北京御生堂生物工程技术有限公司
被告（上诉人）：北京御生堂生物工程有限公司
被告（上诉人）：北京御生堂保健品有限公司
被告（上诉人）：北京寿春堂医药保健品公司
案由：侵犯商标专用权纠纷

原审案号：北京市第一中级人民法院（2004）一中民初字第 276 号
原审合议庭成员：刘海旗、任 进、李燕蓉
原审结案日期：2004 年 9 月 20 日
二审案号：北京市高级人民法院（2005）高民终字第 206 号
二审合议庭成员：刘继祥、魏湘玲、孙苏理
二审结案日期：2005 年 12 月 20 日

判决要旨

　　类似商品是指在功能、用途、生产部门、销售渠道、消费对象等方面相同，或者相关公众一般认为其存在特定联系、容易造成混淆的商品。在商标侵权诉讼中，判断原告商标与被控侵权商标所使用的商品或服务是否类似时，《商标注册用商品和服务国际分类表》、《类似商品和服务区分表》可以作为参考，但不是惟一依据。在侵权成立后，虽然被告未使用也未许可他人使用其注册商标，仍应承担损害赔偿责任。

起诉与答辩

　　原告北京御生堂生物工程技术有限公司诉称：原告于 2002 年 10 月 7 日经商标局核准注册了"御生堂"商标，核准使用的商品为第 30 类冰糖燕窝、虫草鸡精、非医用营养液等，商标注册证号为第 1947938 号，有效期自 2002 年10 月 7 日至 2012 年 10 月 6 日。原告发现自 2003 年 3 月以来，第一被告委托第三被告生产御生堂减肥茶、御生堂肠清茶等产品，并分别于同年 3 月份和 6

月份上市销售。原告于 2003 年 12 月 17 日分别在河北省石家庄市的石家庄乐仁堂康宁医药商场、河北省医药公司新药特药商场经公证购买到御生堂减肥茶及御生堂肠清茶产品。被告生产的上述产品均在显著位置使用了与原告享有商标专用权的"御生堂"商标极为相似的商标，产品包装上分别标有"北京御生堂生物工程有限公司出品、北京御生堂保健品有限公司总经销御生堂宫廷减肥茶"；"北京寿春堂医药保健品公司生产、北京御生堂生物工程有限公司监制、北京御生堂保健品有限公司总经销御生堂肠清茶"字样。第三被告明知涉案商品为侵权产品，却接受第一被告的委托，加工生产御生堂牌减肥茶和御生堂牌肠清茶。第二被告是第一被告的主经销商，第一被告的产品均通过第二被告销往全国各地。同时第一及第二被告还通过多种渠道在全国范围内为涉案产品大做广告，截至 2003 年 12 月，两被告投入的广告费达 5000 万元以上，并在全国发展了 200 余家经销商，每月销售额近 500 万元。被告生产的减肥茶、肠清茶与原告"御生堂"商标核定使用的非医用营养液等商品同属非医用营养保健品，为相同商品，被告在产品上使用的御生堂标识与原告的"御生堂"商标相近似。三被告作为涉案商品的制造商、销售商，未经原告许可，在其制造和销售的与御生堂商标核定的商品相同的商品上使用与御生堂商标相近似的商品标识，已构成对原告商标专用权的侵犯。故请求法院判令：1. 三被告立即停止侵权；2. 三被告共同赔偿原告损失 500 万元；3. 第二、三被告共同赔偿原告为本案支付的合理费用 4 万元；4. 第一、二被告在《法制日报》上刊登声明向原告赔礼道歉；5. 第一、二被告承担本案的诉讼费用。

被告北京御生堂生物工程有限公司（以下简称御生堂生物工程公司）、北京御生堂保健品有限公司（以下简称御生堂保健品公司）、北京寿春堂医药保健品公司（以下简称寿春堂医药公司）共同辩称：原告经商标局核准注册的"御生堂"商标核定使用的商品为第 30 类的冰糖燕窝、虫草鸡精、非医用营养液等。第一被告于 2001 年 9 月 18 日向商标局申请注册"御生堂"商标，商标局经初步审定于 2003 年 8 月 5 日公告。核定使用的商品为第 30 类的冰淇淋、茶、茶叶代用品、豆浆、可可制品、膨化水果片、蔬菜片、糖果、粥等。同时对第一被告在非医用营养粉、非医用营养膏、非医用营养胶囊、非医用营养液等商品上申请注册的"御生堂"商标予以驳回。2003 年 11 月 21 日，商标局公告第 904 期对第一被告的商标申请予以公告。依据《商标法》的规定，第一被告申请注册的"御生堂"商标核定使用商品与原告商标核定使用的商品不属于同类商品。且原告未在茶及茶叶代用品与医用减肥茶、药茶、药用草药茶等商品申请注册商标。综上，请求法院驳回原告的诉讼请求。

原审查明事实

原审法院经审理查明：原告于 2002 年 10 月 7 日获得商标局颁发的商标注册证，核定使用的商品为第 30 类的冰糖燕窝、虫草鸡精、非医用营养液等。商标注册证号为 1947938。有效期自 2002 年 10 月 7 日至 2012 年 10 月 6 日。该商标为文字与图形的组合商标。图形外形似葫芦状并配有花纹曲线，该图形中部有一矩形，矩形上纵向排列御生堂三字。

第一被告成立于 2001 年 8 月 20 日，并于 2001 年 9 月 18 日向商标局申请注册"御生堂"商标。2003 年 8 月 5 日，商标局向第一被告发出商标部分驳回通知书。该通知书载明：1. 初步审定在"可可制品；茶；茶叶代用品；糖果；粥；膨化水果片；蔬菜片；豆浆；冰淇淋"上使用该商标的注册申请，予以公告。2. 驳回在"非医用营养粉、非医用营养膏、非医用营养胶囊、非医用营养液"上使用该商标的注册申请，理由为该商标文字部分与御生堂生物工程技术公司在类似商品上已注册的第 1947938 号"御生堂"商标近似。2003 年 11 月 21 日商标公告第 904 期对第一被告的"御生堂"商标予以公告。该公告载明的使用商品为可可制品；茶；茶叶代用品；糖果；粥；膨化水果片；蔬菜片；豆浆；冰淇淋。该商标亦为文字和图形的组合商标，图形似横幅牌匾，图形中横向排列御生堂三字。由于该商标公告后原告提出异议，第一被告目前并未就御生堂商标获得商标专用权。

第一被告于 2003 年 3 月 5 日与第三被告就生产御生堂减肥茶签订协议书，约定由第一被告提供配方、生产工艺及企业标准，委托第三被告加工生产。

2003 年 12 月 17 日，原告在河北省石家庄市桥东区中山东路 91 号河北省新药特药商场购买到标有"北京寿春堂医药保健品公司生产、北京御生堂生物工程有限公司监制、北京御生堂保健品有限公司总经销"字样的御生堂肠清茶 1 盒，单价 29 元。同日原告在石家庄市桥西区中山西路 121 号石家庄乐仁堂康宁医药商场购买到标有"北京御生堂生物工程有限公司出品、北京御生堂保健品有限公司总经销"字样的御生堂宫廷减肥茶 1 盒，单价 18.50 元。上述购买过程均已由北京市海淀区第二公证处进行了公证。经本院在庭审中组织各方当事人对上述原告经公证购买的产品进行勘验证实，在御生堂肠清茶包装盒上使用了似横幅牌匾状，内有横向排列的御生堂三字，同时包装盒上还标有下列文字："肠清茶是选用多种天然植物经现代科学工艺精制而成的保健食品，具有润肠通便的保健作用。"在御生堂宫廷减肥茶包装盒上使用了由方、圆图形组合、圆形内有纵向排列的御生堂三字。包装盒的产品说明部分标有下列文字："本品是以乌龙茶、决明子、金银花、泽泻、茯苓为主要原料制成的保健食品，具有减肥的保健作用。"

根据第一被告的全国营销网络表记载，其在北京市、上海市、天津市、河北省、辽宁省、甘肃省、陕西省、山西省、山东省、河南省、湖南省、江苏省、湖北省、浙江省、四川省、贵州省、江西省、福建省、广东省、广西壮族自治区等设立了 50 余个营销点。同时第一、二被告在其向北京市工商行政管理局企业注册处提交的企业名称争议答辩书中自认，为推广御生堂肠清茶及御生堂宫廷减肥茶投入的广告费为 5 000 余万元。

在本案审理过程中，本院依原告所提证据保全申请，于 2004 年 1 月 16 日向三被告发出民事裁定书。限定三被告在规定的时间内提交 2003 年 3 月 1 日至 2003 年 12 月 31 日的财务总账和会计报表、明细账、记账凭证、现金日记账、发票存根联、购销合同、出入库单据等；以及第一被告与第三被告签订的加工涉案商品的协议、订购及使用涉案商品包装的数量、加工生产记录等。三被告并未在法院规定的期限内提交上述全部材料。本院将第二被告和第三被告提交的部分财务账册等委托北京精诚立信会计师事务所进行审计。该事务所出具的审核验证报告显示，第二被告自 2003 年 3 月至 2003 年 12 月，销售御生堂肠清茶 50 244 盒，销售收入 854 700.85 元，销售成本 215 580.27 元，销售毛利 639 120.58 元，毛利率为 74.78％；销售御生堂减肥茶 41 286 盒，销售收入 376 419.66 元，销售成本 141 148.70 元，销售毛利 235 270.96 元，毛利率为 62.50％。上述两种产品共计销售收入为 1 231 120.51 元，平均毛利率为71.02％。第三被告自 2003 年 3 月至 2003 年 12 月，销售御生堂肠清茶 19 602件、19 099 盒，销售收入 10 092 678.38 元；销售御生堂减肥茶 74 000 盒，销售收入 427 350.43 元，上述两种产品共计销售收入为 10 745 808.30 元。由于第三被告未按民事裁定书的要求提供全部材料，因此其销售成本和销售毛利无法确认。综上，第二被告和第三被告在上述期间销售涉案产品的销售总收入为11 976 928.81 元．

原告要求三被告共同赔偿 500 万元的依据是三被告的获利。此外原告为本案诉讼支付审计费 4 万元，亦要求第二、三被告各承担 2 万元。

原审审理结果

原审法院认为：商标是消费者用以区别商品或服务来源的标志。根据我国《商标法》规定，经商标局核准注册的商标为注册商标，商标注册人对其注册商标享有商标专用权，受法律保护，不仅有权使用自己的注册商标，而且有权禁止他人未经其许可在同种或者类似商品上使用与其注册商标相同或者近似的商标。本案中原告对其注册在第 30 类商品上的"御生堂"组合商标享有商标专用权，所享有的商标专用权应以其核准注册的商标和核定使用的商品为限，其有权禁止他人未经其许可，在同种或者类似商品上使用与其注册商标相同或者近似的商标。原告于 2002 年 10 月 7 日获得商标局颁发的商标注册证，其依法享有在第 30 类核定使用的"御生堂"注册商标专用权。

本案中，第一被告申请注册并在商品上使用的"御生堂"文字和图形组合商标中文字为御生堂三字，与原告获得核准注册的"御生堂"文字和图形商标的区别在于：二者所使用的字体不同，排列方向不同；图形的形状不同。但上述不同并未使原告的注册商标与第一被告申请注册并使用的商标存在实质性差别。根据《最高人民法院关于审理商标民事纠纷案件适用法律若干问题的解释》第九条第二款的规定，被告使用的"御生堂"商标与原告的注册商标在文字、读音、含义上相同，易使相关公众对商品的来源产生误认或者认为其来源与原告注册商标的商品有特定的联系。并且第一被告申请注册并使用的"御生堂"商标与原告的已被核准注册的"御生堂"商标均属第 30 类。根据《商标注册用商品和服务国际分类表》、《类似商品和服务区分表》所列内容，在第 30 类中还包括若干小类。上述分类表和区分表可以作为判断类似商品或者服务的参考，但不是惟一依据。

此外，第一被告申请注册的"御生堂"商标并未获得商标局的核准注册，其以不确定的权利对抗原告的注册商标显然不具有抗辩性。另外，三被告的抗辩理由还包括商标局的商标部分驳回通知书所载明的内容以及其在商品上的使用与原告核定使用的商品不相同。本院认为，商标局的商标部分驳回通知书所列内容和理由，仅系商标局根据《商标法》规定的商标核准注册程序履行的行政职能。该职能的履行是《商标法》所规定的，同时《商标法》还规定商标公告后有 3 个月的异议期，任何单位和个人均可在异议期内对公告的商标提出异议，异议成立则不被核准注册，申请人不服可通过行政程序解决。因此商标局的商标部分驳回通知书并不能支持三被告的主张，故本院对上述抗辩不予支持。

就本案而言，原告的"御生堂"注册商标核定使用的商品为第 30 类的冰糖燕窝、虫草鸡精、非医用营养液等，属于保健食品。三被告生产销售的御生堂肠清茶、御生堂宫廷减肥茶也属于保健食品。由于销售渠道相同，使得相关公众一般认为其存在特定联系，对于普通消费者而言，此御生堂牌商品与彼御生堂牌商品的归属无法辨别，产生混淆和误认是显而易见的，因此应当认定为类似商品。第一被告未经原告许可，擅自使用"御生堂"商标，并与第三被告签订协议，生产御生堂肠清茶和御生堂宫廷减肥茶，并与第二被告共同销售的行为，侵犯了原告享有的商标专用权。

根据本院查明的事实可以确认，在御生堂肠清茶包装上标明的内容为"北京寿春堂医药保健品公司生产、北京御生堂生物工程有限公司监制、北京御生堂保健品有限公司总经销"；在御生堂宫廷减肥茶包装上标明的内容为"北京御生堂生物工程有限公司出品、北京御生堂保健品有限公司总经销"。通过上述内容及第一被告与第三被告签订的协议书和审核验证报告所证事实，可以认定三被告系共同实施了侵犯原告商标专用权的行为，因此应承担连带赔偿责任。

原告在本案中请求赔偿的数额为 500 万元。根据审核验证报告证实，仅自 2003 年 3 月至 2003 年 12 月间，三被告生产销售涉案产品的数额已高达 1000 余万元。庭审中三被告确认其销售涉案产品的平均毛润率为 71.02%，故原告以被告的获利作为赔偿依据，要求三被告共同赔偿 500 万元的诉讼请求，本院予以全额支持。同时原告因本案支付的审计费亦应由第二被告和第三被告分别承担。由于侵犯商标专用权是对商标专用权人财产权的侵犯，该权利中并不具有人身权的属性，原告亦没有提供相关证据证明其商业信誉因三被告的行为而受到损害，因此原告要求判令第一被告和第二被告公开赔礼道歉的主张，缺乏法律依据，本院不予支持。

综上所述，三被告侵犯了原告在第 30 类核定使用的"御生堂"注册商标专用权，应当承担停止侵权、赔偿损失的民事责任。依据《中华人民共和国商标法》第五十二条第（一）项、第五十六条第一款、《最高人民法院关于审理商标民事纠纷案件适用法律若干问题的解释》第九条第二款、第十一条第一款、第十二条之规定，判决如下：

一、被告北京御生堂生物工程有限公司、北京御生堂保健品有限公司、北京寿春堂医药保健品公司自本判决生效之日起，立即停止侵犯原告北京御生堂生物工程技术有限公司注册商标专用权的行为；

二、被告北京御生堂生物工程有限公司、北京御生堂保健品有限公司、北京寿春堂医药保健品公司自本判决生效之日起 10 日内，共同赔偿原告北京御生堂生物工程技术有限公司 500 万元，三被告承担连带责任；

三、被告北京御生堂保健品有限公司、北京寿春堂医药保健品公司自本判决生效之日起 10 日内，分别赔偿原告北京御生堂生物工程技术有限公司为本案支付的审计费各 2 万元；

四、驳回原告北京御生堂生物工程技术有限公司的其他诉讼请求。

御生堂生物工程公司、御生堂保健品公司、寿春堂医药公司均不服原审判决，并提出上诉，请求撤销一审判决，驳回北京御生堂生物工程技术有限公司的诉讼请求。御生堂生物工程公司上诉称：1. 我公司生产的减肥茶、肠清茶与北京御生堂生物工程技术有限公司核定使用的商品并非类似商品。二者在消费对象、功能、生产部门、销售渠道、使用方法等方面都有明显区别，减肥茶、肠清茶属于3002组"茶及茶叶代用品"，北京御生堂生物工程技术有限公司核定使用的商品为3005组"蜂蜜、糖浆及非医用营养品"。2.一审法院判决我方与御生堂保健品公司、寿春堂医药公司连带赔偿500万元，有失公证。北京御生堂生物工程技术有限公司只是注册了"御生堂"商标，并未在核定商品上实际使用该商标，也从未实际生产过任何产品。在北京御生堂生物工程技术有限公司没有任何实际损失而我方的获利也未查明的情况下，一审法院却判决我方与他人连带赔偿500万元。3.我方申请并使用"御生堂"商标只晚于北京御生堂生物工程技术有限公司3个月，并无恶意，更谈不上搭便车。

御生堂保健品公司和寿春堂医药公司共同上诉称：1.同意御生堂生物工程公司的上诉意见；2.我们仅是加工生产厂家和商品销售企业，对于商标使用问题并不知情，一审法院判决我方承担共同侵权责任显然错误。

北京御生堂生物工程技术有限公司服从原审判决。

二审查明事实

二审法院经审理查明：1997年6月23日北京英泰伟贸易有限公司成立，2000年9月19日，该公司更名为北京御生堂生物工程技术有限公司。2001年6月4日北京御生堂生物工程技术有限公司向国家商标局申请注册"御生堂"商标，2001年6月北京御生堂生物工程技术有限公司在《燕赵晚报》、《北京信报》上刊登广告，宣传御生堂牌降糖乐胶囊。2002年10月7日北京御生堂生物工程技术有限公司申请注册的第1947938号"御生堂"商标获得核准，核定使用的商品为非医用营养液等。至2002年底，御生堂牌降糖乐胶囊不再生产、销售。2001年8月1日，御生堂生物工程公司法定代表人李青江注册了石家庄御生堂保健食品有限公司，同年8月14日李青江向北京市门头沟工商局查询了企业字号"御生堂"，8月20日御生堂生物工程公司成立，8月31日御生堂生物工程公司在茶及茶叶代用品、非医用营养液等商品上查询了"御生堂"文字的注册情况，9月18日御生堂生物工程公司向国家商标局申请注册"御生堂"商标。2002年1月29日李青江又设立了御生堂保健品公司。2002年12月至2003年1月御生堂生物工程公司又在第32类、第3类、第42类上申请注册了"御生堂"商标。2003年3月和6月，御生堂减肥茶和肠清茶分别上市，随后御生堂生物工程公司对该商品进行了大量广告宣传。御生堂减肥茶属保健食品，主要原料为乌龙茶、决明子、金银花、泽泻、茯苓，适宜人群为单纯性肥胖人群，不适宜孕妇及哺乳期妇女，该品不能代替药物。御生堂肠清茶也属保健食品，主要原料是桑叶、百合、决明子、桑葚、绿茶，适宜人群为便秘者，该品不能代替药物的治疗作用。2003 年 8 月 5 日国家商标局核准御生堂生物工程公司在茶及茶叶代用品上注册"御生堂"商标，但驳回其在非医用营养液上的注册申请。2003 年 12 月 17 日，北京御生堂生物工程技术有限公司公证购买了御生堂减肥茶和肠清茶。御生堂减肥茶由御生堂生物工程公司出品，御生堂保健品公司总经销。御生堂肠清茶由御生堂生物工程公司监制、御生堂保健品公司总经销，寿春堂医药公司生产。2003 年 12 月 25 日北京御生堂生物工程技术有限公司向北京市第一中级人民法院起诉，状告御生堂生物工程公司、御生堂保健品公司、寿春堂医药公司侵犯其商标专用权。一审审理中，北京精诚立信会计师事务所对御生堂保健品公司和寿春堂医药公司的财务账册进行了审计，审计结果表明，2003 年 3 月至 2003 年 12 月间，两公司御生堂减肥茶和肠清茶的销售收入为 11 976 928.81 元。

二审审理结果

二审法院认为，本案二审审理中当事人间争议的焦点在于北京御生堂生物工程技术有限公司第 1947938 号商标核定使用的非医用营养液与被控侵权的肠清茶、减肥茶是否构成类似商品。根据《最高人民法院关于审理商标民事纠纷案件适用法律若干问题的解释》第 11 条的规定，类似商品是指在功能、用途、生产部门、销售渠道、消费对象等方面相同，或者相关公众一般认为其存在特定联系、容易造成混淆的商品。从本案被控侵权产品御生堂减肥茶、肠清茶的原料、功能、用途和消费对象来看，其虽标明为"茶"，但并不属于茶及茶叶代用品。御生堂生物工程公司关于肠清茶、减肥茶均属于茶叶代用品的主张与事实不符，不予采信。此外，从生产部门、功能、用途等方面来看非医用营养液与肠清茶、减肥茶都有着相同特点或存在特定联系，如果经由同一销售渠道销售，例如药店或医药商场，势必造成相关公众的混淆和误认。在相关公众施以普通注意力的情况下，无法区分商品来源或者会误认为二者存在某种特殊联系，故本院认定非医用营养液与肠清茶、减肥茶已构成类似商品。在此前提下，御生堂生物工程公司、御生堂保健品公司、寿春堂医药公司共同生产、销售被控侵权产品的行为侵犯了北京御生堂生物工程技术有限公司第 1947938 号注册商标的专用权，应当承担相应的法律责任。一审法院判决其承担连带赔偿责任并无不当。但 2002 年底后北京御生堂生物工程技术有限公司未再实际生产带有"御生堂"牌商标的核定使用商品，一审法院判决三上诉人共同赔偿 500 万元有失妥当，本院酌情予以纠正，并根据本案具体情况确定赔偿数额为 50 万元。综上，一审判决适用法律正确，但认定事实错误，本院应予纠正并酌情改判。上诉人御生堂生物工程公司、御生堂保健品公司、寿春堂医药公司的上诉理由部分成立，其相应的上诉请求应予支持。据此，依照《中华人民共和国民事诉讼法》第一百五十三条第一款第（二）项之规定，判决如下：

一、维持北京市第一中级人民法院（2004）一中民初字第 276 号民事判决之第（一）、（三）、（四）项，即（一）北京御生堂生物工程有限公司、北京御生堂保健品有限公司、北京寿春堂医药保健品公司自判决生效之日起，立即停止侵犯北京御生堂生物工程技术有限公司注册商标专用权的行为；（三）北京御生堂保健品有限公司、北京寿春堂医药保健品公司自判决生效之日起 10 日内，分别赔偿北京御生堂生物工程技术有限公司为本案支付的审计费各 2 万元；（四）驳回北京御生堂生物工程技术有限公司的其他诉讼请求。

二、撤销北京市第一中级人民法院（2004）一中民初字第 276 号民事判决之第（二）项，即北京御生堂生物工程有限公司、北京御生堂保健品有限公司、北京寿春堂医药保健品公司自判决生效之日起 10 日内，共同赔偿北京御生堂生物工程技术有限公司 500 万元，互负连带责任。

三、北京御生堂生物工程有限公司、北京御生堂保健品有限公司、北京寿春堂医药保健品公司自判决生效之日起 10 日内，共同赔偿北京御生堂生物工程技术有限公司 50 万元，互负连带责任。

一审案件受理费 35 210 元，由北京御生堂生物工程技术有限公司负担 15 210 元，由北京御生堂生物工程有限公司负担 20 000 元；二审案件受理费 35 210 元，由北京御生堂生物工程技术有限公司负担 15 210 元，由北京御生堂生物工程有限公司负担 20 000 元。

30. "九三零剧场及图"商标侵权纠纷案

——福建银视联播广告有限公司诉九洲音像出版公司等

原告（上诉人）：福建银视联播广告有限公司
被告（被上诉人）：九洲音像出版公司
被告（被上诉人）：北京合力昌荣广告有限公司
被告（被上诉人）：北京九洲华汉广告中心
案由：侵犯商标专用权纠纷

原审案号：北京市第二中级人民法院（2004）二中民初字第 7802 号
原审合议庭成员：邵明艳、张晓津、何暄
原审结案日期：2004 年 12 月 20 日
二审案号：北京市高级人民法院（2005）高民终字第 313 号
二审合议庭成员：刘继祥、魏湘玲、孙苏理
二审结案日期：2005 年 12 月 20 日

判决要旨

叙述性地使用新注册商标的字样，不构成对注册商标专用权的侵犯。

起诉与答辩

原告福建银视联播广告有限公司（以下简称银视联播公司）诉称：该公司是从事设计、制作、发布、代理国内广告以及相关电视节目制作和发行的专业公司。2002 年 10 月，经商标局核准，原告在第 35 类电视广告、广告等服务项目上取得"九三零剧场及图"、"今晚九三零及图"以及"九三零大戏院及图"注册商标。原告自 2000 年起通过与电视台的合作，在福建地区推出了自己的服务品牌"九三零剧场"并建立了良好的客户群体。2001 年 2 月，原告与第一被告九洲音像出版公司（以下简称九洲音像公司）及其他两家单位曾协商创办 930 剧场，后未能按照合作意向完成该项目。被告九洲音像公司终止与原告的合作后，擅自使用原告的注册商标，并将 930 剧场作为其无形资产与各地电视台合作，通过由其投资设立的苏州华汉电视节目制作公司（以下简称苏州华汉公司）运作 930 剧场项目，擅自使用与原告服务商标相近似的

930 剧场。苏州华汉公司的经营期限至 2003 年 12 月 31 日，但被告九洲音像公司 930 项目广告一直由第三被告北京九洲华汉广告中心（以下简称九洲华汉中心）承担；同时第二被告北京合力昌荣广告有限公司（以下简称合力昌荣公司）担任九洲音像公司 930 剧场广告代理，擅自在广告业务中使用与原告注册商标相近似的商标。原告认为三被告的涉案行为侵犯了其注册商标专用权，给其造成了经济损失，故诉至法院，请求判令三被告停止侵权、在《中国经营报》上以不小于四分之一版的位置向原告公开赔礼道歉、赔偿原告经济损失 1 000 万元并承担原告支出的律师费和公证费 20 万元。

被告九洲音像公司和九洲华汉中心共同辩称：1. 九洲音像公司在第 41 类已注册取得 "930" 商标，核定服务项目为广播和电视节目制作等。郑州电视台在第 38 类已注册取得 "930" 商标，并许可九洲音像公司授权与 930 剧场相关联的其他合作方使用该商标。被告九洲音像公司及其他合作方通过与各地方电视台联办 930 剧场栏目并通过出资购买港台精典电视剧及合拍剧并提供给 930 剧场的方式取得了 930 剧场的贴片广告播出时段。因此，九洲音像公司有权使用该商标进行电视节目制作播出并取得广告播出时段；2. 原告所称其自 2000 年推出 "九三零剧场" 品牌并建立了良好的客户群体的陈述，与事实不符。该剧场的创办始于第一被告、原告及其他单位于 2001 年所签合作意向书，后由于原告迟迟不履行出资义务，退出了合作。而原告的退出并不影响其他合作各方继续履行合作义务，推进 930 剧场项目。因此，原告无权依据其于 2002 年取得的注册商标指控被告使用在先的名称和商标；3. 原告的注册商标核定使用的服务项目与九洲音像公司电视栏目中所提供的服务不属于相同或类似服务，九洲音像公司所提供的服务为电视播放服务，其中包括电视节目的播出服务和贴片广告的播出服务，其中 930 剧场栏目的贴片广告播出时段也是电视节目播出服务的一部分，因为电视广告不可能独立存在，必须以电视节目的播出为载体或平台；4. 被告九洲音像公司所使用的 "930" 商标与原告的注册商标不相同也不相近似，相关公众即广告客户不可能对双方所提供的服务产生混淆和误认。因此，原告的起诉缺乏事实和法律依据，请求法院依法裁判。

被告合力昌荣公司辩称：第一被告九洲音像公司有合法使用 "930" 剧场服务商标的权利，并未侵犯原告涉案注册商标专用权；鉴于九洲音像公司已获得合法使用 "930" 剧场服务商标的权利，在与合力昌荣公司共同推广该项目过程中，其授权合力昌荣公司进行该电视栏目的贴片广告招商工作，合力昌荣公司据此授权进行广告招商工作，并未侵犯原告的注册商标专用权；而且由于有电视栏目存在，广告招商代理工作中涉及使用 "930 剧场" 这一栏目名称是不可避免的，且该名称与原告的注册商标既不相同也不相近似；原告所称其与电视台合作推广"九三零剧场"且取得成效,但未提供充分证据证明其主张,其有关损害赔偿请求数额的计算方式没有法律依据。综上,请求法院驳回原告的诉讼请求。

原审查明事实

原审法院经审理查明:2002 年 10 月 14 日,经商标局核准,银视联播公司取得"九三零剧场及图"、"今晚九三零及图"以及"九三零大戏院及图"文字和图形组合注册商标,注册证号分别为第 1944929 号、第 1944906 号、第 1944936 号,核定服务项目均为第 35 类电视广告、电视商业广告、广告、广告策划、广告传播、广告代理等。此外,银视联播公司还曾在第 41 类广播和电视节目制作、节目制作等服务上取得"今晚九三零及图"注册商标。

2000 年 8 月 9 日、8 月 10 日,福州电视台与银视联播公司就双方合作经营福州电视台黄金 930 剧场的有关事宜签订合同书及补充协议书,对合作目标、广告合作经营等内容进行了约定;2001 年福州广播电视集团与银视联播公司就双方合作联办福州电视台影视频道 930 剧场事宜签订《930 剧场》联办合同书两份,对节目播出形式与要求、广告经营等内容进行了约定;2003 年福州电视台亦与银视联播公司签订了《930 剧场》联办合同书。

2000 年 8 月,银视联播公司还与漳州电视台、厦门电视台签订《黄金 930 剧场》联办合同书。2001 年,南京电视台、常州电视台、杭州电视台西湖明珠频道与银视联播公司签订《930 剧场》联办合同书。2003 年杭州电视台西湖明珠频道亦与银视联播公司签订《930 剧场》联办合同书。

2001 年 2 月 26 日,九洲音像公司、中国文联音像出版社、银视联播公司与广东精锐影视联播广告有限公司签订《关于'930 剧场'项目合作的意向书》。该意向书就合作各方创办 930 剧场的相关事宜进行了规定。2001 年 4 月,包括九洲音像公司、银视联播公司在内的合作公司向苏州吴中区工商局提出拟成立苏州九洲电视节目广告有限责任公司(以下简称苏州公司)的申请;2001 年 6 月 14 日,九洲音像公司、银视联播公司等 6 家公司在《苏州九洲电视节目广告有限责任公司章程(草案)》上签字盖章,《苏州九洲电视节目广告有限责任公司章程(草案)》包括该公司的出资、股东组成、董事会组成等内容;该草案明确了各方的出资额并规定应在本章程订立之日起 10 日内,缴纳所认缴的出资额;2001 年 7 月 30 日,袁晓波向各股东方发去传真,表明苏州公司的注册工作即将完成,由于公司名称与"九洲"字号重名,临时使用"华汉"字号;2001 年 9 月 10 日,袁晓波向筹备组各方发出《930 剧场》剧场请款通知,要求尽快汇款;后袁晓波曾向银视联播公司的总经理陈新槊发出传真，表明银视联播公司的资金迟迟未到，合作各方认为银视联播公司已实际退出 930 项目；银视联播公司在回复中对此提出异议，认为苏州公司更名为"华汉"未经合作方认可，该公司作为 930 剧场项目的创始单位，不存在退出930 项目的问题。

2001 年 11 月 12 日，南京电视台与九洲音像公司签订《930 剧场》联办合同书。该合同就双方合作联办南京电视台影视频道《930 剧场》事宜进行了约定，其中第五款对广告经营时段分配、广告编排及播放、广告监测等问题进行了约定。该合同中包含"930 剧场"文字，其中第一款包含九洲音像公司"以电视节目资源及'930 剧场'服务商标专有权投入"等内容；合作期限自2002 年 1 月 1 日至 2002 年 12 月 31 日的天津电视台与九洲音像公司所签《930剧场》联办合同书中亦包括上述主要内容；合作期限自 2002 年 1 月 11 日至2003 年 1 月 10 日的山西电视台总编室与九洲音像公司《930 剧场》联办合同书中除包括上述内容外，合同第十二款还包括以下内容：鉴于"930 剧场"、"今晚 930"、"930 大戏院"等系列商标所有权已由九洲音像公司向国家工商局商标局申报并已注册，双方不论以何种方式中止或终止《剧场》合作后，"930 剧场"等系列名称专用权归九洲音像公司所有。未经九洲音像公司同意，山西电视台总编室不得以任何方式在所属媒体资源中继续使用"930 剧场"或相似性的专用服务标识。原告主张上述 3 份合同的复印件来源于国家工商局商标局商标评审委员会对涉及"今晚九三零及图"注册商标撤销申请审查过程中对方提交的材料，被告九洲音像公司以原告未能提供证据原件为由，对此不予认可。2001 年 12 月 16 日的《北京青年报》、2002 年《卫视周刊》对 930剧场的开播及该剧场的特点进行了相关报道。

2001 年 11 月 16 日，郑州电视台在第 38 类提出"930"商标注册申请，国家工商局商标局于 2002 年 4 月 2 日发出注册申请受理通知书；2001 年 11 月20 日，郑州电视台将其提出注册申请的上述"930"商标授权九洲音像公司使用，并许可九洲音像公司授权与 930 剧场相关联的公司使用该商标；2001 年12 月 30 日，九洲音像公司向合力昌荣公司出具授权书，授权该公司在与《930 剧场》合作过程中可使用"930"商标，但不可转让或许可他人使用；2001 年 12 月 30 日，九洲音像公司向九洲华汉中心出具授权书，授权该中心在与《930 剧场》合作过程中可使用"930"商标，但不可转让或许可他人使用；2003 年 4 月 14 日，经商标局核准，郑州电视台取得"930"注册商标。该商标核定服务项目为第 38 类电视播放、无线电广播、电视广播等。2003 年4 月 28 日，郑州电视台许可九洲音像公司使用核准注册的上述"930"商标，并许可九洲音像公司授权与 930 剧场相关联的公司使用该商标。

2003 年 4 月 7 日，经商标局核准，九洲音像公司取得"930"注册商标。该商标核定服务项目为第 41 类图书出版、广播和电视节目制作、录像带制作及发行等。

2003 年尼尔森市场研究有限公司出具证明，证明全国《930 剧场》于 2002 年 1 月 1 日起在全国多家电视台陆续开播，该公司负责对 930 剧场贴片广告的媒体监测，并附有相关电视频道的列表。九洲音像公司提交该证明材料，主张 930 剧场覆盖 140 余家电视台，享有较高知名度。

2004 年 4 月 1 日，北京市国信公证处出具的（2004）京国证经字第 1684 号公证书对网址为 http：//www.szhh.com.cn 的苏州华汉公司网站的相关网页内容进行了公证。在该网站首页上有公司介绍、全国 930 剧场、苏州华汉剧场、九洲剧目一览等栏目，并有"天天 930 好戏播不停"标识，页面下方有"苏州华汉公司版权所有"字样；在公司介绍栏目下，载明苏州华汉公司是于 2001 年 10 月由九洲音像公司等 6 家公司合资成立的，主要运营项目为全国《930 剧场》和《苏州华汉剧场》等内容；在全国 930 剧场栏目下，其中"全国 930 剧场介绍"中载明"全国《930 剧场》是由北京、上海等电视媒体与九洲传播机构、苏州华汉公司等单位合作开发，在全国 120 家电视台每晚播出的电视剧场节目"等内容，页面下方还有"本剧场广告由北京九洲华汉广告中心代理垂询电话：010 - 85285596"字样；该页面上还标注有全国 930 剧场文字及图形标识、全国《930 剧场》电视媒体网络分布图和该剧场播出剧目一览。

2004 年 1 月 8 日，北京市国信公证处对网址为 http：//www.charm - adv.com/new/index1.htm 的合力昌荣公司网站的相关网页内容进行了公证。该网站"930 剧场"栏目下，"930 剧场简介"中介绍厦新 930 剧场覆盖全国 28 个省会城市和 62 个经济发达城市，并介绍 930 剧场十大特性优势，其中包括"高品位环境：选择 930 剧场的客户均为各行业领导品牌及知名品牌，广告环境优良；低价位：全国 110 个频道的规模效应，保证 930 剧场广告价格仅相当于电视台刊例价的 2 折，物超所值；低干扰：仅有 2 分钟广告时间，广告干扰度低"等内容。

被告九洲音像公司和九洲华汉中心对上述两份公证书的取得方式提出异议，认为自原告银视联播公司的委托代理人的计算机上登陆相关网页取得相关证据不当。

另查明，银视联播公司为本案诉讼支出公证费 3 600 元，律师费 30 万元。银视联播公司为证明其主张的经济损失赔偿数额，向本院提交了央视市场研究股份有限公司出具的《相关电视台（24）节目广告串播单明细报告》，证明九洲音像公司 930 剧场的广告秒数，并主张按照 30 秒刊例价格的 3 折计算，其获利为 1 300 余万元；此外，原告还主张该报告中"广告主题"栏目下均包括"930 剧场"字样，亦属于九洲音像公司的商标侵权行为；被告九洲音像公司和九洲华汉中心对此不予认可，主张其中很大部分电视剧并非九洲音像公司提供，大部分广告不属于该剧场的贴片广告。原告还提出依据其在福建、江苏、浙江三省九三零剧场的贴片广告空置秒数计算，其损失为 1 900 余万元，结合上述被告获利的情况，酌定赔偿数额为 1 000 万元。被告对该计算方式持有异议。

原审审理结果

原审法院认为：本案争议的焦点问题是被告九洲音像公司与相关电视台签订涉案合同中的内容、苏州华汉公司网站上的相关内容以及该剧场播出广告过程中的广告主题是否使用了原告银视联播公司所主张的涉案注册商标，被告合力昌荣公司和九洲华汉中心是否在相关广告宣传中使用了原告主张的注册商标，是否构成对其商标权的侵犯及是否应承担相应的法律责任问题。

第一，关于被告九洲音像公司与相关电视台签订涉案合同中的内容、苏州华汉公司网站上的相关内容以及该剧场播出广告过程中的广告主题是否使用了原告银视联播公司所主张的涉案注册商标，是否侵犯原告所主张的涉案注册商标专用权及是否应承担相应的法律责任问题。

原告银视联播公司作为"九三零剧场及图"、"今晚九三零及图"以及"九三零大戏院及图"文字及图形组合注册商标专用权人，其所享有的注册商标专用权依法受到我国法律的保护，并以核准注册的商标和核定服务项目为限。原告主张权利的涉案三商标核定服务项目均为第 35 类电视广告、电视商业广告、广告、广告策划、广告传播、广告代理等，其所享有的注册商标专用权应以上述核定服务项目为限。

根据我国《商标法》的有关规定，未经注册商标专用权人许可，在同一种服务或者类似服务上使用与其注册商标相同或者近似的商标的，为侵犯注册商标专用权的行为。判断是否构成侵犯注册商标专用权，应当判断被控侵权服务与注册商标核定服务项目是否相同或近似，被控侵权标识与该注册商标是否相同或近似。所谓类似服务，是指在服务的目的、内容、方式、对象等方面相同，或者相关公众一般认为存在特定联系、容易造成混淆的服务。

根据相关法律规定，商标法所称商标的使用，包括将商标用于商品、商品包装或者容器以及商品交易文书上，或者将商标用于广告宣传、展览以及其他商业活动中。根据本案查明的事实，被告九洲音像公司对"930"商标在第 41 类广播和电视节目制作等服务项目上享有注册商标专用权，并经"930"注册商标专用权人郑州电视台许可在第 38 类电视播放等服务项目上有权使用该商标。本案原告银视联播公司所享有的涉案注册商标专用权应限于在广告招商及广告等核定服务项目上的使用行为。根据本案已查明的事实，被告九洲音像公司在与相关电视台所签《930 剧场》联办合同书中虽涉及 930 剧场的广告经营问题，但上述内容是附着于 930 剧场电视栏目的，并非将"930 剧场"作为广告服务标识使用的行为；被告九洲音像公司与山西电视台所签涉案合同中还出现了"930 剧场"、"今晚 930"、"930 大戏院"等商标已取得注册的表述，原告据此主张系对其合同样本的抄袭，属于在提供广告服务中使用其注册商标的行为，但本院认为上述表述也并非属于在广告服务中使用相关标识的行为；而且，上述合同的签订时间均在原告取得涉案注册商标授权日期之前，原告无权就此主张其相应权利。

原告还主张根据其提交的央视市场研究股份有限公司出具的节目广告串播单明细报告中列明的广告主题均包括"930 剧场"字样，但上述证据亦表明相关广告是 930 剧场栏目的贴片广告，而不能证明系被告九洲音像公司以"930 剧场"标识提供广告服务。因此，原告主张被告九洲音像公司的上述使用行为系在广告招揽业务中使用"930 剧场"作为服务标识使用，依据不足，本院不予支持。

本案原告银视联播公司还指控被告九洲音像公司在苏州华汉公司网站相关网页的使用行为侵犯了其注册商标专用权，并提交了相应的公证文书。虽然被告九洲音像公司和九洲华汉中心主张该证据系自原告委托代理人的计算机上取得，对其取得方式持有异议，但上述取证过程经公证机关监督，且被告并未就此提出反驳证据，本院对其上述主张不予采纳。根据本案现有证据，苏州华汉公司虽系被告九洲音像公司等 6 家合作单位组建，但其为独立法人单位，且该网站的版权所有者为苏州华汉公司，而与被告九洲音像公司无关，因此原告的上述主张缺乏依据，本院不予支持。

因此，原告主张被告九洲音像公司的上述行为侵犯了其注册商标专用权，依据不足，本院不予支持。

第二，关于被告合力昌荣公司和九洲华汉中心是否在相关网站的广告宣传中使用了原告主张的"九三零剧场及图"、"今晚九三零及图"以及"九三零大戏院及图"注册商标，是否构成对其注册商标专用权的侵犯及是否应承担相应的法律责任问题。

本案原告银视联播公司指控被告合力昌荣公司在其网站相关网页的使用"930 剧场"的行为侵犯了原告的注册商标专用权，并提交了相应的公证文书。虽然被告合力昌荣公司主张该证据系自原告委托代理人的计算机上取得，对其取得方式持有异议，但上述取证过程经公证机关监督，且被告并未就此提出反驳证据，本院对其上述主张不予采纳。根据本案已查明的事实，被告合力昌荣公司作为九洲音像公司《930 剧场》项目的广告代理商，在其网站上使用了 930 剧场的名称，并对 930 剧场的特点进行了介绍，其中涉及了该剧场的广告经营特点，其上述使用行为同样是附着于"930 剧场"栏目的，并非以"930 剧场"的标识提供广告招揽或代理服务的行为，不构成对原告注册商标专用权的侵犯，原告的上述主张缺乏依据，本院不予支持。

原告还主张九洲华汉中心在苏州华汉公司网站上的广告宣传行为侵犯了其涉案注册商标专用权，但根据前述公证材料，该网站仅在"全国 930 剧场介绍"栏目下，标注了"本剧场广告由九洲华汉中心代理"等内容，九洲华汉中心作为"930 剧场"项目广告的代理商，为"930 剧场"招揽广告，而非将"930 剧场"作为广告服务标识进行使用，不构成对原告注册商标专用权的侵犯，原告的上述主张依据不足，本院不予支持。

综上，三被告的涉案行为并不构成对原告涉案注册商标专用权的侵犯，原告主张三被告侵犯了其"九三零剧场及图"、"今晚九三零及图"以及"九三零大戏院及图"注册商标专用权，请求法院判令被告承担停止侵权、赔偿损失的法律责任的主张缺乏依据，本院不予支持。依据《中华人民共和国商标法》第五十一条、第五十二条第（一）项，判决：驳回福建银视联播广告有限公司的诉讼请求。

银视联播公司不服原审判决，提起上诉，理由是：1. 一审判决认定事实错误。本案争议的事实主要是围绕所谓的"930 剧场"。一审法院对"930 剧场"是如何运作的、"930 剧场"与本案的关系等关键事实没有查证。2. 一审判决对上诉人提交的证据全部不予支持，没有任何法律依据。3. 一审判决查明事实不清，导致适用法律错误。（1）第一被上诉人在第 38 类上取得的使用许可应仅限于第 38 类上的电视播放项目。第一被上诉人以郑州电视台在第 38 类上所给予的使用许可不能作为抗辩理由，一审法院亦不应支持第一被上诉人的如此抗辩。（2）一审判决认定被上诉人的行为属于在第 38 类电视播出的合法行为。而本案的真正事实却是诸被上诉人不是从事电视播出的法律主体，从事播出的应该是各地电视台，而不是第一被上诉人。综上，请求二审法院撤销一审判决，在全面查清本案事实的基础上，依法改判。判决被上诉人行为构成对上诉人注册商标专用权的侵犯，判令三被上诉人停止侵权，在《中国经营报》上公开向上诉人致歉，赔偿上诉人经济损失 1 000 万元和公证费及律师费 20 万元；本案一、二审诉讼费由被上诉人承担。

被告九洲音像公司、合力昌荣公司、九洲华汉中心服从原审判决。

二审查明事实

二审法院查明的事实与原审查明的事实基本相同，另查明：银视联播公司为本案诉讼支出公证费 3 600 元，律师费 30 万元。银视联播公司为证明其主张的经济损失赔偿数额，向一审法院提交了央视市场研究股份有限公司出具的相关电视台（24）节目广告串播单明细报告，证明九洲音像公司 930 剧场的广告秒数，并主张按照 30 秒刊例价格的 3 折计算其获利为 1 300 余万元；此外，银视联播公司还主张该报告中"广告主题"栏目下均包括"930 剧场"字样，亦属于九洲音像公司的商标侵权行为；九洲音像公司和九洲华汉中心对此不予认可，主张其中很大部分电视剧并非九洲音像公司提供，大部分广告不属于该剧场的贴片广告。银视联播公司还提出依据其在福建、江苏、浙江三省九三零剧场的贴片广告空置秒数计算其损失为 1 900 余万元，结合上述被告获利的情况，酌定赔偿数额为 1 000 万元。被告对该计算方式持有异议。

二审审理结果

二审法院认为，本案二审审理中当事人争议的焦点有以下三个：

1. 关于九洲音像公司分别与南京电视台、天津电视台、山西电视台签订的《930 剧场》联办合同书中的内容，是否使用了银视联播公司所主张的涉案注册商标，是否侵犯了银视联播公司的注册商标专用权。

银视联播公司在本案中主张权利的"九三零剧场及图"、"今晚九三零及图"以及"九三零大戏院及图"文字及图形 3 个组合注册商标，其核定的服务项目均为第 35 类电视广告、电视商业广告、广告、广告策划、广告传播、广告代理等，其所享有的注册商标专用权应以上述核定的服务项目为限，即银视联播公司所享有的涉案注册商标专用权应限于在广告招商及广告等服务项目上的使用行为。

银视联播公司提交的证据 4 为九洲音像公司分别与南京电视台、天津电视台、山西电视台签订的《930 剧场》联办合同书。从上述 3 份合同的内容来看，《930 剧场》是电视台影视频道每晚 21：30～22：30 的一个栏目，其中虽涉及 930 剧场的广告经营问题，但上述内容是附着于 930 剧场电视栏目的，是对合同内容的叙述，并非将"930 剧场"作为广告服务标识使用的行为。因此，不构成对银视联播公司注册商标专用权的侵犯。

2. 关于合力昌荣公司和九洲华汉中心在相关网站的广告宣传中是否使用了银视联播公司主张的涉案注册商标，是否侵犯了银视联播公司的注册商标专用权。

银视联播公司提交的证据 5 为（2004）京国证经字第 1684 号公证书，该公证书对苏州华汉公司网站的相关网页内容进行了公证。虽然该网站在"全国 930 剧场"栏目下标注有"本剧场广告由北京九洲华汉广告中心代理"等内容，但上述内容仅表明：九洲华汉中心系《930 剧场》项目的广告代理商，其为 930 剧场招揽广告，而非将"930 剧场"作为广告服务标识进行使用，因此，不构成对银视联播公司注册商标专用权的侵犯。

银视联播公司提交的证据 6 为（2004）京国证经字第 0021 号公证书，该公证书对合力昌荣公司网站的相关网页内容进行了公证。合力昌荣公司作为九洲音像公司《930 剧场》项目的广告代理商，在其网站上使用 930 剧场的名称，并对 930 剧场的特点进行了介绍，其中涉及了该剧场的广告经营特点，其上述使用行为同样是附着于 930 剧场栏目的，是叙述性使用，并非是以"930 剧场"的标识提供广告招揽或代理服务的行为，因此，亦不构成对银视联播公司注册商标专用权的侵犯。

3. 关于央视市场研究股份有限公司出具的节目广告串播单明细报告中列明的广告主题是否使用了银视联播公司主张的涉案注册商标，是否侵犯了银视联播公司的注册商标专用权。

银视联播公司提交的证据 7 为央视市场研究股份有限公司出具的节目广告串播单明细报告。在该报告广告主题中所监测到的广告播出情况明细中虽有 930 剧场的广告播出时间，但上述证据表明相关广告是《930 剧场》栏目的贴片广告，而不能证明九洲音像公司以"930 剧场"标识提供广告服务。因此，九洲音像公司的上述使用行为同样不构成对银视联播公司注册商标专用权的侵犯。

综上，《930 剧场》就其本义来讲应当是指一个电视栏目，将"930 剧场"作为商标使用，不具有明显的识别特征和显著性。九洲音像公司、合力昌荣公司及九州华汉中心叙述性地使用"930 剧场"字样，不构成对银视联播公司注册商标专用权的侵犯。一审判决认定事实清楚，适用法律基本正确，应予维持。银视联播公司的上诉理由不能成立，对其上诉请求，本院不予支持。依照《中华人民共和国商标法实施条例》第四十九条、《中华人民共和国民事诉讼法》第一百五十三条第一款第（一）项之规定，判决如下：

驳回上诉，维持原判。

一审案件受理费 61 010 元，二审案件受理费 61 010 元，均由福建银视联播广告有限公司负担（均已交纳）。

著 作 权

31. 《北京中华女子乐坊文化发展有限公司整合报告》 著作权侵权纠纷案

—— 张铁军诉王晓京、北京世纪星碟文化传播有限公司

原告（上诉人）： 张铁军
被告（被上诉人）： 王晓京
被告（被上诉人）： 北京世纪星碟文化传播有限公司
案由： 侵犯著作权纠纷

原审案号： 北京市朝阳区人民法院（2004）朝民初字第 21158 号
原审合议庭成员： 林子英、李有光、谢甄珂
原审结案日期： 2004 年 11 月 16 日
二审案号： 北京市第二中级人民法院（2005）二中民终字第 47 号
二审合议庭成员： 邵明艳、冯刚、潘伟
二审结案日期： 2005 年 3 月 20 日

判决要旨

虽然两作品构思和创意有一致性，但两作品之间在篇章结构的编排、选择及文字的表达方面不相同的，仍应认定后一作品不构成对前一作品的抄袭。

起诉与答辩

原告张铁军诉称：我在研究、探讨国际文化艺术市场的基础上，经过 2 年多的思考，于 1998 年 4 月正式形成了《中华女子乐坊创意策划文案》（以下简称《策划文案》）和《北京中华女子乐坊文化发展有限公司整合报告》（以下简称《整合报告》）。1999 年初，王晓京主动与我接触骗取《整合报告》，对其中的片段通过选择或者编排，在文字顺序上加以前后调整，对个别表达加

以扩展解释或缩写后，形成了《"女子十二乐坊"项目实施计划》（以下简称《实施计划》）。被告北京世纪星碟文化传播有限公司（以下简称世纪星碟公司）网站上和《中演月讯》上的文章也是改编和汇编《整合报告》而成。王晓京及其任法定代表人的世纪星碟公司未经我许可，对我的《整合报告》进行改编和汇编，且没有给我署名，侵犯了我对《整合报告》享有的署名权、改编权和汇编权。现我起诉要求王晓京和世纪星碟公司停止侵权行为，在《中演月讯》上公开向我赔礼道歉，赔偿我经济损失 43.27 元。

王晓京和世纪星碟公司辩称：张铁军不能证明其是《整合报告》的著作权人，也不能证明《实施计划》抄袭了《整合报告》，《中演月讯》上的文章没有王晓京和世纪星碟公司的署名，故我方不同意张铁军的诉讼请求。

原审查明事实

原审法院经审理查明：《整合报告》是张铁军创作完成，包括思想内容（约 360 余字）、主管部门、公司名称、注册资金、经营范围、公司构成、公司各部门工作与任务 7 大部分。其中公司各部门与任务部分又包括"中华女子乐坊"形象定位（约 440 余字）、乐队编制、招生管理办法及工作任务和发展方向（5 项任务）；音像事业发展部工作任务（10 项任务）；CI 设计、印刷制作中心工作任务；服装、服饰设计制作中心工作任务；形象设计中心工作任务；外联、广告工作任务；中华乐坊艺术学校管理办法发展方向 7 小部分。中华乐坊艺术学校管理办法发展方向没有具体内容。

世纪星碟公司和王晓京提供的《实施计划》包括："女子十二乐坊"乐队名称、图文标识与释义及品牌的保护（约 1 700 余字）；特点、宗旨及要求（约 720 余字）；演出范围、对象及发展动向；招聘人员类别及乐队编制；相关签约条款、待遇及工作薪金详细条款；艺术指导及乐团训练事宜条款等 6 部分。

经对比，《整合报告》是由公司名称、宗旨、经营范围以及业务定位等内容构成的一个成立公司的具体方案；而《实施计划》则是对"女子十二乐坊"名称、图文标志、演员形象定位的介绍，以及对具体节目内容的宣传。二者在篇章结构、全文基本内容及各部分内容、表达方式等方面均不相同，仅存在"女子"、"乐坊"等个别相同的文字。"乐坊"一词已于 1991 年在台湾被使用于"采风乐坊"。《中演月讯》上的文章没有出现王晓京和世纪星碟公司的署名。

原审审理结果

原审法院认为：《整合报告》一文符合作品的构成要件，应受《著作权法》保护。王晓京和世纪星碟公司均没有就张铁军系该文的著作权人提供相反证据，因此可以认定张铁军对该文享有包括署名权、改编权和汇编权在内的著作人身权和财产权。

我国《著作权法》所称的改编权指在不改变作品内容的前提下，创作出具有独创性的新作品的权利。改编原作品，应当使用原作品的内容。如果两个作品的基本内容不同，则不构成改编。本案中，《实施计划》和《整合报告》的内容完全不同，《实施计划》并没有使用《整合报告》的内容，且二者的篇章结构和具体的表达形式也不相同。虽然二者中都出现了"女子"和"乐坊"等字样，但"女子"是通用词语，而"乐坊"二字并非张铁军独创，故《实施计划》并非改编《整合报告》而成。同时，根据现有证据不能证明《中演月讯》上的文章是王晓京或世纪星碟公司所为。因此，张铁军据此主张王晓京和世纪星碟公司侵犯其对《整合报告》享有的改编权，于法无据，本院不予支持。

汇编权是将作品或者作品的片段通过选择或者编排，汇集成新作品的权利。本案中的《实施计划》中不包括《整合报告》的内容或其中的片段，并非通过选择或编排《整合报告》或其中的片段汇集而成。因此，王晓京和世纪星碟公司也未侵犯张铁军对《整合报告》享有的汇编权。张铁军据此提出的诉讼请求，本院不予支持。

鉴于王晓京和世纪星碟公司并未使用张铁军享有著作权的《整合报告》的内容，因此无须为张铁军署名。对于张铁军就其署名权受到侵犯而提出的诉讼请求，本院亦不予支持。

综上，依据《中华人民共和国著作权法》第十条第一款第（二）项、第（十四）项、第（十六）项的规定，判决：驳回张铁军的诉讼请求。

张铁军不服原审判决，提出上诉，请求撤销原审判决；对《策划文案》、《整合报告》和《实施计划》及其相关证据进行全面审理，就王晓京和世纪星碟公司正在国内外演出市场演出的"女子十二乐坊"的表现方式与张铁军在《策划文案》中表述的关于作品"中华女子乐坊"的表现方式是否一致作出判断，判决王晓京和世纪星碟公司停止侵权行为；判决王晓京和世纪星碟公司赔偿张铁军经济损失 43.27 元；判决王晓京和世纪星碟公司向张铁军公开赔礼道歉。其上诉理由为：1. 原审法院将"中华女子乐坊"作品的具体实施计划——《整合报告》认定为作品，不符合我国《著作权法实施条例》中关于作品的规定。上诉人张铁军通过《策划文案》创作了"中华女子乐坊"作品，《整合报告》是为"中华女子乐坊"作品精心策划的实施计划。2. 原审法院在没有明确被上诉人王晓京和世纪星碟公司提交的《实施计划》性质的情况下，以及在错将作为"中华女子乐坊"实施计划的《整合报告》定性为独创作品的前提下，将上诉人张铁军的《整合报告》与上述《实施计划》进行对比，缺乏合理性和公正性。3. 原审法院将《整合报告》和《实施计划》的形式当成内容进行比较，是在错误的基础上作错误的比较。原审法院对比的仅是二者目录的结构和结构的文字，未就其实质内容作任何对比。4. 《策划文案》和《整合报告》是不可分割的整体，上诉人张铁军通过《策划文案》创作了"中华女子乐坊"作品，《整合报告》是为实施"中华女子乐坊"作品而制定的工作计划。上诉人张铁军请求法院保护的是"中华女子乐坊"作品的著作权，原审法院仅对作为作品实施计划的《整合报告》是否被侵权作出判决，与上诉人张铁军的诉讼请求毫无关系。5. 张铁军创作的作品是"中华女子乐坊"，是中国民族音乐新的表现形式，属于艺术作品。被上诉人正在国内外演出市场表演的"女子十二乐坊"，是将上诉人张铁军通过《策划文案》创作的"中华女子乐坊"作品搬上了舞台，整体地剽窃了上诉人张铁军的艺术创作。上诉人张铁军提交了大量证据证明被上诉人王晓京接触过并从张铁军处拿走了《策划文案》和《整合报告》。《策划文案》和《整合报告》既是文字作品，也是关于"音乐表现形式"的作品，上诉人张铁军在原审诉讼开始阶段仅将自己创作的作品当成文字作品，属认识上的误区。"女子乐坊"一词不能割裂开，"乐坊"于1991年在台湾被使用于"采风乐坊"，并不能证明"女子乐坊"不是上诉人张铁军原创。

被上诉人王晓京和世纪星碟公司服从原审判决。

二审查明事实

二审法院认定原审查明的事实，另查明：1998年至1999年间，上诉人张铁军在《策划文案》的基础上创作完成了《整合报告》。在上述期间，上诉人张铁军与被上诉人王晓京相识，张铁军曾向王晓京介绍其关于成立"中华女子乐坊"乐队演奏民乐的创意。张铁军希望王晓京投资，双方合作，为此，王晓京接触了《策划文案》和《整合报告》。此后，王晓京未就成立"中华女子乐坊"与张铁军进行合作。2001年5月，王晓京与案外人孙毅刚为被上诉人世纪星碟公司创作完成了《实施计划》，随即世纪星碟公司成立了"女子十二乐坊"乐队，演奏新民乐，产生一定社会影响。

在原审诉讼期间，上诉人张铁军及其委托代理人在庭审中明确表示将

《策划文案》和《整合报告》文字作品作为张铁军主张著作权的权利依据。鉴于张铁军是《策划文案》合作作者之一，其不能单独主张著作权，故原审法院进行了分案，将关于《策划文案》著作权受到侵害的诉讼主张另案审理，本案就被上诉人王晓京和世纪星碟公司提供的《实施计划》、《中演月讯》刊载的涉案文章及世纪星碟公司网站所载文字内容是否侵犯张铁军对《整合报告》文字作品所享有的著作权的相关事实予以审理。原审庭审中，双方当事人对于原审法院所作分案决定及确定本案上述审理范围均无异议。

二审审理结果

二审法院认为：作品包括思想与表达，由于人的思维和创造力是无法限定的，因此著作权不延及思想，只延及思想的表达。在《著作权法》的保护范围中，不包括思想、方法、步骤、概念、原则或发现，无论上述内容以何种形式被描述、展示或体现。由此可见，《著作权法》不保护创意或构思，著作权人不能阻止他人使用其作品中所反映出的思想或信息。

涉案《整合报告》和《实施计划》是文字作品，之所以将二者进行比较，是基于存在前者创作完成在先，后者创作人之一接触了前者内容的事实。将二者进行整体上的比对，二者在篇章结构的编排、选择及文字的表达方面不相同，虽二者创作目的均是为了对成立女子乐团、演奏民乐的演出模式予以说明和实施，但由于二者中所涉及的演出模式包括创意和操作方法，总体上属于创意、构思或理念的范畴，不属于我国《著作权法》规定的作品保护范围。因此，在《著作权法》意义上，不能认定《实施计划》对《整合报告》构成剽窃、改编或汇编。

关于涉案作品中的"乐坊"一词，其词义本身表明一种音乐机构或同等含义，以是否包含独创的思想表达为标准加以判断，涉案作品中的"乐坊"一词不受我国《著作权法》的保护。"女子乐坊"反映了女子乐队组合的特点，在有限的乐队组合形式中，"女子"与"乐坊"组词的表达方式容易为常人所想到，因此，仅就涉案"女子乐坊"词汇而言，其仍不能受到我国《著作权法》的保护。鉴于此，不能因被上诉人王晓京和世纪星碟公司的涉案文章中使用了"乐坊"和"女子乐坊"文字而认定其侵犯了上诉人张铁军对《整合报告》享有的著作权。

关于上诉人张铁军原审所提诉讼主张。经查，本案上诉人张铁军在原审诉讼中明确主张《整合报告》文字作品的著作权，指控涉案《实施计划》构成对上述作品的改编和汇编，同时指控《中演月讯》刊载的涉案文章及被上诉人世纪星碟公司网站相关文字构成对上述作品著作权的侵犯。依据本院查明的事实，上诉人张铁军是《整合报告》的著作权人，被上诉人王晓京和世纪星碟公司虽对此提出异议，但未能提供相应的反驳证据予以证明。基于本院前述阐述，上诉人张铁军针对《实施计划》提出被上诉人王晓京和世纪星碟公司侵犯其对《整合报告》享有的署名权、改编权和汇编权的主张，缺乏事实与法律依据，本院不予支持。鉴于上诉人张铁军不能证明《中演月讯》刊载的涉案文章系被上诉人王晓京或世纪星碟公司发表，被上诉人世纪星碟公司网站相关文字与《整合报告》文字表达不相同，因此，上诉人张铁军针对《中演月讯》刊载的涉案文章及世纪星碟公司网站相关文字提出被上诉人王晓京和世纪星碟公司侵犯其对《整合报告》享有的著作权的主张，缺乏事实依据，本院不予支持。

关于上诉人张铁军上诉所提诉讼主张。首先，按照我国《民事诉讼法》的相关规定和基本原则，法院应在原告提出诉讼主张的事实范围内进行审理，做到诉审一致。原告在一审案件受理后，法庭辩论结束前，增加诉讼请求的，法院应当合并审理。在第二审程序中，原审原告增加诉讼请求，如果调解不成，当事人应另行起诉。本案上诉人张铁军在原审诉讼中明确主张《整合报告》文字作品的著作权，其上诉请求中关于就王晓京和世纪星碟公司正在国内外演出市场演出的"女子十二乐坊"的表现方式与张铁军在《策划文案》中表述的关于"中华女子乐坊"作品的表现方式是否一致作出判断的请求事项，属于增加的诉讼请求，应由另案解决。因此，上诉人张铁军在二审诉讼中提出"中华女子乐坊"是其创作的作品，属于中国民族音乐新的艺术表现形式，被上诉人正在国内外演出市场表演的"女子十二乐坊"，是将"中华女子乐坊"作品搬上了舞台，整体地剽窃了上诉人张铁军的艺术创作等主张，也不应在本院审理本案的范围之内，本院对此不予处理。依据查明的事实，上诉人张铁军关于其请求原审法院保护的是"中华女子乐坊"作品的著作权，原审法院仅对作为该作品实施计划的《整合报告》是否被侵权作出判决，与其诉讼请求毫无关系的上述理由，亦缺乏依据，本院不予支持。

其次，涉案《整合报告》是对成立"女子乐坊"演奏民乐等思想内容和实施方法的文字表达，属于受我国《著作权法》保护的文字作品。上诉人张铁军提出原审法院将"中华女子乐坊"作品的具体实施计划——《整合报告》认定为作品，不符合我国《著作权法实施条例》中关于作品规定的含义的上诉理由，鉴于其对于我国《著作权法实施条例》中关于作品规定的理解不够妥当，且该上诉理由与其提出的另一上诉理由，即《策划文案》和《整合报告》既是文字作品，也是关于"音乐表现形式"的作品，上诉人张铁军在原审诉讼开始阶段仅将自己创作的作品当成文字作品，属认识上的误区，存在相互矛盾之处。故上诉人张铁军的上述上诉理由于法无据，本院不予支持。

第三，依据查明的事实，《策划文案》并非上诉人张铁军独自创作完成，其不能就该作品单独主张著作权，原审法院将《策划文案》与《整合报告》分案审理并无不妥，且原审庭审中，双方当事人对原审法院分案审理的决定并不持异议。故上诉人张铁军提出《策划文案》和《整合报告》是不可分割的整体，本案不能单独将《整合报告》作为权利依据进行审理的上诉主张缺乏合理性，本院不予支持。

综上，被上诉人王晓京和世纪星碟公司的涉案行为未侵犯上诉人张铁军对涉案《整合报告》所享有的著作权，上诉人张铁军的上诉请求于法无据，本院不予支持。原审判决认定事实基本清楚，适用法律正确，应予维持。本院依据《中华人民共和国著作权法》第十条第一款第（二）项、第（十四）项、第（十六）项、《中华人民共和国著作权法实施条例》第二条、《最高人民法院关于适用〈中华人民共和国民事诉讼法〉若干问题的意见》（法发〔1992〕22号）第一百五十六条、第一百八十四条、《中华人民共和国民事诉讼法》第一百五十三条第一款第（一）项的规定，判决如下：

驳回上诉，维持原判。

一、二审案件受理费各50元，均由张铁军负担。

32. 小说《一百个人的十年》著作权侵权纠纷案
——李振盛诉冯骥才、时代文艺出版社、
北京牧童之春文化发展有限公司

原告（被上诉人）：李振盛
被告（上诉人）：冯骥才
被告（原审被告）：时代文艺出版社
被告（原审被告）：北京牧童之春文化发展有限公司
案由：侵犯著作权纠纷

原审案号：北京市第二中级人民法院（2004）二中民初字第 7486 号
原审合议庭成员：邵明艳、何暄、张晓津
原审结案日期：2004 年 12 月 17 日
二审案号：北京市高级人民法院（2005）高民终字第 314 号
二审合议庭成员：刘辉、张冬梅、岑宏宇
二审结案日期：2005 年 5 月 27 日

判决要旨

被告明知其文字作品在出版时要使用插图，并且在人民法院生效判决已经认定其同一文字作品的不同版本中的插图未经许可使用了原告摄影作品的情况下，仍然未尽注意义务，任由出版商、发行商选用原告享有著作权的摄影作品作为插图使用，应与未尽审查义务的出版商、发行商共同承担侵权的民事责任。

起诉与答辩

原告李振盛诉称：2003 年 7 月，在冯骥才著、时代文艺出版社出版、北京牧童之春文化发展有限公司（以下简称牧童之春公司）策划编辑的《一百个人的十年》（插图本）中，未经原告许可，使用了由原告享有著作权的 4 幅照片，其中 2 幅在 10 年前就曾因涉及侵权被原告起诉。被告的上述行为侵犯了原告对其作品享有的发表权、署名权、修改权、保护作品完整权和获得报酬权，故原告请求法院判令被告：1. 停止侵权行为；2. 恢复原告的署名权；3. 赔偿经济损失 4 万元和精神损失 1 万元；4. 支付本案诉讼费和相关费用；

5. 在《光明日报》、《新闻出版报》、《南方周末》上赔礼道歉、消除影响。

被告时代文艺出版社未答辩，经法院合法传唤也未到庭参加诉讼。

被告冯骥才辩称：我作为《一百个人的十年》（插图本）一书的文字作者对书中的图片未曾审查过，在法律上亦无审查义务，根据法院的相关判决，对此情形我不承担任何法律责任，故请求法院驳回原告的诉讼请求。

被告牧童之春公司辩称：《一百个人的十年》（插图本）由我公司策划，并与时代文艺出版社共同发行。由于工作上的疏忽，对照片未尽审查义务，造成对李振盛的侵权，我公司愿意承担相应责任，与冯骥才无关。因与原告协商未果，故请求法院驳回原告的诉讼请求。

原审查明事实

原审法院经审理查明：原告李振盛在"文革"期间拍摄了部分照片，并在相关刊物上予以发表，其中包括"批斗四类分子"、"群众斗群众"、"给黑龙江省长李范五剃鬼头"和"批斗和尚"4 幅照片。

被告冯骥才所著《一百个人的十年》一书属于"文革"题材的图书，该书曾于 1991 年由江苏文艺出版社出版，书中含有少量插图。后该书作为"中国小说五十强"图书由时代文艺出版社于 2001 年 8 月第一次出版，共计 3 000 册，书中不含插图。涉案争议的《一百个人的十年》（插图本）系由时代文艺出版社出版的《一百个人的十年》的第二版，并由被告牧童之春公司参与策划发行。2003 年 6 月，被告时代文艺出版社与冯骥才签订了该书的出版合同，双方在合同条款中约定了图书选用的插图版权问题由出版社解决。

《一百个人的十年》（插图本）一书于 2003 年 7 月出版，并由牧童之春公司和时代文艺出版社共同发行，印数 5 000 册，每册定价 28 元。在该书的第 80 页、第 82 页、第 88 页和第 350 页，未经李振盛许可使用了其拍摄的 4 幅涉案照片，且未予署名。诉讼中，李振盛主张被告在使用其照片时，对"批斗四类分子"、"群众斗群众"和"批斗和尚"3 幅照片进行了裁剪，侵犯了其对作品享有的修改权和保护作品完整权。

原告李振盛在诉讼中主张被告赔偿其经济损失 4 万元和精神损失 1 万元，但其未提交相应证据予以证明。双方当事人均未提供《一百个人的十年》（插图本）一书销售情况的证据。原告在诉讼中还主张被告赔偿其因诉讼支出的合理费用 311 元。

另查，在江苏文艺出版社出版的《一百个人的十年》一书中，未经李振盛许可使用了李振盛已发表的"给黑龙江省长李范五剃鬼头"和"批斗和尚"2 幅照片，就此，李振盛曾于 1993 年 12 月起诉冯骥才和江苏文艺出版社侵犯了其著作权。该案经江苏省高级人民法院终审判决，认定冯骥才作为《一百个人的十年》一书的文字作者，对书中使用插图的情况无法定的审核义务，因此不承担法律责任。

原审审理结果

原审法院认为：依据我国《著作权法》的相关规定，原告李振盛对其拍摄的涉案摄影作品依法享有的著作权受法律保护。

根据本案查明的事实，涉案《一百个人的十年》（插图本）一书中，使用了原告李振盛享有著作权的涉案 4 幅摄影作品，且未予署名，亦未支付稿酬，对李振盛所享有的上述摄影作品的署名权、复制权、发行权及获得报酬权构成了侵害。按照我国《著作权法》的规定，修改权应由著作权人行使或由其授权他人行使。在《一百个人的十年》（插图本）一书中，被告对所使用的 3 幅涉案照片擅自进行了裁剪，构成对李振盛对涉案照片所享有的修改权的侵犯。

被告时代文艺出版社未尽法定的合理注意义务，应对其出版、发行涉案《一百个人的十年》（插图本）一书造成的对李振盛享有的涉案 4 幅摄影作品的署名权、复制权、发行权、修改权及获得报酬权的侵害承担相应的民事责任。

被告牧童之春公司作为涉案《一百个人的十年》（插图本）一书的策划并与时代文艺出版社联合发行，其行为性质视同时代文艺出版社，其对该书亦应承担合理的注意义务。现其认可未对涉案《一百个人的十年》（插图本）一书使用涉案照片尽到相应的审查注意义务，对上述侵权行为所造成的侵害后果，其应与时代文艺出版社共同承担民事责任。

被告冯骥才系《一百个人的十年》（插图本）一书的作者，虽其主张只是该书文字作者，并与时代文艺出版社在出版合同中约定该书选用的插图版权问题由出版社解决，但该合同双方的上述约定不能对抗所涉插图照片的权利人；且江苏文艺出版社在出版《一百个人的十年》时，李振盛曾与其就所著图书使用的照片产生诉讼，江苏省高级人民法院民事判决书对此进行了处理，其应对所著图书使用插图照片涉嫌侵权有所警示；现其就相同文字作品《一百个人的十年》（插图本）再次出版，并仍然选用了李振盛享有著作权的照片，且未经许可，未予署名，虽照片由时代文艺出版社及牧童之春公司选取，但冯骥才作为《一百个人的十年》（插图本）出版合同一方的作者，其此时对该书使用涉案照片的行为具有主观过错。综上，对涉案侵权行为，冯骥才应当与时代文艺出版社和牧童之春公司共同承担民事责任。

依据我国《著作权法》规定，保护作品完整权，是指保护作品不受歪曲、篡改的权利。著作权人有权保护其作品的完整性，保护其作品不被他人丑化，不被他人作违背其思想的删除、增添或者其他损害性的变动。本案中，涉案 4 幅照片并未对作品主要内容进行改动，亦未产生歪曲、篡改涉案作品的客观后果，未破坏涉案作品的完整性，因此，本案原告主张涉案 4 幅图片侵犯其对作品享有的保护作品完整权的主张，依据不足，本院不予支持。

原告李振盛请求法院判令被告承担停止侵权、赔礼道歉、消除影响、赔偿经济损失及因本案诉讼支出的合理费用的诉讼主张，理由正当，本院予以支持。关于赔礼道歉、消除影响的方式，本院将综合考虑被告侵权的方式、范围和主观过错程度等因素予以确定。关于赔偿经济损失的数额问题，原告请求被告共同赔偿经济损失 4 万元，但其未能提交相应证据予以证明。本院将根据本案的具体情况，参考相关作品使用的付酬标准，综合考虑被告侵权的方式、范围和主观过错程度及原告因本案诉讼支出费用的合理部分等因素，酌情确定被告赔偿原告经济损失的数额。鉴于责令本案被告公开承担赔礼道歉、消除影响的民事责任足以弥补原告李振盛由涉案侵权行为所受到的精神损失，故对于李振盛请求被告承担赔偿精神损失的主张，本院不予支持。

综上，依照《中华人民共和国民事诉讼法》第一百三十条，《中华人民共和国著作权法》第十条第一款第（二）项、第（三）项、第（四）项、第（五）项、第（六）项、第二款、第四十七条第（一）项、第四十八条的规定，判决如下：

一、冯骥才、时代文艺出版社和北京牧童之春文化发展有限公司于本判决生效之日起，停止在其出版、发行的《一百个人的十年》（插图本）一书中使用涉案 4 幅摄影作品；

二、冯骥才、时代文艺出版社和北京牧童之春文化发展有限公司于本判决生效之日起 30 日内，就涉案侵权行为在《新闻出版报》上刊登向李振盛赔礼道歉的声明（内容须经本院核准，逾期不履行，本院将在一家全国发行的报纸上刊登本判决内容，所需费用由冯骥才、时代文艺出版社和北京牧童之春文化发展有限公司共同负担）；

三、冯骥才、时代文艺出版社和北京牧童之春文化发展有限公司于本判决生效之日起 10 日内，赔偿李振盛经济损失 4 800 元，赔偿李振盛因本案诉讼支出的合理费用 100 元；

四、驳回李振盛的其他诉讼请求。

冯骥才不服原审判决，提起上诉，理由是：1. 其没有权利和义务选取照片，事实上也没有参与照片的选取，故对照片选用中存在的侵权问题不应承担责任。2. 其仅仅是该书文字部分的作者，对书中使用照片没有法定的审查义务。3. 一审判决将其列为第一被告，极为不当。4. 书籍的出版、发行是出版社的行为，一审判决判令其停止出版发行侵权图书是错误的。请求二审法院：撤销原审判决中对冯骥才的判决，驳回李振盛对冯骥才的全部诉讼请求；由李振盛承担二审相关诉讼费用。

李振盛、时代文艺出版社、牧童之春公司服从原审判决。

二审查明事实

二审法院认定原审查明事实，另查明：北京市工商行政管理局根据 2004 年 9 月 2 日京工商兴处字［2004］第 1605 号行政处罚决定书，于 2004 年 11 月 13 日吊销了牧童之春公司的营业执照。

二审审理结果

二审法院认为：

冯骥才为《一百个人的十年》（插图本）一书的作者，明知该书出版时要使用插图。该书的文字内容与所选配的插图具有较为密切的联系，插图内容构成全书的有机组成部分并对文字内容有一定的影响，该书的插图与文字内容一起成为该书的一个整体。作为该书的作者，冯骥才应对该书的出版所产生的法律问题负有责任。因此，无论其事实上是否参与过选用照片的工作，冯骥才均应对其所著图书中使用插图的著作权问题负有注意义务。冯骥才关于依据图书出版合同其没有权利和义务选取照片，也没有参与照片的选取工作，其仅仅是文字作者，对涉案图书使用照片的著作权问题不负有审查义务的上诉主张，没有法律依据，本院不予支持。

涉案图书是由冯骥才授权时代文艺出版社出版发行的，在该书存在侵权内容的情况下，授权者与出版发行者应共同停止侵权行为。故冯骥才关于原审判决判令其停止出版发行侵权图书是错误的上诉主张，亦缺乏事实和法律依据，本院不予支持。

综上，原审判决认定事实清楚，适用法律正确。冯骥才的上诉理由不能成立，对其上诉请求不应支持。依据《中华人民共和国民事诉讼法》第一百五十三条第一款第（一）项之规定，判决如下：

驳回上诉，维持原判。

一审案件受理费 2 010 元，由李振盛负担 510 元，由冯骥才、时代文艺出版社和北京牧童之春文化发展有限公司共同负担 1 500 元；二审案件受理费 2 010 元，由冯骥才负担。

33. "书生之家数字图书馆"著作权侵权纠纷案

——郑成思诉北京书生数字技术有限公司

原告（被上诉人）：郑成思
被告（上诉人）：北京书生数字技术有限公司
案由：侵犯著作权纠纷

原审案号：北京市海淀区人民法院（2004）海民初字第 12509 号
原审合议庭成员：靳学军、宋鱼水、李东涛
原审结案日期：2004 年 12 月 20 日
二审案号：北京市第一中级人民法院（2005）一中民终字第 3463 号
二审合议庭成员：赵静、彭文毅、邢军
二审结案日期：2005 年 6 月 10 日

判决要旨

虽然书生公司对作品的使用范围、方式进行了必要的限制，但书生公司系以营利为目的的企业，书生之家数字图书馆亦非公益性图书馆，书生之家数字图书馆对作品新作的 3 人以上不能同时在线阅读及只能拷屏下载的限制，并不构成著作权法意义上对作品的合理使用。

起诉与答辩

原告郑成思诉称：2004 年 3 月初，我发现北京书生数字技术有限公司（以下简称书生公司）在其建立并管理的"书生之家数字图书馆"网站（www.21dmedia.com）上，未经授权使用了我的多部作品，侵犯了我的著作权，故诉至法院，请求判令书生公司：1. 停止侵权；2. 在指定的报刊及网络上刊登致歉声明；3. 赔偿我经济损失 196 475 元；4. 负担我支出的公证费1 500 元；5. 负担我的律师费 5 000 元。

被告书生公司辩称：我公司从未在自己的网站上刊登郑成思的作品，不应承担侵权责任。请求驳回其全部诉讼请求。

原审查明事实

一审法院经审理查明：

1. 关于郑成思所主张的作品。

郑成思提交了以下证据：

郑成思主编：《知识产权文丛》（第一卷），中国政法大学出版社出版，1999 年 1 月第 1 版，342 千字，印数 4 000 册，定价 24 元，其中郑成思撰写《两个新的版权条约初探》及前言；

郑成思主编：《知识产权文丛》（第二卷），中国政法大学出版社出版，1999 年 9 月第 1 版，377 千字，印数 3 000 册，定价 23 元，其中郑成思撰写前言；

郑成思主编：《知识产权文丛》（第三卷），中国政法大学出版社出版，2000 年 1 月第 1 版，437 千字，印数 3000 册，定价 29 元，其中郑成思撰写《对 21 世纪知识产权研究的展望（代前言）》；

郑成思主编：《知识产权文丛》（第四卷），中国政法大学出版社出版，2000 年 7 月第 1 版，438 千字，印数 3000 册，定价 32 元，其中郑成思撰写前言及《世界贸易组织与中国知识产权法》；

郑成思主编：《知识产权价值评估中的法律问题》，法律出版社出版，1999 年 12 月第 1 版，252 千字，印数 4 000 册，定价 19 元，其中郑成思撰写第一章、第二章第二、三、四、五节、第四章；

郑成思、韩秀成主编：《知己知彼打赢知识产权之战——中国"入世"知识产权纵横谈》，知识产权出版社出版，2000 年 4 月第 1 版，276 千字，印数 5 000 册，定价 22 元，其中郑成思撰写《知识产权"入世"的背景及其在 WTO 中的地位》、《TRIPs 规则及我国法规与 TRIPs 协议的差距》；

韩秀成出具转让声明，表示将其对《知己知彼打赢知识产权之战——中国"入世"知识产权纵横谈》享有的主编权利转让给郑成思；

郑成思等著：《中国民事与社会权利现状》，昆仑出版社出版，2001 年 1 月第 1 版，310 千字，印数 5 000 册，定价 20 元，其中郑成思撰写《知识产权保护：起步较迟的中国学者研究之路》；

郑成思著：《WTO 知识产权协议逐条讲解》，中国方正出版社出版，2001 年 1 月第 1 版，218 千字，印数 5 000 册，定价 13.60 元；

郑成思著：《知识产权法》（第二版），法律出版社出版，2003 年 1 月第 2 版，462 千字，定价 29.50 元。

书生公司对上述证据无异议。

2. 关于书生公司使用郑成思作品的情况。

为证明书生公司将本案所涉作品非法复制并在其网站上传播，郑成思提交了《（2004）京二证字第 09065 号公证书》（以下简称《09065 号公证书》）。该公证书就 2004 年 3 月 30 日的事项记载为：

（1）打开 IE 浏览器，在地址栏输入 "www.21media.com"，进入该网站页面，点击 "下载阅读器"，进入下一页面；在该页面点击 "书生阅览器4.1build1088（完整版）"，下载并保存到桌面，文件名显示为 "infull"；

（2）关闭 IE 浏览器，回到桌面，双击 "infull"，在随后弹出的对话框中点击 "确定"，"书生阅览器" 安装完毕。

就 2004 年 3 月 31 日的事项记载为：

点击 IE 浏览器，在地址栏输入 "www.21media.com"，进入该网站页面，用户名栏显示 "guest"，在密码栏输入 "guest"，点击 "登录"，进入下一页面；在检索栏的右项输入 "郑成思"，检索栏的左项选择 "作者"，并点击"检索"，将该网页进行打印，获得实时打印的第 1 页（在该公证书中编号为第 015 页）。

经查，该页面左上方标明 "www.21dmedia.com"、"书生之家镜像站点2.1 版"，正上方标有 "书生之家数字图书馆"，检索结果共 8 本图书，作者均为郑成思，开本为 32。根据序号排列：①《知识产权文丛》（第 3 卷）、②《知识产权文丛》（第 1 卷）、③《中国民事与社会权利现状》、④《WTO知识产权协议逐条讲解》、⑤《知识产权文丛》（第 4 卷）、⑥《知己知彼打赢知识产权之战——中国 "入世" 知识产权纵横谈》、⑦《知识产权价值评估中的法律问题》、⑧《知识产权文丛》（第 2 卷）。

根据公证书的记载，通过点击图书名称后的 "全文"，并进行拷屏操作，可以打印出上述图书的内容，记载于公证书第 016～055 页。上述 8 部图书中，只有第⑦、⑧部在其实时打印的页面上端阅读器栏显示为 "烟台市图书馆专用"，其他均显示为 "北京书生数字技术有限公司专用"。

书生公司对该公证书的真实性和所要证明的内容均表示了异议，认为公证书中记载的域名和网页不是本公司的，如第 52 页中显示是烟台市图书馆专用，公证书中的域名与打印的页面内容不符。

郑成思向法庭出示了北京市第二公证处 2004 年 10 月 18 日出具的《关于补正 "（2004）京二证字第 09065 号公证书" 的说明》，该说明称 "因公证人员制作公证书时，打字、排版疏忽，致使上述公证书出现漏字，现更正如下"，更正的内容主要是两个：一是将原公证书中的网址更正为"www.21dmedia.com"；二是对打印步骤做了更正。

郑成思认为，烟台市图书馆与书生公司是主站和镜像站的关系，烟台市图书馆所出现的内容完全是书生公司主页的内容，公证书是通过拷屏、粘贴的形式所反映出来的情况，内容就是书生公司网站上的。书生公司认可其为烟台市图书馆提供服务，但认为没有证据证明烟台市图书馆与书生公司是镜像站关系。

关于郑成思著《知识产权法》（第二版），原告郑成思称曾在书生公司的网站上打开过，书生公司认为此书在公证书中没有出现，故与本案无关。

3. 关于书生公司的经营方式。

书生公司提出，自己的经营模式与其他有相似业务的公司完全不同，其不对公众提供服务，而是专营与数字图书相关的技术研发与加工服务；将客户定位于图书馆等，帮助他们建设数字化图书馆；其"www.21dmedia.com"网站中的图书阅读功能从不对公众开放，其页面仅是对公众宣传。为此，书生公司提供了以下证据：

（1）由中国出版工作者协会电子与网络出版工作委员会、国杰老教授科技咨询开发研究院、大连海事大学图书馆、山西农业大学图书馆、北京中文在线文化发展有限公司分别出具的5份《证明》，证明书生公司书生之家网站未对社会公众开放阅读；

（2）签章为北京市科学技术委员会科技成果鉴定专用章的鉴字〔2002〕第028号《科学技术成果鉴定证书》，在证书的鉴定意见中称，书生数字图书馆系统"采用了自主开发的数字版权保护技术，利用专用服务器和专用客户端实现三重加密保护，使数字馆藏只能被合法用户阅读，而不能下载"；

（3）《（2004）长证内经字第11624号公证书》及公证费发票，互联网上一篇名为《电子图书、是宝藏谁能打开》的文章；

（4）2004年6月25日高等教育出版社《教材周刊》、2003年5月28日《科学时报——中关村周刊》、2003年5月22日《中关村科技园区》、2001年10月20日《电子商务》、2002年4月30日《北京青年报》、2003年4月7日《计算机世界》、2003年6月4日《中华读书报》、2003年4月30日《中国新闻出版报》，上述报刊均有关于书生公司与数字图书馆的文章。

对上述证据，郑成思认为，出具证明相关单位是否存在、公章的真伪等均无法证明，且这些单位对书生公司是否对公众开放也没有资格进行证明，亦没有相关的证人到庭作证，此外，这几个单位与书生公司有利害关系。对于相关的媒体报道，郑成思认为其证明了书生公司的内容是对公众开放的。

郑成思还提交了《（2004）京二证字第20931号公证书》，内容为"书生之家数字图书馆"的介绍及使用说明等相关网页，以证明书生公司在其书生之家网站上使用了图书作品，书生公司对公证书真实性无异议，但认为其与郑成思之主张无关联性。

书生公司还提出，其技术模式完全类似于在图书馆中的阅览室的阅读模式，使有权浏览的读者用拷屏以外的任何方法都不能保存或传播所浏览的图书。而采用拷屏的方式保存并传播作品的可行性几乎不存在。同时"书生之家数字图书馆"技术平台最多只允许 3 人同时阅读一本书，符合美国《千年数字法案》的有关规定。因此，其未侵犯郑成思的著作权。为此，书生公司向法庭提交了《（2004）长证内经字第 12757 号公证书》和《（2004）长证内经字第 12758 号公证书》，分别为公证员依书生公司的申请在北京联合大学文理学院图书馆电子阅览室和中国矿业大学北京校区图书馆电子阅览室就电脑的浏览和使用进行的公证，并制作成 DVD 光盘。郑成思认为，光盘内容只能证明在同一场合同一时间不能 3 人以上阅读，但不能证明其他读者在同一时间不同场合进行阅读的情况，且其中的作品都是书生公司未经作者授权销售给客户的。

另外，2004 年 10 月 21 日，在本案开庭审理前，本院主持双方当事人进行了勘验：打开 IE 浏览器，键入域名 "http：//www. shusheng. cn" 后回车，进入书生公司的 "书生网"，在左侧栏目选中 "下载浏览器"，下载后安装该阅览器，点击上侧的 "客服中心"，在地址栏中键入域名 "http：//www. 21dmedia. com" 后回车，在书生网站最上方栏目选择中选中 "数字图书馆"，再选中其下拉菜单中的 "书生之家数字图书馆" 后点击左键，在左上方用户名处键入 "shusheng"，密码处键入 "shusheng"，点击登录后显示登录成功，在左上方的 "检索栏" 中键入书名 "知识产权办案参考"，点击 "检索"后显示：序号 1；图书名称知识产权办案参考：第 2 辑；作者中国社会科学院知识产权中心；出版机构中国方正出版社；开本 32。可翻看全文，包括该书封面及全部内容。

经查，书生公司成立于 2001 年 6 月 15 日，企业性质为有限责任公司，经营范围为制作电子出版物、互联网信息服务等。该公司开办有书生之家数字图书馆网站（网址为 http：//www. 21dmedia. com），有书生公司的企业法人营业执照和书生数字图书馆简介为证。

4. 关于损失的计算。

关于赔偿计算方法，郑成思称参考了国家版权局文字作品报酬规定中关于稿费的规定，原创部分以每千字 100 元计算，主编部分按照每千字 50 元计算。书生公司对郑成思的计算方法表示异议，认为应当考虑其作品的发行量、主编在作品中的地位等问题。本案在审理过程中，经对公证书中所列作品进行核对，双方当事人认可郑成思撰写总字数为 344.85 千字，主编的总字数为 2 122

千字。书生公司认为郑成思主编的总字数中有 330 千字是法规，其不能主张权利。

另查，郑成思为诉讼支付了律师费 5 000 元，公证费 1 500 元，有委托代理协议、发票予以证明。

原审审理结果

原审法院认为：郑成思作为本案所涉作品的署名作者或主编，依法享有涉案作品的著作权。根据我国《著作权法》的规定，著作权包含复制权、发行权和信息网络传播权等权利。任何人未经著作权人许可，复制、发行或网络传播其作品，均构成对他人著作权的侵害，除非有法律规定的例外情形。郑成思提交的《（2004）京二证字第 09065 号公证书》（简称《第 09065 号公证书》）在记载保全过程中，输入的网址 www.21media.com 与书生公司开办的书生之家网站的网址 www.21dmedia.com 相差一个字母"d"，但公证机关对此进行了补正，明确所输入的网址为 www.21dmedia.com。虽然在公证书中实时打印的页面上端阅读器栏显示为烟台市图书馆专用，但书生公司为包括烟台市图书馆在内的图书馆提供服务，也承认其依据用户要求将作品数字化，并存储在本公司的数据库内。可见，公证书的内容与书生公司的经营具有关联性。书生公司对公证书提出异议，但无相反证据证明，故法院确认在书生之家网站上可以检索到第 09065 号公证书中所列的 8 本图书作品并进行全文浏览的事实成立。

书生公司称除"非典"时期外，其网站从未向社会开放过，但依第 09065 号公证书的内容及法院现场勘验的事实，在不同时间、不同地点，不特定的人可以通过下载"书生阅读器"软件登录网站接触书生之家网站上的作品，郑成思提交的《（2004）京二证字第 20931 号公证书》（简称《第 20931 号公证书》）的内容也说明了这一点，故对书生公司提交的其未向社会开放的相关证明，法院不予采信。

书生公司意图举证证明其对作品的使用范围、方式进行了必要的限制，如提出同时只能有 3 人阅览及只能以拷屏的方式下载和保存等，但从查明的事实看，这些限制并未从实质上降低作品被任意使用的风险，亦未改变其未经著作权人许可而使用他人作品的行为性质。传统意义上的公益性图书馆，因为其物质条件的有限性及使用规则的可靠性导致对著作权影响的有限性，及其投资来源的公共性导致公共利益与私人利益一定程度的一致性，具备了对著作权进行限制的可能性。显然，书生公司无论在企业性质、经营方式、经营目的及对作者利益的影响上均与图书馆不同。故书生公司以其经营方式和限制措施作为否认侵权的理由，法院不予采信。但法院将把此作为侵权情节予以考虑。

互联网为作品传播提供了更广阔更便利的空间，相应也给作品的使用提供了便利和自由，但这种便利和自由并不意味着没有限制，而仍需遵循法律、尊重他人权利。书生公司在未经郑成思许可的情况下，在互联网上向公众提供郑成思享有著作权的作品，以非法方式造成网络传播作品的事实，违背了著作权人的意志，构成对郑成思作品的信息网络传播权的侵犯，应当停止侵权并公开向郑成思致歉，对其侵权行为给权利人造成的损害亦应予以赔偿。由于郑成思未提供其实际损失或侵权人违法所得的相关证据，故法院将根据书生公司侵权行为的情节等因素依法确定具体赔偿额。郑成思因本案支出的公证费及律师费均系书生公司侵权行为所致，数额合理，书生公司应一并赔偿。依据《中华人民共和国著作权法》第十条第一款第（十二）项、第四十七条第（一）项、第四十八条的规定，原审法院判决如下：

一、自本判决生效之日起，书生公司停止使用《知识产权文丛》（第一卷）、《知识产权文丛》（第二卷）、《知识产权文丛》（第三卷）、《知识产权文丛》（第四卷）、《知识产权价值评估中的法律问题》、《知己知彼打赢知识产权之战——中国"入世"知识产权纵横谈》、《中国民事与社会权利现状》、《WTO知识产权协议逐条讲解》及上述作品中郑成思所撰写的内容；

二、本判决生效之日起30日内，书生公司在《法制日报》上刊登向郑成思致歉的声明，致歉内容须经法院审核，逾期不履行，法院将在该报上刊登判决书的主要内容，费用由书生公司负担；

三、本判决生效之日起10日内，书生公司赔偿郑成思经济损失及因本案支出的合理费用56 500元。

书生公司不服原审判决，提起上诉称：1.《第09065号公证书》的内容是伪造的，不具有证据效力。该公证书载明的两次进入的网址均为www.21media.com，事隔半年多后，公证员却称"因打字、排版疏忽，致使公证书出现漏字"，将网址改为www.21dmedia.com。而www.21dmedia.com网站在公证期间根本不对公众开放图书阅读，用公证书所述操作步骤根本进不了该网站读书。同时，该公证书对其所附的作品网页内容进行了人为的裁剪，打印出来的检索页面也不是同一域名，且补正说明亦承认该公证书因打字、排版疏忽存在大量错误而予以更正。故该公证书的内容是伪造的。2.原审法院的庭前勘验不合法，勘验结果证明我公司没有从事网络传播行为。法院现场勘验结果证明必须有账号、密码才能进入www.21dmedia.com网站读书，而我公司没有向社会公众公布有关账号、密码。3.我公司的网站不对公众开放读书，没有从事网络传播行为。我公司提供的包括公证书在内的大量证据证明我公司的网站是不对公众开放读书的，而原审法院却不予采信。4.《第20931号公证书》与本案无关。5. "书生之家网站"与"书生之家数字图书馆"是截然不同的。所谓"书生之家数字图书馆"其实是一套用来建设数字图书馆的解决方案。书生公司自己并没有开数字图书馆，"书生之家网站"（www.21dmedia.com）只是宣传介绍的网站，并不是数字图书馆，原审判决虚构了一个并不存在的"书生之家数字图书馆网站"。6. 原审判决的赔偿数额没有法律依据。我公司开发的数字图书馆技术平台将在线浏览人数限制为 3 人，即使构成侵权，也应以此作为赔偿金额，不再适用法官自由裁量权。7. 原审判决在诉讼费的承担上明显认定不当。原审法院认定的数额不足诉讼请求的一半，却判我公司承担全部诉讼费，不符合法律规定。综上，我公司认为原审判决认定事实错误，适用法律不当，请求法院依法撤销原审判决，驳回郑成思的诉讼请求。

郑成思服从原审判决。

二审查明事实

二审法院经审理查明：

1999 年 1 月，中国政法大学出版社出版郑成思主编的《知识产权文丛》（第一卷）第 1 版，字数 342 千字，印数 4000 册，定价 24 元，其中郑成思撰写"两个新的版权条约初探"及前言。

1999 年 9 月，中国政法大学出版社出版郑成思主编的《知识产权文丛》（第二卷）第 1 版，字数 377 千字，印数 3 000 册，定价 23 元，其中郑成思撰写前言。

2000 年 1 月，中国政法大学出版社出版郑成思主编的《知识产权文丛》（第三卷）第 1 版，字数 437 千字，印数 3 000 册，定价 29 元，其中郑成思撰写"对 21 世纪知识产权研究的展望（代前言）"。

2000 年 7 月，中国政法大学出版社出版郑成思主编的《知识产权文丛》（第四卷）第 1 版，字数 438 千字，印数 3 000 册，定价 32 元，其中郑成思撰写前言及"世界贸易组织与中国知识产权法"。

1999 年 12 月，法律出版社出版郑成思主编的《知识产权价值评估中的法律问题》第 1 版，字数 252 千字，印数 4 000 册，定价 19 元，其中郑成思撰写第一章、第二章第二、三、四、五节、第四章。

2000 年 4 月，知识产权出版社出版郑成思、韩秀成主编的《知己知彼打赢知识产权之战——中国"入世"知识产权纵横谈》第 1 版，字数 276 千字，印数 5 000 册，定价 22 元，其中郑成思撰写"知识产权"入世"的背景及其在 WTO 中的地位"、"TRIPs 规则及我国法规与 TRIPs 协议的差距"。韩秀成出具转让声明，表示将其对《知己知彼打赢知识产权之战——中国"入世"知识产权纵横谈》享有的主编权利转让给郑成思。

2001 年 1 月，昆仑出版社出版郑成思等著的《中国民事与社会权利现状》第 1 版，字数 310 千字，印数 5 000 册，定价 20 元，其中郑成思撰写《知识产权保护：起步较迟的中国学者研究之路》。

2001 年 1 月，中国方正出版社出版郑成思著的《WTO 知识产权协议逐条讲解》第 1 版，字数 218 千字，印数 5 000 册，定价 13.60 元。

2000 年 4 月 3 日，北京书生科技有限公司通过厦门精通科技实业有限公司注册国际域名"www.21dmedia.com"。

2001 年 6 月 15 日，书生公司依法成立，经营范围为制作电子出版物、互联网信息服务等。书生公司印制的《书生数字图书馆》简介载明其网站为"www.21dmedia.com"及"www.shusheng.net"。

2004 年 4 月 12 日，北京市第二公证处出具《第 09065 号公证书》。该公证书就 2004 年 3 月 30 日公证员操作计算机进行证据保全的事项记载为：一、打开 IE 浏览器，在地址栏输入"www.21media.com"，进入该网站页面，点击"下载阅览器"，进入下一页面；在该页面点击"书生阅读器4.1build1088（完整版）"，下载并保存到桌面，文件名显示为"infull"；二、关闭 IE 浏览器，回到桌面，双击"infull"，在随后弹出的对话框中点击"确定"，"书生阅览器"安装完毕。就 2004 年 3 月 31 日公证员操作计算机进行证据保全的事项记载为：点击 IE 览器，在地址栏输入"www.21media.com"进入该网站页面，用户名栏显示"guest"，在密码栏输入"guest"，点击"登录"，进入下一页面；在检索栏的右项输入"郑成思"，检索栏的左项选择"作者"，并点击"检索"，将该网页进行打印，获得实时打印的第 1 页，在该页的左上方标明"www.21dmedia.com"、"书生之家镜像站点 2.1 版"，正上方标有"书生之家数字图书馆"，检索结果共涉及作者均为郑成思的以下 8 本图书：1.《知识产权文丛》（第 3 卷）；2.《知识产权文丛》（第 1 卷）；3.《中国民事与社会权利现状》；4.《 WTO 知识产权协议逐条讲解》；5.《知识产权文丛》（第 4 卷）；6.《知己知彼打赢知识产权之战——中国"入世"知识产权纵横谈》；7.《知识产权价值评估中的法律问题》；8.《知识产权文丛》（第 2 卷）。根据该公证书的记载，通过点击图书名称后的"全文"，并进行拷屏操作，可以打印出上述图书的内容。该公证书所附的实时打印页中，只有上述序号为 7、8 的图书的封面、目录及封底打印页的上端显示为"烟台市图书馆专用"，其他图书的封面、目录及封底打印页的上端阅读器栏均显示为"北京书生数字技术有限公司专用"。

2004 年 10 月 18 日，北京市第二公证处出具《关于补正"（2004）京二证字第 09065 号公证书"的说明》（简称为《补正说明》），称因公证人员制作公证书时，打字、排版及编页疏忽，致使上述公证书出现漏字以及对实时打印页的打印过程表述不当，故将"www.21media.com"更正为"www.21dmedia.com"，并对实时打印页的打印步骤进行了更正。

在原审法院审理过程中，双方当事人对涉案图书进行核对后，确认郑成思撰写的总字数为 344.85 千字，郑成思主编的总字数为 2 122 千字。郑成思认可书生公司提供的 DVD 光盘仅能证明同一图书在同一场合同一时间不能 3 人以上阅读，但不能证明在同一时间不同场合下不能 3 人以上阅读的事实。书生公司承认自己为包括烟台市图书馆在内的图书馆提供服务，依据用户要求将作品数字化，并存储在本公司的数据库内。

郑成思为本案支付了律师费 5 000 元，公证费 1 500 元。

在二审审理过程中，书生公司为证明《09065 号公证书》的真实性和公证程序存在问题，还提交了《专家鉴定意见书》；为证明"Ytlib.sd.cn"网站注册者为烟台市图书馆及"shusheng"账号仅供公司内部员工使用，书生公司提交了《（2005）长证内经字第 2616 号公证书》及"shusheng"账号开通邮件。

二审审理结果

二审法院认为：郑成思作为涉案图书的署名作者或主编，依法享有涉案作品的著作权，该著作权包括复制权、发行权和信息网络传播权等权利。除法律另有规定外，任何单位或个人未经著作权人许可，复制、发行或通过信息网络向公众传播其作品，依法应承担停止侵害、消除影响、赔礼道歉、赔偿损失等民事责任。

《中华人民共和国行政复议法》第二十一条规定，行政复议期间具体行政行为不停止执行，法律另有规定除外。《第 09065 号公证书》系北京市第二公证处作出的具体行政行为，该公证书虽然存在瑕疵，但该瑕疵系公证员在制作公证书时打字排版失误所造成，公证机关已出具《补正说明》对《第 09065 号公证书》所涉域名及实时打印页的打印步骤进行了说明及更正。由查明事实可知，《补正说明》更正后的域名与《第 09065 号公证书》实时打印的第一页左上方载明的域名相同，均为"www.21dmedia.com"域名。这一事实足以说明北京市第二公证处出具《补正说明》完全出于对公证保全证据的负责，其将该公证书所表述的错漏字母"d"的域名及对公证书实时打印页的打印步骤所作的调整并未影响该公证书的实质内容及其真实性，故该《补正说明》与公证书均具有同等的法律效力。书生公司就该公证书及《补正说明》的真实性、合法性向北京市司法局提起的行政复议，依法不影响本院依据现有证据对该公证书及《补正说明》的法律效力进行认定。

《最高人民法院关于民事诉讼证据的若干规定》第九条规定，已为有效公证文书所证明的事实，当事人无须举证证明，有相反证据足以推翻的除外。《第09065号公证书》及《补正说明》的相关内容表明公众键入"www.21dmedia.com"域名即进入书生之家网站，下载并安装书生阅览器后，输入"guest"用户名和密码，以作者"郑成思"名字检索到涉案图书，并可以浏览或以拷屏方式下载图书全文。《第20931号公证书》的相关内容表明公众在互联网上能够阅读"书生之家数字图书馆"的使用说明，从而了解进入"书生之家数字图书馆"的用户名、密码，浏览并拷屏下载图书全文，佐证了《第09065号公证书》及《补正说明》所载明的上述事实。原审法院组织双方当事人勘验的情况，表明公众在互联网上按照"书生之家数字图书馆"使用说明操作即可在"书生之家网站"上浏览该网站上的作品，亦佐证了上述公证事实。书生公司提交的专家鉴定意见书，系其自行邀请专家鉴定，在郑成思不予认可的情况下，其效力不能推翻上述公证事实。书生公司提交的《（2005）长证内经字第2616号公证书》及"shusheng"账号开通邮件不能推翻《第09065号公证书》所证明的"书生之家数字图书馆"对公众开放的事实。综上，书生公司的现有证据均不足以推翻《第09065号公证书》及《补正说明》的真实性和合法性，且不足以推翻"书生之家数字图书馆"对公众开放的公证事实，因此，书生公司关于《第09065号公证书》的内容是伪造的，不具有证据效力及"书生之家网站"未向社会开放的抗辩理由，缺乏事实和法律依据，本院不予支持。

虽然"www.21dmedia.com"并非书生公司注册的域名，但书生公司的简介及书生之家网站的版权声明均表明书生公司系"书生之家网站"的经营者，其对经营该网站所产生的法律后果理应承担相应的民事责任。《第09065号公证书》的某些实时打印页的上端标注"烟台市图书馆专用"字样，仅能说明公众在"书生之家数字图书馆"上浏览涉案图书时出现了上述标注性文字，并不能推翻书生公司将涉案图书上载于"书生之家网站"并对外公开传播的法律事实，故书生公司的相关抗辩理由，本院不予支持。

虽然书生公司提供相应证据证明其对作品的使用范围、方式进行了必要的限制，但书生公司系以营利为目的的企业，"书生之家数字图书馆"亦并非公益性图书馆，"书生之家数字图书馆"对作品所作的3人以上不能同时在线阅读及只能拷屏下载的限制，并不构成《著作权法》意义上对作品的合理使用，故书生公司关于未侵犯郑成思著作权的抗辩理由，本院不予支持。

书生公司未经郑成思许可，将郑成思享有著作权的涉案图书上载于"书生之家网站"上供公众浏览，侵犯了郑成思对上述作品享有的信息网络传播权，依法应承担停止侵权、赔礼道歉、赔偿损失的民事责任。原审法院根据涉案作品的性质、字数、书生公司的侵权性质及情节、参考法定稿酬标准而酌定的赔偿金额并无不当。郑成思提出的损失赔偿额虽然未被全部支持，但因其并未滥用诉权，故原审法院判令书生公司承担全部诉讼费用并无不当。

综上所述，原审法院认定事实清楚，适用法律正确，处理结果并无不当，应予维持。依据《中华人民共和国民事诉讼法》第一百五十二条第一款、第一百五十三条第一款第（一）项之规定，判决如下：

驳回上诉，维持原判。

一审案件受理费 5 554 元，由北京书生数字技术有限公司负担；二审案件受理费 5 554 元，由北京书生数字技术有限公司负担。

34. 歌曲《十送红军》著作权侵权纠纷案
——王庸诉朱正本、中央电视台、王云之

原告（上诉人）：王庸

被告（被上诉人）：朱正本

被告（被上诉人）：中央电视台

被告（被上诉人）：王云之

案由：侵犯著作权纠纷

原审案号：北京市海淀区人民法院（2003）海民初字第 19213 号

原审合议庭成员：宋鱼水、马秀荣、宋莹

原审结案日期：2004 年 11 月 16 日

二审案号：北京市第一中级人民法院（2005）一中民终字第 3447 号

二审合议庭成员：张广良、任进、侯占恒

二审结案日期：2005 年 6 月 20 日

判决要旨

对于前后两个作品均改编自同一民间文学艺术作品的，在判定后一改编作品是否抄袭了前一改编作品时，应当首先将两者中共有的民间文学艺术作品中的表达去除，确定前一改编作品的独创性部分，以此与后一改编作品中不同于民间文学艺术作品中的表达进行对比。

起诉与答辩

原告王庸诉称：1959 年，我所在的井冈山农场成立一支业余文工团，我以井冈山劳模将三样具有井冈山特色的礼物（狗鱼、勾古脑茶叶、杨梅酒）送给北京毛主席为题材，根据江西民歌赣南采茶调《长歌》加以改编创作，重新谱曲，并由曾宪屏、冯江涛二人作词，写成《送同志哥上北京》（以下简称《送》曲），演出后深受好评，并被编入《歌曲》、《"歌唱井冈山"歌曲集》、《江西民间歌曲选》等音乐杂志，1960 年 2 月参加吉安地区文艺会演时，荣获"创作奖"和"表演奖"，还被收入《江西民歌十五首》（钢琴伴奏谱）、《中国民间歌曲集成江西卷（下）》等出版物中。1960 年，被告朱正本等到井

冈山采风，获得了《送》曲等作品。此后，朱正本即根据《送》曲曲调进行改编，并由张士燮作词形成《十送红军》（以下简称《十》曲）。《十》曲曲谱可分为 A、B、C 三段，其中 A 段完整使用了《送》曲（仅加了个别装饰音，改动了几个小过门），B 段多处模仿《送》曲的风格九度下行，运用六度或七度下行大跳，C 段中则重复使用了《送》曲中原告创作的 6 小节。2001 年 6 月，被告中央电视台向全国首播其摄制的电视连续剧《长征》，该剧中除反复使用《十》曲外，还由被告王云之对《十》曲的部分内容改编增加和声后进行使用。朱正本在《长征》剧播出期间接受媒体采访时多次介绍了其"创作经过"，声称：1960 年春其与空政文工团的几位创作人员到井冈山采风，听到当地居民所唱送别红军歌，于是深有感触创作《十》曲。因当时团领导要求必须注明是江西民歌，不能署名，只好先署"朱正本、张士燮收集整理"等，但对使用《送》曲进行改编一事闭口不谈。我发现上述情况后，先后两次与朱正本交涉，均无果。我认为：《送》曲曲谱系我根据传统江西赣南民歌进行独创性改编创作后形成，我依法享有著作权。《十》曲曲谱系朱正本抄袭使用《送》曲曲谱后改编，并使用至今。而朱正本在接受媒体采访时对《十》曲的来源只字不提，其显然是对外隐瞒创作来源真相，歪曲历史事实，使公众无法对我的创作作出公正评价，甚至会误认为我的《送》曲曲谱抄了朱正本的《十》曲曲谱 A 段，其行为侵犯了我的著作权。被告王云之未经我许可擅自对《十》曲部分内容进行修改，并有偿许可中央电视台使用，其明知自己并非《长征》剧中所有乐曲的作者，却默认自己被冠以"作曲"署名，以致观众误认王云之是该剧中所有乐曲的原创者，其行为亦侵犯了我的著作权。被告中央电视台播放《十》曲时大量使用《十》曲及王云之改编的《十》曲部分内容，且既未在片中注明《十》曲系根据《送》曲曲谱改编，也未向我支付报酬，其行为也侵犯了我的合法权益，上述被告均应承担民事责任。故诉至法院，请求判令：1. 确认《送》曲系江西赣南民歌《长歌》的改编作品，原告系曲谱的改编者；2. 确认被告朱正本所编《十》曲曲谱系使用原告《送》曲曲谱改编而成；3. 确认被告朱正本在允许他人使用《十》曲时以及接受媒体采访时未注明该曲系根据原告《送》曲曲谱而改编的行为侵犯了原告的著作权；4. 确认被告王云之擅自改编《十》曲内容并公开用于电视连续剧《长征》的行为侵犯了原告的著作权；5. 确认被告中央电视台在其播出的电视剧《长征》中使用《十》曲和经被告王云之改编的《十》曲部分曲谱却未注明该曲系根据原告《送》曲曲谱而改编，以及未向原告支付报酬的行为侵犯了原告的著作权；6. 判令三被告停止上述侵权行为；7. 判令被告中央电视台今后在其播放电视剧《长征》以及许可他人发行《长征》激光视盘时，对

《十》曲署名应注明"根据王庸编曲的《送》曲而改编"; 8. 判令被告朱正本今后许可他人使用《十》曲时应注明"根据王庸编曲的《送》曲而改编"; 9. 判令三被告在《新民晚报》、《中国电视报》、《江西日报》上登载致歉声明,向原告公开赔礼道歉,以消除影响; 10. 判令三被告向原告赔偿经济损失人民币10万元(包括律师费、调查费等); 11. 诉讼费用由三被告承担。

被告朱正本辩称:《送》曲的曲调是赣南采茶戏的曲调,属于民歌,原告所诉不符合事实。我当时不知道《送》曲的作曲是王庸,只知道是江西民歌,原告提供的证据中该曲署名均为民歌,没有王庸的署名,通常被当作民歌填词对待。民歌的演唱具有一定的随意性,在长期流传中经常改变。《送》曲是一首民歌,原告不具有著作权。我创作的《十》曲是根据江西民歌《长歌》改编而来,是自己在《长歌》的基础上独立创作改编的,与《送》曲毫无关系,并不构成侵权。我在上井冈山时并没有获得《送》曲的曲谱,原告是道听途说。《送》曲与《长歌》相比没有实质性的变化和创造性,不构成改编,原告不具有改编权利。《送》曲与《十》曲均是根据《长歌》改编的,具有一定的相同之处是难免的。《十》曲的风格发扬了《长歌》的优点,而《送》曲破坏了这种优点。请求法院驳回原告的诉讼请求。

被告中央电视台辩称:不同意原告的诉讼请求。原告的诉讼请求是确认之诉和侵权之诉的合并,侵权的确认须建立在确认之诉的基础之上。原告的诉讼请求没有事实依据,即使认定原告具有著作权,对其予以确认,其对于我台的侵权诉讼请求也不应支持。我台不知道所谓的侵权事实,电视剧作为一种综合性的艺术产物,作曲具有一定的独立性,应当责任自负。我台对《十》曲的使用已经尽了合理注意义务,原告对于其长期不行使权利具有很大的过错,使得包括我台在内的其他人不清楚《十》曲的争议情况,我台不应承担侵权责任。

被告王云之辩称:《送》曲虽是在《长歌》的基础上改成的,但是不具有独创性,不能构成著作权意义上的改编。《送》曲与民歌《长歌》相比并无多少创新成分,基本是照抄《长歌》,从曲调、旋律上对《长歌》均无重大修改。《送》曲在出版物上的署名都是民歌,可以证明原告不具有著作权。《十》曲的改编者是朱正本,这在版权协会有登记,是朱正本在《长歌》的基础上改编的,与原告无关。我对《十》曲进行了配乐等改编,电视剧《长征》后来片尾的《十》曲作曲署名中,加上了朱正本的名字。我与该案的距离很远,是在朱正本《十》曲的基础上进行的再创作。原告所说的我只署自己的名字等与事实不符,我在得知朱正本的主张以及在版权协会已经登记的情况下,和中央电视台联系,加上了朱正本的名字,协助解决了此事,对《十》曲后来没有署名，也未获得报酬，不具有侵犯著作权的过错。请求驳回原告的诉讼请求。

原审查明事实

原审法院经审理查明：《长歌》属于江西民歌，《送》曲、《十》曲均源于江西民歌《长歌》。作为民歌的《长歌》被称为赣南采茶调，具有多种唱法，在赣南地区流行广泛，具有变化的随意性，可以根据词的不同而发生曲的变化。《长歌》有《长歌》、《长歌·送郎调》、《长歌·十二月跌苦》等，曲谱并不完全相同，一定程度上印证了《长歌》在历史发展过程中词、曲变化性和随意性的特点。以上事实有当事人陈述、王庸提供的《长歌》曲谱予以证明。

《送》曲为王庸根据《长歌》谱写。1959 年国庆前夕，井冈山农场成立一支业余文工团，曾宪屏、冯江涛二人作词，王庸根据《长歌》加以谱曲，形成《送》曲，并进行排练，以表演唱的形式在国庆晚会上演出。关于演出的情况及词曲发表时的署名情况，已出版的期刊、书籍上有如下的记载：1960 年 5 月的《歌曲》（半月刊）专门开辟了《江西农村业余文艺会演优秀歌曲介绍》栏目，中国音协江西分会编介绍的主要内容包括：今年（1960 年）2 月 23 日至 3 月 3 日在江西九江举行了历时 10 天的江西省第四届农村业余文艺会演，空政文工团等单位都派代表参加观摩，这里发表的几个歌曲就是这次会演中受到热烈欢迎的优秀节目。其中收录了《送》曲，注明：江西民歌，吉安专区代表队。中共井冈山委员会宣传部编印的《歌唱井冈山》一书的前言中写明：《送》曲是一首反映井冈山人民热爱毛主席，时时不忘毛主席的表演唱，作者用形象的词句道出了井冈山人民对毛主席无比敬爱的心情。这首歌曲曾在吉安专区第二届戏曲会演大会获了奖，在全省农村业余文艺会演大会也获了奖，并被选为出席北京的献礼节目之一。在《送》曲上面，注明：江西民歌，冯江涛、曾宪屏词。在该书上并有《井冈山上把好汉当》（署名：吕云松词，王庸曲）、《光荣的井冈山英雄的井冈山》（署名：吕云松词，王庸曲）、《矿石成铁人成钢》（署名：云松、宪屏词，王庸曲）、《井冈山啊我最亲爱的家乡》（署名：梁京词，王庸曲）、《丰收年景谁不乐》（署名：曾宪屏词，王庸曲）、《什么时候请吃糖》（署名：吕云松词，王庸曲）、《对歌》（署名：江涛、王庸编剧，王安曲）等多首歌曲。1997 年出版的《井冈山垦殖场志》第 362 页~363 页记载：1960 年中共井冈山委员会宣传部选出下放干部、转业军官等创作的 27 首歌曲编印成《歌唱井冈山》一书。冯江涛、曾宪屏为江西民歌填词的《送》曲先后在吉安地区第二届戏曲会演和全省农村业余文艺会演中获奖，并被选为出席北京的献礼节目之一。当时在文艺创作上最活跃、最有成就的是吕云松、曾宪屏、王庸等。1959 年元旦，业余文工团第一次在茨坪举行汇报演出。同年 2 月 11 日，全团赴南昌参加全省垦殖场文艺会演，带去"向亲人汇报"、"刘赛莲"、"拉木舞"等 10 余个节目。该记载表明，《歌唱井冈山》一书的编印时间是 1960 年。在 1964 年 4 月中国音乐家协会江西分会编、江西人民出版社出版的《江西民间歌曲选》（增订本）前言中提到：这些民歌、山歌经过我省专业与业余音乐工作者的收集、整理并改编，其中大部分已成为专业与业余音乐团体经常演唱的节目，如《送》曲的曲调由北京空政文工团改编成《十》曲，已流传全国。该书还在《送》曲上注明"吉安民歌"。在 1982 年 3 月中国音乐家协会江西分会编的《江西民歌十五首（钢琴伴奏谱）》中载有《送》曲，标明：茶歌·长歌，吉安地区遂川，演唱者：柯有珍，填词：曾宪屏，整理：王庸。1996 年出版的《中国民间歌曲集成江西卷（下）》，在《十二月跌苦》（长歌）曲谱之后的第 1272 页的注中写道：此曲调名称很多，如：《交情歌》、《十送》、《十劝》、《十想》、《十骂》、《跌苦歌》、《牛头歌》等，曲同词异。此曲不仅传遍赣南，且流传邻省的一些地方。1959 年由曾宪屏填词、王庸整理的《送》曲也是采用此调编的。以上期刊书籍均由王庸提供，三被告对上述期刊本身的真实性均未提出异议，本院予以确认；三被告对王庸用上述证据证明《送》曲具有独创性提出异议，对此本院将综合分析予以认定。

1960 年 3 月，空政文工团一行 5 人，包括朱正本，作为贵宾应邀参加了在江西省九江市举办的江西省农村业余会演。会演的节目中包括《送》曲。会演期间，江西音乐家协会将会演的节目材料交给了采风的空政文工团一行人。朱正本一行人应邀参加了《送》曲的演出单位——吉安代表队的座谈会，并记录了一些曲子的谱子。会演结束后，朱正本、汪洋、李耀先等到江西井冈山采风，接待他们的是文工团团长罗德成。《十》曲词作者张士燮当时没有同去，而是之后单独去的。因罗德成已经去世，曾宪屏未能出庭接受质证，现不能查清曾宪屏所述"当时将《送》曲求教于朱正本"的真实性。但朱正本承认罗德成给了一些斗争时期的历史材料。赣南采茶歌舞剧团陈裕光当年在接待前来采风的朱正本等人时，介绍了《长歌》采茶戏的相关情况，朱正本记了谱。朱正本还听演员唱了送红军的歌曲，但是否就是听了《送》曲，无法查明。双方认可朱正本未见到王庸，二人未直接发生接触。采风回来不久，朱正本运用了回旋曲的创作技法，创作完成了曲谱，并由张士燮作词形成《十》曲。1961 年 9 月，《十》曲正式在《歌曲》上公开发表，署名"江西革命民歌，朱正本、张士燮收集整理"。吉安地区第二次文艺会演的时间是 1962 年 2

月。以上事实根据当事人陈述、双方提供的证人证言综合分析后予以确认。

2001 年 6 月，被告中央电视台向全国首播其摄制的电视连续剧《长征》，该剧中除反复使用《十》曲外，还由被告王云之对《十》曲的部分内容改编，增加和声后进行使用。在该剧首播的前几集中，于每集片尾处对作曲的署名仅被告王云之一人（王云之当时并不知道《十》曲另有作者，其接触的书中都注明是江西民歌，其以为是一首民歌，就增加和声修改后使用了），后经被告朱正本提出异议，王云之立即向中央电视台并长征剧组发函，建议中央电视台查明情况并依法给作者署名、付费。于是，该剧剩余部分播出时，于片尾处注明片中主题曲《十送红军》作者为朱正本及案外人张士燮，并向朱正本、王云之支付了相当的报酬，后中央电视台对该剧多次重播。以上事实为三被告自认。

朱正本在《长征》剧播出期间接受媒体采访时，多次介绍了其"创作经过"，声称：1960 年春其与空政文工团的几位创作人员到井冈山采风，听到当地居民所唱送别红军歌，于是深有感触创作《十》曲。因当时团领导要求必须注明是江西民歌，不能署名，只好先署"朱正本、张士燮收集整理"等，对是否使用《送》曲进行改编一事未谈及。原告发现上述情况后，先后两次与朱正本交涉，均无果。中央电视台在电视剧《长征》播出期间，未涉及对王庸及《送》曲的介绍。以上事实有原告提供的报纸、《长征》VCD 盘为证。

《十》曲形成后，在已经发表的刊物上载明"朱正本、张士燮整理"，在山西教育出版社出版的《中国名歌 1000 首》中的民间歌曲部分选入了《十》曲，注明：江西民歌，朱正本、张士燮等整理。

王庸对于朱正本的《十》曲具有创造性没有异议，认为其确实体现了很强的创造性，应享有改编权。但认为其并非是根据民歌《长歌》改编而来，而是根据自己的《送》曲改编而来的。

本院经现场听取 3 首歌的对比录音，总体感觉 3 首歌主旋律都较为相近，显示出明显的同源性。其中，《长歌》与《送》曲对比时，感觉《长歌》与《送》曲差别不是太大，整体能够感觉两者的主旋律是基本相同的，只有过门是否唱词、某些音节音符的不同、表达的感情不同等区别。而《送》曲与《十》曲比较，也从整体上感觉出其主旋律的相似性，但在过门是否唱词、是否一唱三叹及表达的感情上有所不同。

选取《歌唱井冈山》版中的《送》曲与原、被告都同意的《长歌》版本进行比对，结果如下：《长歌》22 小节，《送》曲 24 小节，《送》曲第 1 ~ 13 小节与《长歌》基本相同。其中第 3、10 小节王庸做了修改，第 14 ~ 18 小节的词曲组合与《长歌》不同，第 19 ~ 24 小节与《长歌》的第 17 ~ 22 小节基本相同。《送》曲第 17、18 小节与《长歌》的第 13、14 小节存在一定的相同之处。二者相比：起音、落音、骨干音均相同；节拍、音型及旋律走向亦相同；调式、曲式无异；乐曲中的小过门也基本相同；衬词和语气助词近同，如"里格、介只个、啊（哇）、呀"，都是赣南客家方言；均是单乐段。二者的不同之处表现在：1. 结构和词曲结合有不同之处，主要表现在过门是否唱词、第 14~18 小节的词曲组合不同上。《长歌》的结构是起起起三起，一唱三叹，而《送》曲与其不同，强化了其不稳定性，有所变化，把许多小过门都添上词唱了；2. 表达的感情不同，《长歌》以送别为主题，表达的感情比较悲苦、酸涩，《送》曲以欢送同志去见毛主席为内容，表现的感情为欢快喜悦的；3.《送》曲的第 17、18 小节在《长歌》的该版本中没有，被告称其基本同于《长歌》的第 13、14 小节，但经比对，二者有一定的相同之处，但也存在一定的差别；4. 二者的第 14、15、16 小节存在明显不同。

《长歌》与《十》曲进行比对，相同之处在于：二者的起音、落音、骨干音均相同；节拍、音型及旋律走向亦相同；调式、曲式无异；乐曲中的小过门也基本相同，而且二者在过门上都没有唱词；衬词和语气助词近同，如"里格、介支个、啊（哇）、呀"，都是赣南客家方言；二者体现的感情都是送别时的悲苦酸涩；二者的结构都是起起起三起，一唱三叹。不同之处在于：《长歌》采用的是单段体，而《十》曲采用的是回旋曲式；《十》曲比《长歌》多出了第 17、18 小节；《十》曲和《长歌》的第 14、15 小节明显不同。

《送》曲与《十》曲进行比对，相同之处在于：二者的起音、落音、骨干音均相同；节拍、音型及旋律走向亦相同；调式、曲式无异；乐曲中的小过门也基本相同；衬词和语气助词近同，如"里格、介支个、啊（哇）、呀"，都是赣南客家方言；第 14、15 小节基本相同；都增加了第 17、18 小节。二者不同之处在于：1. 二者体现的感情不同，前者体现了送战友去见毛主席的欢欣愉快，后者则体现了老百姓送别红军时的悲苦酸涩；2. 二者的结构不同，后者是起起起三起，一唱三叹，过门没有唱词，而前者则没有一唱三叹的特点，把许多小过门都添上词唱了；3. 前者是单段体，后者是回旋曲式。

原审审理结果

原审法院认为：原告的诉讼请求包括两部分：一部分是确权之诉，要求法院确认《送》曲系《长歌》的改编作品，另一部分是侵权之诉，要求法院确认《十》曲侵犯了《送》曲。三被告的意见主要有两点：不承认《送》曲是改编作品，不承认《十》曲接触了《送》曲。本院对《送》曲是否构成改编、朱正本接触《送》曲的可能性及当事人诉讼请求进行综合分析如下：

依据我国《著作权法》的规定，改编是改变作品，创作出具有独创性的新作品。《著作权法》对改编只是进行了原则性的规定，依据行业惯例和通常的理解，在原有作品的基础上再度创作后作品的文学、艺术形式完全不同于原来的文学、艺术形式的，如将小说再度创作为电影，属于改编；再度创作后作品的文学、艺术形式与原有的文学、艺术形式相同的，如从电影剧本到电影剧本，只要改动过程体现了独创性，也属于改编。本案涉及的音乐作品不是从一种形式到另一种形式的改编问题，而是对同一艺术形式下再度创作的改动过程如何判断其具有独创性的问题。就民间音乐专业性的特点而言，根据其独创性的大小可分为民歌填词、整理和改编，也就是说，民间音乐作品基础上的改编所要求的独创性应高于民歌填词和整理。典型意义上的民间音乐作品的改编是指使用了原音乐作品的基本内容或重要内容，其结果对原作的旋律作了创造性修改，却又没有使原有旋律消失。本案涉及的《十》曲无论是相比《长歌》还是相比《送》曲而言，由单段体变为回旋体，旋律、结构等方面均进行了创造性修改，认定这种变化构成《著作权法》意义上的改编并不困难，原告对此也无异议。但《送》曲相比《长歌》而言，由于旋律未发生根本性的变化，对其独创性的判断要从专业知识、民歌特点及历史和社会效果等方面进行多角度的界定，总的原则是要考虑两个因素：一是考虑民歌源远流长是数代人、许多人传承、改造、发扬的结果，任何人不能据为己有，即使是改编者也只能对其独创的内容享有权利，不能独占它所含有的来自于民间音乐的内容；二是考虑尊重作者的独创性劳动，如果作者创作的音乐形象能够达到独立且可明显区别的程度，就应赋予作者《著作权法》的保护。此外，民间音乐具有即兴变异的特点，如局部的加花、扩充和减缩，在民歌的世代相传中，不同地区的传唱者常按照个人或局部地区的需要将民歌即兴编词或将曲调进行即兴变异，出现了一首民歌有许多变体的现象，由此而形成了民歌的不同版本，如本案所涉及的《长歌》就有很多调式和版本，这些民间艺术的瑰宝为不同的创作者提供了不竭的源泉和动力。因此，在在先改编者主张在后改编者著作权侵权时，对于后改编者改编的对象是最初的民歌，只是借鉴了在先的改编作品，还是直接以在先的改编作品作为改编的对象，应进行严格的把握和认定，以防出现权利保护的混乱局面，淡化民间文学艺术作品的生命力。

由于音乐作品涉及较多专业知识，本案涉及的音乐领域又与民间音乐相关联，非专业人员对其进行甄别具有一定困难。合议庭曾就是否共同选择专家进行鉴定征询当事人意见。在当事人明确表示放弃后，为了全面而科学地分析《送》曲与《长歌》、《十》曲之间的关系，法庭采用了曲谱、曲词的比对、整段录音的比对和分句录音的比对等多种方式，同时，认真听取了当事人的比对意见、当事人提供的一般证人及专家证人的意见，力求从专业人员及相关听众的角度综合判断。几经合议，作出如下认定：

首先，对曲谱的比对意见。曲谱记录了音乐的节奏和旋律，一般而言，第三人根据曲谱可以演奏音乐，曲谱与音乐的这一关系成为一般人判断此音乐与彼音乐是否相同或相似的简单而便捷的方法。本案中比对结果表明：《送》曲是在《长歌》旋律的基础上进行创作而成，是对《长歌》的改编与完善。《十》曲在曲风曲调上亦有与《长歌》相同之处，在曲调上亦有开头和结尾部分相互叠应使用《长歌》主旋律而相得益彰的体现，由此可见，《十》曲亦是在《长歌》的基础上进行创作和改编的。基于前两点的比较可以看出，《送》曲与《十》曲均是基于《长歌》改编而成，虽然《送》曲的创作时间较《十》曲早，但不能称《送》曲对于其曲目的主旋律进行了创作。如不存在民间形成的《长歌》的旋律，《送》曲不是王庸以《长歌》为基础进行改编，而是王庸凭空单独创作出来的，则《十》曲与《送》曲的相同之处可以使人们从常理上推断认为《十》曲是对于《送》曲的改编，有抄袭之嫌。但正因为有了《长歌》的存在，《十》曲与《送》曲之间的抄袭关系也就难以认定。九度下行是一种曲风升降调的改变，王庸称《十》曲 B 段各处模仿了《送》曲九度下行的风格，本院认为，《十》曲在使用九度下行的同时，还有曲风升降及节奏的其他变化，这种改变使《十》曲在创作上又凸显出自己的风格。鉴于上述比较，对于《十》曲与《送》曲之间是否存在抄袭、侵权的判定首先是基于主旋律创作者的认定来进行的。因为有了前人留下的民歌《长歌》的存在，所以《送》曲不能拥有其主旋律的创作权，对于《十》曲也就不能认为其是以《送》曲为基础进行的改编，是抄袭了《送》曲。只能说《送》曲与《十》曲两首歌曲都是对《长歌》进行了不同程度的改编。《送》曲和《十》曲都是以《长歌》为基础得来，二者重要而实质相同的部分与《长歌》的相关部分基本相同，应词的需要而又自然遵循、传承《长歌》曲谱的特点，会使得二者既有可能形成各自不同的风格，也有可能形成某些偶合的现象。

其次，在听取《长歌》和《送》曲完整的录音比对时，合议庭成员的感觉是《送》曲使用了《长歌》的主旋律，一听之下二者是基本相同的，但是，二者在过门是否唱词从而是否具有一唱三叹的风格上及所表达的情感方面具有很大的不同。本院认为，对比不同的音乐作品时，主要观察作品的旋律、结构、创造技法、主题、感情等诸方面因素。而旋律、结构等固然是考察的主要因素，但更加重要的考察对象是音乐的风格、主题和表达的感情。因为旋律和结构固然是一首曲目的骨架，但风格、主题和感情更是一首歌曲的灵魂，也是一首歌曲得以打动人的关键所在。从《送》曲的写作过程看，是先有了曾宪屏的词，然后王庸再根据词的内容，设计出适合表达该种词的意境的曲谱。基于送别的意思，其选择了《长歌》中送表哥的基调，但是考虑到《送》曲的主题是送同志到北京去向毛主席献礼，表现的是欢欣鼓舞的情怀，与《长歌》的悲切感情不同，于是，其改变了《长歌》一唱三叹，三个起起起的结构，通过改动使得许多小的过门也唱了词，并通过一些音节组合的不同，使得整个歌曲体现的感情和精神面貌与《长歌》相比有了质的区别。从整体的歌曲行进而言，这种主题、表达感情以及不再保有一唱三叹的风格的不同都起到了创造性的区别作用。

第三，关于与《长歌》不同的几个小节，王庸称九度下行是自己独创的，被告予以否认。本院认为，虽然这些音节在《长歌》系列中的其他民歌中也是有的，但不能认为在《送》曲中王庸的这种整合排列，以至这些音节成为《送》曲的组成部分就不是王庸创造性的体现。因为在著作权法中，对于创造性的要求并不要求是首创、前所未有的，而是在运用已知的精神财富的前提下，通过自己对构成作品的成分的取舍组合，创造出新的作品来。在改编创作作品时，一般都是以现有文化遗产为基础，加上自己的新想法而完成，几乎所有的作品都不是整个作品的全部内容都贯穿着作者的独创性。无论就文字作品还是音乐作品而言，其运作的基本素材，如汉字、字母、音符等都是有限的，但其排列组合以及由此导致的变化是无限的，这就是创作上素材、工具的有限性和表达方式的无限可能性的问题。人类之所以进步，也是因为利用了有限的工具，创造出了无限的可能性。这也正是著作权保护思想的表现形式而不保护思想本身的原因。一言以蔽之，虽然音符、音节的组合在历史上不是前所未有的，但选取这些音乐的基本素材，进而融合在自己的作品之中，使之成为自己作品的有机组成部分，并体现自己所要表达的思想感情和个性，使得自己的作品得以区别于之前的作品，从而形成了不同的音乐风格和音乐形象，就是有创造性的。特别是《长歌》的第14～19小节，曲调较少起伏，感情表现力比较平淡，而《送》曲相对应的歌词"红花里格就是井冈山人的心……"一句，引入了《长歌》中没有的九度下行，通过增强变化突出了深切怀念之情，体现了原告的创造性。故本院认为，《送》曲虽然主体旋律与《长歌》相同，但因为"一唱三叹"风格的消失、感情色彩和思想主题的明显不同、九度下行的加入，已经形成了新的音乐形象，达到了改编所要求的创造性的程度。

此外，原告的主要证据是证明《送》曲演出后的社会效果。合议庭认为被告对这些证据并没有提出异议，这说明《送》曲演出后确实在江西等地受到了一定程度的欢迎并在多本杂志上刊登。《送》曲之所以受到欢迎与《长歌》有关，《长歌》作为民歌在民间生生不息，流传至今；同时，也与歌词有关，《送》曲的歌词是以井冈山的劳模将狗鱼、勾古脑茶叶、杨梅酒送给毛主席为题材，紧跟当时的政治形势，容易被选用并受到欢迎。但词与曲是密不可分的，没有合适的曲谱，再好的歌词也无法演唱。如完全照搬《长歌》曲谱，曲与词在意境、表达情感方面的差异和不协调会使得词难以得到充分的表现。对此，对《长歌》进行了创造性改编的《送》曲起到了不可替代的作用，其与词有机结合，共同形成了新的音乐形象。社会效果的取得证明了《送》曲的独创性被一般听众所认可的事实。

被告朱正本等还辩称，民歌具有变化的随意性特征。而考察《送》曲的历史演变，1960 年《歌曲》（半月刊）中所刊载的《送》曲歌谱是 5 段，《歌唱井冈山》中刊登的《送》曲曲谱是 6 段，《江西民歌十五首》中的《送》曲是 4 段，其有无尾声也是变化的，《送》曲这种段落、尾声的变化说明《送》曲仍然具有民歌变化随意性的特点，尚未超越民歌的范畴，不构成改编。本院认为，作者在完成作品之后，都存在不断修改、增删作品的可能性，从而使得作品呈现出一种变化的形态，但不能因为后面的修改行为就否定之前的作品的创造性。《送》曲虽前后有所变化，但如前所述，其体现的感情、风格以及整体的音乐形象是与《长歌》不同的，在这方面所有的变化都是一以贯之的，也是《长歌》作为民歌的发展变化过程中所不具备的，故对被告的该抗辩理由，本院不予采信。

被告朱正本等还辩称，从王庸作品的署名看，并非在那个时代，其所有的作品都没有署名或者都署成了"整理"，相反其也有作品署成了"作曲、改编"。如在《歌唱井冈山》一书中，多首歌曲署成"王庸作曲"，说明当时虽没有《著作权法》，如果进行了创造性劳动，构成改编，还是可以署名的。难以认为在同一个时代的同一本书中，王庸对于《送》曲之外的很多曲子都署了名，单单对最受欢迎、成就最大的《送》曲没有署名，结论只能是其自己当时也认为《送》曲不构成改编。本院认为，对作品是否署名、如何署名是作者的权利。《送》曲完成时我国尚未颁布《著作权法》，大家对著作权以及作者的署名方式等认识并不清楚，王庸在当时的历史条件下很可能对作品是否具有著作权、是否构成改编产生不当的认识（事实上朱正本也曾对《十》曲的性质和署名产生过不同于现在的认识），但不能因为当时署名的不当就永远剥夺了王庸作为改编者后来署名的权利。只要一个作品具有创造性，符合作品或者改编作品的要求，作者在日后就可以要求还原自己身份的真实。而法院一旦认定构成改编作品，也应纠正历史造成的错误，而不是坚持这一错误。

综上所述，王庸的《送》曲已经跳出民歌《长歌》的范畴，构成《著作权法》意义上的改编，对其要求确认改编者身份的诉讼请求，本院予以支持。

从本案的审理情况来看，朱正本的《十》曲相比《长歌》、《送》曲，也具有很大的创造性，对此，王庸不予否认，只是认为朱正本并非在《长歌》的基础上改编成《十》曲，而是在自己《送》曲基础上进行的改编。朱正本不承认曾经接触过《送》曲。但本院认为，作为一名采风者去采风，必然会接触当地的一些民歌，并会着意搜集整理，庭审中也查明朱正本确实记录了一些民歌和表演唱，只是不能确定就是《送》曲。根据采风的时间和当时的情况，以及《送》曲和《十》曲存在的一些相似之处，本院推定朱正本接触了《送》曲，只是由于当时的署名情况等原因，其当时也许并不知道是王庸改编的《送》曲，仅认为是《长歌》的不同唱法而已。但本院认为，即使认定朱正本确实接触了《送》曲，也不能认为其是据此改编的，更不能由此认定朱正本侵权。因为朱正本当时收集了《长歌》的不同版本唱法，并听取了宣传员的演唱和演出节目，《送》曲与《十》曲同源于《长歌》这种民间歌曲的情况，会使二者不可避免地存在诸多的相似之处。而从词曲结合的方式考察，《十》曲更接近于《长歌》，继承了一唱三叹的风格，而《送》曲过门上唱了词，与《长歌》过门不唱词明显不同，二者还存在表达感情和思想主题方面的不同。可见，从风格和表达感情的基调来说，《十》曲和《长歌》的距离更加接近，应认定《十》曲是以《长歌》作为改编的基本母体的。另外，《十》曲采用了回旋曲式，体现了很强的创造性，与《长歌》不同而与《送》曲相同的地方很少，本身在《十》曲的整个歌曲中占的比例不大，也不属于主旋律部分，而且这些部分在《长歌》的其他音乐素材和唱法中也有体现。朱正本也有可能会从《长歌》的其他唱法中获得创作的营养和灵感。故最多只能认为朱正本是在改编《十》曲时借鉴了《送》曲，总体上其仍是根据《长歌》进行改编。王庸虽然根据《长歌》改编了《送》曲，但不能因此禁止朱正本等其他社会成员继续利用《长歌》这一民歌艺术财富进行改编加工，以形成新的改编作品。

基于本院认为《十》曲并非从《送》曲改编而来，而是从《长歌》改编而来，仅仅是在创作过程中借鉴了《送》曲的相关部分，且基于当时王庸署名的情况，朱正本等人的行为不具有侵权的故意，故王庸对于朱正本、中央电视台、王云之构成侵权的诉讼请求，本院不予支持。

综上所述，依据《中华人民共和国著作权法》第三条第（三）项、第十条第一款第（十四）项、第十一条第四款、第十二条之规定，判决如下：

一、确认《送同志哥上北京》系江西赣南民歌《长歌》的改编作品，原告王庸系该曲谱的改编者；

二、驳回原告王庸的其他诉讼请求。

　　王庸不服原审判决，提起上诉，其理由是：1. 《送》曲是王庸根据江西赣南民歌《长歌》改编而形成的改编音乐作品，王庸对此享有著作权，一审判决对此认定正确，应予维持。2. 一审法院对于《十》曲及据此改编而用于电视剧的有关乐曲不构成侵权的认定是错误的。具体而言，朱正本是在实际接触《送》曲的基础上改编形成的《十》曲，《十》曲使用了《送》曲的第 3、10、14、15、17、18、19、22 节，共计 8 个小节，而非一审法院认定的 4 个小节。《十》曲是从《送》曲改编过来的，而非仅仅是"借鉴了相关部分"，其与《送》曲的相同部分的内容是"抄袭"而不是"偶合"。此外，一审法院以各被告的行为没有侵权故意为由否定其侵权行为性质，此种认定是错误的。据此，请求二审法院判令：1. 维持北京市海淀区人民法院（2003）海民初字第 19213 号民事判决书第一项；2. 撤销北京市海淀区人民法院（2003）海民初字第 19213 号民事判决书第二项；3. 确认被上诉人朱正本所编《十》曲曲谱系使用上诉人《送》曲曲谱改编而成；4. 确认被上诉人朱正本在允许他人使用《十》曲时以及接受媒体采访时未注明该曲系根据上诉人《送》曲曲谱而改编的行为侵犯了上诉人的著作权；5. 确认被上诉人王云之擅自改编《十》曲内容并公开用于电视连续剧《长征》的行为侵犯了上诉人的著作权；6. 确认被上诉人中央电视台在其播出的电视剧《长征》中使用《十》曲和经被上诉人王云之改编的《十》曲部分曲谱却未注明该曲系根据上诉人《送》曲曲谱而改编，以及未向上诉人支付报酬的行为侵犯了上诉人的著作权；7. 判令三被上诉人停止上述侵权行为；8. 判令被上诉人中央电视台今后在其播放电视剧《长征》以及许可他人发行《长征》激光视盘时，对《十》曲署名应注明"根据王庸编曲的《送》曲而改编"；9. 判令被上诉人朱正本今后许可他人使用《十》曲时应注明"根据王庸编曲的《送》曲而改编"；10. 判令三被上诉人在《新民晚报》、《中国电视报》、《江西日报》上登载致歉声明，向上诉人公开赔礼道歉，以消除影响；11. 判令三被上诉人向上诉人赔偿经济损失人民币 10 万元（包括律师费、调查费等）；12. 本案诉讼费用由三被上诉人承担。

　　朱正本、中央电视台、王云之服从原审判决。

二审查明事实

　　二审法院经审理查明：

　　1. 当事人对如下事实无争议：

　　《长歌》属于江西民歌，《送》曲、《十》曲均源于江西民歌《长歌》。作为民歌的《长歌》被称为赣南采茶调，具有多种唱法，在赣南地区流行广泛，具有变化的随意性，可以根据词的不同而发生曲的变化。《长歌》有《长歌》、《长歌·送郎调》、《长歌·十二月跌苦》等，曲谱并不完全相同，一定程度上印证了《长歌》在历史发展过程中词、曲变化性和随意性的特点。

《送》曲为王庸根据《长歌》谱写。1959 年国庆前夕，井冈山农场成立一支业余文工团，曾宪屏、冯江涛二人作词，王庸根据《长歌》加以谱曲，形成《送》曲，并进行排练，以表演唱的形式在国庆晚会上演出。

关于演出的情况及词曲发表时的署名情况，已出版的期刊、书籍上有如下的记载：

1960 年 5 月的《歌曲》（半月刊）专门开辟了《江西农村业余文艺会演优秀歌曲介绍》栏目，中国音协江西分会编的介绍的主要内容包括：今年（1960 年）2 月 23 日~3 月 3 日在江西九江举行了历时 10 天的江西省第四届农村业余文艺会演，空政文工团等单位都派代表参加观摩，这里发表的几个歌曲就是这次会演中受到热烈欢迎的优秀节目。其中收录了《送》曲，注明：江西民歌，吉安专区代表队。

1960 年中共井冈山委员会宣传部选出下放干部、转业军官等创作的 27 首歌曲编印成《歌唱井冈山》一书。该书前言中写明：《送》曲是一首反映井冈山人民热爱毛主席，时时不忘毛主席的表演唱，作者用形象的词句，道出了井冈山人民对毛主席无比敬爱的心情。这首歌曲曾在吉安地区第二届戏曲会演大会获了奖，在全省农村业余文艺会演大会也获了奖，并被选为出席北京的献礼节目之一。在《送》曲上面，注明：江西民歌，冯江涛、曾宪屏词。

1964 年 4 月，中国音乐家协会江西分会编、江西人民出版社出版的《江西民间歌曲选》中，在《送》曲上注明"吉安民歌"。

1982 年 3 月中国音乐家协会江西分会编的《江西民歌十五首（钢琴伴奏谱）》中载有《送》曲，标明：茶歌·长歌，吉安地区遂川，演唱者：柯有珍，填词：曾宪屏，整理：王庸。

1960 年 3 月，包括朱正本在内的空政文工团一行 5 人，应邀参加了在江西省九江市举办的江西省农村业余会演。会演的节目中包括《送》曲。会演期间，江西音乐家协会将会演的节目材料交给了采风的空政文工团一行人。朱正本一行人应邀参加了《送》曲的演出单位——吉安代表队的座谈会，并记录了一些曲子的谱子。会演结束后，朱正本、汪洋、李耀先等到江西井冈山采风，文工团团长罗德成接待了他们。但朱正本未见到王庸，二人未直接发生接触，对此王庸表示认可。

采风回来不久，朱正本运用了回旋曲的创作技法，创作完成了曲谱，并由张士燮作词形成《十》曲。1961 年 9 月，《十》曲正式在《歌曲》上公开发表，署名江西革命民歌，朱正本、张士燮收集整理。

2001 年 6 月，中央电视台向全国首播其摄制的电视连续剧《长征》，该剧中除反复使用《十》曲外，还由王云之对《十》曲的部分内容改编，增加和声后进行使用。因王云之最初认为《十》曲为民歌，故在该剧首播的前几集中，于每集片尾处作曲署名仅为王云之。后经朱正本提出异议，王云之向中央电视台和《长征》剧组发函，建议中央电视台查明情况并依法给作者署名、付费。于是，该剧剩余部分播出时，于片尾处注明片中主题曲《十送红军》作者为朱正本及案外人张士燮，并向朱正本、王云之支付了相当的报酬，后中央电视台对该剧多次重播。

朱正本在《长征》剧播出期间接受媒体采访时对是否使用《送》曲进行改编一事未谈及。王庸发现上述情况后，先后两次与朱正本交涉，均未果，遂于 2003 年 11 月 11 日向北京市海淀区人民法院提起诉讼。

因音乐作品著作权侵权案件审理的核心为曲谱的比对，一审庭审中，在法庭的主持下，各方当事人对于本案所涉三首歌曲的曲谱予以确定（详见附件）。

2. 当事人对以下事实有争议：

王庸认为朱正本在采风期间实际接触了《送》曲，为证明该事实，其提交了曾宪屏出具的证言。曾宪屏在证言中称，在朱正本等人采风期间，其与罗德成将《送》曲的歌曲资料给了朱正本等人。但曾宪屏并未出庭作证。朱正本对此不予认可，其称，罗德成给了一些斗争时期的历史材料，赣南采茶歌舞剧团陈裕光在接待时介绍了《长歌》采茶戏的相关情况，朱正本记了谱，但并未实际接触过《送》曲。

3.《送》曲与《长歌》、《送》曲与《十》曲曲谱的对比结果：

对于音乐作品而言，因须 4 个小节才能形成 1 个乐句，故须以连续的 4 个小节作为比对单位，上诉人认为应以小节为比对单位的主张本院不予支持。

因《十》曲分为 A、B、C 三段，而被控侵权的作品仅涉及《十》曲的 A 段，故本案曲谱的比对将仅涉及 A 段。将三个曲谱对比可知，除去前奏部分，《长歌》有 22 个小节。《送》曲及《十》曲 A 段均有 24 个小节，每 4 个小节对应 1 句歌词，共有 6 句歌词，对应 6 个乐句。现将每个乐句分别进行对比。

《送》曲与《长歌》对比结果为：

第 1 句，《长歌》中第 2 小节中 5 3532 是过门，但在《送》曲中不是，其他部分相同。

```
       1           2          3           4
《长歌》55 6165 ┃ 33 (5 3532) ┃ 112 123 ┃ 2 (5 2523)
```

《送》曲 55 6165 ｜ 335 3532 ｜ 1112 321 ｜ 2（5 2525）

第 2 句，《长歌》中第 2 小节中 2321 是过门，但在《送》曲中不是，其他部分相同。

《长歌》112 323 ｜ 23（2321）｜ 6156 76 ｜ 5（23 535）

《送》曲 112 3233｜ 23 2321 ｜ 6156 76 ｜ 5（23 535）

第 3 句，《送》曲与《长歌》仅第 2 小节不同。

《长歌》556 113 ｜ 2 6（1212）｜ 5 5 6165 ｜ 3（5 3532）

《送》曲 556 1 3 ｜ 2 1（7 6）｜ 5 5 6165 ｜ 3（5 3532）

第 4 句，《送》曲与《长歌》除第 1 小节相同外，其他 3 个小节均不同。

《长歌》1 1 223 ｜ 556（3532）｜ 116 561 ｜ 2（5 2523）

《送》曲 1 1 223 ｜ 23 5 3 5 ｜ 2 21 6561 ｜ 2（61 212）

第 5 句，《送》曲与《长歌》的后 2 个小节基本一致，但《长歌》中缺少前 2 个小节。

《长歌》｜ ｜ 116 556 ｜ 1 －｜

《送》曲 1 1 2 3 ｜ 565 3｜ 116 5356 ｜ 1 －｜

第 6 句，《送》曲与《长歌》仅第 2 小节有细微不同。

《长歌》112 323 ｜ 2 3（2525）｜ 6156 7 6｜ 5 －｜

《送》曲 112 323 ｜ 2 3 2321 ｜ 6156 7 6｜ 5 －｜

《送》曲与《十》曲的对比结果：

第 1 句，《送》曲与《十》曲在第 2 小节有所不同，《十》曲中 3532 是过门，但《送》曲中不是。另外第 3 小节的后半部也不同。

《十》曲 55 6165 ｜ 3 5（3532）｜ 112 3231 ｜ 2（25 2523）

《送》曲 55 6165 ｜ 335 3532 ｜ 1112 32 1 ｜ 2（5 2525）

第 2 句，《送》曲与《十》曲在第 2 小节有所不同，《十》曲中 2321 是过门，但《送》曲中不是。另外，在第 4 小节中，二者的过门不同。

《十》曲 112 323 ｜ 23（2321）｜ 6156 76 ｜ 5（53 2123）

《送》曲 112 3233｜ 23 2321 ｜ 6156 76 ｜ 5（23 535）

第 3 句，《送》曲与《十》曲完全一致。

《十》曲 556 1 3 ｜ 2 1（7 6）｜ 5 5 6165 ｜ 3（35 3532）

《送》曲 556 1 3 ｜ 2 1（7 6）｜ 5 5 6165 ｜ 3（5 3532）

第 4 句，《送》曲与《十》曲第 4 小节过门处不同。

《十》曲 1 1 223 ｜ 23 535 ｜ 221 6561 ｜ 2（25 2523）

《送》曲 1 1 223 ｜ 23 5 3 5 ｜ 2 21 6561 ｜ 2（61 212）

第 5 句，《送》曲与《十》曲基本一致。

《十》曲 1 1 2 3 | 565 3 | 116 5356 | 1 — |

《送》曲 1 1 2 3 | 565 3 | 116 5356 | 1 — |

第6句，《送》曲与《十》曲第2小节不同，2321 在《十》曲中是过门，但在《送》曲中不是。

《十》曲 112 323 | 2 3 (2321) | 6156 7 6 | 5 — |

《送》曲 112 323 | 2 3 2321 | 6156 7 6 | 5 — |

二审审理结果

二审法院认为：因上诉人王庸对于一审法院作出的《送》曲为改编作品，王庸为该作品的改编者这一认定并无异议，故本院将仅围绕上诉人王庸提出的如下上诉理由进行审理：

1. 朱正本是否实际接触过《送》曲。

王庸主张朱正本在采风期间实际接触了《送》曲，并提交了曾宪屏的证言予以佐证。对此证言的证明力，本院认为，《最高人民法院关于民事诉讼证据的若干规定》第六十九条规定，与一方当事人有利害关系的证人出具的证言，不能单独作为认定案件事实的依据。本案中，曾宪屏与王庸分别为《送》曲的词曲作者，故可以认定曾宪屏与王庸具有利害关系。在曾宪屏未出庭作证且无其他证据佐证的情况下，对于该证言的证明力，本院不予认可。王庸以此证明朱正本实际接触了《送》曲的主张，本院不予支持。一审判决中根据朱正本等人采风的时间及当时的具体情况等，所作出的推定朱正本接触了《送》曲的认定是正确的。

2. 《十》曲使用了几个《送》曲有独创性的小节，此种使用是否构成抄袭。

《著作权法》第四十六条规定，剽窃他人作品的，应当承担停止侵害、消除影响、赔礼道歉、赔偿损失等民事责任。剽窃他人作品指未经著作权人许可抄袭其作品，既包括全部抄袭，也包括部分抄袭。在部分抄袭的情况下，只有抄袭的部分与原作品实质性相似且达到一定比例时，才能够认定侵权成立。

对于改编作品而言，在判断是否存在部分抄袭时，不仅须考虑被控侵权作品与改编作品之间的相同点，同时还须考虑其是否使用了改编作品中有独创性的部分，只有在被控侵权作品使用了改编作品独创性部分且达到一定比例的情况下，才能认定其侵犯了该改编作品的著作权。

因《送》曲为改编音乐作品，故判断《十》曲是否部分抄袭了《送》曲时，应首先判断哪些是《送》曲有独创性的部分，在此基础上再考虑《十》曲是否使用及使用了多少《送》曲有独创性的乐句。

通过对《送》曲与《长歌》的每个乐句进行逐一对比可知，《送》曲的第1、2、3句虽与《长歌》不同，但二者差异细微，对于整个乐句而言，并不构成实质性的区别，故不具有独创性。第6句，《送》曲与《长歌》亦属细微差别，不构成实质性区别，且其仅是对于《长歌》第2句的简单重复，故亦不具有独创性。第4句，《送》曲与《长歌》除第1小节外，其他小节均不同。第5句，《送》曲比《长歌》多2个小节。上述二句的此种区别已足以使二者成为两个不同的旋律，故《送》曲第4、5句具有独创性。具体到小节而言，原告独立创作了第4句的第2、3、4小节及第5句的第1、2小节。因《十》曲第4句第4小节与《送》曲并不相同，故《十》曲使用了王庸独立创作的第4句第2、3小节及第5句的第1、2小节，共4个小节。据此，对于王庸认为朱正本在《十》曲中使用了其具有独创性的8个小节的主张，本院不予支持。对于该种使用是否构成作品的部分抄袭，本院认为，《十》曲中虽使用了《送》曲第4句及第5句各2个小节，但因为其所占比例很小，并未构成对《送》曲的实质性使用，故该种使用不构成对《送》曲的部分抄袭。

鉴于此，本院认为，朱正本对于《十》曲的创作及使用不构成对王庸《送》曲著作权的侵犯，在此基础上，中央电视台及王云之对于《十》曲的使用亦当然不构成对王庸《送》曲著作权的侵犯。据此，对于王庸要求法院确认《十》曲抄袭了《送》曲，并以此确认朱正本、中央电视台及王云之的行为侵犯其著作权并承担相应民事责任的上诉主张，本院不予支持。

综上所述，原审法院所作出的朱正本、中央电视台及王云之的行为未侵犯王庸著作权的认定正确，应予维持。综上所述，本院依照《中华人民共和国民事诉讼法》第一百五十三条第（一）项之规定判决如下：

驳回上诉，维持原判。

一、二审案件受理费各3 510元，由上诉人王庸负担。

35. 音乐作品《黄河》、《红灯记》著作权及
表演者权侵权纠纷案

——殷承宗诉上海音像出版社、上海南新雅文化艺术交流苑、
北京新华外文书店股份有限公司音乐书店

原告（被上诉人）：殷承宗
被告（上诉人）：上海音像出版社
被告（原审被告）：上海南新雅文化艺术交流苑
被告（原审被告）：北京新华外文书店股份有限公司音乐书店
案由：侵犯著作权及表演者权纠纷

原审案号：北京市第二中级人民法院（2004）二中民初字第 1067 号
原审合议庭成员：刘薇、梁立君、钟鸣
原审结案日期：2004 年 4 月 22 日
二审案号：北京市高级人民法院（2004）高民终字第 973 号
二审合议庭成员：刘辉、张冬梅、岑宏宇
二审结案日期：2005 年 9 月 2 日

判决要旨

演出组织向改编者和表演者支付报酬的事实仅说明双方就当日进行演奏的事项达成协议，不能表明改编者和表演者许可对他人现场演出进行录音及复制、发行该录音制品。

起诉与答辩

原告殷承宗诉称：原告是音乐作品钢琴协奏曲《黄河》、钢琴伴唱《红灯记》的著作权人。原告与被告上海南新雅文化艺术交流苑（以下简称南新雅艺术苑）达成协议，约定 2002 年 1 月 2 日由原告在上海大剧院演出这两首曲目，但双方在合同中没有就演出的录音、录像及制品发行问题作出约定。在此次演出中，南新雅艺术苑未经原告同意进行了现场录音，并私自将录音带提供给被告上海音像出版社（以下简称音像出版社）出版发行。2003 年 1 月 13

日，原告在被告北京新华外文书店股份有限公司音乐书店（以下简称音乐书店）处购买到《2002 年殷承宗上海倾情演绎——2002 年 1 月 2 日上海大剧院演出现场版》CD 光盘，该光盘彩封上标明：南新雅艺术苑供版、音像出版社出版发行。被告音像出版社、南新雅艺术苑的行为违反了我国《著作权法》第十条、第三十七条的规定，侵害了原告的著作权及表演者权，请求法院判令音像出版社、南新雅艺术苑停止发行《2002 年殷承宗上海倾情演绎——2002 年 1 月 2 日上海大剧院演出现场版》CD 光盘；赔偿原告经济损失 250 000 元及合理诉讼支出 35 000 元；判令音乐书店停止销售侵权 CD 光盘。

被告上海音像出版社辩称：原告殷承宗与南新雅艺术苑之间签有演出合同，对演出事宜进行了约定；音像出版社与南新雅艺术苑就出版涉案 CD 光盘一事签订了协议书，已取得合法授权。因此没有侵犯原告的著作权及表演者权。

被告南新雅艺术苑辩称：该艺术苑就 2002 年 1 月 2 日在上海大剧院的演出已向殷承宗支付了报酬。双方除合同外另有口头约定，该艺术苑拥有演出现场版录音的发行权，仅是未就 CD 发行的具体取酬比例进行约定。

被告音乐书店辩称：该书店于 2003 年 9 月从音像出版社购进涉案 CD 光盘，现已不再销售。

原审查明事实

原审法院经审理查明：中国音乐著作权协会于 2002 年 1 月 8 日出具证明，内容为：殷承宗先生等人根据冼星海《黄河大合唱》所创作的钢琴协奏曲《黄河》及由其创作的钢琴伴唱《红灯记》等作品，已于 2000 年 1 月 8 日在协会登记。

2002 年 1 月 2 日，原告殷承宗在上海大剧院演奏了《红灯记》及《黄河》两首曲目，该演出由被告南新雅艺术苑组织，并向殷承宗支付了报酬。

2002 年 2 月 25 日，被告南新雅艺术苑与音像出版社就出版发行钢琴伴唱《红灯记》、钢琴协奏曲《黄河》（2002 年 1 月 2 日上海大剧院现场演出版——殷承宗演奏）CD 光盘的有关事宜签订"协议书"，该协议中约定：南新雅艺术苑拥有节目版权并提供母带，音像出版社负责后期编辑、制作、光盘加工、出版发行等工作，音像出版社向南新雅艺术苑支付版费每盒 2 元。同日，南新雅艺术苑出具授权书，内容为该单位授权音像出版社出版发行钢琴伴唱《红灯记》、钢琴协奏曲《黄河》CD 碟片，其中钢琴伴唱《红灯记》的署名为：改编殷承宗、钢琴伴奏殷承宗；钢琴协奏曲《黄河》的署名为：改编殷承宗、储望华、盛礼洪、刘庄，伴奏上海交响乐团，钢琴独奏殷承宗。

2002 年 3 月 7 日，音像出版社向江苏新广联光盘有限公司出具《录音录像制品复制委托书》，委托书中记载的节目名称为"钢琴伴唱：红灯记、黄河"，中国标准音像制品编码为 ISRC CN – E07 – 02 – 311 – 00／A. J8，复制数量为 3 000 张。

被告音乐书店从音像出版社购进《2002 年殷承宗上海倾情演绎——2002年 1 月 2 日上海大剧院演出现场版》CD 光盘 10 张，进货价格为每张 10 元。2003 年 1 月 13 日，原告在音乐书店处购买到该 CD 光盘，光盘彩封上标明"南新雅艺术苑供版、音像出版社出版发行"字样，光盘收录的曲目为钢琴伴唱《红灯记》及钢琴协奏曲《黄河》，销售价格为每张 15 元。该光盘插页上标明：钢琴伴唱《红灯记》改编殷承宗、钢琴伴奏殷承宗；钢琴协奏曲《黄河》根据冼星海《黄河》大合唱改编，改编创作殷承宗、储望华、盛礼洪、刘庄等，指挥曹鹏，钢琴演奏殷承宗，协奏上海交响乐团。

在本案审理过程中，原告殷承宗撤回对钢琴协奏曲《黄河》著作权提出的主张；被告音像出版社认可，截至 2004 年 3 月 4 日尚库存涉案 CD 光盘 1 438 张。

另查明，原告殷承宗为本案诉讼支出公证费 1 000 元、工商查询费 225元、翻译费 730 元。

原审审理结果

原审法院认为：依据我国法律的规定，改编已有作品而产生的作品，其著作权由改编者享有。殷承宗改编创作了音乐作品钢琴伴唱《红灯记》，其依法享有的著作权受我国法律保护。依据中国音乐著作权协会出具的证明以及涉案CD 光盘所记载的内容，钢琴协奏曲《黄河》的改编者除本案原告殷承宗外还有其他人，该作品属于不可分割使用的合作作品，殷承宗因此在本案中撤回了对钢琴协奏曲《黄河》著作权提出的主张，本院对此予以确认。

我国《著作权法》规定，作者享有许可他人对其作品以录音、录像等方式将作品制作一份或多份的权利及向公众提供作品的原件或者复制件的权利，并有权获得相应的报酬；表演者享有许可他人录音录像，许可他人复制、发行录有其表演的录音录像制品及获得报酬的权利。本案原告殷承宗对其改编创作的钢琴伴唱《红灯记》音乐作品享有复制权、发行权及获得报酬权等项著作权，同时其在上海大剧院演奏了《红灯记》及《黄河》两首曲目，其对该演奏行为依法享有表演者权。殷承宗享有的上述权利均受我国《著作权法》的保护。

被告南新雅艺术苑作为涉案上海大剧院演出的组织者，其向殷承宗支付报酬的事实说明，南新雅艺术苑与殷承宗就当日对殷承宗改编的作品进行表演以及由殷承宗进行演奏的事项达成协议，但不能表明殷承宗许可南新雅艺术苑对其现场演出进行录音及复制、发行该录音制品。作者对音乐作品享有的复制权和发行权应包括许可他人以录音等方式制成录音制品并以销售或赠予等方式向公众提供该录音制品的权利。依据现有证据，南新雅艺术苑未经许可对涉案上海大剧院的演出进行了现场录音，并许可音像出版社出版发行由其现场录音的涉案 CD 光盘，侵害了殷承宗对音乐作品钢琴伴唱《红灯记》所享有的复制权、发行权、获得报酬权，亦侵害了殷承宗作为两首音乐作品演奏者所享有的表演者权，其应就此承担停止侵权行为、赔偿经济损失的法律责任。南新雅艺术苑虽提出其与殷承宗就演出现场版录音的发行权事宜已达成口头约定，但其未就此主张提供相应的证据予以证明，本院对其上述抗辩主张不予采信。

被告音像出版社作为出版单位，应对其出版的录音制品所涉及的著作权、与著作权有关的权利负有全面的审查责任。音像出版社在未审查著作权人及表演者授权证明的情况下，与南新雅艺术苑就出版发行涉案 CD 光盘一事签订协议，委托江苏新广联光盘有限公司复制该光盘并予以发行，其上述行为侵害了殷承宗所享有的复制权、发行权、获得报酬权及表演者权，应承担停止侵权行为、赔偿经济损失的法律责任。音像出版社提出南新雅艺术苑已承诺拥有涉案 CD 光盘的节目版权，出版社已取得合法授权，并未侵害原告权利的抗辩主张，缺乏事实依据，本院不予采纳。

鉴于被告南新雅艺术苑与音像出版社就出版发行涉案 CD 光盘一事签订协议，双方约定由南新雅艺术苑提供母带、音像出版社负责后期制作及出版发行等工作，双方就利润分配亦进行了约定，基于双方的共同行为，产生了涉案的侵害事实，因此双方应对侵害原告殷承宗著作权及表演者权的侵权后果共同承担法律责任。原告提出由南新雅艺术苑与音像出版社赔偿其经济损失 250 000元的诉讼请求，缺乏充分的事实依据，本院不予全额支持。本院将依据上述二被告侵权行为的性质、影响程度、涉案 CD 光盘的出版发行数量、原告为本案支出的合理费用等因素酌情确定二被告承担的赔偿数额。

被告音乐书店销售了涉案侵权 CD 光盘，原告提出其应停止涉案销售行为的主张，本院予以支持。

综上，依照《中华人民共和国著作权法》第十条第一款第（五）项、第（六）项、第二款，第三十七条第一款第（四）项、第（五）项、第二款，第四十七条第（一）项、第（三）项，第四十八条，第五十二条的规定，判决如下：

一、被告上海音像出版社、上海南新雅文化艺术交流苑于本判决生效之日起立即停止出版发行《2002 年殷承宗上海倾情演绎——2002 年 1 月 2 日上海大剧院演出现场版》CD 光盘；

二、被告上海音像出版社、上海南新雅文化艺术交流苑于本判决生效之日起 10 日内共同赔偿原告殷承宗经济损失人民币 6 万元及合理费用支出人民币 1 955 元；

三、被告北京新华外文书店股份有限公司音乐书店于本判决生效之日起立即停止销售《2002 年殷承宗上海倾情演绎——2002 年 1 月 2 日上海大剧院演出现场版》CD 光盘；

四、驳回原告殷承宗的其他诉讼请求。

上海音像出版社不服原审判决，提起上诉。殷承宗、上海南新雅文化艺术交流苑、北京新华外文书店股份有限公司音乐书店服从原审判决。

二审查明事实

二审法院查明事实与原审相同。

二审审理结果

本案在审理过程中，经调解，各方当事人自愿达成如下协议：

一、在本调解书生效后 3 日内，上海音像出版社及上海南新雅文化艺术交流苑共同向殷承宗一次性支付人民币 4 万元整；

二、殷承宗收到上述款项后，各方当事人就本案所涉《2002 年殷承宗上海倾情演绎——2002 年 1 月 2 日上海大剧院演出现场版》CD 光盘再无其他争议；

三、殷承宗放弃对北京新华外文书店股份有限公司音乐书店的诉讼请求；

四、各方当事人一致同意不在任何媒体上发表或委托他人发表就本案或对方的评论意见；

五、一审案件受理费 6 260 元，由殷承宗负担（已交纳）；二审案件受理费 6 260 元及公告费 260 元，由上海音像出版社、上海南新雅文化艺术交流苑承担（其中，案件受理费 6 260 元已由上海音像出版社交纳；公告费 260 元因已由殷承宗垫付，故上海音像出版社、上海南新雅文化艺术交流苑于本调解生效后 3 日内向殷承宗支付）。

36. 《暗香》歌词著作权侵权纠纷案

——陈涛诉沙宝亮、北京现代力量文化发展有限公司等

原告（被上诉人）：陈涛
被告（上诉人）：沙宝亮
被告（原审被告）：北京现代力量文化发展有限公司
被告（原审被告）：吴江市同里镇人民政府
被告（原审被告）：苏州太湖国际旅行社
案由：侵犯著作权纠纷

原审案号：北京市朝阳区人民法院（2005）朝民初字第 13560 号
原审合议庭成员：李有光、谢甄珂、普翔
原审结案日期：2005 年 5 月 20 日
二审案号：北京市第二中级人民法院（2005）二中民终字第 10098 号
二审合议庭成员：邵明艳、冯刚、潘伟
二审结案日期：2005 年 9 月 6 日

判决要旨

演出组织者组织演出，由该组织者取得著作权人许可，并支付报酬。表演者明知著作权人不允许其使用著作权人的作品进行表演却仍然进行表演的，具有侵权故意，侵犯了著作权人的著作权。

起诉与答辩

原告陈涛诉称：2002 年 5 月我为电视连续剧《金粉世家》创作了歌曲《暗香》的歌词，是该歌词的著作权人。自 2002 年 5 月以来，被告北京现代力量文化发展有限公司（以下简称现代力量公司）未经我许可，擅自组织其签约歌手沙宝亮在多种场合以多种方式使用歌曲《暗香》。2003 年 10 月，我曾就现代力量公司的侵权行为提起诉讼，法院终审判决：未经我许可，现代力量公司不得使用我作词的歌曲《暗香》。然而，在法院判决后，沙宝亮和现代力量公司在明知未经我许可不得使用歌曲《暗香》的情况下，仍继续故意不经我许可不断在商业演出中使用歌曲《暗香》。2004 年 4 月 18 日，沙宝亮又

在未经我许可、也未支付报酬的情况下，公然在吴江市同里镇人民政府（以下简称同里镇政府）和苏州太湖国际旅行社（以下简称太湖国旅）共同组织的商业演出"中华情 同里之春"大型演唱会中演唱歌曲《暗香》，侵犯了我对《暗香》歌词享有的著作权。现起诉要求沙宝亮、现代力量公司、同里镇政府、太湖国旅立即停止侵权行为，共同连带赔偿我经济损失 2 万元人民币，要求沙宝亮和现代力量公司公开赔礼道歉，消除影响。

沙宝亮和现代力量公司辩称：陈涛起诉所指称的事实没有证据支持，本案不属于商业性演出，且其不能证明现代力量公司是涉案演出的组织者，故不同意陈涛的诉讼请求。

同里镇政府辩称："中华情 同里之春"大型演唱会由我镇与中央电视台海外中心、江苏文化传播有限公司和太湖国旅共同承办，我镇提供了演唱会经费400 万元。沙宝亮在涉案演出中演唱歌曲《暗香》是一次非商业性演出，属于《著作权法》规定的无须取得著作权人许可，也无须支付报酬的情况。而且，涉案演出早已结束，不存在继续侵权的行为。因此，请法院依法驳回陈涛的诉讼请求。

太湖国旅辩称：我社没有与沙宝亮、现代力量公司签订过任何商业演出合同，也没有授权或委托任何单位、个人在任何网站发布或签订过涉案演出的商业性合同，我社更未在同里举办过"中华情 同里之春"大型演唱会，与陈涛之间不存在侵犯著作权的法律事实，故请法院驳回陈涛的诉讼请求。

原审查明事实

一审法院经审理查明：2002 年 5 月，陈涛为电视连续剧《金粉世家》创作了主题歌《暗香》的歌词，电视连续剧中的主题歌为沙宝亮演唱。

2004 年 3 月 5 日，同里镇政府（甲方）与中央电视台海外中心（乙方）签订《中华情——同里之春全球华语原创歌曲至尊演唱会合作协议书》。合同约定：此场演出是为配合吴江市同里镇旅游活动；演出时间 2004 年 4 月 18日；演出地点苏州市体育中心体育场；甲方负责提供演唱会经费 400 万元，负责办理文化主管部门的同意函、演出证；乙方负责演出策划及相关制作，负责双方确认演员的邀请、演出录制和制作，并在 CCTV - 4 播出演唱会，拥有节目终审权。

2004 年 4 月 18 日，"中华情——同里之春全球华语原创歌曲至尊演唱会"（以下简称"同里之春"演唱会）如期在苏州市体育中心体育场举行，票价分为 100 元、280 元、380 元、480 元、680 元、880 元、1 680 元、1 880 元等档次。沙宝亮个人接受演出组织者的邀请，在该演唱会上演唱了歌曲《暗香》，后口头告知了现代力量公司。该演唱会出售门票，且苏州杰思商务信息咨询有限公司的网站上关于该演出的宣传内容中注明：该演出由同里镇政府、中央电视台海外中心和太湖国旅等单位承办。就沙宝亮在"同里之春"演唱会上演唱歌曲《暗香》，同里镇政府和沙宝亮均未征得陈涛的许可，也未支付报酬。

另查明，2004年4月18日，沙宝亮是现代力量公司的签约歌手。2003年，陈涛曾因现代力量公司制作歌曲《暗香》MV、使用歌曲《暗香》制作《沙宝亮》歌曲CD专辑和同名磁带、沙宝亮在其他商业性演出中演唱歌曲《暗香》而起诉现代力量公司和沙宝亮侵犯其著作权，并表示沙宝亮未经其许可不得演唱歌曲《暗香》。2004年3月22日，北京市第二中级人民法院就此作出终审判决，认定现代力量公司侵权，未经陈涛许可现代力量公司不得使用陈涛作词的歌曲《暗香》。嗣后，陈涛于2004年4月23日致函中国音乐著作权协会（以下简称音著协），将其授权给音著协的所有权利中保留歌曲《暗香》歌词的完整著作权，未经其书面许可音著协不得许可任何人使用。随函陈涛还声明，其未许可任何单位、个人（包括沙宝亮）演唱其作词的歌曲《暗香》，除法律有特别规定外，任何单位、个人不论自己表演还是组织演出，凡使用歌曲《暗香》均应事先取得其书面许可。

同里镇政府在诉讼中提供了一张收款人为太湖国旅的银行进账单，但其中没有显示所收款项与涉案演出有关。

原审审理结果

原审法院认为：陈涛作为歌曲《暗香》的词作者，其依法享有的著作权受法律保护。除法律另有规定外，任何人未经陈涛许可，均不得使用该歌词。

按照我国《著作权法》的规定，演出组织者组织演出，由该组织者取得著作权人许可，并支付报酬。"同里之春"演唱会出售门票，有承办单位，应属有演出组织者的营业性演出。演员在该演唱会中表演作品，应由演出组织者征得作品著作权人的许可，并支付报酬。同里镇政府关于该演出属非商业性演出，无须征得著作权人许可、无须支付报酬的辩称，于法无据，本院不予支持。

"同里之春"演唱会的承办单位应属该演出的演出组织者。根据网站宣传内容，结合同里镇政府和中央电视台海外中心签订的合同可以认定，同里镇政府是涉案演出的承办单位之一，其应就演唱会上使用他人作品承担征得著作权人许可并支付报酬的责任。就太湖国旅而言，虽然有关网站的宣传内容将其列为承办单位之一，但同里镇政府与中央电视台海外中心签订的协议中并未涉及太湖国旅，同里镇政府提供的、收款人为太湖国旅的银行进账单没有显示太湖国旅所收款项与涉案演出有关，且太湖国旅自身否认是涉案演出的承办单位。因此，仅凭网站宣传的内容，尚不足以认定太湖国旅参与了涉案演出的组织工作。故太湖国旅不负有征得许可并支付报酬的责任。

我国《著作权法》第三十六条规定："使用他人作品演出，表演者（演员、演出单位）应当取得著作权人许可，并支付报酬。演出组织者组织演出，由该组织者取得著作权人许可，并支付报酬。"本条虽然规定演出组织者组织演出的，可以由该演出组织者征得著作权人的许可并付酬。但是，本条规定的基本原则仍然是谁表演谁征得许可并付酬。涉案的情况是，陈涛以诉讼的方式明确表示不允许沙宝亮演唱由其创作歌词的歌曲《暗香》。为此，沙宝亮也清楚地知道陈涛不允许其演唱该歌曲。而且，陈涛在上述案件裁判后，已经致函音著协声明其保留对歌曲《暗香》歌词部分的著作权，该行为进一步表明了其不允许沙宝亮演唱歌曲《暗香》的意愿，并表明其已经预见到存在涉嫌侵权的可能。在此前提下，沙宝亮继续演唱歌曲《暗香》已超出了仅由演出组织者征得作者许可的范围，即沙宝亮坚持继续演唱歌曲《暗香》具有明显的侵权故意，侵犯了陈涛对该歌曲歌词部分享有的著作权。

从诚实信用原则的角度看，公民从事民事活动时，应讲求诚实、守信用，以善意的方式履行其义务，不得规避法律和合同。也就是说，权利人在行使其权利时都应尊重他人的利益，以善意的方式行使权利并获得利益，不得以损害他人为目的而滥用民事权利。本案中，沙宝亮明知陈涛不允许其再演唱歌曲《暗香》，却不尊重歌曲词作者的意愿，并以规避法律的方式，推托应由演出组织者征得陈涛的许可，而故意继续演唱歌曲《暗香》，其行为属主观恶意明显，并以损害陈涛的利益而获得自身的劳务利益。故沙宝亮的行为同时违背了诚实信用原则，侵犯了陈涛享有的合法民事权利。据此，本院认为沙宝亮作为涉案演出的表演者，同样侵犯了陈涛对歌曲《暗香》歌词享有的著作权。

虽然沙宝亮在参加涉案演出时是现代力量公司的签约歌手，但其是以个人身份接受的邀请，且事先并未告知现代力量公司。因此，陈涛主张现代力量公司侵犯其对歌曲《暗香》歌词享有的著作权，证据不足，本院不予支持。

综上，沙宝亮和同里镇政府应对涉案的侵权行为承担民事责任，现代力量公司和太湖国旅不承担侵权责任。陈涛要求沙宝亮和同里镇政府停止侵权、赔偿经济损失的请求，于法有据，本院予以支持。鉴于沙宝亮和同里镇政府对于侵权具有不同的主观过错，因此其应各自承担相应的赔偿责任。具体的赔偿数额，本院将综合考虑涉案演出的场地情况、门票价格、沙宝亮和同里镇政府的侵权过错程度等因素，酌情判处。虽然陈涛对歌曲《暗香》享有的著作人身权没有受到侵犯，但考虑到沙宝亮对于侵权后果的产生具有较大的主观恶意，因此本院支持陈涛对其提出的赔礼道歉、消除影响之请求。

综上，依据《中华人民共和国民事诉讼法》第一百三十条，《中华人民共和国民法通则》第四条，《中华人民共和国著作权法》第十条第一款第（九）项、第三十六条第一款、第四十七条第（一）项、第四十八条第一款的规定，判决如下：

一、未经陈涛许可，沙宝亮不得演唱陈涛作词的歌曲《暗香》；

二、沙宝亮于本判决生效之日起 1 个月内在一家北京市出版的、全国发行的非专业报刊上刊登致歉声明，向陈涛公开赔礼道歉，以消除影响（致歉内容需经本院审核，逾期不执行，本院将依法公开本判决书的主要内容，所需费用由沙宝亮负担）；

三、沙宝亮于本判决生效之日起 10 日内赔偿陈涛经济损失 4 500 元；

四、未经陈涛许可，吴江市同里镇人民政府不得组织使用陈涛作词的歌曲《暗香》的演出；

五、吴江市同里镇人民政府自本判决生效之日起 10 日内赔偿陈涛经济损失 4 500 元；

六、驳回陈涛的其他诉讼请求。

沙宝亮不服原审判决，提出上诉，理由是：原审判决关于同里镇政府"承办"还是"组织"的事实认定不清，同里镇政府不是商业组台的适格主体。原审判决对沙宝亮应否承担责任问题适用法律错误，陈述法理前后矛盾。原审判决错误理解了作为证据的北京市第二中级人民法院判决，错误概括了《著作权法》第三十六条所包含的法律原则，认定"谁表演谁征得许可并付酬"，是以偏概全。原审判决一方面认定同里镇政府是"可以"代表演者付酬的"演出组织者"，另一方面又判决强制其承担前述表演《暗香》歌词的经济赔偿责任。

陈涛、现代力量公司、同里镇政府和太湖国旅均服从原审判决。

二审查明事实

二审法院对原审法院查明的事实予以确认。

二审审理结果

二审法院认为：陈涛是歌曲《暗香》的词作者，其对于歌曲《暗香》的歌词依法享有著作权。

根据本院确认的事实，同里镇政府负责提供"同里之春"演唱会经费 400

万元，负责办理文化主管部门的同意函、演出证。因此，本院认定，同里镇政府是"同里之春"演唱会的组织者之一。沙宝亮认为同里镇政府不是商业组台演出的适格主体的上诉理由，无事实依据，本院不予支持。依据《著作权法》的相关规定，演出组织者组织演出，由该组织者取得著作权人许可，并支付报酬。同里镇政府作为"同里之春"演唱会的组织者之一，未取得歌曲《暗香》词作者陈涛的许可，亦未向陈涛支付报酬，其行为侵犯了陈涛依法享有的著作权，应当承担停止侵权行为、赔偿经济损失的法律责任。

依据现有证据，陈涛曾就沙宝亮演唱歌曲《暗香》提起诉讼，声明沙宝亮未经其许可不得擅自演唱歌曲《暗香》。因此，在涉案演出中，沙宝亮作为表演者，明知未经陈涛的许可而公开演唱歌曲《暗香》，具有侵害歌曲《暗香》词作者著作权的主观故意，有悖诚实信用的法律基本原则，其应对侵犯陈涛的著作权的行为承担相应的法律责任。基于沙宝亮涉案的行为性质，原审法院判定其承担停止侵权行为、赔偿经济损失、赔礼道歉、消除影响的法律责任并无不当。

陈涛主张太湖国旅、现代力量公司侵犯其著作权，缺乏依据，本院对其相应诉讼请求不予支持。

综上，沙宝亮所提上诉理由缺乏事实和法律依据，其相应的上诉请求本院不予支持。原审法院认定事实基本清楚，适用法律及处理结果并无不当，本院应予维持。故依据《中华人民共和国民事诉讼法》第一百五十三条第一款第（一）项之规定，判决如下：

驳回上诉，维持原判。

一审案件受理费1 000元，由沙宝亮负担500元，由吴江市同里镇人民政府负担500元；二审案件受理费1 000元，由沙宝亮负担。

37. 丁聪漫画系列作品著作权侵权纠纷案

——丁聪诉北京友谊明光书店、家庭医药杂志社

原告： 丁聪
被告： 北京友谊明光书店
被告： 家庭医药杂志社
案由： 侵犯著作权纠纷

一审案号： 北京市朝阳区人民法院（2005）朝民初字第 19232 号
一审合议庭成员： 林子英、普翔、谢甄珂
一审结案日期： 2005 年 9 月 20 日

判决要旨

　　未经著作权人许可，复制、发行著作权人的作品，改变著作权人一贯的署名方式并对作品内容进行删减或添加的，属于侵犯著作权人的复制权、发行权、署名权、保护作品完整权和修改权等著作权的行为。

起诉与答辩

　　原告丁聪诉称：1999 年 10 月，三联书店出版了我创作的《丁聪漫画系列》，其中的《古趣图》收编了我的漫画 206 部，《讽刺画》收编了我创作的漫画 266 部。2005 年 4 月，我在被告北京友谊明光书店（以下简称友谊书店）购买了由被告家庭医药杂志社（以下简称医药杂志社）出版的《家庭医药杂志》，发现该杂志未经我的许可，使用了《古趣图》和《讽刺画》中的 10 部作品，并对使用的作品进行了删减和歪曲篡改。医药杂志社这种行为使得我的漫画作品面目全非，完全脱离了作品的主题。其中对"藏贼衣"一图的篡改，使其格调低下，内容粗鄙，严重损害了我作为严肃从事漫画创作的作者形象，给我的声誉造成极大的伤害。我认为，医药杂志社的行为侵犯了我对上述作品享有的署名权、复制权、发行权、修改权、保护作品完整权、获得报酬权。为此诉至法院，请求判令：医药杂志社、友谊书店停止发行侵权出版物并销毁库存；医药杂志社停止使用上述美术作品；医药杂志社在《家庭医药》、《中国新闻出版报》上向我公开赔礼道歉、恢复名誉；医药杂志社赔偿我经济损失

10 094 元；医药杂志社赔偿我的精神损害抚慰金 10 万元；律师费由医药杂志社、友谊书店负担。

被告友谊书店辩称：我店是从事二级批发的书店，经营范围中虽然有杂志，但从来没有实际经销过杂志。涉案的杂志实际上是我店对面的书店销售的，但是对面书店没有收据了，就向我店借了 1 张。我店并没有出售过涉案杂志，也不存在过错，丁聪明知不是我店出售的涉案杂志，依然起诉我店，我店保留向其起诉的权利。

被告医药杂志社辩称：我社确实是未经丁聪许可使用了丁聪的 10 部漫画作品，侵犯了丁聪的著作权，但我社已经按最高标准支付了稿酬并进行了道歉。我社同意丁聪所提的停止侵权、停止使用丁聪的作品和公开赔礼道歉的请求，但其余诉讼请求我社不同意，因为我社并没有侵犯丁聪的署名权、复制权和发行权，也没有侵犯其保护作品完整权。此外，丁聪提出的精神损害赔偿没有依据，其提出的经济损失计算标准过高。

一审查明事实

一审法院经审理查明：1999 年，生活·读书·新知三联书店将漫画家丁聪 1978 年以来 20 年间创作的漫画整理编辑，出版了《丁聪漫画系列》图书，该系列包括《古趣图》、《讽刺画》等系列漫画书。其中《脉搏》、《贵在坚持》、《各有所获》、《某医院见闻》、《经验交流》、《习惯成自然》、《三个笨蛋》、《别老迟到》8 部作品收编于《讽刺画》（四集）中，《好饮》、《藏贼衣》两部作品收编于《古趣图》（一集）中。上述 10 部漫画作品均由一图一文组成，文图对照，配有标题，每部作品中的漫画上均署名为"小丁"，其中 8 部作品还在"小丁"的署名后标有创作年代。丁聪创作的其他漫画作品中的署名均为"小丁"，绝大部分的作品在"小丁"后还标明了创作年代。

《家庭医药》系医药杂志社出版的月刊，每月 1 号出版，定价 4 元。该杂志 2004 年第 9、10、11、12 月号以及 2005 年第 1、5 月号使用了丁聪创作的上述 10 部漫画（具体使用情况见本判决附表）。

2005 年 4 月 27 日，医药杂志社曾向丁聪汇去稿酬 720 元，丁聪未领取。

2005 年 4 月 28 日，丁聪以 46 元购得《家庭医药》杂志 2004 年合订本上下两册，并取得 1 张盖有友谊书店财务专用章的收据。

2005 年 5 月 11 日，丁聪与北京市吴栾赵阎律师事务所签订 1 份委托代理协议，协议约定如果不能协商解决本案纠纷，丁聪应负担律师费 1 万元，作为诉讼请求向法院提出。

2005 年 7 月 26 日，案外人现代书店有限公司出具证明，陈述涉案《家庭医药》杂志是其销售的，由于当时没有收据了，故向友谊书店借了 1 张，即涉案丁聪所持有的购书收据。同日，友谊书店所在的北京图书批发交易市场也出具证明，表明友谊书店至今未经销过《家庭医药》杂志。庭审中，医药杂志社确认与现代书店有业务往来，向现代书店发过涉案杂志。

另查一，医药杂志社当庭陈述其使用的漫画来自新世界出版社 1993 年出版的丁聪编绘的《古趣集》和《今趣集》。经对比，新世界出版社出版的《古趣集》、《今趣集》中也包含涉案 10 部作品，且这 10 部作品与《丁聪漫画系列》中的《古趣图》（一集）、《讽刺画》（四集）中的同名 10 部作品图画部分一致、文字部分仅《各有所获》1 部不同，但内容的寓意相同，其余 9 部都一致。

另查二，丁聪当庭提供汇款凭证说明报刊使用其漫画作品的稿酬为每部 200～300 元。

一审审理结果

一审法院认为：根据出版物上的署名，在无相反证据的情况下，可以确认无论是生活·读书·新知三联书店出版发行的《古趣图》（一集）、《讽刺图》（四集）还是新世界出版社出版发行的《古趣集》、《今趣集》，均系丁聪创作完成，即涉案 10 部作品的著作权人为丁聪。医药杂志社未经丁聪许可使用了涉案 10 部漫画作品，应当承担相应的侵权责任，对此医药杂志社并无异议，只是对其侵犯丁聪著作权的具体内容存有异议。丁聪在本案中主张医药杂志社侵犯了其署名权、修改权、保护作品完整权、复制权、发行权、获得报酬权 6 项权利。

关于署名权。我国《著作权法》规定，署名权是表明作者身份，在作品上署名的权利。署名权具体的行使，包括但不限于以下方式：署真名、署假名、署笔名、署别名、甚至可以不署名，只要作者的署名方式不侵犯他人的合法权益，他人在使用该作品时就应尊重作者的署名方式，不应予以改变。丁聪在创作漫画作品时，其一贯的署名方式是署名"小丁"。这种署名"小丁"的方式已经成为丁聪所独有的标志性的风格。例如，夏衍在给《丁聪漫画系列》代序中写道："小丁就是丁聪同志，这在文化新闻界是众所周知的，上了年纪的人叫他小丁，和他同辈的乃至比他年轻的人也叫他小丁，他自己在作品上署名也是小丁。"基于丁聪的这种署名方式，他人在使用丁聪作品时就应当尊重丁聪这种特别的署名方式，否则就构成对丁聪署名权的侵犯。本案中，医药杂志社将丁聪惯有的署名"小丁"改为"丁聪"的行为，违背了丁聪对自己作品的署名方式，故侵犯了丁聪对涉案作品享有的署名权。

关于修改权和保护作品完整权。丁聪所创作的漫画作品，具有鲜明的特点，完整的作品是由"漫画＋文字笑话＋署名小丁＋日期"组成。其漫画的创作是基于文字笑话而创作的漫画，即漫画创作的缘由是对文字笑话进行的配图，从而使漫画与文字不能分离。仅单独使用漫画，不使用文字部分，则不能准确地反映出漫画的寓意，对作品是一种割裂使用，这种割裂使用会使漫画作品的寓意、内涵、主题不对应、不鲜明、不清晰，有可能产生其他的、背离作者创作意图的理解，这种结果应当认定为是对作者享有的保护作品完整权的侵害。本案中，医药杂志社在使用丁聪的涉案 10 部漫画作品时，均只使用图画部分，去除文字部分，并对所使用的图画部分进行了删减或添加，是对丁聪享有的保护作品完整权的侵犯。同时，丁聪在作品上注明创作年代的表述方法，也是其创作时的一种习惯做法。这种在作品上对创作年代的表述方法，也反映了作者对该年代社会现象的认识，脱离了社会背景也不能够准确地反映出作品的意旨。因此，本案中医药杂志社使用涉案作品时删除年代的做法，也是对丁聪创作作品的保护作品完整权的侵犯。因此，医药杂志社在使用丁聪作品时割裂、删除作品的行为，侵犯了丁聪对其作品所享有的保护作品完整权和修改权。

关于复制权和发行权。医药杂志社使用丁聪的 10 部涉案作品，每部作品都是可以单独发表、使用的。因此，涉案的 10 部作品尽管只占生活·读书·新知三联书店出版发行的《古趣图》（一集）、《讽刺图》（四集）还是新世界出版社出版发行的《古趣集》、《今趣集》中的一小部分，但每部作品均为独立的作品可以单独使用，故医药杂志社未经丁聪许可，将其作品制作为多份副本，以出售的方式向公众提供复制件，侵犯了丁聪的复制权和发行权。

综上，医药杂志社侵犯了丁聪的署名权、修改权、保护作品完整权、复制权和发行权，对上述行为其应当承当相应停止侵权、赔偿损失、公开赔礼道歉的责任。

对于付酬问题。虽然医药杂志社已向丁聪汇出了一定数额的稿酬，但医药杂志社的使用行为未经丁聪的许可，稿酬的数额并非双方协商一致，且丁聪未领取医药杂志社支付的稿酬，也说明了丁聪对此款项不予认可。故应视为医药杂志社侵犯了丁聪对涉案作品享有的获得报酬权。为此，本院参考丁聪漫画的正常许可费数额，考虑医药杂志社的侵权时间、结果和主观过错程度等综合因素，认为丁聪主张赔偿经济损失 10 094 元的数额在合理范围内，本院予以支持。

对于丁聪主张的 10 万元精神抚慰金，本院认为，鉴于医药杂志社对丁聪作品严重的歪曲、篡改，应当对丁聪进行精神损害的补偿，本院考虑医药杂志社的过错程度、侵权情节、影响范围、承担赔偿责任的能力等因素确定补偿额为 5 000 元。

对于丁聪主张的律师费用，考虑此部分属于必然发生的费用，本院予以支持，本院将依据最终确定的赔偿额酌情考虑。

对于友谊书店的责任问题，友谊书店已经提供充分证据证明其不是实际出售涉案杂志的书店，因此对丁聪向友谊书店提出的主张，本院不予支持。

依据《中华人民共和国著作权法》第十条第一款第（二）项、第（三）项、第（四）项、第（五）项、第（六）项、第二款，第四十六条第（四）项、第（十一）项，第四十八条第一款之规定，判决如下：

一、家庭医药杂志社立即停止使用丁聪的涉案 10 部漫画作品；

二、家庭医药杂志社于本判决生效之日起 30 日内在《家庭医药》杂志上向丁聪公开致歉（致歉内容须经本院审核，逾期不执行，本院将依法公开本判决书的主要内容，相关费用由家庭医药杂志社负担）；

三、家庭医药杂志社于本判决生效之日起 10 日内赔偿丁聪经济损失 10 094元；

四、家庭医药杂志社于本判决生效之日起 10 日内支付丁聪合理费用 2 000元；

五、家庭医药杂志社于本判决生效之日起 10 日内赔偿丁聪精神损害抚慰金5 000元；

六、驳回丁聪的其他诉讼请求。

案件受理费 3 929 元，由家庭医药杂志社负担。

各方当事人均服从一审判决。

38. 歌曲《回心转意》著作权侵权纠纷案

——侯强诉北京龙腾阳光科技发展有限公司

原告：侯强
被告：北京龙腾阳光科技发展有限公司
案由：侵犯著作权纠纷

一审案号：北京市朝阳区人民法院（2005）朝民初字第 24617 号
一审合议庭成员：谢甄珂、普翔、刘德恒
一审结案日期：2005 年 11 月 14 日

判决要旨

用户通过有线或者无线的方式向移动通讯运营商发出订购请求，移动通讯运营商按照用户的订购指令将服务提供商提供的歌曲作为用户移动通讯工具的回铃音并由用户支付费用，此种方式属于著作权法中信息网络传播的范畴。

起诉与答辩

原告侯强诉称：我是歌曲《回心转意》的词曲作者，自 2004 年 11 月份开始，我发现被告北京龙腾阳光科技发展有限公司（以下简称龙腾科技公司）未经我的许可通过各个省的移动通信公司在 www.12530.com 网站上擅自发布歌曲《回心转意》（黑龙演唱）提供下载。龙腾科技公司的上述行为侵犯了我的著作权，给我造成了巨大经济损失，故诉至法院请求判令龙腾科技公司：停止侵权行为，赔偿经济损失 88 万元。

龙腾科技公司辩称：1. 我公司用于彩铃业务的《回心转意》是由黑龙演唱、辽宁北方天狼文化传媒有限公司（以下简称天狼文化公司）于 2003 年 7 月录制的曲目，天狼文化公司是该曲目的录音制作权人。2. 我公司 2004 年 11 月份与天狼文化公司签订了一份《个性化回铃音合作协议》，该协议约定由天狼文化公司将具有合法版权的包括《回心转意》在内的 12 首歌曲用于个性化回铃音服务，我公司按照约定支付了合同对价。签订上述协议时，天狼文化公司向我公司提供了侯强许可崔飞的授权书，同意崔飞将《回心转意》转让给黑龙（晏明龙）演唱、发行。而根据黑龙（晏明龙）与天狼文化公司的《艺

人独家管理协议》，天狼文化公司对黑龙（晏明龙）的演唱作品有出版、发行、许可使用的权利。3. 侯强对我公司和天狼文化公司签订的《个性化回铃音合作协议》予以了认可。综上，我公司使用涉案曲目具有合法权利来源，支付了合同对价，不构成侵权。请求法院驳回侯强的诉讼请求。

一审查明事实

一审法院经审理查明：2002 年 11 月 13 日，辽宁省版权局出具了 1 份作品登记证，证明《回心转意》的作者是侯强，完成日期是 1997 年 7 月 27 日。龙腾科技公司对侯强是《回心转意》的词曲作者表示认可。

2003 年 6 月 2 日，侯强出具了 1 份授权书，内容是：将《回心转意》单曲的使用权转让给崔飞使用；使用期为 2003 年 6 月 2 日～2005 年 6 月 2 日；侯强有权演唱、发行《回心转意》，但配器必须重新改编。在该授权书中，侯强还同意崔飞将《回心转意》转让给晏明龙（艺名黑龙）演唱、发行。

庭审中，龙腾科技公司提供了 1 份《艺人独家管理协议》复印件，上面盖有天狼文化公司公章。该协议的内容是：2003 年 6 月 26 日，晏明龙（作为合同甲方）与天狼文化公司（作为合同乙方）签订；甲方指定乙方作为甲方的独家管理机构，在全世界整个娱乐业范围内对甲方事业发展进行顾问、指导与独家管理，乙方特此接受甲方的指定；乙方指导与管理的范围包括甲方的名字、肖像、传记材料的商业或非商业使用，唱片录制及复制。对该协议的复印件，侯强不认可其真实性。

2004 年 11 月，龙腾科技公司（作为合同甲方）与天狼文化公司（作为合同乙方）签订了 1 份《个性化回铃音合作协议》（以下简称《合作协议》），该协议约定：乙方将 WAV 或 CD 格式音频曲目提供给甲方，甲方在移动通讯运营平台上，向移动通讯终端用户提供回铃音收费服务；甲方在中国境内（港澳台地区及广东除外）拥有对乙方曲目的使用权；乙方保证拥有其所提供音频产品的合法版权，与回铃音文件内容有关的版权问题由乙方负责解决，由此产生的相关责任由乙方承担；乙方首批提供给甲方使用的曲目数量为 12 个，1000 元/首；协议有效期为 2 年。作为《合作协议》的附件，天狼文化公司于 2004 年 11 月 3 日给龙腾科技公司出具了 1 份授权书，内容是："以下曲目用于彩铃提供的相关权利归我公司所有，现根据已签订的授权许可协议，将其面向电信运营商的作为彩铃的代理运营权授予北京龙腾阳光科技发展有限公司，授权范围是中国大陆地区（广东省除外），兹以证明。"该授权书授权曲目一共 12 首歌曲，其中包含《回心转意》（注明了：演唱者黑龙、作曲作词侯强、录音版权天狼文化公司）。

2005年4月6日和2005年8月25日，北京市公证处分别出具了（2005）京证经字第3536号和（2005）京证经字第9408号2份公证书。上述2份公证书分别对2005年4月4日和2005年8月24日 www.12530.com 网站上所显示的由黑龙演唱、龙腾科技公司提供的歌曲《回心转意》回铃音点击次数和单价的网页进行了公证保存。

一审审理结果

一审法院认为：依据我国《著作权法》的规定，信息网络传播权是指以有线或者无线方式向公众提供作品，使公众可以在其个人选定的时间和地点获得作品的权利。歌曲的词曲作者、表演者和录音制作者分别对歌曲的词曲、表演以及录音制品享有通过信息网络向公众传播并获酬的权利。

本案中，龙腾科技公司使用歌曲《回心转意》的方式是作为移动电话的个性化回铃音使用，具体方式是移动电话用户中有意订购者通过有线或者无线的方式向移动通讯运营商发出订购请求，移动通讯运营商按照用户的订购指令将服务提供商提供的歌曲作为用户移动通讯工具的回铃音并由用户支付费用。依据《著作权法》对信息网络传播权的界定，上述向移动电话用户提供回铃音的使用方式属于《著作权法》中信息网络传播的范畴。因此，龙腾科技公司在有线和无线网络中将歌曲《回心转意》作为个性化回铃音提供的使用方式属于信息网络传播的范畴，其应征得对歌曲《回心转意》享有信息网络传播权的权利人的许可。对于《回心转意》的词曲作者，有作品登记证书可以确认，龙腾科技公司对侯强的词曲作者身份也无异议，可以确认侯强是涉案歌曲《回心转意》的词曲著作权人。侯强作为词曲作者，其享有通过信息网络传播其作品并获酬的权利。任何其他人要在信息网络中使用该《回心转意》的词曲，都需要取得侯强的许可。本案中，龙腾科技公司称其已经得到了歌曲《回心转意》的网络传播权人的许可。但是，从龙腾科技公司提供的证据来看，其所称的许可只是录音制作者天狼文化公司的许可，并无词曲作者侯强的许可。因为龙腾科技公司主张取得侯强许可的依据是《合作协议》、《艺人独家管理协议》和侯强给崔飞的授权书，而上述材料中均没有侯强对《回心转意》词曲的网络传播权的明确授权，只是对词曲的演唱和发行的授权。依据《著作权法》的规定，著作权许可使用合同没有明确授权的内容，未经著作权人同意，不得行使。龙腾科技公司以信息网络传播的方式使用《回心转意》，并未征得歌曲词曲作者的许可，故本院认定龙腾科技公司通过信息网络以提供个性化回铃音的方式使用《回心转意》词曲的行为侵犯了侯强的信息网络传播权，应当承担停止侵权、赔偿损失的责任。

对于侯强的损失，侯强提出依据 www.12530.com 网站上显示的点击次数乘以 1 次订购的价格计算。但由于 www.12530.com 网站上显示的点击次数仅是有订购意向的点击次数，并不等于实际订购并支付费用的次数，而且此项收入中还包含着歌曲表演者、录音制作者、移动运营商和内容服务提供者的贡献，因此不能以此来计算侯强个人的损失。本院将参考歌曲许可使用的一般收费情况、侵权人的主观过错程度、侵权持续时间、行业发展现状等因素酌定本案的赔偿数额。

依据《中华人民共和国著作权法》第十条第（十二）项、第二十六条、第四十七条第（一）项、第四十八条第一款之规定，判决如下：

一、北京龙腾阳光科技发展有限公司立即停止将涉案的由侯强作词作曲的歌曲《回心转意》在信息网络中传播；

二、北京龙腾阳光科技发展有限公司赔偿侯强经济损失 97 000 元；

三、驳回侯强的其他诉讼请求。

案件受理费 13 810 元，由侯强负担 3 810 元；由北京龙腾阳光科技发展有限公司负担 10 000 元。

各方当事人均服从一审判决。

39. 小说《惑之年》著作权侵权纠纷案
——母碧芳诉北京舞风十雨广告有限责任公司

原告（被上诉人）： 母碧芳
被告（上诉人）： 北京舞风十雨广告有限责任公司
案由： 侵犯著作权纠纷

原审案号： 北京市海淀区人民法院（2005）海民初字第 8071 号
原审合议庭成员： 马秀荣、陈坚、贾德明
原审结案日期： 2005 年 6 月 21 日
二审案号： 北京市第一中级人民法院（2005）一中民终字第 10231 号
二审合议庭成员： 赵静、彭文毅、邢军
二审结案日期： 2005 年 11 月 30 日

判决要旨

以提供 BBS 服务之名对用户提供的侵犯他人著作权的作品进行选择、编排后上载到其网站上供浏览、下载的，属于提供网络内容服务，网络服务提供者构成侵犯他人作品的信息网络传播权。

起诉与答辩

原告母碧芳诉称：我是长篇小说《惑之年》的著作权人，被告北京舞风十雨广告有限责任公司（以下简称舞风十雨）未经我许可亦未向我支付报酬，擅自在其网站的"现代文学"栏目登载《惑之年》以供网络用户免费浏览和下载。舞风十雨的行为侵犯了我对《惑之年》享有的信息网络传播权和获得报酬权，故诉至法院，要求舞风十雨立即停止在其网站使用《惑之年》的行为，并赔偿经济损失 3 万元、公证费 1500 元和律师费 3000 元。

被告舞风十雨辩称：我方经合法审批可以开设电子公告（BBS）服务栏目，我方网站"现代文学"栏目中的《惑之年》系由网络用户在 BBS 栏目中自行上传。我方已在网站刊登"投稿说明"和"版权声明"，明示文章发布者需对其上传文章承担法律责任，故我方未侵犯母碧芳的著作权。我方收到法院送达的起诉书后，立即从我方网站删除了《惑之年》，并根据《互联网电子公

告服务管理规定》及时作了处理。我方不同意母碧芳的诉讼请求。

原审查明事实

原审法院经审理查明：母碧芳系长篇小说《惑之年》的著作权人，《惑之年》于 1996 年 5 月由人民文学出版社出版，字数为 301 千字。母碧芳曾因浙江科技学院理工学院和河南博云科技有限公司未经其许可在各自网站上登载《惑之年》分别向浙江省杭州市中级人民法院和河南省郑州市中级人民法院提起诉讼，浙江省高级人民法院和河南省高级人民法院对上述二案分别作出终审判决，均确认母碧芳系《惑之年》的著作权人，并分别认定浙江科技学院理工学院和河南博云科技有限公司侵权成立。

2005 年 1 月 21 日，母碧芳的委托代理人周丹丹在北京市国信公证处公证人员的现场监督下，对舞风十雨期刊网（http：//www. chinaqikan. com）登载《惑之年》的相关情况进行了证据固定。周丹丹登录互联网后进入舞风十雨期刊网首页，点击首页中的"现代文学"栏目，进入网页后点击"现代文学"项下的"现代长篇"，进入网页后点击"现代长篇"项下的"热门书籍"，进入网页后再点击"热门书籍"项下的"惑之年（母碧芳）"，进入网页后在标题"惑之年（母碧芳）"下，显示"［已发表］最近更新：2004 - 11 - 10 10：10：45 发布者：admin"等内容，其下列有《惑之年》第 1 回至第 23 回图标，可点击打开以供浏览和下载，其下的"文章历史"显示"［2004 - 11 - 10 10：10：45］admin 创建该文章"，"［2004 - 11 - 10 10：28：49］admin 审阅该文章并发表该文章"。上述"惑之年（母碧芳）"页面以及其下可点击浏览的《惑之年》第 1 回至第 23 回页面中，均设有可供网络用户对该文章及相关章节发表评论的电子白板，用户需在舞风十雨期刊网注册并登录后方能发表评论。"热门书籍"项下文章的发布者绝大多数为 admin、龙和 brandon_ 83，该栏目编辑为飞狐、龙和 brandon_ 83。母碧芳于 2005 年 2 月 22 日向北京市国信公证处交纳公证费 3 000 元，于 2005 年 3 月 7 日向北京市集佳律师事务所交纳律师费 3 000 元。

庭审过程中，本院组织双方当事人对舞风十雨期刊网（http://www. chinaqikan. com）所载内容进行勘验。该网站内容主要由两个部分组成，一为首页上方"企业管理"至"传媒广告群英会"的 47 个栏目，上述栏目及内容均未以任何方式显示 BBS 字样，但舞风十雨称上述栏目均为 BBS，栏目内文章均为网络用户自行上传，栏目版主或网站工作人员仅对文章进行审核，如发现违法或有悖社会公德等内容则予以删除；二为该网站自行上传并编辑的期刊栏目。首页上方"企业管理"至"传媒广告群英会"的 47 个栏目均可不经注册或登录点击打开，每个栏目之下设有数个下级栏目，其内登载文章均可点击打开以供用户浏览或下载。在上述 47 个栏目标题之下，设有一个长方形FLASH 区域，载有"欢迎使用文章发布自助系统"字样。首页右上方设有"注册"和"登录"按钮，舞风十雨称网络用户只有注册并登录后方可发布文章或发表评论。首页右部载有"文章发布自助系统"的"投稿说明"，内容主要包括：该网站为专业期刊门户网站；凡符合国家法律法规，由作者本人创作的作品，均可授权本站发表或转载；凡在本站授权发表或转载的作品，其发布者应对上传的文章负任何法律责任，其版权归原作者所有或作者与期刊互动网共同享有，本站对经授权的作品享有在网络上刊登、转载、排版等权利；本站拒绝一切诸如反动、淫秽之类违反国家法律法规的作品，对于那些有悖法律道德伦理、政治色彩强烈的作品本站不予发表；任何人未征得原作者或本站同意，请不要转载本站作品内容，违者自负法律责任等。"投稿说明"下方的"投稿方法"为：用户注册并登录之后，进入所要发表文章的栏目中，点击"我要投稿"链接，输入所要发布的文章内容，点"提交"后即完成投稿过程。首页右下方的"版权声明"内容为：本网站的文字及管理栏目的文章来源于网络，属于公益的、非营利性的，希望大家能在网络海洋中获取更多的知识财富。强烈要求各位支持您喜爱的作者，踊跃购买他们的正式出版物。期刊互动网所有存书在现实生活中的版权均归原作者或出版社所有，任何人不得用于商业用途，否则后果自负。如有作者或出版社认为本站侵权或有任何异议，可以来信向我们咨询，我们将立即删除与您有关的内容。上述"投稿说明"、"投稿方法"和"版权声明"均在首页显示，在其他页面则无显示。审判人员在该网站注册用户名"123456"，密码设置为"123"，注册过程中需接受该网站的关于网络知识产权的规定，内容主要为：会员对自己发表的文章拥有版权，本站对所发表在该网上的文章有使用权，也有权利和义务进行文章的编辑，如转载文章需注明作者和出处，如发生版权纠纷，网站在纠纷解决前可以删除文章。注册并登录之后，在上述 47 个栏目当中任意选择"商标法知"，其下包括"商标法规"等 4 个栏目，所有栏目之下文章的发布者均为"小公鸡"；任意选择"公关广告"，其下"广告策略"栏目下所有文章的发布者均为"小公鸡"，其他栏目绝大部分文章的发布者均为"小公鸡"，且"广告策略"栏目编辑为"admin"。审判人员在"广告策略"栏目尝试发表文章，点击"提交"按钮之后，页面显示"发送成功"，但是文章的标题下方显示"待审新稿"，重新登录该网站之后，所发表文章并不显示，舞风十雨对此的解释为：发表文章需经栏目编辑即版主审核之后才可以显示，未经审核的文章保存在后台，此案发生之时 admin 系版主，故《惑之年》的创建者、审阅者和发表者均系 admin，栏目编辑系网络用户自愿向舞风十雨申请担任。

舞风十雨的电信与信息服务业务经营许可证编号为京 ICP 证 040740 号，该公司经北京市通信管理局审核批准，可以在其网站上开设电子公告（BBS）服务栏目。

原审审理结果

原审法院认为：母碧芳系长篇小说《惑之年》的著作权人，舞风十雨对此不持异议。著作权当中的信息网络传播权，系指以有线或无线方式向公众提供作品，使公众可以在其个人选定的时间和地点获得作品的权利，任何人如行使作品的信息网络传播权，应当得到著作权人的许可并向著作权人支付报酬。现公众通过互联网登录舞风十雨期刊网，可以浏览或下载《惑之年》，该作品业已被网络传播。舞风十雨是否系《惑之年》的网络传播者决定其是否应承担侵犯母碧芳对其作品享有的信息网络传播权之责任，系本案争议焦点。因电子公告（BBS）服务提供者仅在互联网上以电子布告牌、电子白板、电子论坛、网络聊天室、留言板等交互形式为上网用户提供信息发布条件，并非信息内容发布者，故 BBS 服务提供者仅对其明知侵权仍予以提供信息发布条件的帮助行为承担责任。本案中舞风十雨即持此观点，称其仅系 BBS 服务提供者，不应对网络用户径行发布《惑之年》的行为承担责任，而本院认为舞风十雨系借提供 BBS 服务之名行提供网络信息内容服务之实，舞风十雨的行为已侵犯了母碧芳对其作品的信息网络传播权，理由如下：1. 舞风十雨期刊网首页上方的"现代文学"等 47 个栏目均可不经注册或登录点击打开，其内文章均可供网络用户浏览或下载，虽该网站首页设有"欢迎使用文章发布自助系统"字样的 FLASH，且载有"投稿说明"、"投稿方法"和"版权声明"，但舞风十雨并未公示其提供 BBS 服务，"现代文学"等栏目给网络用户的直观印象一般应是该网站提供浏览上述栏目内文章的内容服务，而非电子布告牌、电子白板、电子论坛等提供信息发布条件的服务；2. 根据该网站"投稿说明"、"投稿方法"和在注册过程中需用户接受的关于网络知识产权规定的内容以及本院勘验过程，可见用户不可以径行在上述栏目发布文章，而是需要向该网站"投稿"，由该网站栏目编辑对稿件内容进行审核并决定是否发布。"投稿方法"与报纸、期刊或其他文章内容提供者的投稿方法并无不同，且根据该网站网络知识产权规定的内容，该网站对用户发表的文章有使用权，也有权利和义务进行文章的编辑，而该网站客观上亦将其所称的用户自行上传的文章编辑和分类为"现代文学"等 47 个栏目，舞风十雨上述做法均与 BBS 服务惯例相悖，其已实际提供了网络信息内容服务，成为《惑之年》的网络传播者；

3. 用户在上述栏目发表文章之时，需经栏目编辑审核之后方可显示，未经审核的文章保存在后台，此做法不符合 BBS 服务惯例，一般提供信息发布条件的服务者均对网络用户发布的信息进行事后审查，如发现违法或有悖社会公德等内容则予以删除，少有需经版主审核之后方可显示发布信息之做法。舞风十雨如此为之系为保证其栏目设置的规范性及登载文章的质量，以保持并增加对浏览上述栏目文章的网络用户的吸引力，从而增加网站浏览量以获取经济利益；4. admin 系《惑之年》的创建者、审阅者和发表者，其享有在该网站审核、发表文章的特权，发布文章数量甚巨，且其同时担任该网站其他栏目的编辑，加之网站管理员以 administrator 的前半部 admin 作为用户名者不在少数，故本院认为 admin 系舞风十雨工作人员，admin 发布文章行为应系职务行为。即使舞风十雨期刊网形式上是为提供信息发布条件服务的平台，舞风十雨亦有借提供 BBS 服务之名行提供网络内容服务之实之嫌；5. 在《惑之年》相关页面中，确有可供网络用户对该文章及相关章节发表评论的电子白板，此系舞风十雨真正提供信息发布条件服务的 BBS，但此 BBS 与该网站登载《惑之年》的行为不可混为一谈。综上，舞风十雨借提供 BBS 服务之名行提供网络内容服务之实，违反了《互联网电子公告服务管理规定》的同时，亦侵犯了母碧芳对其作品《惑之年》所享有的信息网络传播权，应承担相应的侵权责任。舞风十雨应立即停止未经母碧芳许可在其网站上使用《惑之年》的行为，并向母碧芳赔偿经济损失，但母碧芳要求舞风十雨赔偿经济损失的数额过高，本院参照国家相关稿酬支付标准，并考虑舞风十雨的过错程度、侵权情节等因素对此予以酌定。

综上，依据《中华人民共和国著作权法》第四十七条第（一）项之规定，判决如下：

一、被告北京舞风十雨广告有限责任公司立即停止未经许可在舞风十雨期刊网（http：//www.chinaqikan.com）中使用原告母碧芳作品《惑之年》的行为；

二、本判决生效之日起 10 日内，被告北京舞风十雨广告有限责任公司赔偿原告母碧芳经济损失 14 500 元。

上诉人舞风十雨不服原审判决，提起上诉，其理由是：原审判决在判定理由中运用"一般来说"、"不在少数"、"惯例"等主观猜测的方式，对舞风十雨社区（文章自助发布系统）提供的 BBS 服务持各种否定态度，不仅错误地认定舞风十雨系借提供 BBS 服务之名行提供网络内容服务之实，而且在无任何证据的情况下，主观地认定 BBS 上的网络注册用户 admin 为舞风十雨工作人员，这也是错误的。故请求二审法院依法撤销原审判决，改判驳回母碧芳的诉讼请求。

母碧芳同意原审判决。

二审查明事实

二审审理中，当事人双方明确表示对一审法院查明的事实没有异议，故二审予以确认。

二审审理结果

二审法院认为：母碧芳系长篇小说《惑之年》的著作权人，对此，舞风十雨不持异议，故本院予以确认。母碧芳作为该作品的著作权人，依法享有该作品的信息网络传播权，即以有线或无线方式向公众提供该作品，使公众可以在其个人选定的时间和地点获得该作品的权利。任何人如行使该作品的信息网络传播权，应当得到母碧芳的许可并向其支付报酬。

由本案双方当事人均认可的已查明事实可知，现公众通过互联网登录舞风十雨期刊网，可以随意浏览或下载《惑之年》，故该作品在客观上已被网络传播。舞风十雨作为该期刊网的网站所有人是造成这一后果的直接行为人和责任人。电子公告（BBS）服务提供者是指在互联网上以电子布告牌、电子白板、电子论坛、网络聊天室、留言板等交互形式为上网用户提供信息发布条件，并不向上网用户直接提供信息内容，故 BBS 服务提供者不属于内容服务商，其仅对明知侵权仍予以提供信息发布条件的帮助行为承担责任。本案中，舞风十雨主张其在网站上传播《惑之年》的行为系提供 BBS 服务，故不应对网络用户径行发布《惑之年》的行为承担责任。对此，本院认为，虽在《惑之年》相关页面中，确有可供网络用户对该文章及相关章节发表评论的电子白板，此系舞风十雨提供信息发布条件服务的 BBS。但根据该网站"投稿说明"、"投稿方法"和在注册过程中需用户接受的关于网络知识产权规定的内容以及一审法院的勘验过程可知：用户并不能径行在上述栏目发布文章，而是需要向该网站"投稿"，由该网站栏目编辑对稿件内容进行审核并决定是否发布。包含《惑之年》的"现代文学"等 47 个栏目的文章编辑和分类工作是由舞风十雨网站进行的，而非用户直接自行上传生成，舞风十雨的上述行为不属于提供BBS 服务，其已实际提供了网络信息内容服务，成为《惑之年》的网络登载及传播者。

由已查明事实可知，admin 系《惑之年》的创建者、审阅者和发表者，其享有在舞风十雨期刊网站审核、发表文章的特权，且其同时担任该网站其他栏目的编辑，故一审法院认定 admin 系舞风十雨的工作人员，并无不当。

综上，舞风十雨借提供 BBS 服务之名行提供网络内容服务之实，不仅违反了《互联网电子公告服务管理规定》，而且侵犯了母碧芳对其作品《惑之年》所享有的信息网络传播权，故应承担相应的侵权责任，包括停止侵权、赔偿损失等。一审法院参照国家相关稿酬支付标准，并考虑舞风十雨的过错程度、侵权情节等因素酌定赔偿数额，亦无不当。

综上所述，舞风十雨的上诉理由缺乏事实与法律依据，本院不予采信，对其上诉请求，本院不予支持。原审法院认定事实清楚，适用法律正确，处理结果并无不当，应予维持。依据《中华人民共和国民事诉讼法》第一百五十二条第一款、第一百五十三条第一款第（一）项之规定，判决如下：

驳回上诉，维持原判。

一审案件受理费 1 390 元，由上诉人北京舞风十雨广告有限责任公司负担；二审案件受理费 1 390 元，由上诉人北京舞风十雨广告有限责任公司负担。

40. 动画故事片《蓝猫淘气3000问》著作权侵权纠纷案

——湖南三辰影库卡通节目发展有限责任公司
诉陕西文化音像出版社等

原告（上诉人）： 湖南三辰影库卡通节目发展有限责任公司
被告（被上诉人）： 陕西文化音像出版社
被告（被上诉人）： 茂名市（水东）佳和科技发展有限公司
被告（被上诉人）： 北京燕丰商场有限责任公司
案由： 侵犯著作权纠纷

原审案号： 北京市朝阳区人民法院（2004）朝民初字第23041号
原审合议庭成员： 林子英、李有光、谢甄珂
原审结案日期： 2005年2月5日
二审案号： 北京市第二中级人民法院（2005）二中民终字第12819号
二审合议庭成员： 刘薇、宋光、梁立君
二审结案日期： 2005年12月5日

判决要旨

在后制作出版的动画VCD在故事情节、卡通人物的设置、解说词、动画画面、部分卡通人物的美术形象等诸多内容和表达形式上，与权利人在先制作的作品中的相关内容和表达形式存在相同或相近似之处，并且在后制作出版的动画VCD对权利人的作品中的个别动画画面、卡通人物形象、解说词等部分进行了增删、改动，这种行为构成了侵犯著作权人对其作品享有的著作权。

起诉与答辩

原告湖南三辰影库卡通节目发展有限责任公司（以下简称三辰公司）诉称：《蓝猫淘气3000问》系列VCD光盘（以下简称《蓝猫》）系我公司制作的大型科普动画系列故事片，我公司对其享有著作权。该作品一经推出就获得良好的市场反映，并在中央和地方千余家电视台播出，先后获得多种荣誉称号。2002年8月9日，我公司从被告北京燕丰商场有限责任公司（以下简称燕丰商场）购得名为《淘气猫求知3000问》（以下简称《淘气猫》）的VCD

产品。经比对,《淘气猫》使用了与《蓝猫》相似的名称,制作了与《蓝猫》极其相似的卡通形象,大量复制《蓝猫》的动画片断,其中有 33 集故事与《蓝猫》的故事名称、故事情节、主题内容、解说词等方面相同,还非法使用了我公司合法享有音乐著作权的主题歌。该《淘气猫》VCD 外包装标有被告陕西文化音像出版社(以下简称陕西出版社)与厦门音像出版社共同出版发行字样,内部盘片标题为"淘气猫求知 3000 问",SID 码为 ifpiV116、V117、V118,由被告茂名市(水东)佳和科技发展有限公司(以下简称佳和公司)加工复制。陕西出版社、佳和公司和燕丰商场未经我公司许可在其出版、复制、销售的《淘气猫》音像制品中使用我公司合法享有著作权的主题歌,大量抄袭、变造、模仿我公司制作的《蓝猫》的动画片断,制作与《蓝猫》极其相似的卡通形象,侵犯了我公司对《蓝猫》享有的署名权、修改权、保护作品完整权和发行权。现起诉要求陕西出版社、佳和公司和燕丰商场立即停止出版发行、复制、销售《淘气猫》VCD 光盘,收回并销毁侵权产品;陕西出版社和佳和公司连带赔偿 210 万元;燕丰商场赔偿 2 万元。

陕西出版社辩称:《淘气猫》VCD 的包装和菲林不是我社制作的,其中的内容是我社从台湾石语企业有限公司(以下简称石语公司)合法引进的《动画版 新十万个为什么 1－8》(以下简称《十万个为什么》)。就此,我社取得了文化部的音像制品发行许可证,尽到了审查义务,不构成侵权。而且,三辰公司并不享有《蓝猫》中可以分割使用的主题歌、美术作品和解说词的著作权。因此,我社不同意三辰公司的诉讼请求。

佳和公司辩称:我公司复制涉案光盘取得了陕西出版社的合法授权,审查了陕西出版社的授权书、国家版权局著作权合同登记批复和文化部签发的音像制品发行许可证,并登陆国家版权信息网对内容进行核实。我公司尽到了光盘复制者的审查义务,不构成侵权,故不同意三辰公司的诉讼请求。

燕丰商场辩称:我单位销售的涉案光盘是从北京音像批发市场购得,具有合法来源,故我单位不应承担法律责任,不同意三辰公司的诉讼请求。

原审查明事实

原审法院经审理查明:1999 年 12 月,三辰公司制作完成了《蓝猫》第一至第三辑,每辑分 100 集,每集为一个科普故事。2000 年 1 月 19 日,三辰公司在湖南省版权局进行《蓝猫》的版权登记。

2001 年 6 月 5 日,陕西出版社就引进《十万个为什么》与石语公司签订合约书,并于同年 8 月 31 日取得国家版权局著作权合同登记批复,合同登记号为"国权像字 16－2001－967 号"。同年 10 月 15 日,文化部向陕西出版社颁发了《十万个为什么》等节目的音像制品发行许可证，其中《十万个为什么》的批准文号为"文像进字（2001）687号"。上述合同登记和发行许可证先后于2004年12月20日和2005年1月5日被撤销。

2002年8月9日，三辰公司从燕丰商场购得《淘气猫》VCD。该音像制品外包装标明"动画版 新十万个为什么"、"淘气猫求知3000问"等字样，内装11张光盘，其中8张光盘盘面标明"动画版 新十万个为什么"、"淘气猫3000问"、"陕西文化音像出版社出版发行"等字样，盘芯蚀刻的光盘生产源识别码（以下简称SID码）分别为ifpiV116、V117、V118。上述8张光盘盘面标明的版权认证号和文化部引进批准号与陕西出版社引进《十万个为什么》取得的相应文号相同。经本院核实，该8张光盘的内容与陕西出版社在文化部留存的《十万个为什么》光盘内容相同，共分44集，每集为一个科普故事。该8张光盘中没有出现石语公司的名称。

上述8张《十万个为什么》光盘是佳和公司依据陕西出版社2001年10月26日出具的《录音录像制品复制委托书》复制的。佳和公司在接受该委托时，审查了陕西出版社的著作权合同登记批复、音像制品发行许可证和陕西出版社给广东金图影音有限公司的代理销售授权书。

《十万个为什么》和《蓝猫》对比存在以下情况：

1. 二者的故事结构相同，即均是用卡通形象贯穿每个科普故事，形成一个完整的动画故事片，二者中的主要卡通人物相同，但人物的美术形象不同；

2. 《十万个为什么》中有24个故事的名称与《蓝猫》完全相同，有9个故事的名称与《蓝猫》相似；

3. 关于上述33个故事中的解说词内容，二者存在相同之处；

4. 上述33个故事中有15个故事的情节相同（包括动画画面相同、非主要卡通人物的美术形象相同等），有3个故事的情节基本相同，差别在于《十万个为什么》增删了个别动画画面；

5. 《十万个为什么》和《蓝猫》使用了相同的主题歌。

《蓝猫》中主题歌的词曲署名并非三辰公司，三辰公司也未就其对该主题歌享有著作权举证。

另查明，燕丰商场销售的涉案《淘气猫》购自北京音像批发市场。

原审审理结果

原审法院认为：三辰公司作为《蓝猫》的制作者，对该作品享有著作权。该作品属于以类似摄制电影的方法创作的作品，其中的主题歌是可以单独使用的作品。现三辰公司未举证证明其从该主题歌署名的作者处取得了该主题歌的著作权，故其无权就该主题歌主张权利。

陕西出版社出版的《十万个为什么》中的解说词、动画画面、部分卡通人物的美术形象等内容与在先出版的《蓝猫》中的相关表达存在相同或近似之处，并且对《蓝猫》中的个别动画画面进行了增删改动。这种使用已经超出了《著作权法》所规定的合理使用的范畴，因此应当征得著作权人的许可。在没有证据证明上述使用已经取得了三辰公司的许可，并为三辰公司署名的情况下，应视为侵犯了三辰公司对《蓝猫》享有的署名权、修改权、发行权等著作权。

根据我国《著作权法》的规定，出版者应当对其出版有合法授权承担举证责任，并应对其出版行为的授权、稿件来源和署名、所编辑出版物的内容等尽到合理的注意义务。陕西出版社作为《十万个为什么》的出版者，除应审查该出版物的授权、稿件来源外，还应对其署名和节目的内容进行实质审查。陕西出版社虽提出其出版的《十万个为什么》来源于石语公司的授权，并提交了其与石语公司的合同，及石语公司的版权登记材料复印件，但该出版物中并没有出现石语公司的名称。仅凭上述证据，并不能反映出陕西出版社出版的《十万个为什么》与石语公司享有著作权的节目之间的对应关系，进而也不能据此认定陕西出版社出版《十万个为什么》取得了合法授权。同时，陕西出版社作为专业出版单位，应当有能力审查出《十万个为什么》与在先出版的《蓝猫》之间存在相同或近似内容，而其未就此提出质疑。因此，应当认定陕西出版社在出版《十万个为什么》时未尽到出版者合理的注意义务，主观上存在过错。

虽然《十万个为什么》曾经取得了合同登记批复和发行许可证，但行政主管部门的批复和许可仅是一种行政审查。行政批复和许可不能成为出版者实施出版侵权出版物行为的免责事由。陕西出版社作为出版者，在出版物获得行政批复和许可后，仍应当依法实施《著作权法》赋予出版者的审查义务，不得侵犯他人的合法权益。因此，对于陕西出版社据此提出的抗辩，本院不予支持。

因本案的侵权后果系陕西出版社疏于履行出版者的审查义务所致，故陕西出版社应对因其主观过错导致的侵权后果承担停止侵权、赔偿损失的责任。

由于三辰公司没有就其损失和陕西出版社的侵权获利举证，故本院将综合考虑陕西出版社的侵权情节、主观过错程度、侵权出版物的销售价格等因素，酌情判处赔偿数额。

我国《著作权法》规定的保护作品完整权，指保护作品不受歪曲篡改的权利。本案中，陕西出版社出版的《十万个为什么》虽然增删了《蓝猫》中的个别动画片断，但尚未达到歪曲、篡改作品的程度，故陕西出版社并未侵犯三辰公司对《蓝猫》享有的保护作品完整权。

佳和公司作为涉案光盘的复制单位，取得了陕西出版社的《录音录像制品复制委托书》，审查了相关的著作权合同登记批复、音像制品发行许可证和授权书；燕丰商场作为涉案光盘的销售单位，能够证明所售光盘的合法来源。因此，佳和公司和燕丰商场均尽到了各自的审查义务，主观上没有过错，未侵犯三辰公司对《蓝猫》享有的著作权，但应承担停止复制、销售的责任。

综上，依据《中华人民共和国著作权法》第十条第（二）项、第（三）项、第（四）项、第（六）项、第四十七条第（一）项、第四十八条第二款、《最高人民法院关于审理著作权民事纠纷案件适用法律问题的解释》第十九条、第二十条第二款的规定，判决如下：

一、陕西文化音像出版社立即停止出版、发行涉案的《淘气猫求知 3000问 动画版 新十万个为什么》；

二、陕西文化音像出版社于本判决生效之日起 10 日内赔偿湖南三辰影库卡通节目发展有限责任公司经济损失 23 万元；

三、茂名市（水东）佳和科技发展有限公司立即停止复制涉案的《淘气猫求知 3000 动画版 新十万个为什么》；

四、北京燕丰商场有限责任公司立即停止销售涉案的《淘气猫求知 3000动画版 新十万个为什么》；

五、驳回湖南三辰影库卡通节目发展有限责任公司的其他诉讼请求。

三辰公司不服，提起上诉，理由为：1. 原审判决认定事实不清，对某些事实没有审查认定。比如，三辰公司在原审时提交了在燕丰商场购买的《淘气猫求知 3000 问》VCD 一套，共 11 张光盘，佳和公司认可其中的 8 张光盘是其接受陕西出版社委托复制的，但陕西出版社在一审期间声称其没有委托佳和公司复制过上述 8 张光盘，那么陕西出版社委托佳和公司复制的光盘是何种光盘，原审法院没有进一步查明此项事实。还有，三辰公司在原审时还提交证据证明台湾石语企业有限公司在与陕西出版社签订版权使用《合约书》之前就已经撤销，但原审法院没有组织当事人对此份证据进行补充质证；2. 原审判决认定佳和公司复制涉案侵权光盘时尽到了审查义务是错误的。佳和公司自始没有与陕西出版社签订委托复制合同，没有验证陕西出版社的音像制品出版许可证和营业执照副本，更重要的是没有验证著作权人的授权书，虽然取得了陕西出版社的复制委托书，但该复制委托书上存在许多瑕疵，佳和公司没有进行认真审查。佳和公司所审查的陕西出版社就涉案侵权光盘取得的国家版权局的著作权合同登记批复及文化部的发行许可证均已被撤销，该两份文件是自始无效的，佳和公司仅凭审查了该两份文件就被认定尽到了审查义务，依据不足。在这种情况下，原审法院认定佳和公司尽到了审查义务，显然是错误的；3. 原审判决认定《蓝猫淘气 3000 问》的主题歌是可以单独使用的作品，署名并非三辰公司，三辰公司无权就该主题歌主张权利是错误的。原审判决已经认定《蓝猫淘气 3000 问》属于以类似摄制电影的方法创作的作品，也认定三辰公司是该作品的制作者，那么该作品中的主题歌作为该作品的有机组成部分其著作权当然归三辰公司所有，怎么能得出三辰公司无权就该主题歌主张权利的结论呢？4. 原审判决驳回三辰公司提出的赔礼道歉、消除影响的诉讼请求不符合法律规定，原审法院判决陕西出版社赔偿的数额畸低，不能弥补三辰公司的损失。故请求二审法院查明事实，撤销原审判决第二项，依法改判佳和公司与陕西出版社承担连带赔偿责任，支持上诉人的原审诉讼请求；撤销原审判决第五项，依法改判陕西出版社和佳和公司在《中国新闻出版报》上公开向原告赔礼道歉、消除影响；判决被上诉人承担本案全部诉讼费。

陕西出版社、佳和公司和燕丰商场服从原审判决。

二审查明事实

二审法院经审理查明：《蓝猫淘气 3000 问》系三辰公司制作的大型科普动画系列故事片。该片共有三辑，每辑又分 100 集，每集为一个科普故事。2000 年 1 月 19 日，三辰公司在湖南省版权局就《蓝猫淘气 3000 问》科普动画系列故事片进行了版权登记，登记证上显示该作品的完成时间为 1999 年 12 月。三辰公司提交了湖南电子音像出版社出版发行的《蓝猫淘气 3000 问》VCD 光盘一套，在外包装盒上和光盘盘面上均标明"湖南三辰影库卡通节目发展有限责任公司制作总经销"，出版号为：ISRC CN – F10 – 01 – 0004 – 0/V. G2。三辰公司在原审期间提交证据证明《蓝猫淘气 3000 问》VCD 的销售价格为第一、二辑各 150 元。

2002 年 8 月 9 日，三辰公司从燕丰商场购得动画系列故事片《淘气猫求知 3000 问》光盘一套，零售价 85 元。该音像制品外包装标明"动画版 新十万个为什么"、"淘气猫求知 3000 问"、"陕西文化音像出版社出版发行、厦门音像出版社出版发行"等字样。其内装 11 张光盘，其中有 8 张光盘的盘面上标明"动画版 新十万个为什么"、"淘气猫 3000 问"、"陕西文化音像出版社出版发行、出版号 ISRC CN – H03 – 01 – 0013 – 0/V. G4"、版权认证号"国权像字 16 – 2001 – 967 号"和文化部引进批准号"文像进字（2001）687 号"等字样。该 8 张光盘的盘芯上蚀刻的光盘生产源识别码（简称 SID 码）分别为 ifpiV116、V117、V118。

陕西出版社就其出版的《动画版 新十万个为什么》系列动画故事片向法院提交了其与台湾石语企业有限公司于 2001 年 6 月 5 日签订的引进该作品合约书、台湾石语企业有限公司在台湾的企业登记证、企业营业执照和《动画版 新十万个为什么》录影节目审查合格证明书，陕西出版社以上述材料及母盘等材料向国家版权局及文化部申请著作权合同登记批复及音像制品发行许可证。2001 年 8 月 31 日，陕西出版社获得国家版权局著作权合同登记批复，合同登记号为"国权像字 16 – 2001 – 967 号"。同年 10 月 15 日，又获得文化部颁发的音像制品发行许可证，批准文号为"文像进字（2001）687 号"。上述文号与燕丰商场销售的 8 张光盘上的相应文号相同。但陕西出版社取得的上述国家版权局著作权合同登记批复和文化部音像制品发行许可证先后于 2004 年 12 月 20 日和 2005 年 1 月 5 日被撤销。

原审法院已经核实，燕丰商场销售的 8 张光盘的内容与陕西出版社在文化部留存的《动画版 新十万个为什么》光盘的内容相同，共分 44 集，每集为一个科普故事。本院通过演示燕丰商场销售的 8 张光盘，没有发现光盘中有台湾石语企业有限公司的名称，也没有发现其他著作权人的署名。

三辰公司在原审期间提交了一份证据，证明台湾石语企业有限公司在 1989 年 1 月 31 日，即与陕西出版社签订版权引进合约书之前已经撤销。陕西出版社及佳和公司以没有看到该份证据的原件，且该份证据是三辰公司在原审法院开庭后才提交的，法院以已超过举证期限为由不予质证。

根据光盘上蚀刻的 SID 码，上述 8 张《动画版 新十万个为什么》光盘是佳和公司加工复制的，且佳和公司也认可上述 8 张光盘是其加工复制的。佳和公司是依据陕西出版社 2001 年 10 月 26 日给其出具的《录音录像制品复制委托书》加工复制的上述光盘，该复制委托书上约定的复制数量为 1 万张。佳和公司在接受委托时审查了国家版权局出具给陕西出版社的著作权合同登记批复、文化部颁发给陕西出版社的音像制品发行许可证和陕西出版社给广东金图影音有限公司的代理销售授权书。

陕西出版社不认可上述 8 张光盘是其委托佳和公司复制的，在本院开庭审理期间，陕西出版社提交了另外 8 张《动画版 新十万个为什么》光盘，经本院当庭演示该 8 张光盘，发现该 8 张光盘的内容与燕丰商场销售的 8 张光盘完全相同，只是盘面的菲林颜色不同、盘芯蚀刻的 SID 码不同。佳和公司承认这 8 张光盘也是其加工复制的，盘芯蚀刻的 SID 码是其公司所有，并主张虽然两套光盘盘面的菲林颜色不同，但都是接受陕西出版社委托加工的，使用的母盘是同一张，只是分不同批次加工的。佳和公司已经依照陕西出版社与广州金图影音有限公司签订的代理销售授权书，将其复制的光盘 1000 套交付给了广东金图影音有限公司。但三辰公司不认可佳和公司的上述主张，认为这两套菲林颜色不同的光盘的存在，说明佳和公司经过多批次复制，数量应远远超过 1 万张，而且复制委托书上所约定的复制数量 1 万张，应理解为 1 万套。

燕丰商场销售的涉案《淘气猫求知 3000 问》购自北京音像批发市场，购货数量 1 套，购货价格 44 元。

原审法院将燕丰商场销售的《动画版 新十万个为什么》VCD 与原告制作的系列动画故事片《蓝猫淘气 3000 问》进行了对比，发现存在以下情况：

1. 二者的故事结构相同，均是用卡通人物贯穿每个科普故事，形成一个完整的动画故事片，二者中的主要卡通人物设置相同，但卡通人物的美术形象不同；

2. 《动画版 新十万个为什么》中有 24 个故事的名称与《蓝猫淘气 3000 问》完全相同，有 9 个故事的名称与《蓝猫淘气 3000 问》相似；

3. 关于上述 33 个故事中的解说词内容，二者存在相同之处；

4. 上述 33 个故事中有 15 个故事的情节相同（包括动画画面相同、非主要卡通人物的美术形象相同等），3 个故事的情节基本相同，差别在于《动画版 新十万个为什么》增删了个别动画画面；

5. 《动画版 新十万个为什么》和《蓝猫淘气 3000 问》使用了相同的主题歌。

另，《蓝猫淘气 3000 问》中主题歌的词曲署名并非三辰公司，三辰公司也未就其对该主题歌享有著作权举证。

对原审法院的上述对比，本案当事人双方均予认可。

二审审理结果

二审法院认为：系列动画故事片《蓝猫淘气 3000 问》属于以类似摄制电影的方法创作的作品，根据三辰公司所提交的著作权登记证明及湖南电子音像出版社出版的《蓝猫淘气 3000 问》VCD 等证据材料，本院认定三辰公司作为该作品的制作者，对该作品享有著作权。

关于《蓝猫淘气 3000 问》作品中的主题歌，三辰公司主张其既然是《蓝猫淘气 3000 问》作品的著作权人，那么该作品的主题歌作为该作品的有机组成部分，著作权也应归其所有，这是对法律规定的错误理解，对这种主张本院不予支持。三辰公司虽然是《蓝猫淘气 3000 问》作品的著作权人，但该作品中可以单独使用的作品（如主题歌的词、曲、剧本、美术等），著作权仍属于创作该作品的作者。在三辰公司没有提交证据证明该作品主题歌的词曲作者且将其著作权转让给了三辰公司的情况下，三辰公司不享有主题歌的词曲著作权。在本案中三辰公司虽然有权就《蓝猫淘气3000问》作品提起侵权诉讼，但无权单独就主题歌提起侵权诉讼。原审法院认定三辰公司不享有主题歌的词曲著作权符合法律规定，应予维持。

陕西出版社出版、发行，佳和公司复制，燕丰商场销售的《动画版 新十万个为什么》VCD在故事情节、卡通人物的设置、解说词、动画画面、部分卡通人物的美术形象、主题歌等诸多内容和表达形式上，与三辰公司制作的《蓝猫淘气3000问》作品中的相关内容和表达形式存在相同或相近似之处，在没有证据证明《动画版 新十万个为什么》VCD的上述使用已经取得了三辰公司的许可的情况下，该种使用已经构成了对《蓝猫淘气3000问》作品的剽窃，侵犯了三辰公司对其作品享有的署名权、复制权和发行权，而且《动画版 新十万个为什么》VCD对《蓝猫淘气3000问》作品中的个别动画画面、卡通人物形象、解说词等部分进行了增删、改动，构成侵犯三辰公司对《蓝猫淘气3000问》享有的修改权。但鉴于该种增删、改动尚未达到歪曲、篡改作品的程度，故对原审判决认定陕西出版社并未侵犯三辰公司对《蓝猫淘气3000问》享有的保护作品完整权，本院予以支持。

陕西出版社作为《动画版 新十万个为什么》的出版者，有责任也有能力对其引进的作品进行实质审查。在台湾石语企业有限公司交付给其的《动画版 新十万个为什么》母盘中并没有出现台湾石语企业有限公司的名称，也没有出现任何版权人的署名，故本院不能认定陕西出版社尽到了合理的注意义务，主观上存在过错。陕西出版社对其疏于履行出版者的审查义务造成的侵权后果应承担停止侵权、赔偿损失的责任。原审法院依据陕西出版社的侵权情节、主观过错程度、侵权出版物的销售价格等因素，酌情判处赔偿数额适当，本院予以维持。三辰公司虽对原审判决的赔偿数额提出异议，但没有提交进一步的证据加以证明，对其主张本院不予支持。

2002年2月1日起施行的《音像制品管理条例》第二十三条明确规定，音像复制单位接受委托复制音像制品的，应当按照国家有关规定，与委托的出版单位订立复制委托合同，验证著作权人的授权书等。佳和公司作为涉案光盘的复制单位，并未验证著作权人的授权书，本院认为佳和公司尚未尽到审查义务，也应承担停止复制行为、赔偿损失的法律责任。原审法院认为佳和公司审查了陕西出版社交付的著作权合同登记批复、音像制品发行许可证，并取得了陕西出版社的《录音录像制品复制委托书》，就已经尽到了审查义务，法律依据不足，本院在此予以纠正。本院将依据佳和公司的过错程度、1万张的复制数量酌情确定佳和公司的赔偿数额。三辰公司主张佳和公司应与陕西出版社承担连带责任的主张，无法律依据，本院不予支持。三辰公司主张佳和公司的复制数量应不止 1 万张，无事实依据，本院不予支持。

燕丰商场作为涉案光盘的销售单位，能够证明所售光盘的合法来源，主观上没有过错，不承担赔偿责任，但应承担停止销售的法律责任。

三辰公司在原审起诉时并未提出要求被告向其公开赔礼道歉的主张，在上诉时提出增加此项诉讼请求，本院依据《民事诉讼法》的有关规定不予支持。

综上，本院对三辰公司的部分上诉理由予以支持，依据《中华人民共和国民事诉讼法》第一百五十三条第一款第（三）项、《中华人民共和国著作权法》第四十七条第（一）项之规定，判决如下：

一、维持北京市朝阳区人民法院（2004）朝民初字第 23041 号民事判决的第一、二、三、四项，即：陕西文化音像出版社立即停止出版、发行涉案的《淘气猫求知 3000 问 动画版 新十万个为什么》；陕西文化音像出版社于本判决生效之日起 10 日内赔偿湖南三辰影库卡通节目发展有限责任公司经济损失 23 万元；茂名市（水东）佳和科技发展有限公司立即停止复制涉案的《淘气猫求知 3000 问 动画版 新十万个为什么》；北京燕丰商场有限责任公司立即停止销售涉案的《淘气猫求知 3000 问 动画版 新十万个为什么》；

二、撤销北京市朝阳区人民法院（2004）朝民初字第 23041 号民事判决的第五项，即，驳回湖南三辰影库卡通节目发展有限责任公司的其他诉讼请求；

三、茂名市（水东）佳和科技发展有限公司于本判决生效之日起 10 日内赔偿湖南三辰影库卡通节目发展有限责任公司经济损失 1 万元；

四、驳回湖南三辰影库卡通节目发展有限责任公司的其他上诉请求。

一审案件受理费 20 610 元，由湖南三辰影库卡通节目发展有限责任公司负担 1 610 元，由陕西文化音像出版社负担 17 000 元，由茂名市（水东）佳和科技发展有限公司负担 2 000 元；二审案件受理费 20 610 元，由湖南三辰影库卡通节目发展有限责任公司负担 1 610 元，由陕西文化音像出版社负担 17 000元，由茂名市（水东）佳和科技发展有限公司负担 2 000 元。

41. 假冒周国平署名著作权侵权纠纷案

——周国平诉叶舟、李世化

原告：周国平

被告：叶舟

被告：李世化

案由：侵犯著作权纠纷

一审案号：北京市海淀区人民法院（2005）海民初字第 17913 号
一审合议庭成员：卢正新、石必胜、谢天训
一审结案日期：2005 年 12 月 6 日

判决要旨

在作品上故意署他人的姓名，以达到借用他人名义销售作品的目的的，属于我国著作权法上规定的"制作、出售假冒他人署名的作品的"侵权行为。

起诉与答辩

原告周国平诉称：2004 年，被告叶舟组织了《纯粹的智慧》、《读禅有感悟》2 部书稿。为了借助名人市场效应，扩大发行量和经济效益，叶舟利用伪造的"周国平"身份证复印件，冒用原告署名将该 2 书安排出版发行。2004 年 12 月，叶舟将《纯粹的智慧》书稿交予李世化、将《读禅有感悟》交给他人安排出版发行。2004 年 12 月，李世化持伪造的"周国平"身份证复印件和授权委托书将《纯粹的智慧》书稿送交中国电影出版社，并签订了出版合同。中国电影出版社于 2005 年 2 月将《纯粹的智慧》出版，《读禅有感悟》亦由金城出版社出版发行。我认为，被告假冒原告署名，并借助原告的社会声望和名人市场效应扩大宣传，在图书订货会上张贴带有"周国平新作"字样的广告，在"网上书店"的首页将该 2 部书排列在原告的其他 9 部著作之前一起征订推销，使广大读者误认为两书确系原告"新作"，踊跃购买，以致该两书均登上了多家大书店的销售排行榜。在此形势下，我与中国电影出版社、金城出版社及二被告联系交涉，并与两家出版社达成协议。而叶舟、李世化却拒绝承担侵权责任，且继续通过各种渠道加紧推销发行侵权图书。被告的侵权行为

性质严重，手段恶劣，给原告的合法权益和社会声誉造成了严重损害，严重违反了《著作权法》，故请求法院判令叶舟、李世化停止侵权，在《图书商报》上公开赔礼道歉、消除影响；叶舟、李世化共同赔偿我经济损失 23 200 元、精神损害抚慰金 30 000 元；叶舟赔偿我经济损失 39 000 元、精神损害抚慰金 30 000 元；同时请求法院判令被告支付维权费用 22 214 元。

被告叶舟辩称：1. 原告诉状中说我利用伪造的"周国平"身份证复印件不符合事实。我作为一个编书的文化工作者，与出版社关系比较熟，经常有人向我投稿。2007 年 8 月，有一个自称叫周国平的人送来 4 部稿件，我核实了他的身份证，觉得他的稿件有点另类，我就与他订了个稿件推荐合同，当时共给他 1.2 万元现金，他留下 2 张身份证复印件。我不是公安局的，我又怎么知道此身份证有假，根本谈不上"利用伪造身份证"之说，天下叫周国平的何止千万。2. 原告说我"将该两书安排出版发行"，我是一个代理荐稿之人，有什么权力"安排发行"，难道我是书商和出版社的上级不成。3.《读禅有感悟》原作者不是寇祥，他只是做了部分职务性编辑工作，著作权是我的，有工资支取单和人证作证。我十分后悔将一张周国平身份证复印件给了金城出版社，到目前为止，我连书稿报酬都未领到。4.《纯粹的智慧》是我推荐给书商李世化老师的，我们之间有合同，书稿费每本 5 000 元，5 000 元一本书的稿费是低于国家出版稿费标准的，我根本就没因周国平而从中谋利，我本认为此人叫周国平，我只不过是推出去了一个稿而已。5. 如果要说我侵权也是无意侵权，而且我一直主动谋求解决问题，书商与我共同向出版社赔了数万元。6. 出版社发行的事我一直没参与，对出版社和书商在调解后是否加印之事完全不清楚。7. 我认为出版社只侵犯了原告的名誉权，不存在对书的内容侵权，那内容不是原告写的。8. 原告利用自己是所谓的名人，在许多媒体上反复恶意攻击此书为垃圾，致使到今天我还没拿到稿费，终于导致叶舟工作室失去业务而破产。综上，我不同意原告的诉讼请求。

被告李世化辩称：1. 我与原告无任何法律关系，其无权对我提起诉讼。我既非《纯粹的智慧》一书的出版人，又非该书的编著者，在法律上不负有任何责任。2. 原告因该书已获得赔偿，再次要求赔偿实为不妥。该书是否侵犯原告的权益，我不想多说，但其已通过中国电影出版社获得了赔偿，原告基于同一事实再次要求赔偿实为不妥。我认为，如该书涉嫌侵权，责任人当然是出版者，出版者在承担了责任后，可以追究稿件的提供者，由稿件的提供者承担相应的责任，原告无权直接对稿件的提供者提起诉讼。3. 我也是《纯粹的智慧》一书的受害者。该书的稿件原始提供者为叶舟，出版者为中国电影出版社，根据我和叶舟的约定，该书出版后涉及的版权和著作权问题由叶舟负全责。后原告因该书涉嫌侵犯其权益为由，与出版社达成了赔偿协议书，由出版社向原告赔偿6万元。出版社又以我提供稿件不慎为由，要求我承担该费用，我为了息事宁人承担了该费用。我认为自己并无过错，事实上却为此承担了全部赔偿责任，原告再次要求赔偿实为不妥。4. 原告索赔数额过高，无法律依据。综上，请求法院驳回原告的诉讼请求。

一审查明事实

一审法院经审理查明：

周国平系中国社会科学院哲学所研究员，曾发表多部哲学、文学作品，享有较高的知名度。

2004年12月6日，叶舟（甲方）与李世化（乙方）签订协议，约定乙方买断甲方所编5部书稿，稿费按每本5 000元计算，其中包括《纯粹的智慧》。双方约定《纯粹的智慧》一书的作者署名周国平，由甲方找到同名同姓之人，并取得此人的身份证复印件和授权证书。应出版社的要求，甲方需和出版社签订出版合同或出具授权委托书给乙方。书稿出版后涉及的著作权问题由甲方负责。后叶舟交给李世化1份委托书及1张姓名为"周国平"的身份证复印件，委托书内容为："《纯粹的智慧》一书系我本人创作，全权委托李世化老师代办出版事宜，若出现侵权行为，归我本人负责。"委托书有"周国平"签字。在叶舟向本院提交的书面答辩状中，其辩称《读禅有感悟》一书著作权归其所有，其安排工作人员从事了编辑工作，出版该书时其将"周国平"的身份证复印件交给金城出版社。本案审理过程中，周国平向本院提交了寇祥的证言，主张《读禅有感悟》著作权属于寇祥，叶舟未经寇祥同意将《读禅有感悟》作者署名确定为"周国平"。但寇祥未到庭参加诉讼。

2005年1月，金城出版社出版发行了《读禅有感悟》一书，字数为200千字，印数8 000册，定价29.80元。2005年2月，中国电影出版社出版发行了《纯粹的智慧》一书，字数260千字，印数5 000册，定价25元。上述两书面市后，被宣传为周国平新作，通过订货会、网络、书店等方式进行了销售，销售情况良好，多次进入相关书店销售数量前十名。2005年4月7日，经周国平申请，北京市第二公证处工作人员分别对上述两书进行了证据保全，在北京图书大厦购买了《纯粹的智慧》一书，支付购书费用25元；在王府井书店购买了《读禅有感悟》一书，支付购书费用29.80元。周国平各支付公证费用1 050元。

后周国平因上述两书找到中国电影出版社、金城出版社，2005年3月15日，周国平（甲方）与中国电影出版社（乙方）就《纯粹的智慧》一书达成协议，主要内容为：乙方表示无故意假冒甲方姓名的意图，对稿件的真实来源未作进一步审查，客观上对甲方造成不利影响；乙方承诺不再重印和销售该书，通知销售商下架，声明该书不是甲方所著，接受顾客退货；乙方向甲方支付赔偿金 60 000 元，甲方不再通过法律程序追究乙方责任；一方若对该书稿真实来源进行调查，以及若查实是供稿者造假追究其责任，另一方予以配合。中国电影出版社按约定给付了周国平 60 000 元赔偿金。李世化因《纯粹的智慧》一书向中国电影出版社交纳了赔偿金 60 000 元。本案审理过程中，周国平认可于 2005 年 2 月 24 日与金城出版社签订了类似的协议，收到该社的赔偿金 25 000 元。后周国平发现市场上仍有上述两书销售，又自行或委托他人购买上述两书，其中为购买《读禅有感悟》支付 46.2 元，购买《纯粹的智慧》支付 13 元。周国平支付律师代理费用 20 000 元。

另查，叶舟向金城出版社、中国电影出版社提供的姓名为"周国平"的身份证，记载地址为湖南省安乡县安裕乡一分局一组，编号为：430721197203182130。湖南省常德市公安局人口管理支队出具证明，内容为："经查核，身份证编号为 430721197203182130 在我市人口信息库中不存在，特此证明。"

一审审理结果

一审法院认为：《纯粹的智慧》、《读禅有感悟》两书上作者署名为"周国平"，本案审理过程中，原、被告双方均认可上述两书并非本案原告所著，且"周国平"的身份证系伪造。周国平主张叶舟、李世化利用伪造的身份证冒名联系出版、发行，应承担侵权责任；叶舟、李世化承认向出版社提供了身份证复印件，但辩称已尽到合理的审查义务，不应承担责任。本院对叶舟、李世化的辩称不予采纳。理由如下：1. 叶舟辩称 2004 年 8 月有人向其提供了姓名为"周国平"的身份证复印件，但在叶舟与李世化于 2004 年 12 月签订的协议中，双方约定由叶舟找到与周国平同名同姓之人并取得身份证复印件，在取得身份证的时间上先后矛盾；2. 署名权是作者固有的人身权利，作者有权决定在作品上署名的方式，但在叶舟与李世化的协议中，双方在先确定作品《纯粹的智慧》署名为"周国平"后，约定由叶舟去找同名同姓之人，并取得此人的身份证复印件和授权证书，可认定叶舟与李世化有假冒"周国平"署名的故意；3. 叶舟辩称其系《读禅有感悟》一书的著作权人，但在与出版社联系出版时却在作品上署名"周国平"，并提供姓名为"周国平"的身份证，亦可认定其有假冒"周国平"署名的故意。综上，叶舟、李世化故意制作假冒"周国平"署名的作品，应承担相应的侵权责任。

本案另一个焦点问题是叶舟、李世化制作假冒"周国平"署名的作品，是否侵犯了周国平的著作权。根据《著作权法》规定，署名权是指表明作者身份，在作品上署名的权利，既包括作者有权决定在自己的作品署真名、假名、笔名或不署名的权利，也包括禁止在他人作品上署自己名字的权利。周国平作为享有较高知名度的学者，发表过多部哲学、文学作品，公众对其作品的风格是熟知的，叶舟、李世化假冒"周国平"署名制作作品，且内容、风格亦模仿周国平以往作品，其假冒行为不但会对周国平的声誉造成损害，导致公众评价降低，而且这种公众评价的降低也会影响有关单位对周国平的作品的市场价值评估，客观上侵害了周国平的经济权利。我国《著作权法》规定，制作、出售假冒他人署名的作品的侵权行为人，应承担停止侵害、消除影响、赔礼道歉、赔偿损失等民事责任，故对周国平要求叶舟、李世化停止侵权、赔礼道歉、消除影响、赔偿经济损失的主张，本院予以支持。关于赔偿经济损失的数额，本院将根据叶舟、李世化的过错程度、损害后果、周国平已支出的合理费用等予以酌定。叶舟、李世化辩称相关出版社已给付周国平赔偿金，不同意承担赔偿责任。本院认为，叶舟、李世化故意制作假冒"周国平"署名的作品，而出版社仅是未尽到合理的注意义务出版了侵权作品，二者之间不具有共同过错，应分别承担赔偿责任。周国平与出版社之间就承担赔偿事宜达成协议，周国平表示不再向相关出版社主张权利，并未涉及叶舟、李世化应承担的赔偿责任。叶舟、李世化辩称已向出版社交付赔偿款，系其与出版社之间就提供侵权书稿一事达成的协议，仅在叶舟、李世化与出版社之间产生法律效力，故叶舟、李世化向出版社支付赔偿款一事，并未免除其应向周国平承担的赔偿责任。故对叶舟、李世化的辩称，本院不予采纳。上述两书出版后，市场销售量较大，相关媒体亦进行了宣传，即使在出版社采取停止销售、收回涉案图书等措施的情况下，在市场上仍有涉案图书销售，可见叶舟、李世化的侵权行为已造成较大影响，采取停止侵权、消除影响、赔礼道歉仍不足以抚慰周国平所受的精神损害。故对周国平要求叶舟、李世化赔偿其精神损失费的主张，本院亦予以支持，具体数额本院酌情予以判定。

本案审理过程中，叶舟经本院合法传唤，无正当理由拒不到庭应诉，本院依法缺席判决。综上，依据《中华人民共和国民事诉讼法》第一百三十条、《中华人民共和国著作权法》第十条第一款第（二）项、第四十七条第（八）项、第四十八条第二款之规定，判决如下：

一、自本判决生效之日起，被告叶舟、李世化立即停止侵权，在《纯粹的智慧》、《读禅有感悟》两书上不得使用"周国平"署名；

二、自本判决生效之日起30日内，被告叶舟、李世化在《图书商报》上刊登声明，向原告周国平公开致歉、消除影响（声明内容须经本院审核，逾期不履行，本院将在相关媒体上公布判决主要内容，费用由被告叶舟、李世化负担）；

三、被告叶舟、李世化于本判决生效之日起 10 日内向原告周国平赔偿经济损失、精神损害抚慰金、合理开支等共 36 088 元；

四、被告叶舟于本判决生效之日起 10 日内向原告周国平赔偿经济损失、精神损害抚慰金、合理开支等共计 36 126 元；

五、驳回原告周国平的其他诉讼请求。

案件受理费 4 398 元，由被告叶舟、李世化负担。

各方当事人均服从一审判决。

42. 刘欢专辑海报署名权侵权纠纷案

——李征诉刘欢、上海声像出版社、上海新索音乐有限公司

原告（被上诉人）：李征

被告（上诉人）：刘欢

被告（原审被告）：上海声像出版社

被告（原审被告）：上海新索音乐有限公司

案由：侵犯著作权纠纷

原审案号：北京市朝阳区人民法院（2005）朝民初字第 3298 号

原审合议庭成员：李有光、谢甄珂、普翔

原审结案日期：2005 年 5 月 26 日

二审案号：北京市第二中级人民法院（2005）二中民终字第 9752 号

二审合议庭成员：张晓津、潘伟、何暄

二审结案日期：2005 年 12 月 16 日

判决要旨

演唱者将其有使用权的照片及摄影者姓名提供给音乐专辑制作单位后，音乐专辑制作单位在宣传专辑的现场背景和宣传海报上使用上述照片但未给摄影者署名的，属于侵犯摄影者署名权的行为，但演唱者无过错，不构成侵权。

起诉与答辩

原告李征诉称：2004 年 1 月 18 日，我为刘欢拍摄了 200 余张人物图片并交付刘欢，按约定我拥有这些图片的著作权。后来，我在购买被告上海声像出版社（以下简称声像社）出版发行、被告上海新索音乐有限公司（以下简称新索公司）提供版权并担任总分销的《刘欢 经典 20 年 双白金珍藏 锦集》（CD + VCD 专辑，以下简称《双白金》）时，索要到了店堂内张贴的销售海报，发现该海报使用了我为刘欢拍摄的图片（大幅人像部分，以下简称图片1），但没有为我署名。2004 年 7 月 20 日，在桑夏广告有限公司内举办的《双白金》首发仪式的主席台背景使用了我为刘欢拍摄的另一幅图片（以下简称图片2），同样没有为我署名。刘欢提供图片，声像社、新索公司共同作为发

行单位，三者共同侵犯了我的署名权，故我起诉要求其立即停止实施侵权行为，将侵权海报收回并销毁；向我赔礼道歉，在《北京青年报》、《新民晚报》、新浪网明显位置上刊登致歉声明，消除因其侵权所造成的影响；赔偿我经济损失 10 万元；赔偿我为制止侵权行为付出的调查费、律师费24 083.6元。

被告刘欢辩称：涉案海报和会场背景都不是我制作的，而且是非营利性复制。音像出版物上已经署了图片作者的姓名，可以表明李征的作者身份，宣传海报和会场背景不署名是惯例。我虽参加了首发仪式，但并未注意背景的全部情况。因此我不同意李征的诉讼请求。

被告新索公司辩称：音像出版物上已署名李征为摄影者，宣传海报上不署图片作者姓名是惯例。首发仪式只是商业行为中的一个环节，会场背景署名没有实际意义。因此我公司不同意李征的诉讼请求。

声像社未答辩。

原审查明事实

原审法院经审理查明：2004 年 1 月 18 日，李征作为丙方与甲方刘欢个人演唱会组委会、乙方刘欢签订协议。约定：丙方为贺乙方首次个人演唱会，愿无偿拍摄乙方个唱宣传图片一组；所拍摄图片的著作权归丙方所有，甲方和乙方有权使用，甲方的使用权与义务到其解散之日截止，乙方及丙方的使用权为终身拥有，且乙方拥有其肖像的惟一解释权；丙方未经乙方书面同意不能将此次拍摄的有乙方肖像的图片提供给任何其他方，尤其是用于他人商业目的，如丙方办个人摄影展及宣传和出版个人摄影画册需收入此次所拍摄的有乙方肖像的图片，乙方同意丙方使用，但使用何图片需与乙方协商；甲方如在其印刷品及宣传图片中采用丙方拍摄的图片，甲方需在明显位置标注摄影师姓名及其图片是由摄影师所在公司提供字样［具体字样为"摄影：李征（君容影像李征制造）"］等内容。当日，李征为刘欢拍摄了一组图片，并在其后以电子邮件形式将图片（包括图片 1 和图片 2）提供给刘欢。

为出版发行自己的演唱录音专辑，刘欢将上述图片与摄影者李征的姓名提供给新索公司，但双方未约定使用方式。后，图片 1 和图片 2 分别被用在新索公司制作并总分销、声像社出版发行的《刘欢 经典20 年 珍藏 锦集》（CD 专辑，以下简称《锦集》）和《双白金》的歌单上，并各自成为该二专辑的封面。该二专辑歌单上均另有其他图片，李征和其他摄影者一同被署名于歌单尾部。同时，为宣传刘欢演唱录音专辑，新索公司委托案外人印制了海报。该海报以图片 1 为背景，另包含《双白金》的封面图案、《锦集》的名称以及新索公司提供版权并总分销、声像社出版发行等文字内容，但没有给李征署名。另，同为宣传刘欢演唱录音专辑，2004 年 7 月 20 日，新索公司主办了《双白金》的发片会，会场主席台背景使用了图片 2，背景图案上标注了主办单位、鸣谢单位的名称等内容，但没有署李征姓名。刘欢参加了该发片会。搜狐等网站对该发片会的召开进行了相关报道。

诉讼中，新索公司：（1）认可涉案海报及发片会均由其确定并委托案外人制作、布置，声像社没有介入发片会；（2）虽提出海报经过了声像社的审查，但为此没有举证；（3）表示在涉案专辑发行销售前，曾给过刘欢海报，就背景图片的使用没有告诉刘欢。

另，李征为诉讼支出律师费 2 万元，交通食宿费及查询费 3 500 元。

原审审理结果

原审法院认为：涉案的两张图片是李征根据协议为刘欢拍摄的，按约定李征对该二图片享有著作权，其中包括署名权，即在作品上署名，表明其作者身份的权利。

我国"著作权法实施条例"规定，使用他人作品，应当指明作者姓名，除非另有约定或由于作品使用方式的特性无法指明。本案中，新索公司作为涉案海报的制作者和发片会的主办者，使用李征作品，未与李征达成使用作品不署名的约定。而且，涉案海报和会场背景上分别标注有版权提供者、出版发行和总分销人的名称以及主办与鸣谢单位的情况等内容，说明在这两种载体上使用涉案图片完全可以指明图片作者李征的姓名，并不属于法律规定的无法指明的情形。因此，新索公司在宣传海报和发片会会场背景上使用涉案图片明知李征是作者而未予署名，侵犯了李征对涉案图片享有的署名权，应当承担相应的民事责任。尽管现实中存在不署图片作者姓名的宣传海报和会场背景，但不表示海报和会场背景上不应当或不能够为图片作者署名。新索公司以所谓惯例作为抗辩，不能成立。此外，海报、会场背景与专辑歌单分别是不同且各自独立存在的作品载体，将作品再现于不同的载体属于对作品的不同使用，应分别为作者署名。因此新索公司以专辑歌单上已经为李征署名进行抗辩，本院亦不予支持。

涉案海报和发片会会场背景均系新索公司委托他人印制、布置，虽其提出经声像社进行审查，但并未就此提供证据，且李征也未就此举证，故李征要求声像社承担侵权责任缺乏依据，本院不予支持。

公民、法人由于过错侵犯他人财产、人身的，应当承担民事责任。现没有证据证明刘欢直接实施涉案海报及会场背景的制作、出版发行或设置行为。但客观上，新索公司是在使用刘欢提供的图片时侵犯了李征的署名权。因此对新索公司的侵权行为刘欢是否存在主观过错成为认定刘欢应否承担侵权责任的关键。根据三方协议，刘欢有对涉案图片进行自行使用或许可他人使用的权利。在行使权利之时，对维护李征的合法权益其负有不可推卸的责任，尤其是在许可他人使用李征作品时，为确保他人不侵犯李征的著作权，其必须履行合理的注意义务。刘欢将涉案图片提供给新索公司，是许可新索公司为出版发行其演唱专辑而使用该图片的一种意思表示。涉案海报具有宣传刘欢演唱专辑的作用，发片会也是为了销售其演唱专辑，应当说在海报及发片会会场背景上使用涉案图片，均没有超出刘欢的许可使用范围。刘欢在交付图片的时候告知了摄影者的姓名，说明其知晓应当尊重李征的署名权。然而，其既没有进一步明确许可使用的具体方式，也没有审查新索公司的实际使用情况，尤其是署名情况。由此可以看出，刘欢对新索公司使用涉案作品的状态实际采取一种放任态度。因此对于本案侵权结果的发生，刘欢存在主观过错，应当与新索公司共同承担民事责任。

新索公司、刘欢应就侵犯李征署名权承担停止侵权、赔礼道歉等民事责任。署名权属于人身权，在《北京青年报》上刊登致歉声明，足以弥补涉案侵权行为给李征造成的精神损害，并达到消除影响的结果，故李征有关另在其他媒体上致歉的请求，本院不予支持。李征支出的部分交通食宿费、调查取证费和律师费系为制止侵权行为的合理开支，新索公司和刘欢应当予以赔偿。除此之外的其他经济损失，因李征未举证，故本院不予支持。

综上，依据《中华人民共和国民事诉讼法》第一百三十条、《中华人民共和国著作权法》第十条第一款第（二）项、第四十六条第（十一）项、第四十八条第一款之规定，判决如下：

一、上海新索音乐有限公司、刘欢立即停止涉案的侵权行为；

二、上海新索音乐有限公司、刘欢于本判决生效之日起 30 日内在《北京青年报》上就涉案侵犯李征署名权的行为向李征赔礼道歉、消除影响（致歉内容须经本院审核，逾期不履行，本院将依法公开本判决书的主要内容，相关费用由上海新索音乐有限公司、刘欢负担）；

三、上海新索音乐有限公司、刘欢于本判决生效之日起 10 日内赔偿李征经济损失 4 500 元；

四、驳回李征的其他诉讼请求。

刘欢不服原审判决，提起上诉，理由为：上诉人已将涉案图片及摄影者的姓名提供给新索公司，新索公司另行委托印制涉案海报以及主办发片会均与上诉人无任何关联。原审法院以新索公司的侵权结果推定上诉人存在主观过错扩大了上诉人的合理注意义务范围，违反民法的公平原则，且认定上诉人与新索公司共同承担侵权责任缺乏事实和法律依据。

李征、新索公司、声像社服从原审判决。

二审查明事实

二审法院认定原审查明事实，另查明：新索公司承认该公司负责策划、宣传《锦集》和《双白金》两张光盘的具体方案和形式；刘欢向该公司提供照片时已经提供了摄影者的姓名，该公司在相关产品上给予了署名；该公司对印制海报、主办发片会有决定权，无需刘欢进行审查，也无需向其履行告知义务；刘欢的经纪人曾要求该公司停发未予署名的海报。

李征在本案二审期间支付律师代理费 1 万元、交通费 52 元。

上诉人刘欢主张：其系新索公司的签约歌手，并非出版发行专辑的委托方。新索公司全面组织策划涉案专辑并享有版权，为发行涉案专辑，新索公司向其索要演唱会照片。上诉人刘欢还主张：原审法院未查明涉案海报的来源以及是否张贴的事实就认定"海报上未署名"的事实明显错误；网页打印件不能完整地反映发片会背景图案全部内容，因此不能推定发片会背景图案上未予署名的事实。

二审审理结果

二审法院认为：涉案的两幅图片是被上诉人李征根据涉案三方协议所拍摄的作品，根据协议，李征对上述摄影作品享有著作权，其中包括在作品上署名，表明其作者身份的权利。

根据三方协议约定，被上诉人李征和上诉人刘欢之间就涉案图片形成了许可使用关系，刘欢享有终生使用涉案图片的权利，且协议中并未对刘欢使用图片的范围和方式进行具体的限定。虽然被上诉人李征主张刘欢根据协议约定只能自行使用涉案图片，不能许可他人使用涉案图片，但是刘欢对此不予认可。鉴于协议的目的在于宣传刘欢个人演唱会，且协议中并未明确约定刘欢使用涉案图片的范围和方式，基于刘欢作为自然人行使作品使用权的通常方式，可以认定刘欢自行使用涉案图片或许可他人使用涉案图片并未违反该协议约定的内容。被上诉人李征的上述主张缺乏依据，本院不予支持。被上诉人李征还主张原审被告新索公司使用涉案图片的行为属于上诉人刘欢对涉案图片的使用行为，但其上述主张缺乏事实和法律依据，本院亦不予支持。

在本案中，上诉人刘欢将涉案图片提供给新索公司的行为表明在刘欢与新索公司之间形成了许可使用涉案图片的法律关系。根据庭审过程中刘欢主张的内容，许可使用范围包括涉案专辑、涉案海报及涉案发片会。庭后，刘欢又主张新索公司在涉案海报和发片会上使用涉案图片超出其许可使用的范围。根据我国《民事诉讼法》的有关规定，当事人在诉讼过程中承认的对己方不利的事实，法院应当予以确认，但是当事人反悔并有相反证据足以推翻的除外。鉴于刘欢并未就其庭后的主张提出相应的证据，因此本院对于涉案许可使用范围包括涉案专辑、涉案海报及发片会的事实予以确认。

上诉人刘欢在提供涉案作品的同时已经告知新索公司涉案图片的作者为李征，该行为表明刘欢在许可他人使用涉案作品的时候已经对维护相关著作权人的利益问题尽到合理的注意义务。在新索公司具体使用涉案作品过程中未予署名的问题上，刘欢与新索公司之间不存在共同的过错，因此上诉人刘欢不应当承担法律责任。原审法院认定刘欢对于新索公司未予署名的行为具有主观过错，应当与新索公司共同承担法律责任，缺乏法律依据，本院予以纠正。

根据我国《著作权法实施条例》的有关规定，使用他人作品，应当指明作者的姓名，除非另有约定或由于作品使用方式的特性无法指明。在本案中，原审被告新索公司在涉案海报和发片会上使用涉案图片均未予署名，鉴于其与作者李征并无特别约定且这两种载体并非属于法定无法指明作者姓名的情形，因此新索公司的上述行为侵犯了李征对涉案作品所享有的署名权，应当承担相应的法律责任。鉴于涉案海报系新索公司委托他人印制，新索公司虽主张涉案海报已经声像社审查，但其未就此提供证据，且李征也未就此举证，故被上诉人李征要求声像社承担侵权责任，缺乏依据，本院不予支持。

被上诉人李征二审期间主张由上诉人刘欢和原审被告新索公司承担其二审期间的律师费和交通费，鉴于上述费用并非因原审被告新索公司持续的侵权行为而给被上诉人造成的扩大的损失，故本院对其上述主张不予支持。

综上，上诉人刘欢所提上诉理由成立，原审判决适用法律部分有误，本院予以纠正。依据《中华人民共和国著作权法》第十条第一款第（二）项、第四十六条第（十一）项、第四十八条第一款、《中华人民共和国著作权法实施条例》第十九条、《中华人民共和国民事诉讼法》第一百三十条、第一百五十三条第一款第（二）项之规定，判决如下：

一、撤销北京市朝阳区人民法院（2005）朝民初字第 3298 号民事判决；

二、上海新索音乐有限公司于本判决生效之日起停止涉案侵权行为；

三、上海新索音乐有限公司于本判决生效之日起 30 日内在《北京青年报》上就涉案侵犯李征署名权的行为向李征赔礼道歉、消除影响（致歉内容须经本院核准，逾期不履行，本院将在该报上公布本判决主要内容，相关费用由上海新索音乐有限公司负担）；

四、上海新索音乐有限公司于本判决生效之日起 10 日内赔偿李征经济损失人民币 4 500 元；

五、驳回李征的其他诉讼请求。

一审案件受理费 3 992 元，由李征负担 992 元，由上海新索音乐有限公司负担 3 000 元；二审案件受理费 3 992 元，由李征负担。

43. "DSP1100P" 操作系统计算机软件著作权侵权纠纷案

—— 百灵达控股（私人）有限公司诉广东声朗音响器材
有限公司、北京声艺世纪数码科技有限公司

原告（被上诉人）： 百灵达控股（私人）有限公司（BEHRINGER Holdings（Pte）Ltd）

被告（上诉人）： 广东声朗音响器材有限公司

被告（被上诉人）： 北京声艺世纪数码科技有限公司

案由： 侵犯计算机软件著作权纠纷

原审案号： 北京市第一中级人民法院（2003）一中民初字第 407 号
原审合议庭成员： 刘勇、仪军、彭文毅
原审结案日期： 2004 年 7 月 22 日
二审案号： 北京市高级人民法院（2004）高民终字第 1149 号
二审合议庭成员： 陈锦川、张雪松、焦彦
二审结案日期： 2005 年 12 月 19 日

判决要旨

在计算机软件著作权侵权纠纷案件中，原告证明了自己软件的部分目标程序与被告软件的部分目标程序相同，应认为已尽到证明责任。在这种情况下，被告应对其主张的其软件与原告软件不相同的事实提供证据加以证明，否则应承担不利的法律后果。

起诉与答辩

原告百灵达控股（私人）有限公司（以下简称百灵达公司）诉称：我公司系一家在新加坡注册成立的公司，近期在中国市场上发现被告生产及销售的 DSP-2000、DSP-3000、DSP-6000、DSP-8000、DSP-9000 的数码音频处理系列产品中，与原告的 DSP1000P、DSP1400P、DSP110、DSP1100P 及 DSP8024 的软件完全相同或极其类似，两被告在未经原告许可的情况下，生产、销售上述产品的行为，侵犯了原告复制权、发行权，给原告造成了巨大的经济损失，请求法院判令两被告：1. 立即停止侵权行为；2. 两被告赔偿原告

经济损失人民币 50 万元；3. 承担原告为制止侵权行为所支付的合理开支及律师费 92 764.59 元。

被告广东声朗音响器材有限公司（以下简称声朗公司）、北京声艺世纪数码科技有限公司（以下简称声艺公司）辩称：1. 原告利用从国外购买的逻辑分析仪，读取我方产品中的目标程序，该读取方法不合法，欠缺科学性、公正性；2. 原告没有证明其提交的源程序与其登记的软件具有一致性；3. 涉诉软件是参照公开的标准及设计要求开发，并未抄袭或复制原告的源程序；4. DSP1100P 软件产品系广州万力科技发展有限公司（以下简称万力公司）研制开发的，首次发表的时间为 1998 年 10 月 29 日，原告产品晚于我方软件的公开时间；5. 万力公司与原告使用的是相同的 DSP 处理芯片，即美国德州仪器 TMC57002DSP 芯片，该芯片是专用的音频处理芯片，完成相同的音响处理功能，即便目标程序相同也是正常的，属于《计算机软件保护条例》第二十九条中所述的可供选用的表达方式有限的情况；6. 我方系万力公司的贴牌生产厂家，根据我方与万力公司签订的《OEM 协作协议》，我方虽然生产了含有涉诉软件的产品，但是我方没有参与研发，该软件是否复制或抄袭他人软件，我方无法知晓；7. 我方生产、销售涉诉软件的行为已取得合法的授权，不存在任何故意和过失，因此，我方不应承担损害赔偿责任。原告索赔数额为 50 万元，缺乏事实和法律依据。

原审查明事实

原审法院经审理查明：

百灵达公司系在新加坡注册成立的公司。DSP1000P V1.0a、DSP1400P V1.1、DSP110 C005、DSP1100P V1.0、DSP8024 V1.1f 操作系统软件，分别于 2002 年 6 月 10 日、2002 年 7 月 3 日取得国家版权局颁发的计算机软件著作权登记证书，著作权人为百灵达公司。上述软件的首次发表日期分别为 1999 年 2 月 22 日、1999 年 8 月 26 日、2001 年 4 月 10 日、1998 年 10 月 29 日、1999 年 8 月 23 日。原告提交了 DSP1000P、DSP1100P、DSP1400P、DSP8024 的部分源程序、对应的目标程序及产品。

2002 年 4 月 1 日，长安公证处出具《（2002）长证内经字第 00634 号公证书》。在该公证书中记载了声朗公司在 www.cnshenglang.com 网站上宣传、在线订购 DSP 数码音频处理系列 DSP - 2000/3000/6000/8000/9000 型号产品的页面。

2002 年 11 月 26 日，原告通过公证购买的方式，从声艺公司购买了 DSP - 2000、DSP - 3000、DSP - 6000、DSP - 8000、DSP - 9000 型号产品。其中 DSP

－2000 售价 1274 元、DSP－3000 售价 1495 元、DSP－6000 售价 1274 元、DSP－8000 售价 1274 元、DSP－9000 售价 3640 元。在上述产品的外包装上，标明"声艺（中国）音响器材厂"，并标有声艺公司"SPIRIT"的商标。经查，声艺音响器材厂系声朗公司的下属企业，不具有独立承担民事责任的能力。

原告提交了其 DSP1000P、DSP1100P、DSP1400P、DSP8024 产品中的软件与被告 DSP－2000、DSP－3000、DSP－6000、DSP－8000、DSP－9000 产品中的软件的技术对比材料。庭审前本院将原告提交的上述对比材料转交给被告。在诉讼中，原告撤销了对 DSP－6000 产品的侵权指控，以及对应的 DSP110 相关的证据材料。

由于被告对原告使用的逻辑分析仪提出异议，本院于 2003 年 7 月 22 日组织双方当事人就原告使用的逻辑分析仪的清零状态和逻辑分析仪加载数据的可程序性等问题进行了勘验。在勘验中，被告对原告公证购买其 DSP－2000、DSP－3000、DSP－8000、DSP－9000 产品的封存状况没有异议。鉴于原告对被告上述产品中的软件证明的方法完全相同，本院在征询双方当事人同意的情况下，在本次勘验过程中，由被告确定以 DSP－8000 型号产品为例，对原告使用逻辑分析仪读取被告产品软件的过程进行勘验。在勘验过程中，被告对原告使用的逻辑分析仪不予认可，原告表示可以由被告提供勘验设备，被告以举证和证明责任在原告、被告没有提供勘验设备的义务为由，拒绝提供勘验设备。

将原告 1. DSP1000＿ 11－prog＿ A. BIN 与被告的 DSP－2000＿ prog＿ A. bin 比较，结果完全相同；DSP1000＿ 11－prog＿ C. BIN 与被告的 DSP－2000＿ prog ＿ C. bin 比较，DSP1000＿ 11－prog＿ D. BIN 与被告的 DSP－2000＿ prog＿ D. bin 比较，DSP1000＿ 11－prog＿ F. BIN 与被告的 DSP－2000＿ prog＿ F. bin 比较，DSP1000＿ 11－prog＿ G. BIN 与被告的 DSP－2000＿ prog＿ G. bin 比较，DSP1000＿ 11－prog＿ H. BIN 与被告的 DSP－2000＿ prog＿ H. bin 比较，除后者文件尾的"00"外，其余部分完全相同。2. DSP1100P＿ 10－prog. BIN 与被告的 DSP8000＿ prog. bin 比较，全部完全相同。3. DSP1400＿ 11－prog. BIN 与被告的 DSP3000＿ prog. bin 比较，除后者文件尾的"00"外，其余部分完全相同。4. DSP8024＿ 11－prog. eq. bin 与被告的 DSP9000＿ prog. eq. bin 比较，除第 2、3 字节不同及后者文件尾的"00"外，其余部分完全相同；DSP8024 ＿ 11－prog. rta. bin 与被告的 DSP9000＿ prog. rta. bin 比较，DSP8024＿ 11－prog. rtae. bin 与被告的 DSP9000＿ prog. rtae. bin 比较，除后者文件尾的"00"外，其余部分完全相同。对上述比较结果，被告认为两个软件表现形式相同是源于相同的硬件环境及相同的技术资料，属于软件表现形式有限；被告的上述

软件不是被告自行开发的，而是从万力公司购买的，如果上述软件侵犯了原告的计算机软件著作权，其不应承担法律责任。被告针对上述对比情况，提供了德州仪器 TMC57000/TMC57001/TMS57002 汇编语言的指令集、PD638X 系列音频 DSP 程序库、摩托罗拉 DSP 混响算法源程序，上述资料均为公开的技术手册和资料。

被告出具了郑强的证人证言，该证言载明：1990 年我与开发组的同事一起使用 TMS320C25DSP 研制开发了国内第一台 DSP 数字效果器变调器，因该芯片价格昂贵，后选用德州仪器 TMS57XX 系列 DSP 芯片，将源程序从 TMS320C25 芯片移植为 TMS57XX DSP 芯片，并以我为主于 2000 年成功开发了 DSP2000、DSP6000、DSP8000 等产品。该证据拟证明争诉软件系郑强开发完成的，但是郑强没有提供其开发的软件；也没有证明其开发的软件与本案争诉软件之间的关系；郑强也未出庭作证。

另查，2001 年 10 月 8 日，声朗公司作为甲方，万力公司作为乙方共同签订了《OEM 协作协议》。协议中约定：甲方决定向乙方贴牌购买数字信号处理设备（DSP），乙方为甲方生产的产品（含软件）使用甲方所有的"SPIRIT"商标，乙方向甲方提供的产品中的软件部分是自己开发，并有自主的知识产权。

原告未就其主张 50 万元的损害赔偿数额的计算请求提交证据。理由为原告的实际损失和被告的违法所得均无法确定，且被告产品售价高、侵权行为恶劣、侵权范围广，故主张以法律规定的最高限额 50 万元作为赔偿数额。原告为制止侵权行为所支付的合理开支及律师费为 92 764.59 元。

原审审理结果

原审法院认为：依照我国《计算机软件保护条例》第五条第三款的规定，外国人、无国籍人的软件，依照其开发者所属国或者经常居住地国同中国签订的协议或者依照中国参加的国际条约享有的著作权，受该条例保护。原告百灵达公司系新加坡法人，依照我国与新加坡共同加入的《保护文学艺术作品伯尔尼公约》第三条第一款第（a）项的规定，对于成员国作者的作品，无论是否发表，均应受到保护。原告百灵达公司系 DSP1000P、DSP1100P、DSP1400P、DSP8024 的计算机软件的著作权人，其著作权应受我国《计算机软件保护条例》的保护。

声艺音响器材厂系声朗公司的下属企业，不具有独立承担民事责任的能力，声朗公司应对其生产行为承担民事责任。根据本案查明的事实，被告声朗公司未经原告许可，在其生产并销售的 DSP－2000、DSP－3000、DSP－8000、

DSP – 9000 型号产品中，复制了原告的 DSP1000P、DSP1100P、DSP1400P、DSP8024 型号产品中的计算机软件，被告声艺公司销售了上述产品。虽然被告声朗公司提供了声朗公司与万力公司签订的《OEM 协作协议》，证明其使用的软件是向万力公司购买的，但声朗公司没有提供证据证明其向万力公司购买的数字信号处理设备（DSP）与本案争诉软件的关系，而且声朗公司与万力公司之间的《OEM 协作协议》，不能对抗合同以外的第三方，因此，被告声朗公司应当承担停止生产和销售的法律责任，声朗公司与万力公司之间的《OEM 协作协议》也不能作为被告声艺公司不承担侵权责任的抗辩理由，被告声艺公司对其销售的侵权产品，没有提供其合法来源，故声艺公司应当承担停止销售和赔偿损失的法律责任。被告声朗公司、声艺公司称其不应承担侵权责任，缺乏事实和法律依据，本院不予支持。

虽然被告提供了相关产品的技术手册和资料，但是被告没有证明万力公司使用相关产品的技术手册和资料开发了本案争诉的软件。本案争诉的软件不是相关产品技术手册和资料的罗列和叠加，而是依据上述资料提供的指令系统、计算方法、程序库的调用的规则，进行的二次开发。虽然，在特定的软硬件环境下，受编程语言和硬件环境的限制，软件在一定程度上表现为相同或近似，在技术上和法律上是不禁止的，但是出现两个软件表现形式上完全相同的概率也是不可能的。被告以两个软件表现形式相同是源于相同硬件环境和技术资料的抗辩理由不能成立，本院不予采信。

在诉讼中，两被告为了证明其生产、销售的行为未侵犯原告计算机软件著作权，向本院提交了源程序，拟证明其生产、销售的软件系万力公司研制开发，但拒绝对该证据进行交换并质证。随后以保护商业秘密为由，向本院请求撤回了该证据。本院认为，为了防止在诉讼中可能造成商业秘密泄露，被告可以通过证明源程序与其产品中目标程序的一致性后，直接使用目标程序证明其对争诉软件享有著作权。该证明方法在法律上是被认可的，在技术上也是可行的。但是被告在没有证明源程序与其产品中目标程序一致性的情况下，即撤回了源程序。在此情况下，被告以本案争诉软件系万力公司研制开发，并享有计算机软件著作权，其生产、销售与原告相同的软件的行为没有侵犯原告的著作权的抗辩理由因无证据支持，故不能成立。

虽然被告提供了郑强的证人证言，但是没有提供郑强所开发的软件，没有证明郑强所开发的软件与本案的关联性，也没有对原、被告的软件几乎完全相同的情形作出必要的和合理的解释。在无任何理由的情况下，郑强也未出庭质证。因此，该证人证言不能证明郑强所开发软件的具体内容及表现形式，也不能证明其开发的软件与本案争议的软件之间的关系，因此，该证人证言缺乏证据的真实性、与本案的关联性，不具有证明的效力，本院不予采信。

关于逻辑分析仪测试的客观性问题。第一，从技术上讲，逻辑分析仪测试数据是一种常用的测试方法。本案勘验是在确认逻辑分析仪初始状态和加载数据可程序性的前提下进行的。首先，确认逻辑分析仪加载之前初始状态，排除了在逻辑分析仪事先预装程序的可能性。其次，确认了逻辑分析仪加载数据的可程序性，排除了加载数据系软件运行的结果，对此可以从原告提交的源程序和目标程序的对应关系中予以证明。第二，从举证责任讲，原告通过使用逻辑分析仪测试的方法完成了其举证的责任，如果被告认为该测试方法不具客观性，被告可以通过提交源程序或目标程序、或其他的方式予以反证。在被告没有提供反证的情况下，原告即证明了被告的目标程序与原告相应的源程序之间的关系，进一步明确了被告的目标程序与原告相应的目标程序的关系。据此，被告仍以逻辑分析仪不具有客观性为由怠于履行其应尽的举证责任，对此，其应当承担相应的法律后果。

综上，被告声朗公司、声艺公司未经原告百灵达公司的许可，复制和发行 DSP1000P、DSP1400P、DSP1100P 及 DSP8024 软件的行为，侵犯了原告百灵达公司的计算机软件著作权，应承担停止侵权、赔偿损失的法律责任。鉴于原告百灵达公司没有提供其损害赔偿数额计算方面的依据，且原告的实际损失和被告的违法所得均无法确定，因此，本院依据被告侵权行为、侵权情节、产品售价以及原告为制止侵权支出的合理费用等因素，对赔偿数额予以酌定。依照《中华人民共和国著作权法》第四十八条，《最高人民法院关于审理著作权民事纠纷案件适用法律若干问题的解释》第二十六条，《计算机软件保护条例》第五条第三款、第二十四条第（一）项、第（二）项、第二十五条之规定，判决如下：

一、自本判决生效之日起，被告广东声朗音响器材有限公司、北京声艺世纪数码科技有限公司立即停止复制、发行原告百灵达控股（私人）有限公司的 DSP1000P、DSP1400P、DSP1100P 及 DSP8024 计算机软件的侵权行为；

二、自本判决生效之日起 10 日内，被告广东声朗音响器材有限公司、北京声艺世纪数码科技有限公司共同赔偿原告百灵达控股（私人）有限公司经济损失（含合理的诉讼支出）人民币 50 万元；

三、驳回原告百灵达控股（私人）有限公司的其他诉讼请求。

声朗公司、声艺公司不服原审判决，提起上诉。

声朗公司的上诉理由是：1. 原审判决违反法定程序，将必要共同诉讼分开审理，造成对整个案件事实没有查清。2. 原审判决对案件事实认定不清。（1）没有查清百灵达公司享有著作权的软件受保护的内容，错误地将百灵达公司产品中的软件作为其登记的软件；（2）以逻辑分析仪对百灵达公司软件与被控侵权软件进行比较没有法律和科学根据，以逻辑分析仪测试的被控侵权产品中软件的目标程序与百灵达公司软件的目标程序进行比较，并不顾上诉人使用的软件有合法来源的事实也是错误的。3. 原审判决判令其与声艺公司共同赔偿50万元依据的事实和适用的法律错误。声朗公司请求查清事实后予以改判或者发回原审法院重审。

声艺公司的上诉理由是：其作为销售商证明了被控侵权产品的来源，不知道也没有理由知道销售的产品涉嫌侵权；其与声朗公司没有任何法律关系，没有共同侵权的故意；判令其与声朗公司承担共同赔偿责任没有事实和法律依据。请求查清事实后改判其不承担赔偿责任。

百灵达公司服从原审判决。

二审查明事实

二审法院认定原审查明事实，另查明：

2002年5月20日，北京市第一中级人民法院受理了百灵达公司诉广州万力科技发展有限公司侵犯计算机软件著作权纠纷案。该案中，百灵达公司指控广州万力科技发展有限公司的DSP9000软件、DSP212软件、PDAC软件侵犯了其DSP8024软件、DSP1100软件和DSP110软件的著作权。该案于2002年12月20日由北京市第一中级人民法院作出一审判决，于2004年6月由北京市高级人民法院作出终审判决。

原审期间，声朗公司提交了DSP-2000、DSP-3000、DSP-8000、DSP-9000产品软件的源程序，后撤回，对其不作为证据使用。二审期间，声朗公司又提交上述软件的源程序。百灵达公司以不属于新证据为由拒绝质证。

二审审理结果

二审法院认为：诉讼标的共同，即两个以上的当事人对争议的法律关系共同享有权利或者共同负有义务，是构成必要共同诉讼必须具备的条件。本案百灵达公司主张权利的软件及指控侵权的软件与百灵达公司诉广州万力科技发展有限公司一案中百灵达公司主张权利的软件及指控侵权的软件不完全相同，所指控侵权行为及责任主体亦不相同。故本案与百灵达公司诉广州万力科技发展有限公司一案不属于必要共同诉讼，声朗公司关于原审判决将必要共同诉讼分开审理、违反法定程序的主张不能成立，本院不予支持。

《计算机软件保护条例》第五条第三款规定：外国人、无国籍人的软件，依照其开发者所属国或者经常居住地国同中国签订的协议或者依照中国参加的国际条约享有的著作权，受本条例保护。百灵达公司所属国新加坡与中国同属《保护文学和艺术作品伯尔尼公约》的成员国，故百灵达公司可以依照《计算机软件保护条例》对 DSP1000P、DSP1100P、DSP1400P、DSP8024 软件主张著作权。

对于计算机软件著作权的权利归属，主张权利人应承担初步的举证责任；对方当事人对权利归属提出异议的，应对异议举证证明。由于软件的特点，不同时期开发的软件均有相应的版本。因此，如以软件登记证书作为涉案软件归属的证据，应对登记的软件与涉案软件的关系进一步予以证明。但在本案中，百灵达公司除了提交 DSP1000P、DSP1400P、DSP1100P、DSP8024 软件的登记证书外，还提交了涉案源程序的打印文本、百灵达公司常务董事 A. H. P. J. 凡·登·布鲁克关于涉案软件开发及演变情况的法定声明以及装有百灵达公司涉案软件的音响产品，另外，百灵达公司还证明了其提交的源程序与目标程序是一致的，百灵达公司提交的证据足以证明百灵达公司对涉案软件享有著作权，同时，声朗公司没有相反证据予以推翻。故可以认定百灵达公司对本案中主张权利的软件享有著作权。

本院接受百灵达公司所委托的专家对逻辑分析仪技术问题发表的以下意见，即：逻辑分析仪是在大规模或者超大规模集成电路芯片、或者该芯片被固化的情况下，用于对其指令存储器当中的微命令代码进行验证的设备；由于声朗公司对其产品中的主控制器指令存储器进行加密，造成无法直接读取其产品中的微命令代码，故只能采用逻辑分析仪进行测试；逻辑分析仪对动态的脉冲信号直接进行机械性采集，并将脉冲信号自动转化成十六进制机器代码形式，该十六进制机器代码与主控制器的指令存储器中的微命令代码是一一对应的。对此，声朗公司所委托的专家亦认为，测试时，现场的逻辑分析仪测试或者读到了 DSP 软件程序的二进制目标代码。

《最高人民法院关于民事诉讼证据的若干规定》第二条第一款规定：当事人对自己提出的诉讼请求所依据的事实或者反驳对方诉讼请求所依据的事实有责任提供证据加以证明。百灵达公司举出了声朗公司的 DSP - 2000、DSP - 3000、DSP - 8000、DSP - 9000 型号产品中的部分目标程序与其 DSP1000P、DSP1400P、DSP1100P、DSP8024 产品中软件的部分目标程序相同的证据，该证据也得到了原审法院现场测试的验证。由于声朗公司对其产品中的主控制器指令存储器进行了加密，造成无法读取其产品中的全部目标代码，因此，虽然百灵达公司只是证明了声朗公司软件的部分目标程序与其软件的部分目标程序相同，但百灵达公司已尽到证明责任。在这种情况下，声朗公司应对其主张的其软件与百灵达公司软件不相同的事实提供证据加以证明。但声朗公司在原审期间以百灵达公司未充分举证证明其主张、声朗公司不负有举证证明自己设备中的软件是否与百灵达公司软件相同的责任为由，拒不举证证明其主张的事实。二审期间，声朗公司提交了产品的源程序，但该证据的真实性难以确定，已失去了作为证据的意义。由此，应当认定百灵达公司关于声朗公司的 DSP－2000、DSP－3000、DSP－8000、DSP－9000 型号产品中的软件与其DSP1000P、DSP1400P、DSP1100P、DSP8024 产品中的软件相同的主张成立。

声朗公司提供的证据不能证明 DSP－2000、DSP－3000、DSP－8000、DSP－9000 产品中软件系独立开发，不能证明上述软件的开发由于可供选用的表达方式有限而与百灵达公司的软件相似，故原审法院没有采信声朗公司关于DSP－2000、DSP－3000、DSP－8000、DSP－9000 产品中软件与DSP1000P、DSP1400P、DSP1100P、DSP8024 产品中软件表现形式相同是源于相同硬件环境和技术资料，被控侵权的 DSP－2000、DSP－3000、DSP－8000、DSP－9000产品中的软件系广州万力科技发展有限公司研制开发并享有著作权的主张是正确的。

由此，应当认定声朗公司的 DSP－2000、DSP－3000、DSP－8000、DSP－9000 产品中的软件复制了百灵达公司的 DSP1000P、DSP1400P、DSP1100P、DSP8024 产品中的软件，侵害了百灵达公司对于 DSP1000P、DSP1400P、DSP1100P、DSP8024 产品中软件所享有的的著作权。

根据声朗公司与广州万力科技发展有限公司的《OEM 协作协议》，声朗公司是以贴牌购买的形式取得数字信号处理设备（含软件）的权利，而且声朗公司在经营数字信号处理设备时使用的是声朗公司的"SPIRIT"商标。因此声朗公司实际上成为了数字信号处理设备的所有人，应当为包括软件在内的数字信号处理设备产生的法律问题承担责任。原审判决认定声朗公司未经许可，复制和发行百灵达公司的 DSP1000P、DSP1400P、DSP1100P、DSP8024 产品中的软件，侵犯百灵达公司的计算机软件著作权，应承担停止侵权、赔偿损失的法律责任是正确的。鉴于声艺公司与声朗公司的特殊关系，可以认为声艺公司与声朗公司之间存在主观联络，原审判决认定声艺公司应与声朗公司共同承担侵权的民事责任并无不当。

原审法院根据本案情况，依据声朗公司、声艺公司侵权行为、侵权情节、产品售价以及百灵达公司为制止侵权支出的合理费用等因素，对声朗公司、声艺公司应予承担的赔偿数额所作的酌定并无不妥。

综上，原审判决认定事实清楚，适用法律正确；声朗公司、声艺公司的上诉理由不能成立，对其上诉请求不予支持。依据《中华人民共和国民事诉讼法》第一百五十三条第一款第（一）项之规定，判决如下：

驳回上诉，维持原判。

一审案件受理费 10 938 元，由被告广东声朗音响器材有限公司、北京声艺世纪数码科技有限公司共同负担；二审案件受理费 10 938 元，由被告广东声朗音响器材有限公司、北京声艺世纪数码科技有限公司共同负担。

44. "美丽的香格里拉"等照片著作权侵权纠纷案

——梁开颜诉北京中经网联合信息咨询中心

原告（被上诉人）：梁开颜
被告（上诉人）：北京中经网联合信息咨询中心
案由：侵犯著作权纠纷

原审案号：北京市第一中级人民法院（2005）一中民初字第 5162 号
原审合议庭成员：任进、侯占恒、吕良
原审结案日期：2005 年 6 月 20 日
二审案号：北京市高级人民法院（2005）高民终字第 1287 号
二审合议庭成员：刘辉、岑宏宇、李燕蓉
二审结案日期：2005 年 12 月 20 日

判决要旨

原告主张其对上载至其个人网站上的数码照片享有著作权，并提供上述数码照片转录光盘等证据初步予以证明，被告虽提出质疑但未提出相反证据证明上述数码照片归属于他人的，法院可以综合全案情况认定数码照片的著作权归原告享有。

起诉与答辩

原告梁开颜诉称：原告系"夕阳下的松赞林寺"等 8 张摄影作品的作者，对该摄影作品享有著作权，其作品曾发表在自己开办的个人网站 www.bask9.com（中文名称：晒太阳）上。2005 年 4 月，原告发现被告北京中经网联合信息咨询中心（以下简称中经网中心）在其所有的 www.ce.cn（中文名称：中国经济网）上盗用上述 8 张作品，用于其网站的旅游频道宣传。该行为侵犯了原告依法享有的著作人身权、获酬权和信息网络传播权等权利。请求法院判令被告停止侵权、公开道歉、赔偿经济损失 5 万元、支付合理支出 3 677 元。

被告中经网中心辩称：1. 经向北京东方网景网络技术有限公司调查核实，cc.cn 域名的所有人是中国经济网络传播中心，并非为被告，原告所诉被告主体有误。2. 原告没有证据证明原告是 8 张摄影作品的作者，并对该作品享有诉权。3. 被告的这种使用属于转载，依照《最高人民法院关于审理涉及计算机网络著作权纠纷适用法律若干问题的解释》的有关规定，作者未作特别声明的，转载人转载作品可不经作者许可。本案原告未作特别声明，被告不需要获得原告的许可即可以使用，因此不构成侵权。尽管如此，被告还是发出过"征求许可"的电子邮件，因为转载出处的署名人叫"猪铜首"，所以发给了"猪铜首"。4. 即使摄影作品为网络商使用，其每张的价格也不应高到 6 250 元，原告要求被告赔偿经济损失 5 万元没有证据支持，况且，被告属于非营利网站，并未获利。综上，请求法院驳回原告的诉讼请求。

原审查明事实

原审法院经审理查明：原告为证明其所诉被告系 ce. cn 域名的所有人，向本院提交了其于 2005 年 6 月 10 日从北京市工商行政管理局备案网站查询的注册网站认证，该查询认证显示，网站性质一栏为"经营性"，网站名称一栏为"中国经济网"，网站域名一栏为"ce. cn"，网站所有者名称一栏为"北京中经网联合信息咨询中心"。被告提交的北京东方网景网络技术有限公司"域名注册证明"显示，ce. cn 域名的"现所有权单位"为"中国经济网络传播中心"，有效时间为"2003 年 3 月 17 日至 2009 年 3 月 17 日"。

原告为证明其系涉讼 8 张摄影作品的作者，向本院提交了其中 5 张以数码相机拍摄后的摄影作品转录光盘，并出示了以胶片拍摄的 3 张作品的底片，8 张照片均为风光摄影，其中 5 张数码照片的作品名称分别为："夕阳下的松赞林寺"、"纳帕海的早晨"、"夕阳下的纳帕海"、"白茫雪山丫口"、"田园风光"。3 张胶片照片的作品名称分别为"秘境"、"维西小山村"、"美丽的香格里拉"。被告认可原告 3 张胶片照片的作者身份，但不认可另外 5 张数码照片的作者身份。经对转录光盘勘验后，被告表示该光盘的内容为复制内容，不能以此认为其内容源自原告的创作。原告表示上述摄影作品完成于 2004 年秋季，表现的也是秋季的香格里拉风光，完成后其即将作品发表在个人网页上。

原告为证明其个人网站中文名称为"晒太阳"，英文名称为 bask9. com，向本院提交了中国互联网络信息中心的《通用网址注册证书》和"中国万网域名登记检索"，该证书载明："通用网址：晒太阳，注册人：梁开颜，有效期：2004 年 9 月 3 日 ~2005 年 9 月 3 日"。该检索载明："中国万网客户：梁开颜，Domain Name：bask9. com。"被告对上述证据没有异议。

原告提交的《（2005）昆证民字第 3644 号公证书》显示，原告在其个人网站"晒太阳"中登载了上述 8 张照片，但未显示其作品发表时间。在被告网站 ce. cn 的"旅游资源"页面中载有与上述 8 张照片及其名称相同的"香格里拉，梦中的家园（组图）"的照片。公证时间为 2005 年 4 月 7 日。

被告为证明其转载行为成立，向本院提交了其从 ce. cn 下载的"CE 论坛"网页上的 8 张涉案照片，并表示这些照片是其从自称为"猪铜首"者那里获得的，但其同时承认"CE 论坛"网页属于被告。被告为证明其欲寻求作者许可，提交了其在自己的网站上发出的载有"猪铜首，您好：我是中国经济网的编辑，我在 CE 论坛旅游论坛中发现您关于香格里拉的图片，上面写的是原创图片，目前旅游频道准备使用，不知是否可以，请您和我联系"等内容的电子邮件。邮件发出时间为 2005 年 2 月 11 日 17 点 58 分。原告对该电子邮件的真实性不予认可，并且表示其从未有过"猪铜首"一名，此人与自己无关。同时，被告表示其未核实过"猪铜首"的身份。

原告为证明其索赔数额合理，向本院提交了其与昆明绿茵阁餐饮有限公司签订的《摄影作品许可合同》和北京美好景象图片有限公司的图片使用价格表，交易额为每张照片 6 250 元。被告为证明照片网络使用费价格远低于原告所诉价格，提交了网上查询的载有"互联网使用每处 150 元/3 个月"的西藏图片库价格表、载有"每月 150 张，价格 500 美元"等内容的法新社图片服务报价和其旅游网页点击率情况流量统计表。该表同时载有"CE 主站，（2005 年 2 月 21 日～2005 年 4 月 8 日）"的时间期限，以及"该组照片价格为 0. 60～35. 88 元"等内容。原告认可该时间期限为被告使用 8 张涉案照片的期间，但不认可被告的价格主张。

原告提交的票据显示，原告为诉讼已支付律师费 3 000 元，公证费 600 元、交通费 65 元及特快专递费 14 元等。

原审审理结果

原审法院认为：依照国家工商行政管理局《经营性网站备案登记管理暂行办法》第二条规定，经营性网站备案登记实施全国统一备案登记。依照国家信息产业部《中国互联网络域名管理办法》规定，国家信息产业部负责互联网络域名系统安全、运营与技术方面的规范管理。根据原告提交的北京市工商行政管理局"备案网站注册查询认证"，ce. cn 网站属于经营性网站，网站所有者为被告。根据被告提交的"域名注册证明"，ce. cn 域名的"现所有权单位"为"中国经济网络传播中心"。在网站与域名的所属主体不一致时，经营者民事主体的法律资格以国家工商行政管理部门的登记为据。因此，ce. cn 网站所有者为被告，本案原告起诉被告，诉讼法律关系成立，本院予以确认。

由于被告对原告 3 张涉案胶片摄影作品的著作权不持异议，本院对此予以确认。原告为证明其为 5 张涉案数码照片的作者，向本院提供了其个人网站注册登记证书、经公证的发表在个人网页上的 5 张数码照片及其摄影作品转录光盘。鉴于数码照片的形成特性，本院认定原告完成了相对举证证明责任，原告即为 5 张涉案数码摄影作品的作者。尽管原告的上述证据尚不能证明其作品发表的确切时间早于被告使用这些摄影作品的时间（2005 年 2 月 21 日），但同时也不能使本院产生排除"存在这一事实"的内心确信，对于这种模糊事实的审查，本院只有从公平原则出发，考虑数码摄影作品作为数字信息证据的特性，如按被告的主张，则原告欲保留固定此种证据只有在拍摄完成后即时进行证据公证方可保留该证据，这样的做法违背生活常理，也是被告无法作到的，如继续要求原告承担进一步的举证证明责任，则有悖诉讼程序上的公平正义，故此，在原告完成了相对举证证明责任的前提下，如被告仍质疑原告数码摄影作品的著作权权属问题，应由被告提供反证，证明 5 张数码摄影作品的作者是他人，而不是原告，在被告没有反证证明的情况下，对其反驳质疑本院不予支持。

根据本案查明的事实，"CE 论坛"的所属人是被告，被告作为网络经营者转载他人信息，应该审查了解被转载者的身份，被告没有提供其审查"猪铜首"主体身份的证据，"猪铜首"是否属于《最高人民法院关于审理涉及计算机网络著作权纠纷适用法律若干问题的解释》（以下简称《解释》）第三条规定所指的网络服务者没有证据印证，本院无法采信，被告称其使用涉案照片的行为属于对"猪铜首"作品的转载行为，该主张不符合上述《解释》规定的要件，对其主张本院不予采纳。依照我国《著作权法》之规定，未经作者许可，以营利为目的使用其作品，即为侵犯著作权。北京市工商行政管理局《备案网站注册查询认证》显示被告网站属于经营性网站，被告辩称其为非营利性网站，本院不予采信。被告虽提交了寻求作者许可的电子邮件，但未提供原告准予其使用的有关证据。著作权许可行为属于合意行为，需以双方的共同意愿为前提，被告即使能证明有意要获得使用涉案作品的许可，但因其没有证据证明最终获得了作者的许可，依然构成未经许可使用，侵犯了原告的著作权，包括署名权、信息网络传播权，以及许可使用并由此获得报酬的权利，被告理应就此承担停止侵权、赔礼道歉、赔偿损失的民事责任。

依照《中华人民共和国著作权法》第四十八条第一款之规定："侵犯著作权或者与著作权有关的权利的，侵权人应当按照权利人的实际损失给予赔偿；实际损失难以计算的，可以按照侵权人的违法所得给予赔偿。赔偿数额还应当包括权利人为制止侵权行为所支付的合理开支。"据此，本院结合摄影作品属性、网络使用特性以及被告使用期间等因素，确定本案赔偿额为 16 000 元，对原告多诉部分本院不予支持。

鉴于原告为诉讼支付了律师费、公证费、交通费以及特快专递费等，上述费用除公证费、交通费、特快专递费外，本院依法酌情予以考虑，并据以确定其合理支出为 1 639 元，对其超出合理范围部分的请求，本院不予支持。

综上所述，依照《中华人民共和国著作权法》第十条第一款第（二）、（十二）项、第二款、第四十七条第（一）项、第四十八条第一款之规定，本院判决如下：

一、被告北京中经网联合信息咨询中心停止使用原告梁开颜的"夕阳下的松赞林寺"、"纳帕海的早晨"、"夕阳下的纳帕海"、"白茫雪山丫口"、"田园风光"、"秘境"、"维西小山村"、"美丽的香格里拉" 8 张摄影作品；

二、自本判决生效之日起 30 日内，被告北京中经网联合信息咨询中心就其侵权行为在 www.ce.cn（中国经济网）上连续 48 小时向原告梁开颜公开致歉（致歉内容需经本院审核，如逾期不予履行，本院将根据原告梁开颜的申请在相关媒体上公布判决主文，所需费用由被告北京中经网联合信息咨询中心承担）；

三、自本判决生效之日起 10 日内，被告北京中经网联合信息咨询中心赔偿原告梁开颜经济损失 16 000 元；

四、自本判决生效之日起 10 日内，被告北京中经网联合信息咨询中心支付原告梁开颜合理支出 1 639 元；

五、驳回原告梁开颜的其他诉讼请求。

中经网中心不服原审判决，提起上诉，理由是：原审认定 5 张摄影作品著作权人为梁开颜证据不足；中经网中心对涉案照片的转载使用属于法定许可，不是侵权行为；原审确定的赔偿额过高。请求二审法院撤销原审判决第一、二、三、四项；判令梁开颜承担本案诉讼费用。

梁开颜服从原审判决。

二审查明事实

二审法院查明事实与原审相同。

二审审理结果

二审法院认为：我国《著作权法》规定创作作品的公民是作者，著作权由作者享有。本案中，梁开颜主张"秘境"、"维西小山村"、"美丽的香格里拉"、"夕阳下的松赞林寺"、"纳帕海的早晨"、"夕阳下的纳帕海"、"白茫雪山丫口"、"田园风光" 8 张照片的著作权，其中，对梁开颜提交底片的"秘境"、"维西小山村"、"美丽的香格里拉" 3 张照片的作者为梁开颜中经网中心不持异议，本院认可梁开颜为上述 3 张照片的作者，享有上述 3 张照片的著作权。对于其余名称为"夕阳下的松赞林寺"、"纳帕海的早晨"、"夕阳下的纳帕海"、"白茫雪山丫口"、"田园风光"的 5 张数码照片，梁开颜提交了转录光盘，中经网中心虽主张梁开颜不是上述 5 张照片的作者，其使用的上述 5 张照片及梁开颜的另外 3 张涉案照片是从其所有的"CE 论坛"网页上下载的署名为"猪铜首"的照片，但其不能提供"猪铜首"的真实身份，也不能证明署名的是作者还是照片的提供者。因此，在梁开颜主张其是作者，并提交了存储有涉案 5 张照片光盘以及公证证明在梁开颜个人网站上存在涉案 8 张照片的情况下，中经网中心如无证据证明上述 5 张照片另有作者，也无证据证明上述 5 张照片不是梁开颜创作的，则应认定梁开颜为名称为"夕阳下的松赞林寺"、"纳帕海的早晨"、"夕阳下的纳帕海"、"白茫雪山丫口"、"田园风光"5 张照片的作者。

中经网中心主张其使用的涉案 8 张照片是转载自其所有的"CE 论坛"网页，但该中心作为网络经营者转载他人作品，应该审查了解被转载者的身份，该中心没有提供其审查"猪铜首"主体身份的证据，且"猪铜首"在"CE 论坛"网页已经留有其电子邮件地址，中经网中心也主张曾经给"猪铜首"发送过电子邮件，就转载涉案照片一事进行沟通，但"猪铜首"未回信，可见，中经网中心明知转载应支付报酬，因此，中经网中心在未核实作者身份、未支付报酬且未给作者梁开颜署名的情况下使用涉案的 8 张照片，其行为构成对梁开颜的署名权、信息网络传播权以及许可使用并由此获得报酬的权利等著作权的侵犯。中经网中心无证据证明其所有的、域名为"www.ce.cn"的网站为非商业性网站，其所提使用涉案照片为非商业性使用的主张不能成立。一审法院结合涉案作品属性、网络使用特性以及中经网信息咨询中心使用期间等因素，并考虑梁开颜为诉讼支出的费用，酌情确定赔偿数额和为诉讼支持的合理费用并无不当。

中经网中心的上诉理由均不能成立，其上诉请求本院不予支持。

综上，一审判决认定事实清楚，适用法律正确。依据《中华人民共和国民事诉讼法》第一百五十三条第一款第（一）项的规定，判决如下：

驳回上诉，维持原判。

一审案件受理费 2 120 元，由北京中经网联合信息咨询中心负担；二审案件受理费 2 120 元，由北京中经网联合信息咨询中心负担。

45. "奥特曼"作品署名权侵权纠纷案
——（日本）圆谷制作株式会社诉北京燕莎友谊商城有限公司

原告（上诉人）：（日本）圆谷制作株式会社
被告（被上诉人）：北京燕莎友谊商城有限公司
案由：侵犯著作权纠纷

原审案号：北京市第二中级人民法院（2004）二中民初字第 12687 号
原审合议庭成员：刘薇、钟鸣、梁立君
原审结案日期：2004 年 12 月 20 日
二审案号：北京市高级人民法院（2005）高民终字第 589 号
二审合议庭成员：刘辉、岑宏宇、张冬梅
二审结案日期：2005 年 12 月 20 日

判决要旨

在声称自己享有著作权的原告与案外人就其作品的著作权归属发生争议且尚未解决的情况下，无法确认销售商所销售的商品是否为非法复制品，更不能认定© 图标所标记的制造商名称侵犯署名权，人民法院不支持原告对销售商侵犯署名权的指控。

起诉与答辩

原告（日本）圆谷制作株式会社（以下简称圆谷制作株式会社）诉称：原告是"奥特曼"影视作品的著作权人，在"奥特曼"影视作品及使用"奥特曼"形象的商品上标有© TSUBURAYA PRODUCTIONS、© TSUBURAYA PROD 的英语著作权标志，或者© 圆谷プロ的日语著作权标志。被告销售的使用"奥特曼"形象的玩具标上了© TSUBURAYA Chaiyo 英语著作权标志，以表示 TSUBURAYA Chaiyo 是"奥特曼"影视作品的著作权人，严重侵害了原告对"奥特曼"影视作品享有的著作权中的署名权，应当承担相应的民事法律责任。请求法院判令被告：1. 立即停止销售并回收使用© TSUBURAYA Chaiyo 英语著作权标志的商品；2. 在《北京日报》上公开赔礼道歉；3. 赔偿不当得利及其他损失共计 9 722.6 元；4. 承担本案诉讼费。

被告北京燕莎友谊商城有限公司（以下简称燕莎商城）辩称：被告有合法的进货渠道，作为销售商已经尽到了合理注意义务。涉案商品已经取得了授权。©不仅指作者，而且指与著作权相关的信息。销售商不应作为本案被告，原告可以向生产商主张权利。原告诉讼请求没有事实和法律依据，被告不同意原告的诉讼请求。

原审查明事实

原审法院经审理查明：原告圆谷制作株式会社是日本国的一家公司。

中华人民共和国上海市第二中级人民法院于 2000 年 5 月 22 日作出的（1999）沪二中知初字第 111 号民事判决书认定：圆谷制作株式会社对"奥特曼"形象享有著作权并应受法律保护。

中华人民共和国上海市高级人民法院于 2000 年 9 月 11 日作出的（2000）沪高知终字第 46 号民事判决书中认定：圆谷制作株式会社依法享有对"奥特曼"（ULTRAMAN）影像作品的著作权。

2003 年 10 月 1 日，被告与天友玩具厂签订了联合经营协议书，其中约定：被告负责提供位于被告处六层儿童世界侧（角）16 平方米的面积及相应设施作为联营营业场地。联营商品经营范围限定于天友、嘉欣、小精灵品牌、商标的塑料类、电动玩具品类的商品，未经被告批准，不得经营其他品牌或其他品类的商品。天友玩具厂负责联营商品的货源供应。联营商品销售时，天友玩具厂须严格遵守开票售货、统一收款手续制度，不得私自收款付货、变价销售。协议有效期为 18 个月，自 2003 年 10 月 12 日起至 2005 年 3 月 31 日止。

2004 年 3 月 28 日，广州锐视公司与天友玩具厂签订了经销协议，其中约定：广州锐视公司认可并授权天友玩具厂作为在被告处的"ULTRAMAN©（咸蛋超人）"授权产品之玩具系列产品的特约经销商。天友玩具厂拥有在被告处的广州锐视公司授权产品的经销权以及在此经营过程中产生的权利，天友玩具厂有权使用经广州锐视公司审批的超人形象。合同有效期自 2004 年 4 月 31 日起至 2004 年 12 月 31 日止。

2004 年 6 月 2 日，广州锐视公司向天友玩具厂销售了使用"奥特曼"形象的玩具，产品型号分别为 1205201、1102201—8、1201201—6、1109201—8、1117201—2、1115201—2、1116201—8、1110201—8，单价分别为 89.64 元、24.30 元、45.90 元、89.64 元、89.64 元、89.64 元、52.92 元、89.64 元，数量为上述每种型号各 2 个。2004 年 6 月 15 日，天友玩具厂将上述产品销售给被告，单价分别为 166 元、45 元、85 元、166 元、166 元、166 元、98 元、166 元。

2004 年 9 月 1 日，广州锐视公司向天友玩具厂销售了使用"奥特曼"形象的玩具，产品型号分别为 1205201、1102201—8、1201201—6、1109201—8、1117201—2、1115201—2、1116201—8、1110201—8，数量为上述每种型号各 4 个。2004 年 9 月 29 日，天友玩具厂将上述产品中的 2 个 1102201—8、1 个 1201201—6、1 个 1109201—8、1 个 1117201—2、1 个 1116201—8 销售给被告，单价分别为 45 元、85 元、166 元、166 元、98 元。

2004 年 9 月 8 日下午，中华人民共和国北京市朝阳区公证处公证人员与委托代理人周淳来到被告处，公证人员监督周淳现场购买了咸蛋超人玩具系列产品（产品型号：1102201—08）1 个，取得被告商品（产品）销售发票（编号：0520359）和购物小票各 1 张。2004 年 9 月 14 日，在周淳在场的情况下，公证人员和中华人民共和国北京市朝阳区司法局工作人员对上述物品进行了拍照，拍摄照片 4 张。照片显示：销售咸蛋超人 1 个（产品型号为 1102201—08）售价为 45 元；在该玩具外包装上标有"© TSUBURAYA Chaiyo Licensed by Ruishi"。

原告主张被告不当得利是产品的利润，计算方法是销售价格的 20％，即 586.8 元。原告主张其诉讼合理支出是 8 585.8 元。原告主张其支付的律师费是 550 元。上述 3 项费用共计 9 722.6 元。

原审审理结果

原审法院认为：我国和日本国同为《保护文学和艺术作品伯尔尼公约》的成员国，该公约确定了"国民待遇原则"。根据我国相关法律的规定，外国人的作品根据其作者所属国或者经常居住地同中国签订的协议或者共同参加的国际条约享有的著作权，受我国《著作权法》保护。因此，原告作为"奥特曼"形象作品的著作权人，其著作权应当受到我国《著作权法》的保护。

原告主张被告销售标有© TSUBURAYA Chaiyo 的使用"奥特曼"形象的玩具侵犯其享有的署名权，在本案中未主张著作权中的其他权项。

依据我国《著作权法》的规定，署名权是指表明作者身份，在作品上署名的权利。

《世界版权公约》中对于© 符号作出了规定，该公约第三条第（一）项规定："任何缔约国依其国内法要求履行手续——如缴送样本、注册登记、刊登启事、办理公证文件、偿付费用或在该国国内制作出版等——作为版权保护的条件者，对于根据本公约加以保护并在该国领土以外首次出版而其作者又非本国国民的一切作品，应视为符合上述要求，只要经作者或版权所有者授权出版的作品的所有各册，自首次出版之日起，标有© 的符号，并注明版权所有者之姓名、首次出版年份等，其标注的方式和位置应使人注意到版权的要求。"可见，© 的含义为版权所有者。《世界版权公约》中的版权是指版权的经济权利，不包括署名权。因此，在使用"奥特曼"形象的玩具上标有"© TSUBU-RAYA Chaiyo Licensed by Ruishi"并未侵犯原告的署名权。

综上，依照《最高人民法院关于民事诉讼证据的若干规定》第三十四条第一款、第二款、《中华人民共和国民事诉讼法》第二百六十八条、《中华人民共和国著作权法》第二条第二款、第十条第一款第（二）项的规定，判决：驳回原告（日本）圆谷制作株式会社的诉讼请求。

圆谷制作株式会社不服原审判决，提出上诉，其理由是：原审判决对《世界版权公约》中"版权"含义不包括"署名权"的解释不准确，应以《中华人民共和国著作权法》的规定为准。《世界版权公约》侧重对著作权中财产权的保护，但决不限制各国通过国内法以及其他国际公约加强对著作权中人身权的保护。《中华人民共和国著作权法》与《世界版权公约》、《保护文学和艺术作品伯尔尼公约》的规定没有冲突，不存在法律冲突情形下准据法的适用问题。燕莎商城将其销售的"奥特曼"形象商品的外包装上的"版权标记"恶意篡改了版权所有者的姓名，侵害了上诉人作为"奥特曼"著作权人所享有的署名权。

燕莎商城服从原审判决。

二审查明事实

二审法院查明事实与原审相同。

二审审理结果

二审法院认为：根据我国《著作权法》的规定，外国人、无国籍人的作品根据其作者所属国或者经常居住地国同中国签订的协议或者共同参加的国际条约享有的著作权，受本法保护。我国和日本国同为《保护文学和艺术作品伯尔尼公约》的成员国。作为日本国的一家企业，圆谷制作株式会社在我国有权主张著作权。

根据上海市高级人民法院已发生法律效力的终审民事判决，可以认定圆谷制作株式会社是"奥特曼"影视作品的作者及原始著作权人，圆谷制作株式会社享有的著作权依法受到保护。著作权人可以转让其权利，或者许可他人行使权利；受让人或者被许可人有权在受让或者被许可的范围内行使权利。现有证据表明，圆谷制作株式会社与泰国公民辛波特就涉案"奥特曼"形象的著作权存在授权合同关系；并对辛波特、Chaiyo 版权有限公司是否有权、权利范围、内容等存在争议并发生诉讼，© 的含义只是表示署名者享有著作权。在这种情况下，不能确认燕莎商城所销售的涉案"奥特曼"形象的玩具产品是否为非法复制品，也不能认定涉案"奥特曼"形象玩具产品上的署名侵犯了圆谷制作株式会社所享有的著作权。故圆谷制作株式会社主张"© TSUBURAYA Chaiyo"的标注方式侵犯了其署名权依据不足。作为销售者，燕莎商城已提供了 Chaiyo 版权有限公司在中国的著作权登记证书、燕莎商城与天友玩具厂签订的联合经营协议书、天友玩具厂与广州锐视公司签订的经销协议等证据，已尽到了作为销售商的合理注意义务，就涉案"奥特曼"形象的著作权问题，燕莎商城不应承担任何民事责任。

综上，圆谷制作株式会社关于燕莎商城侵犯其署名权的上诉理由证据不足，不能成立，其上诉请求本院不予支持。原审判决认定事实清楚，适用法律正确，应予维持。依照《中华人民共和国民事诉讼法》第一百五十三条第一款第（一）项之规定，判决如下：

驳回上诉，维持原判。

一、二审案件受理费各 1 000 元，均由（日本）圆谷制作株式会社负担。

反不正当竞争

46. 执业律师之间的不正当竞争纠纷案

——伍和家诉向阳、北京市中孚律师事务所

原告（上诉人）： 伍和家

被告（被上诉人）： 向阳

被告（被上诉人）： 北京市中孚律师事务所

案由： 不正当竞争纠纷

原审案号： 北京市第二中级人民法院（2004）二中民初字第 9929 号

原审合议庭成员： 董建中、张晓津、何暄

原审结案日期： 2004 年 12 月 15 日

二审案号： 北京市高级人民法院（2005）高民终字第 316 号

二审合议庭成员： 刘继祥、魏湘玲、孙苏理

二审结案日期： 2005 年 3 月 18 日

判决要旨

虽然律师在市场中实际从事法律服务，但并不能以自己的名义作为独立的市场主体提供上述服务，因此不具备《反不正当竞争法》中规定的"经营者"身份，无权针对其他律师事务所提出不正当竞争的诉讼。

起诉与答辩

原告伍和家诉称：2003 年 9 月北京市司法局、北京市律师协会联合编辑出版《北京律师事务所黄页》，其中第 282 页关于北京市中孚律师事务所（以下简称中孚律师事务所）的简介中载明，该所是 1996 年经北京市司法局批准成立的大型综合性律师事务所，最高人民法院院长肖扬同志曾在 1996 年 7 月 8 日亲笔为中孚所题词"作人民的好律师，维护法律的尊严"，且将原文中的

"做"改成了"作";在中孚律师事务所网站"中孚律师事务所简介"中也刊载了上述内容,并附有肖扬同志的亲笔题词。第二被告向阳在代理"海城豆奶案"民事诉讼过程中进行恶意诋毁:伍和家不是北京注册律师,同昊林律师事务所没有注册登记;郝国栋的上诉肯定被驳回;千人诉讼受理开庭;如果郝国栋还是请伍和家做律师,他只要一个回合就能让伍和家闭嘴;赔偿一案已有1 300多人同他签订了委托合同,胜诉有绝对把握。另外中孚律师事务所、向阳与外滩画报记者陈磊串通,编造所谓"海城豆奶事件中毒学生家长联合千人诉讼"的假新闻。该新闻先后在搜狐、新浪、网易及全国各大报纸刊载,造成恶劣的社会影响。原告认为被告中孚律师事务所和被告向阳的上述行为已经构成不正当竞争,请求法院认定被告中孚律师事务所的上述行为构成不正当竞争,判令其立即停止上述不正当竞争行为并公开致歉,认定第二被告向阳的上述行为构成不正当竞争,判令两被告向原告赔礼道歉,承担原告因本案所支付的费用1 800元并承担本案的诉讼费用。

被告中孚律师事务所辩称:该所和在该所执业的律师以及原告伍和家均不是《反不正当竞争法》所规定的主体,因此原告的起诉于法无据;律师及律师事务所之间的不正当竞争不能适用《反不正当竞争法》;原告指控两被告从事不正当竞争行为缺乏事实和法律依据。综上,请求法院驳回原告的起诉。

被告向阳辩称:其同意第一被告中孚律师事务所的答辩意见;原告不具有起诉的主体资格;其本人是以中孚律师事务所的名义执业,因此不能作为本案被告;原告的指控缺乏事实和法律依据。综上,请求法院驳回原告的诉讼请求。

原审查明事实

原审法院经审理查明:原告伍和家系北京市同昊林律师事务所律师。2003年9月,北京市司法局与北京市律师协会联合编辑《2003北京市律师事务所黄页》(以下简称《黄页》)。在该《黄页》第282页中载有中孚律师事务所的简介。其中包括"北京市中孚律师事务所(以下简称"中孚所")是1996年经北京市司法局批准成立的大型综合性律师事务所。最高人民法院院长肖扬同志曾于1996年7月8日亲笔为中孚所题词'作人民的好律师,维护法律的尊严'。这一题词已成为中孚所全体律师多年来执业的行为准则"等内容。

2004年5月13日,经伍和家申请,北京市石景山区公证处公证了如下事实:在地址栏键入http://www.zhongfulaw.com/1.htm,则进入中孚律师事务所的网站;在"中孚律师事务简介"栏中载有"中孚所现有注册律师五十余人,其中绝大部分拥有国内或国外学士、硕士、博士学位。所内骨干律师分别在全国律师协会及其专业委员会担任重要职务，或在北京律协担任领导职务"等内容；该网站上还附有肖扬同志 1996 年 7 月 8 日的题词"做人民的好律师维护法律的尊严"。伍和家支付公证费 800 元。

在庭审期间，证人何仁泰出庭证明：其曾经于 2004 年 2 月 12 日致电中孚律师事务所，得知向阳的手机号之后，其以学生家长的身份与向阳通话并将通话内容以电报的方式发给伍和家；向阳在电话中说伍和家不是北京注册律师，同昊林律师事务所没有注册登记，郝国栋上诉肯定被驳回，千人诉讼受理开庭，如果郝国栋还是请伍和家做律师他只要一个回合就能让伍和家闭嘴，赔偿一案已有 1 300 多人同他签订委托合同，胜诉有绝对把握。同时何仁泰承认其与郝国栋存在亲属关系。向阳及中孚律师事务所对证人何仁泰所陈述的事实均不予认可，并提出证人何仁泰与本案原告有利害关系。

2004 年 2 月 12 日，根据鞍山宝润乳业有限公司的申请，北京市石景山区公证处公证确认如下事实：网易网站于 2004 年 2 月 3 日在国内新闻页刊登了题为《海城豆奶事件 中毒学生家长联合进行千人诉讼》、《海城豆奶事件 多名中毒学生出现后遗症》的文章。2004 年 8 月 3 日，北京市石景山区公证处出具公证书，证明在凤凰网站的凤凰周刊 2003 年第 12 期（总第 109 期）刊登了《海城四千学生中毒惊天事件》和《官员问责直指海城政府》两篇文章，在上述凤凰周刊 2004 年第 12 期（总第 145 期）"民生"一栏刊登有《"豆奶后遗症"袭击海城》的文章。向阳承认曾经致电凤凰网，《"豆奶后遗症"袭击海城》一文中只有一句话是他讲的，其余均为学生家长所说。

向阳系中孚律师事务所律师。中孚律师事务所于 2003 年 12 月 12 日接受"海城豆奶案"受害学生家长的委托，由向阳担任民事诉讼代理人。原告伍和家曾经就向阳接受委托代理民事诉讼一事提出质疑，并向北京市丰台区人民法院提出调查取证的申请。经北京市丰台区人民法院询问，向阳表示其不能向法院提供授权委托书和委托代理协议，并称其将在提起反诉的时候作为反诉证据提交。法院在审理此案期间，原告伍和家再次要求法院依法调取涉案的授权委托书。被告向阳在庭审结束后向法院提供了委托人花名册复印件（共计 1 102 名委托人），并称原件已经随民事诉讼立案材料一并邮寄给辽宁省高级人民法院立案庭毛丽娟法官了。经法院核实，毛丽娟确认曾经收到向阳邮寄的立案材料，其中包括一个授权委托的花名册，上面有被代理人的手印、签名，共计 1 102 名，该案尚未正式立案。

另查，郝国栋系"海城豆奶案"刑事被告人，伍和家在该案一、二审期间担任郝国栋的辩护人；中孚律师事务所律师向阳曾任北京律协维权委副主任。

原审审理结果

原审法院认为：根据我国《反不正当竞争法》的有关规定，不正当竞争是指经营者违反《反不正当竞争法》的规定，损害其他经营者的合法权益，扰乱社会经济秩序的行为。其中经营者是指从事商品经营或者营利性服务的法人、其他经济组织和个人。我国《中华人民共和国律师法》规定，律师事务所是律师的执业机构，律师的执业活动必须接受律师事务所的监督和管理；律师事务所按照章程组织律师开展业务工作，律师承办业务，均由律师事务所统一接受委托，与委托人签订书面委托合同；律师不得私自接受委托。虽然律师在市场中实际从事法律服务，但是其并不能以自己的名义、作为独立的市场主体提供上述服务。因此，根据本案已经查明的事实，原告伍和家不属于我国《反不正当竞争法》所规定的经营者，其不具有提起本案诉讼的主体资格。同理，被告向阳也不应成为本案被告。

综上，依据《中华人民共和国反不正当竞争法》第二条、《中华人民共和国律师法》第十五条第一款、第二十三条、《中华人民共和国民事诉讼法》第一百零八条、第一百四十条第一款第（三）项之规定，裁定：驳回伍和家的起诉。

伍和家不服原审裁定，提起上诉。理由是：1. 伍和家、向阳均为《中华人民共和国律师法》规定的执业律师，均具备《中华人民共和国反不正当竞争法》所规定的经营者身份。原审裁定认定伍和家不属于《反不正当竞争法》所规定的经营者，不具有提起"不正当竞争案"的诉讼主体资格，既无事实依据，又无法律依据。2、原审裁定隐瞒了上诉人是北京市同昊林律师事务所合伙人律师的事实，其目的是规避法律，偏护被上诉人。请求二审法院撤销原审裁定，指定原审法院审理本案。

向阳、北京市中孚律师事务所服从原审裁定。

二审查明事实

二审法院查明的事实与原审查明的事实相同。

二审审理结果

二审法院认为：《中华人民共和国律师法》规定，律师事务所是律师的执业机构，律师的执业活动必须接受律师事务所的监督和管理；律师事务所按照章程组织律师开展业务工作，律师承办业务，均由律师事务所统一接受委托，与委托人签订书面委托合同；律师不得私自接受委托。由此可知，律师是不能私自独立执业的，其必须加入一个律师事务所，并接受该律师事务所的指派才能为社会提供法律服务。伍和家作为北京市同昊林律师事务所的合伙人律师不具有提起本案诉讼的主体资格。中华人民共和国司法部《合伙律师事务所管理办法》第十条规定：合伙人是指加入合伙律师事务所，参与合伙律师事务所内部管理，并对合伙律师事务所债务承担无限连带责任的律师。由此可见，合伙人律师与非合伙人律师相比，除内部责任不同外，其执业活动并无区别。故原审法院不存在规避法律、偏护被上诉人的问题。综上，原审裁定认定事实清楚，适用法律正确，应予维持。伍和家的上诉理由不能成立，对其上诉请求法院不予支持。依照《中华人民共和国民事诉讼法》第一百五十三条第一款第（一）项、第一百五十四条之规定，裁定如下：

驳回上诉，维持原裁定。

一审案件受理费 2 000 元，二审案件受理费 50 元，均由伍和家负担。

47. "采购与招标网"网站不正当竞争纠纷案
——国信招标有限责任公司诉北京采招网信息科技有限公司

原告：国信招标有限责任公司
被告：北京采招网信息科技有限公司
案由：不正当竞争纠纷

一审案号：北京市第二中级人民法院（2005）二中民初字第 4131 号
一审合议庭成员：邵明艳、冯刚、付忠勇
一审结案日期：2005 年 6 月 20 日

判决要旨

原告未举证证明其网站名称经长期使用后已被相关消费者和同业者认为起到区别出处的作用，即为相关公众知悉并具有识别性的，其关于被告网站名称与其网站名称存在相似，足以造成他人误解，被告构成不正当竞争的主张不能成立。

起诉与答辩

原告国信招标有限责任公司诉称：根据国家发展计划委员会令第 4 号《招标公告发布暂行办法》和《北京市发展计划委员会关于指定发布依法必须招标项目招标公告的媒介的公告》，自 2000 年起，"中国采购与招标网"成为惟一一家国家指定的发布依法必须招标项目公告的网站，随着业务的不断发展，其在业内已经具有了一定的影响力，而且常被业内外简称为"采购与招标网"。2004 年 11 月 18 日，原告发现北京市工商行政管理局对被告的"采购招标网"网站名称予以初审公告。原告认为被告的行为是对原告权利的严重侵害，并于 2004 年 11 月 30 日向北京市工商行政管理局提出了《关于对申请"采购招标网"网站名称的异议》。原告认为被告申请的"采购招标网"显然是与原告的"中国采购与招标网"存在名称上的相似性，足以造成他人的误解。被告显然是想搭原告的便车牟取利益。故请求法院判令：1. 确认被告备案登记的网站名称"采购招标网"与原告的网站名称"中国采购与招标网"相似，足以造成他人误解，并请求将该备案登记予以撤销；2. 被告在《中国

日报》、《中国经济导报》、《中国建设报》及中国采购与招标网、中国工程招标网上向原告公开赔礼道歉；3. 被告承担本案诉讼费。

被告北京采招网信息科技有限公司辩称：原告请求法院判令撤销"采购招标网"网站名称，这是原告与北京市工商行政管理局之间的行政纠纷。在互联网上，大量存在以通用名称命名的网站，"采购招标"是通用名称，不侵犯任何人的知识产权。此外还存在"中国招标采购网"网站名称，该网站名称与原告的"中国采购与招标网"网站名称更为相似。"中国"、"采购"、"招标"、"网"这样的通用名词，不存在知识产权；或者说知识产权仅在于该名称本身，没有扩大保护的余地。故请求法院驳回原告的诉讼请求。

一审查明事实

一审法院经审理查明：原告成立于 1999 年 12 月 3 日，其经营范围是：国内招标与投标服务；国内资金采购；机电产品的国际招标业务；工程管理、投资、商务及其他经济信息咨询；工程及设备安装监理；高新技术项目、实业项目的投资；自营和代理各类商品及技术的进出口业务，但国家限定公司经营或禁止进出口的商品及技术除外；经营进料加工和"三来一补"业务；经营对销贸易和转口贸易，承办国内高新技术成果及产品展览，相关业务人员培训；互联网信息服务；利用 www. chinabidding. com. cn 网站发布网络广告。

2001 年 4 月 12 日，北京市工商行政管理局对原告的"中国采购与招标网"网站名称予以公告，公告号为：01020200141200004，该网站对应的域名为：chinabidding. com. cn。

2002 年 4 月 11 日，北京市通信管理局给原告颁发了"电信与信息服务业务经营许可证"（编号为：京 ICP 证 020022 号），其中载明：业务种类为互联网信息服务业务，服务范围为除新闻、出版、教育、医疗保健、药品、医疗器械以外的内容，有效期自 2002 年 4 月 11 日至 2007 年 4 月 10 日。

2004 年 3 月 22 日，北京市通信管理局给原告颁发了"电信与信息服务业务经营许可证"（编号为：京 ICP 证 040256 号），其中载明：业务种类为因特网信息服务业务，服务范围为除新闻、出版、教育、医疗保健、药品、医疗器械以外的内容，有效期自 2004 年 3 月 23 日至 2009 年 3 月 22 日。

原告主张：根据国家发展计划委员会令第 4 号《招标公告发布暂行办法》和《北京市发展计划委员会关于指定发布依法必须招标项目招标公告的媒介的公告》，自 2000 年起，"中国采购与招标网"成为惟一一家国家指定的发布依法必须招标项目公告的网站，随着业务的不断发展，其在业内已经具有了一定的影响力，而且常被业内外简称为"采购与招标网"。

被告成立于 2004 年 3 月 15 日，其经营范围是：互联网信息服务业务（除新闻、出版、教育、医疗保健、药品、医疗器械和 BBS 以外的内容）。法律、行政法规、国务院决定禁止的，不得经营；法律、行政法规、国务院决定规定应经许可的，经审批机关批准并经工商行政管理机关登记注册后方可经营；法律、行政法规、国务院决定未规定许可的，自主选择经营项目开展经营活动。

2004 年 11 月 18 日，北京市工商行政管理局对被告的"采购招标网"网站名称予以公告，公告号为：010202004111800005，该网站对应的域名为：cnbidding. com. cn。

2004 年 11 月 30 日，原告就被告注册"采购招标网"网站名称被公告一事，向北京市工商行政管理局提出异议，请求北京市工商行政管理局驳回被告申请的"采购招标网"网站名称。

2004 年 12 月 18 日，北京市工商行政管理局对被告的"采购招标网"网站名称予以备案登记。

国家邮政局报刊发行局编、人民邮电出版社出版发行的《中国报刊大全 1999—2000》（1999 年 10 月第 1 版）中，记载了包括《中国青年报》、《青年报》，《中国少年报》、《少年报》，《中国法学》、《法学》，《中国电子报》、《电子报》，《中国环境报》、《环境报》，《中国妇女》、《妇女》，《中国职业技术教育》、《职业技术教育》，《中国作家》、《作家》，《中国蔬菜》、《蔬菜》，《中国茶叶》、《茶叶》，《中国水产科学》、《水产科学》，《中国陶瓷》、《陶瓷》等名称的报刊。

另查，2000 年 9 月 1 日，北京市工商行政管理局《网站名称注册管理暂行办法》和《网站名称注册管理暂行办法实施细则》实施。同日，北京市工商行政管理局《经营性网站备案登记管理暂行办法》和《经营性网站备案登记管理暂行办法实施细则》施行。上述规定目前均已被废止。2004 年 10 月 1 日，北京市工商行政管理局《经营性网站备案管理办法》施行。

一审审理结果

一审法院认为：本案为不正当竞争纠纷案，应适用我国《反不正当竞争法》的相关规定。我国《反不正当竞争法》的立法目的是：保障社会主义市场经济健康发展，鼓励和保护公平竞争，制止不正当竞争行为，保护经营者和消费者的合法权益。我国《反不正当竞争法》还规定：经营者在市场交易中，应当遵循自愿、平等、公平、诚实信用的原则，遵守公认的商业道德。

原告以被告的"采购招标网"网站名称与原告的"中国采购与招标网"网站名称存在名称上的相似性，足以造成他人的误解，被告的行为构成不正当竞争为由，向本院提起诉讼，该诉讼属于民事诉讼，被告关于本案是原告与北京市工商行政管理局之间的行政纠纷的主张，本院不予采纳。北京市工商行政管理局对原告的"中国采购与招标网"网站名称予以备案登记，这是行政机关进行行政管理的行为，但"中国采购与招标网"网站名称并不能够因此而当然地成为一种权利。

"中国采购与招标网"网站名称中的"中国"是地域概念，"采购与招标"表示行业经营方式，"网"是网站名称中必备的通用名称。可见，"中国采购与招标网"网站名称缺乏显著特征，不具有识别性。原告虽主张自2000年起，"中国采购与招标网"成为惟一一家国家指定的发布依法必须招标项目公告的网站，随着业务的不断发展，其在业内已经具有了一定的影响力，而且常被业内外简称为"采购与招标网"，但原告在本案中并未举证证明其"中国采购与招标网"网站名称通过向相关公众提供采购、招标信息的经营方式，长期使用后已被相关消费者和同业者认为起到区别出处的作用，即通过实际使用为相关公众知悉，并具有识别性。故本院认为，原告在本案中未能举证证明其"中国采购与招标网"网站名称已经成为受我国《反不正当竞争法》保护的权利。因此，原告关于被告的"采购招标网"网站名称与原告的"中国采购与招标网"网站名称存在名称上的相似性，足以造成他人的误解，被告的行为构成不正当竞争的主张，本院不予支持。

综上，本院依据《中华人民共和国反不正当竞争法》第二条、第五条第（二）项的规定，判决如下：

驳回原告国信招标有限责任公司的诉讼请求。

案件受理费2 010元，由原告国信招标有限责任公司负担。

各方当事人均服从一审判决。

48. 惠普公司损害商业信誉纠纷案

——北京永不停顿信息技术有限公司诉中国惠普有限公司

原告： 北京永不停顿信息技术有限公司

被告： 中国惠普有限公司

案由： 损害商业信誉纠纷

一审案号： 北京市海淀区人民法院（2005）海民初字第 8636 号

一审合议庭成员： 马秀荣、陈坚、李玉梅

一审结案日期： 2005 年 7 月 1 日

判决要旨

经营者出于维护商业信誉和商品声誉、统计分析商品销售情况、保证商品售后服务质量、维系并拓展销售网络等目的，制定相应销售政策对其代理商、分销商之行为予以规范的，不为法律所禁止，除非存在损害第三人或社会公众利益的可能性。

起诉与答辩

原告北京永不停顿信息技术有限公司（以下简称永不停顿公司）诉称：我方于 2005 年 1 月与北京物美投资集团有限公司（以下简称物美集团）签订购销合同，约定由我方向物美集团供应惠普数据服务器、财务服务器和 OA 服务器各一台，总价共计 352 000 元。后我方从中国惠普有限公司（以下简称中国惠普）代理商北京天力和时信息技术有限公司（以下简称天力和时）处购进上述服务器并供应给物美集团，在此过程中反复核实了上述服务器的序列号，如约履行了我方与物美集团之间的合同义务。2005 年 3 月 7 日，中国惠普向其渠道内的多家分销商、经销商发出题为"对北京永不停顿信息技术有限公司的处罚通知"的电子邮件（以下简称"处罚通知"），其中包括"北京永不停顿信息技术有限公司（BEJ622）在北京物美超市项目采购中，以低价中标，并提供市场上的漏单货给最终用户，致使最终用户无法享受 7 × 24 × 4 免费金牌服务，并严重损害了惠普公司的形象和正规合作伙伴的利益"、"将该公司列入惠普代理商黑名单"、"我们将不惜使用法律手段追究任何损害惠

普和惠普合作伙伴利益的不法经营行为"等不实内容，严重损害我方商业信誉。故诉至法院，要求中国惠普立即停止侵权，在相应范围内消除影响，并向我方公开致歉。

被告中国惠普辩称：永不停顿公司供应给物美集团的 3 台服务器中的 2 台本应是我方直销给广东省水利厅的，永不停顿以较低价格购进上述服务器后转销给物美集团，符合行业内对"漏单货"的定义。永不停顿的行为违反了我方的销售渠道管理政策，同时与我方合法代理商之间形成不正当竞争。我方依据事实发出"处罚通知"，并未进行歪曲和编造，亦未损害永不停顿的商业信誉，故不同意永不停顿的诉讼请求。

一审查明事实

一审法院经审理查明：

2005 年 1 月底，永不停顿公司（供方）与物美集团（需方）签订工矿产品购销合同，内容主要包括：供方向需方供应数据服务器（型号 HP DL580G2）、财务服务器（型号 HP DL580G2）、OA 服务器（型号 HP ML350G4）各一台，总价共计 352 000 元；质量技术标准符合国家标准及需方的要求，供方承诺向需方所提供的产品及零部件均为 HP 原装产品，供方应将向需方提供的产品的所有配件序列号向中国惠普备案；三年保修：自购买之日起（以正式购货发票日期为准），整机（包括主板、CPU、内存、硬盘、阵列卡、电源、光驱、软驱等）免费保修三年；三年免费上门服务：自购买之日起（以正式购货发票日期为准），当遇到硬件故障时，供方保证针对 DL580G2 机型，三年内需方将得到 HP 惠普公司提供的标准的 7×24（7 天×24 小时含节假日）免费上门维修服务；针对 ML350G4 机型，需方在第一年将得到 HP 惠普公司提供的标准的 5×8（5 天×8 小时正常上班时间）免费上门维修服务，从第二年、第三年需方将得到供方提供的 7×24（7 天×24 小时含节假日）免费上门维修服务；如果在此期间，HP 惠普公司不能提供相应的服务，由供方承担相应责任；验收标准：由供方提供样品，HP 公司确认的配件序列号及国家（行业）质量标准由需方进行现场验收并签订书面验收报告等。

永不停顿公司与物美集团签订购销合同之后，永不停顿公司从中国惠普的代理商天力和时处购进数据服务器（型号 HP DL580G2）、财务服务器（型号 HP DL580G2）各一台，并将上述服务器供应给物美集团。其后中国惠普向其分销商、经销商所发出的"处罚通知"中提及的"漏单货"即意指上述服务器，与永不停顿向物美集团供应的 OA 服务器一台无关。

2005 年 3 月 7 日，中国惠普向其渠道内的多家分销商、经销商发出"处罚通知"，主要内容为：最近一段时间，市场上发现有代理商销售服务器漏单产品给用户，严重损害了用户和惠普合作伙伴的利益，影响了惠普的声誉，破坏了惠普公平竞争的市场原则。经过惠普有关机构的认定：永不停顿公司（BEJ622）在北京物美超市项目采购中，以低价中标，并提供市场上的漏单货给最终用户，致使最终用户无法享受 7×24×4 免费金牌服务，并严重损害了惠普公司的形象和正规合作伙伴的利益。现中国惠普决定：1. 取消永不停顿公司在惠普系统中下单的资格，即取消其 Acr – Id（BEJ622）；2. 停止对该公司的一切投标授权，即终止该代理商执行 BD 单的权利；3. 将该公司列入惠普代理商黑名单；4. 停止对该公司的一切技术支持、资料支持、培训支持等。中国惠普将坚定不移地保持市场秩序的稳定，保护合法经营的合作伙伴的利益。我们将不惜使用法律手段追究任何损害惠普和惠普合作伙伴利益的不法经营行为。目前，我们正在审查另外一宗涉嫌销售漏单产品的事件，也欢迎各位合作伙伴能够积极配合我们的工作等。中国惠普并未将该"处罚通知"直接发送给永不停顿公司，而是以电子邮件的形式发送给其多家分销商和经销商，永不停顿公司称其从案外经销商处得知"处罚通知"内容。永不停顿公司称该"处罚通知"中提及的"低价中标"、"提供市场上的漏单货给最终用户"、"致使最终用户无法享受 7×24×4 免费金牌服务"、"严重损害了惠普公司的形象和正规合作伙伴的利益"、"将该公司列入惠普代理商黑名单"、"不法经营行为"等系不实陈述，损害了永不停顿公司的商业信誉。

2005 年 3 月 9 日，永不停顿公司在中国惠普发出"处罚通知"的相同范围内，向中国惠普以及中国惠普的多家分销商、经销商以电子邮件的形式发出"对中国惠普有限公司对北京永不停顿信息技术有限公司的'处罚'通知的感谢"（以下简称"感谢"），主要内容包括：感谢中国惠普一直以来对永不停顿公司的支持与帮助，因为中国惠普曾经让永不停顿公司有饭吃，更感谢中国惠普的这个"处罚"通知，因为永不停顿公司明白不要再依靠中国惠普吃饭了，也告诉了所有分销商、经销商，随时可能没有饭吃；中国惠普并非执法部门，无权"处罚"永不停顿公司；中国惠普产品漏单的源头在其本身，而非分销商和经销商；永不停顿公司并非低价中标，永不停顿公司在向物美集团投标时确认过中国惠普有渠道现货，中标之后在市场上却无法提到渠道现货，到货日期无法准确确定，物美集团又等着上用友 NC 软件，故永不停顿公司与物美集团共同协商后只好向中国惠普的渠道妥协一次，在保证产品质量与服务的前提下，使用中国惠普所谓的"漏单货"；中国惠普应保证购买其产品的最终用户享受 7×24×4 免费金牌服务，否则永不停顿公司和物美集团将会向中国消费者协会投诉或向法院起诉；永不停顿公司已有一年多未参加过中国惠普组织的任何渠道活动了，并非中国人都愿意一辈子无怨无悔地作中国惠普的代理；永不停顿公司要求中国惠普在 5 日之内给物美集团造成的不良影响公开道歉，同时确认物美集团能够享受 7×24×4 免费服务，对永不停顿公司商誉造成的严重损害给予公开道歉等。

中国惠普产品销售渠道主要有两种，渠道一为中国惠普销售人员与最终用户接洽，并通过中国惠普的总代理商销售；渠道二为中国惠普授权的各级经销商进行销售。渠道一可节省中间代理商的运营成本，故可在产品价格上给予最终用户较之渠道二更为优惠的折扣。"漏单货"即指流入渠道二的渠道一中的产品。中国惠普对渠道一内的产品进行最终用户销售登记，如该产品实际上的最终用户与登记不符，则该实际上的最终用户无法享受中国惠普正常的产品售后服务。中国惠普称"处罚通知"中提及的"漏单货"系指中国惠普拟通过渠道一销售给广东省水利厅的产品，永不停顿亦认可直至开庭审理本案之时物美集团仍未向中国惠普提出变更最终用户销售登记。

一审审理结果

一审法院认为：

经营者在市场竞争当中，应当遵循平等、公平、诚实信用等原则，遵守公认的商业道德，不得捏造、散布虚伪事实，损害竞争对手的商业信誉。在本案当中，中国惠普向其多家分销商、经销商发出的"处罚通知"是否损害了永不停顿公司的商业信誉系双方当事人争议焦点，对此本院持否定观点，理由如下：1. 虽永不停顿公司当庭称其并非中国惠普任何形式的代理商，但从永不停顿公司向中国惠普以及中国惠普的多家分销商、经销商发出的"感谢"内容可以推知，永不停顿公司曾系中国惠普的代理商。"感谢"中提及的感谢中国惠普一直以来对永不停顿公司的支持与帮助、中国惠普曾经让永不停顿公司有饭吃、永不停顿公司明白不要再依靠中国惠普吃饭、所有分销商和经销商随时可能没有饭吃、永不停顿公司已有一年多未参加过中国惠普组织的任何渠道活动、并非中国人都愿意一辈子无怨无悔作中国惠普的代理等内容，可推知永不停顿公司曾系中国惠普代理商、曾参加中国惠普渠道活动等事实。2. 永不停顿公司曾作为中国惠普的代理商，对于中国惠普产品的销售渠道理应知晓。永不停顿公司在尚无中国惠普产品现货情况下，即参与物美集团项目投标，中标并与物美集团签订合同之后，在合同履行过程中，无法在市场上提到渠道现货，故通过中国惠普代理商天力和时将中国惠普拟销售给广东省水利厅的产品供应给物美集团，亦即使用中国惠普所谓的"漏单货"。"漏单货"虽系中国惠普自行定义之词汇，但永不停顿公司曾系中国惠普代理商，对该词含义理应知晓，且永不停顿公司亦在"感谢"中认可供应给物美集团的二台服务器确系"漏单货"，"处罚通知"中"提供市场上的漏单货给最终用户"陈述并未歪曲事实。3. 永不停顿公司曾作为中国惠普的代理商，对于中国惠普产品的售后服务事宜理应知晓，此从永不停顿公司与物美集团所签合同中对产品的三年保修和三年免费上门服务等内容的详尽约定亦可旁证。因中国惠普未对上述"漏单货"序列号予以确认，物美集团亦未实际享受到合同约定的中国惠普提供的售后服务内容，"处罚通知"中"致使最终用户无法享受 7×24×4 免费金牌服务"陈述亦未歪曲事实。4. 经营者出于维护商业信誉和商品声誉、统计分析商品销售情况、保证商品售后服务质量、维系并拓展销售网络等目的，制定相应销售政策对其代理商、分销商之行为予以规范并不为法律所禁止，除非存在损害第三人或社会公众利益之可能性。中国惠普的产品销售渠道政策并不违反法律规定，永不停顿公司曾作为中国惠普代理商，应明知上述政策内容，当永不停顿公司违反上述政策时，中国惠普决定不再让永不停顿公司代理其产品的销售，"将该公司列入惠普代理商黑名单"的陈述并未损害永不停顿公司的商业信誉。如永不停顿公司认为中国惠普自行解除与其的代理销售关系不当，可另行予以解决。5. "处罚通知"中"严重损害了惠普公司的形象和正规合作伙伴的利益"陈述过激，"不法经营行为"和"处罚"用语亦不甚准确，但并非"处罚通知"的主体部分，尚不能达到损害永不停顿公司商业信誉之程度。

综上，判决如下：

驳回原告北京永不停顿信息技术有限公司的诉讼请求。

案件受理费 80 元，由原告北京永不停顿信息技术有限公司负担。

各方当事人均服从一审判决。

49．"百度 IE 搜索伴侣与 3721 网络实名软件冲突" 不正当竞争纠纷案

——北京三七二一科技有限公司诉北京百度网讯科技有限公司、 百度在线网络技术（北京）有限公司

原告（被上诉人）： 北京三七二一科技有限公司
被告（原审被告）： 北京百度网讯科技有限公司
被告（上诉人）： 百度在线网络技术（北京）有限公司
案由： 不正当竞争纠纷

原审案号： 北京市海淀区人民法院（2004）海民初字第 16053 号
原审合议庭成员： 李东涛、李颖、遇云燕
原审结案日期： 2004 年 12 月 20 日
二审案号： 北京市第一中级人民法院（2004）一中民终字第 12593 号
二审合议庭成员： 刘勇、张晓霞、姜庶伟
二审结案日期： 2005 年 8 月 20 日

判决要旨

在软件开发过程中，故意加入了屏蔽、阻止其他同业竞争者软件正常安装、运行的有害源代码的行为，违反了诚实信用的基本原则，违反了商业道德和行业惯例，损害了他人的合法权益，构成不正当竞争。

起诉与答辩

原告北京三七二一科技有限公司（以下简称三七二一公司）诉称：我公司主营业务是向互联网用户和企业提供网络关键词服务。二被告所从事的网络关键词业务在功能、技术实现方式、商业运营方式等方面与我公司相同，所针对的客户群也完全相同，双方在此业务上具有直接的竞争关系。我公司于1999 年 6 月推出"3721 网络实名"软件，用户安装该软件后即可使用我公司提供的中文上网功能，在浏览器地址栏中输入中文就能直达企业网站或找到企业、产品的相关信息。该软件受到互联网用户的喜爱并获得多项荣誉。二被告

于 2002 年 6 月在其经营的网站（www.baidu.com）上向公众提供与我公司网络实名软件实质相同或近似的"百度搜霸"、"百度 IE 搜索伴侣"和"上网伴侣"软件。随后我公司发现，已安装网络实名软件的用户如安装二被告的软件，二被告的软件即会对网络实名软件的程序、数据信息进行针对性的破坏和删改，导致网络实名软件无法正常运行，且用户一旦安装二被告的软件就无法正常下载、安装和运行网络实名软件。而对比我公司软件的运行情况可以发现，二被告的此种不正当技术措施完全没有必要，其目的仅仅在于恶意破坏我公司软件，进行不正当竞争。我公司在客户、用户数量上均优于二被告，而二被告的上述行为却使用户在不知情的情况下被迫放弃使用网络实名软件，转而使用二被告的软件，其行为已构成不正当竞争，给我公司造成重大经济损失，并导致用户对我公司软件及服务的可靠性产生怀疑，损害了我公司声誉。故诉至法院，请求判令二被告：1. 停止妨碍我公司软件正常下载、安装和运行的不正当竞争行为；2. 在 www.baidu.com、新浪网科技频道、新华网、雅虎中国网站及《北京晚报》、《北京青年报》等媒体上公开澄清事实，向我公司赔礼道歉；3. 赔偿我公司经济损失 999 000 元及支出的合理费用 6 000 元。

被告北京百度网讯科技有限公司（以下简称百度网讯公司）、百度在线网络技术（北京）有限公司（以下简称百度在线公司）共同辩称，"百度 IE 搜索伴侣"对"3721 网络实名"软件采取的措施是针对原告所采取的不正当竞争行为惟一可行的自我保护措施，不具备不正当竞争行为的故意。我方所采取的技术措施并不会阻碍原告软件的下载，只会屏蔽原告软件的使用，且我方采取技术措施的只有"百度 IE 搜索伴侣"软件，而原告的软件是阻止用户获得我方的"百度 IE 搜索伴侣"软件，甚至波及我方的其他软件，即使用户删除该公司的软件，也不能使用我方的软件。当原告停止其不正当竞争行为后，我方将自动停止技术措施。原告要求我公司赔礼道歉和赔偿 100 万元缺乏事实和法律依据，没有任何证据证明其受到了 100 万元的损失或遭受了商誉的损害。请求法院驳回原告的诉讼请求。

原审查明事实

原审法院经审理查明：1998 年，三七二一公司推出地址栏搜索软件——"3721 网络实名"，供用户免费下载、安装。后该软件不断升级，并于 2003 年 6 月包含 cnsminkp 文件。

2002 年 6 月 17 日，百度在线公司在其网站上推出地址栏搜索软件——"百度 IE 搜索伴侣"，供用户免费下载、安装。当日即出现先安装"百度 IE 搜索伴侣"软件后，再安装"3721 网络实名"软件，"3721 网络实名"软件不能正常运行，且"3721 网络实名"软件在 IE 中设置的"启用网络实名"等 3 个选项被取消。卸载"百度 IE 搜索伴侣"软件并选定上述 3 个选项后，"3721 网络实名"软件即可正常运行。

2002 年 6 月，百度在线公司在其网站上推出工具栏搜索软件——"百度搜霸"，供用户免费下载。该软件推出后曾进行过升级，2003 年 5 月-8 月期间是同一版本。

同年 7 月 3 日，先安装"3721 网络实名"后，使用功能正常；然后安装"百度 IE 搜索伴侣"软件，查看相关设置，发现网络实名的功能选项及注册表被修改和增删，在后安装者替换在先安装者，导致网络实名软件的功能不能实现；卸载"百度 IE 搜索伴侣"后，网络实名软件的功能仍无法实现。

2002 年 12 月 23 日，未安装"百度 IE 搜索伴侣"软件时，安装网络实名，弹出"3721 网络实名"软件的安装提示框。再安装"百度 IE 搜索伴侣"，网络实名功能失效。查看相关设置选项和文件版本信息，发现设置选项被修改，注册表项、3721cnsmin 控件被删除，增加了百度控件，导致"3721 网络实名"软件功能不能正常使用。卸载网络实名，然后安装"百度 IE 搜索伴侣"，再登陆三七二一网站，则不弹出"3721 网络实名"软件的安装提示框。

2003 年 7 月 28 日，登陆百度网站下载安装"百度搜霸"，其运行正常，此时该计算机中不包含 cnsminkp 文件。登陆三七二一网站安装"3721 网络实名"，其运行正常，此时该计算机中包含 cnsminkp 文件。卸载"百度搜霸"重启计算机后发现，在下载了含有 cnsminkp 文件的"3721 网络实名"后，再登陆百度网站，则无法通过点击鼠标左键正常下载"百度搜霸"，仅可通过点击鼠标右键另存为方式下载该软件，但其无法安装。此时，删除"3721 网络实名"中的 cnsminkp 文件后，仍仅可通过点击鼠标右键另存为方式下载"百度搜霸"，但其可以安装，且运行正常。含有 cnsminkp 文件时下载的"百度搜霸"安装程序和不含有 cnsminkp 文件时下载的"百度搜霸"安装程序内容不同。

2003 年 9 月 4 日，未安装"百度 IE 搜索伴侣"时，登陆三七二一网站，则弹出签名控件、安装对话框，而在安装"百度 IE 搜索伴侣"后，再次登陆三七二一网站，页面中不能弹出网络实名安装对话框。同日，在未安装网络实名和"百度 IE 搜索伴侣"时，安装网络实名，其可以正常使用，再安装"百度 IE 搜索伴侣"，网络实名的设置被更改，无法发挥作用，3721cnsmin 模块被删除，注册表和文件被删改。同日，在未安装网络实名、上网助手和百度搜霸情况下，安装网络实名和上网助手，其能够正常使用。卸载网络实名和上网助手，在华军软件园中下载安装百度搜霸 1.1.2 版本，安装后网络实名虽然能弹出签名框，但点击"是"后不能正常安装，上网助手功能不能使用。卸载百度搜霸以及安装百度搜霸时捆绑安装的"百度IE搜索伴侣"软件后，再登陆三七二一网站，网络实名和上网助手能正常安装、使用。

2003年10月17日，安装"3721网络实名"软件后，在系统目录中即出现 cnsminkp 文件；再登陆百度网站，无法通过点击鼠标左键正常下载"百度IE搜索伴侣"软件，仅可通过点击鼠标右键另存为方式下载该软件，但无法安装；删除 cnsminkp 文件后，仍仅可通过点击鼠标右键另存为方式下载该软件，但能够安装，且运行正常。

2003年11月12日，"百度IE搜索伴侣"软件与其他地址栏搜索软件，如"新浪IE通"地址栏搜索软件、"CNNIC通用网址"软件之间存在相互不能正常下载、安装的现象。

2003年11月17日，登陆三七二一网站，网络实名安装对话框能正常弹出，不安装网络实名，访问"百度IE搜索伴侣"安装页面，进行安装，"百度IE搜索伴侣"正常工作，再次访问三七二一网站，网络实名的签名安装对话框未能弹出。

同日，在安装"3721网络实名"软件的前提下，下载安装"百度IE搜索伴侣"软件，则弹出提示用户卸载"3721网络实名"或者"上网助手"的对话框。卸载"3721网络实名"软件后，再登陆百度网站，可以通过点击鼠标左键方式下载"百度IE搜索伴侣"软件，且能正常安装运行。

2004年2月10日，天津市质量监督检验站第70站对于三七二一公司委托检验"3721网络实名"软件一事出具2004－003号检验报告。其备注栏载明："对在已安装3721网络实名软件的系统上进一步安装其他同类浏览器地址栏搜索软件时，会改变系统原有网络实名软件功能的情况进行检验"。检验结论为：在安装了"3721网络实名"软件的情况下，再安装"百度IE搜索伴侣"软件或"CNNIC通用网址"软件，这两个软件对注册表中"3721网络实名"软件的部分项目进行了删除，使"3721网络实名"软件无法正常使用。经检验，安装"百度IE搜索伴侣"软件和"CNNIC通用网址"软件将改变用户已安装的"3721网络实名"软件的功能。百度在线公司、百度网络公司对出具上述检验报告的检验站资质提出质疑，但对该证据所载明的现象予以认可。

2004年2月17日，先安装"3721网络实名"软件，再下载安装"百度IE搜索伴侣"软件时，安装失败并弹出"软件冲突警告"对话框，选择其中每一选项后，安装均失败。而卸载"3721网络实名"软件后，即可成功下载安装"百度IE搜索伴侣"软件。

2004年4月21日，先安装网络实名软件，该软件能正常工作，后安装

"百度 IE 搜索伴侣"软件，出现"软件冲突提示"，强行安装"百度 IE 搜索伴侣"软件，其能够安装，但网络实名软件功能设置被破坏，不能发挥作用。2004 年 4 月 26 日，登陆三七二一网站，能弹出网络实名软件安装对话框并可以安装，选择不安装，而先安装"百度 IE 搜索伴侣"软件，该软件能正常工作，进行搜索，搜索到 ieinfo. dat 文件，该文件是"百度 IE 搜索伴侣"软件的一部分，其中包含如"中文上网、3721、shimingxiazai. com"等字符串。再次登陆三七二一网站，未弹出网络实名控件安装提示框，导致"3721 网络实名"软件无法安装。卸载"百度 IE 搜索伴侣"软件后安装"3721 网络实名"软件，该软件能正常安装和运行。三七二一公司主张 ieinfo. dat 文件是"百度 IE 搜索伴侣"软件的组成部分，其中包含的如"中文上网、3721、shimingxiazai. com"等字符串是针对"3271 网络实名"软件的识别信息，"百度 IE 搜索伴侣"因此对"3721 网络实名"软件起到屏蔽等作用，使得该软件无法正常下载、安装和运行。

在北京市第二中级人民法院审理百度在线公司诉三七二一公司侵犯著作权及不正当竞争纠纷案期间，法院查明，安装"3721 网络实名"软件后，选择"点击这里，下载安装百度搜霸"，弹出"软件冲突警告"，其中有四个选项，但无论选择任一选项，均不能下载"百度搜霸"软件。通过"控制面板"中的"添加/删除程序"卸载"3721 网络实名"后，即可下载"百度搜霸"软件。"3721 网络实名"软件中包含 cnsmincg. ini 文件，该文件内容含有"百度"、"百 度"、"baidu. com"等字符串。百度在线公司在该案中主张该文件是 cnsminkp 文件运行时需调用的文件，该文件与 cnsminkp 文件共同对百度在线公司的涉案软件起到屏蔽作用，阻碍了百度在线公司涉案软件的正常下载、安装和运行，但三七二一公司主张上述两文件为两个独立的文件，cnsmincg. ini 文件仅起到对同类地址栏搜索软件进行识别，以发挥冲突提示的作用。

（2004）二中民终字第 2388 号、2387 号民事判决书认定，"3721 网络实名"软件对"百度搜霸"软件、"百度 IE 搜索伴侣"软件进行了不正当竞争行为，法院支持了百度在线公司要求三七二一公司支付合理费用的诉讼请求，判令三七二一公司立即停止以"3721 网络实名"软件阻碍百度在线公司"百度搜霸"、"百度 IE 搜索伴侣"软件正常下载、安装和运行的涉案不正当竞争行为。百度在线公司在该案及本案审理过程中，承认"百度 IE 搜索伴侣软件"也对"3721 网络实名"软件采取了拦截、提示等手段，并表示"百度 IE 搜索伴侣"对"3721 网络实名"的屏蔽仅限于防御，在三七二一公司停止涉案不正当竞争行为后将立即停止。法院认为，百度在线公司的上述行为亦属不当，但因三七二一公司未在该两案中提出相应的诉讼请求，故法院未对百度在线公司的上述行为进行处理。

2004年5月17日，百度在线公司向北京市朝阳区人民法院提交两份强制执行申请书，认为三七二一公司拒不遵照生效的法律文书履行义务，出于防御的考虑，百度在线公司和百度网讯公司未取消对"3721网络实名"软件的屏蔽。

2004年8月4日，在未安装网络实名软件的情况下，安装"百度IE搜索伴侣"软件并保存，该软件正常运行，BIE表项存在；卸载该软件，安装网络实名软件，该软件使用正常，再下载"百度IE搜索伴侣"软件，弹出"上网助手提示您"对话框，选择选项1或选项2，安装均失败；卸载网络实名软件，重启后重新安装网络实名，该软件使用正常，再安装"百度IE搜索伴侣"软件，弹出"上网助手提示您"对话框，选择对话框中选项3，选择确定继续安装"百度IE搜索伴侣"，弹出"软件冲突提示"对话框。选择"软件冲突提示"对话框中选项1（默认）、2，均安装失败；选择对话框中选项3，弹出"软件冲突警告"对话框，点击"否"，安装失败，点击"是"，安装成功。运行IE，网络实名正常工作；进入IE高级选项，去掉"启用网络实名"复选框，选择"启用百度搜索伴侣"，可以显示检索结果，查看注册表，BIE表项存在，重启机器查看后，发现BIE表项不再存在。卸载"百度IE搜索伴侣"，重启机器，再次下载"百度搜索伴侣"软件，弹出"软件冲突警告"对话框，选择第3选项，弹出"软件冲突警告"对话框，点击"否"，安装失败，点击"是"，安装成功；运行IE，网络实名工作正常；查看注册表，BIE表项存在，重启机器，查看注册表，BIE表项不再存在。

另查，百度网站（网址为www.baidu.com）的所有者为百度网讯公司，在百度网站标注的版权声明中标明，百度在线公司为该网站相关内容的权利人。

三七二一公司为本案支付公证费6 000元。

原审审理结果

原审法院认为：经营者在市场交易中，应当遵循自愿、平等、公平、诚实信用的原则，遵守公认的商业道德。本案所涉"百度IE搜索伴侣"软件和"3721网络实名"软件均为供互联网用户免费下载具有地址栏搜索功能的商业软件，虽"百度搜霸"软件是工具栏搜索软件，但其捆绑了"百度IE搜索伴侣"软件，亦属于供互联网用户免费下载、具有搜索功能的商业软件，故百度在线公司、百度网讯公司与三七二一公司均作为搜索服务软件的经营者或权利人，属于同行业竞争者，具有竞争关系。

一般而言，软件之间的正常冲突现象表现为在后安装的软件生效，但仍保留在先安装的软件，用户仍有对在先安装的软件的选择权。从本案查明的事实分析，"百度 IE 搜索伴侣"软件对"3721 网络实名"软件进行了屏蔽，对其下载、安装和运行产生了阻碍。三七二一公司认为，百度在线公司、百度网讯公司在"百度 IE 搜索伴侣"软件中加入含有"中文上网、3721、shimingxiazai.com"等字符串，专门针对"3721 网络实名"进行识别的方式，对"3721 网络实名"软件进行屏蔽等，阻碍其正常的下载、安装和运行。百度在线公司在另案以及本案审理中也曾认可"百度 IE 搜索伴侣"软件对"3721 网络实名"软件进行了屏蔽，对其安装运行产生妨碍。这表明普通用户丧失了对"3721 网络实名"软件的选择权，百度在线、百度网讯公司使用上述技术措施所造成的上述冲突超出了正常软件冲突的范畴，已构成不正当竞争。

虽然百度在线公司、百度网络公司辩称，三七二一公司首先对其采取了不正当竞争行为，相比三七二一公司而言，其市场占有的份额更少、也可以被用户完全卸载，如不采取相对抗的措施，则现有的市场份额就会被三七二一公司抢占，出于防御的目的，其才采取了上述技术手段。但本院认为，法治社会中，以恶制恶、采取不合法的防御手段进行相互的对抗是不被法律所允许的，故该辩称于法无据，本院不予采信。

三七二一公司请求判令百度在线公司、百度网讯公司承担停止侵权及赔偿因本案诉讼而支出的合理费用的法律责任的主张，理由正当，本院予以支持。鉴于三七二一公司未提交证据证明百度网讯公司、百度在线公司的涉案行为对其商誉造成损害并造成其经济损失，因此其主张百度网讯公司、百度在线公司承担赔礼道歉并赔偿损失的诉讼请求，依据不足，本院不予支持。

综上所述，依照《中华人民共和国反不正当竞争法》第二条第一款、第二十条第一款之规定，判决如下：

一、自本判决生效之日起，被告百度在线网络技术（北京）有限公司、北京百度网讯科技有限公司停止阻碍原告北京三七二一科技有限公司"3721 网络实名"软件正常下载、安装和运行的涉案不正当竞争行为；

二、被告百度在线网络技术（北京）有限公司、北京百度网讯科技有限公司于本判决生效之日起 10 日内赔偿原告北京三七二一科技有限公司为诉讼支出的合理费用 6 000 元；

三、驳回原告北京三七二一科技有限公司的其他诉讼请求。

百度在线公司不服原审判决，提起上诉，理由是：1. "百度 IE 搜索伴侣"软件对三七二一公司的"网络实名"软件采取的技术措施是被迫的自我保护措施，不具有不正当竞争的故意。2."百度搜霸"与"百度 IE 搜索伴侣"是两个不同的软件，原审法院认定"百度搜霸"软件捆绑了"百度 IE 搜索伴侣"软件与事实不符。3. 百度在线公司未授权任何一家网站发布百度在线公司的软件，三七二一公司公证中使用华军软件园下载的"百度搜霸"软件，百度在线公司表示异议。4. 原审法院判决百度在线公司承担诉讼费的比例过高。

三七二一公司、百度网讯公司服从原审判决。

二审查明事实

二审法院查明事实与原审相同。

二审审理结果

二审法院认为：百度在线公司的"百度 IE 搜索伴侣"软件与三七二一公司的"3721 网络实名"均是利用"地址栏"资源开发的搜索软件，属于同一市场的同类软件，其市场占有率直接影响着经营者的生存和竞争力。从技术上讲，地址栏搜索软件建立在 IE 浏览器的基础上，其接口资源有限，在单一经营者利用和开发的情况下不会发生冲突，但是，在非单一经营者的情况下，地址栏搜索服务就出现了资源的静态占有和动态抢占的冲突。由于三七二一公司的"3721 网络实名"软件开发完成的时间早于百度在线公司的"百度 IE 搜索伴侣"软件，在百度在线公司研制开发其软件时，对冲突的产生是能够预见的，本应当采取技术措施主动避让，而不应利用软件开发的手段，对三七二一公司的"3721 网络实名"软件进行监视、屏蔽、修改。从百度在线公司的行为性质看，其为经营目的，屏蔽、阻止三七二一公司的"3721 网络实名"软件正常安装、运行的主观故意是明显的，损害了三七二一公司正当的合法权益，因此，百度在线公司的行为对三七二一公司构成了不正当竞争。

关于百度在线公司称其采取的技术措施系自我保护一节，本院认为，软件开发者为实现自我保护，在其软件中采用某些技术措施，法律是不禁止的，但是应以不损害他人利益为前提。百度在线公司为了其经营目的，在其软件中加入了屏蔽、阻止他人软件的正常安装、运行的有害源代码，该行为已经超出了自我保护范围。百度在线公司违反了诚实信用的竞争原则，违反了商业道德和行业惯例，损害了他人的合法权益，对此，百度在线公司应当承担相应的法律责任。因此，百度在线公司关于自我保护的上诉理由不能成立，本院不予支持。

关于一审法院认定"百度IE搜索伴侣"软件捆绑了"百度搜霸"软件一节，捆绑软件是软件提供者根据市场的需要将两个以上的软件整合后提供使用的一种方式。本案涉及百度在线公司的软件为不同时间、不同版本、不同网站的软件，软件提供者或用户可以根据其各自的需要，对提供的软件随时作出整合和分立的调整。"百度IE搜索伴侣"软件和"百度搜霸"软件是否被捆绑，对本案性质的判定没有产生实质的影响。

关于三七二一公司在公证中使用华军软件园网站上下载的"百度搜霸"软件一节，在诉讼中，百度在线公司也没有提供证据证明华军软件园网站上的"百度搜霸"软件不是百度在线公司的"百度搜霸"软件；也没有证明华军软件园网站上下载的"百度搜霸"软件与百度在线公司网站上下载的"百度搜霸"软件之间有着实质的不同。故百度在线公司的该上诉理由缺乏证据支持，本院不予采信。原审法院关于诉讼费承担处理并无不当，应予维持。

综上，原审判决认定事实清楚、适用法律正确，应予维持。依据《中华人民共和国民事诉讼法》第一百五十三条第一款第（一）项之规定，判决如下：

驳回上诉，维持原判。

一审案件受理费15 035元，由北京三七二一科技有限公司负担5 035元，百度在线网络技术（北京）有限公司、北京百度网讯科技有限公司共同负担10 000元，二审案件受理费15 035元，由百度在线网络技术（北京）有限公司负担。

50. "保尔牌根痛平颗粒"药品不正当竞争纠纷案

——海南海药股份有限公司海口市制药厂诉
北京京铁华龙药业有限责任公司

原告： 海南海药股份有限公司海口市制药厂
被告： 北京京铁华龙药业有限责任公司
案由： 不正当竞争纠纷

一审案号： 北京市第二中级人民法院（2005）二中民初字第 6398 号
一审合议庭成员： 张晓津、何暄、张跃
一审结案日期： 2005 年 9 月 20 日

判决要旨

广告主擅自更改涉案药品的广告审批内容发布广告，散发包含有虚假内容的宣传材料，主观上有抬高药品性能、疗效的目的，客观上造成了对其竞争对手的商业利益和商品声誉的影响，构成不正当竞争。

起诉与答辩

原告海南海药股份有限公司海口市制药厂（以下简称海口制药厂）诉称：原告自 2002 年起生产经北京医科大学药学院应用药物研究所研制的主治颈椎病的"宝岛"牌根痛平片，该药品经多家临床机构使用，疗效确切，该制药厂已建立了较为完善的市场。自 2002 年 12 月以来，被告北京京铁华龙药业有限责任公司（以下简称京铁华龙公司）在其自身网站及各地媒体、现场通过促销发放宣传品等方式，以大量版面宣传其生产的"保尔牌根痛平颗粒"，其广告内容一方面直接贬低其颗粒剂的同类产品——原告的根痛平片产品，一方面以虚假事实误导消费者。而且被告上述相关广告中还存在"停止生产根痛平片剂"等大量虚假内容，并已被撤销广告批准文号。原告认为被告京铁华龙公司通过上述虚假宣传行为，欺骗误导消费者并损害原告的商品声誉，给原告造成巨大的经济损失，违反了我国反不正当竞争法和广告法的规定，构成不正当竞争。故原告诉至法院，请求判令被告京铁华龙公司停止在其中国颈椎腰椎网及《现代快报》、《延边晨报》及全国各地相关媒体诋毁原告产品的虚假

广告宣传行为，并在其网站、《现代快报》、《延边晨报》及各地相关媒体以同样版面发布致歉声明；判令被告京铁华龙公司赔偿因不正当竞争行为给原告造成的经济损失及商业信誉损失 1 010 万元；判令被告支付原告因本案诉讼支出的合理费用 15 000 元并承担本案诉讼费用。

被告京铁华龙公司辩称：1. 原告指控京铁华龙公司的不正当竞争行为没有事实依据。京铁华龙公司生产的"保尔牌根痛平颗粒"系国家级新药，并获得国家中药保护品种证书，自 2002 年至 2004 年上半年并无违规广告宣传行为，原告指控京铁华龙公司自 2002 年 12 月以来大量发布贬低片剂的广告与事实不符。而原告曾自 2004 年 7 月至 2004 年底发布多篇针对颗粒剂的诋毁广告，为此京铁华龙公司已另案对其提起诉讼；2. 原告指控涉案广告中关于改进片剂缺点的内容，并未明确特指"宝岛"牌薄膜衣片，而是指糖衣片；3. 原告指控京铁华龙公司发布诋毁广告的时间均在 2004 年 9 月后，是由于原告大量发布虚假广告，导致京铁华龙公司销售额急剧下降，其向有关行政执法部门反映无果的情况下的无奈之举；且上述广告是经销商发布的，未经京铁华龙公司主管部门批准确认，京铁华龙公司也未和广告发布者签订协议，因此不应由其承担法律责任；4. 虽然京铁华龙公司于 2005 年 2 月在销售颗粒剂 10 年来第一次被撤销广告批文，但原因是个别地区违规，与贬低原告并无内在联系，而原告的广告批文于 2004 年年底已被撤销。因此，从空间、篇幅、内容、数量上看，京铁华龙公司才是受害的一方，原告主张被告为其造成巨大经济损失，缺乏依据。被告的涉案行为不构成不正当竞争，不应承担法律责任，故请求法院驳回原告的诉讼请求。

一审查明事实

一审法院经审理查明：

1990 年 3 月 9 日，海南轻骑海药股份有限公司海口市制药厂成立。2001 年 3 月 14 日，海南轻骑海药股份有限公司海口市制药厂取得药品 GMP 证书，认证范围包括片剂、胶囊剂和颗粒剂。2002 年 11 月 30 日，国家药品监督管理局发布"根痛平片"国家药品标准（试行）颁布件，其中生产单位包括海南轻骑海药股份有限公司海口市制药厂以及北京北大药业有限公司、宽城制药厂、上海医科大学红旗制药厂 4 家单位，生产品种均为薄膜衣片，海南轻骑海药股份有限公司海口市制药厂的药品批准文号为国药准字 Z20025308。2004 年 2 月 17 日，该制药厂名称变更为"海南海药股份有限公司海口市制药厂"，其相应的药品生产许可证亦进行了企业名称变更。2003 年 12 月 31 日，海南省药品检验所出具的药品检验报告书载明海南轻骑海药股份有限公司海口市制药厂生产的根痛平片检验合格。

京铁华龙公司的网站中国颈椎腰椎网 2004 年 10 月 21 日包括以下内容：(1) 在 2003 年度召开的国家科技奖励大会上，"根痛平颗粒"和"国际人类基因组计划 1% 基因组测序"等一批体现原始创新、有重大成就的项目获国家科技奖；北大三院骨科对颈、腰椎病的研究以及高效药物——"根痛平颗粒"的研制成功荣获国家科学技术进步奖。(2) "根痛平颗粒"克服了以往剂型纯度低、吸收差、刺激性大等缺点，取得了质的突破，药力强劲，安全可靠，完全符合中药现代化的标准。

2004 年 10 月 17 日《新安晚报》刊载的涉案"保尔牌根痛平颗粒"药品的广告包括如下内容：(3) 根痛平颗粒加工工艺的改良，淘汰了以往片剂的落后加工工艺，提高了药物的高浓度性，因此增加了药物的吸收性；2004 年 9 月 23 日《江南晚报》A26 版的涉案药品广告除刊载内容 (1) 外，还刊载了如下内容：(4) 根痛平颗粒采用国际最新高科技生产工艺提炼而成，其高纯度、高吸收、高疗效全面改进了"片剂"的种种缺点；2004 年 10 月 20 日《延边晨报》第 22 版的涉案药品广告刊载了内容 (3) 以及 (5) "我公司现已停止生产根痛平片剂"，"我公司投入大量资金和科研力量……研制开发出了最新一代产品——根痛平颗粒，其纯度高……"等内容；2004 年 11 月 8 日《现代快报》C2 版的涉案药品广告刊载有内容 (1)、(4)；2004 年 3 月 26 日《燕赵都市报》第 4 版的涉案药品广告刊载有如下内容：(6) "根痛平颗粒"是我国目前治疗颈椎病、腰椎间盘突出药物当中惟一含有这种具有强力骨质修复作用成分的纯中药制剂；2004 年 10 月 13 日《扬子无锡新闻》C12 版所刊载的涉案药品广告包括内容 (1) 及如下内容：(7) "根痛平颗粒"是目前惟一实现颈腰同治的国家级新药。被告散发的《颈椎病、腰椎病的防治知识手册》中包括前述内容 (1)、(2) 及与 (4)、(5) 基本相同的内容。

原告海口制药厂主张上述广告内容 (1) ～ (7) 均系虚假内容，理由是"根痛平颗粒"从未获国家科学技术进步奖，获奖目录中并不包含该药品；有关颗粒剂改进了片剂种种缺点的表述是对原告涉案根痛平薄膜衣片药品的诋毁；有关颗粒剂惟一的表述属于虚假宣传；涉案根痛平颗粒药品并非被告研制，其相关表述虚假。

2004 年第 1 期、第 4 期国家食品药品监督管理局违法药品广告公告汇总情况，吉林省、上海市、青海省、海南省食品药品监督管理局相关违法药品广告公告，国家食品药品监督管理局通报违法药品广告情况及沈阳市工商行政管理局曝光违法广告的相关报道，国家食品药品监督管理局药品广告举报移送处理单，北京市药品监督管理局被撤销药品广告批准文号决定书，2005 年第 3 期《北京广告通讯》的相关内容，均证明被告因违规发布涉案药品广告，擅自更改广告审批内容的行为在某些地区受到查处，但其中并未涉及所发布的广告内容。被告京铁华龙公司主张其药品广告批准文号被撤销与原告指控的涉案不正当竞争行为无关。

被告京铁华龙公司主张"根痛平颗粒"药品系依据其前身北京华龙中药厂于 1995 年 1 月 18 日与北京医科大学药学院应用药物研究所签订的技术转让合同所受让的"根痛平冲剂"技术而生产的，该药品现已列入国家药典。1999 年 1 月 12 日，国家药品监督管理局向京铁华龙公司颁发中药保护品种证书，将"根痛平颗粒"列为国家二级中药保护品种。

被告京铁华龙公司提交了其分别与王绍辉、赵军、刘自强于 2004 年 7 月前所签订的合作协议书三份，证明涉案广告未经其签字确认，其不应承担法律责任。根据上述协议中的约定，三人在当地媒体投放的广告，需京铁华龙公司签字认可，三人须以京铁华龙公司提供的广告批文内容为准，不得夸大宣传或有其他违反广告法或《中华人民共和国药品管理法》的行为，如遇广告投放内容有误受到有关部门通报的，京铁华龙公司可单方面解除协议。

2003 年 3 月 3 日《健康报》刊载的《北大三院几代专家艰辛探索 颈椎病系列研究获奖》的文章中包括如下内容：北京大学第三医院《颈椎病诊断与治疗研究》，历经几代专家艰辛探索，不断改进、完善与成熟。在 2 月 28 日召开的 2002 年度国家科学技术奖励大会上，其荣获国家科学技术进步二等奖。原告主张上述获奖事实并不存在，并提交了其自广东省科学技术厅网站下载的材料，而被告对此不予认可。经本院核实，原告提交的获奖目录系广东省 2002 年度获国家科技进步奖的目录，而非国家科技进步奖的全部获奖记录；中华人民共和国科学技术部网站中 2002 年度获国家科技进步奖的目录中包括《颈椎病诊断与治疗研究》课题。

原告提交的自国家药品监督管理局网站下载的颈腰康胶囊的资料显示，该药品为中药胶囊剂，属中药品种保护范围，生产单位包括两家，即通化天马药业股份有限公司和吉林修正药业集团股份有限公司。被告京铁华龙公司对此予以认可。

另查，根据国家食品药品监督管理局网站上的相关数据，海南海药股份有限公司曾于 2004 年 11 月 2 日被海南省食品药品监督管理局撤销琼药广审（文）第 2003090104 号根痛平片药品广告文号；北京市工商行政管理局西城分局曾针对海南海药股份有限公司在《北京娱乐信报》上刊载的根痛平片药品广告，对《北京娱乐信报》社进行行政处罚。

2005 年 3 月《中国医药行业竞争情报》第 13 页刊载了以下内容：在海南海药 2004 年实现的 2 498 万元净利润中，特素、枫蓼品肠胃康颗粒剂等新特药创造的利润占总利润的 50% 以上。

在本案审理过程中，原告海口制药厂主张由于被告涉案不正当竞争行为，导致其产品及原料积压、报废，药厂停产，为其造成经济损失 4 733 740 元；导致其市场销售费用大量增加，为其造成经济损失 10 万元；导致其母公司名誉受损，为其造成损失 530 万元，合计 10 133 740 元。原告还主张其为本案诉讼支出交通费、复印费、住宿费、餐费计 19 095 元。

一审审理结果

一审法院认为：根据我国《反不正当竞争法》的有关规定，经营者不得利用广告或者其他方法，对商品的质量、制作成分、性能、用途、生产者、有效期限、产地等作引人误解的虚假宣传。广告的经营者不得在明知或者应知的情况下，代理、设计、制作、发布虚假广告。

本案原告指控涉案"保尔牌根痛平颗粒"药品广告内容存在多处虚假内容，属于引人误解的虚假宣传，被告京铁华龙公司依据《健康报》的相关报道主张获奖事实存在，经本院核实，相关研究课题确曾获奖，但并非被告在其广告宣传中表述的"根痛平颗粒"获奖，因此被告有关涉案广告宣传内容（1）的表述存在不实之处；涉案广告宣传内容（2）、（3）、（4）中均对颗粒剂和片剂进行了比较，并说明颗粒剂克服了片剂的种种缺点，虽然被告主张上述内容中涉及的片剂系指以往生产的糖衣片，而非本案原告生产的薄膜衣片，但上述表述易使消费者联想到同类产品薄膜衣片，引起消费者误解该产品存在的缺点；涉案内容（5）中有关被告研制出新产品"根痛平颗粒"的表述与被告自北京医科大学药学院应用药物研究所受让该药品生产技术的相关主张矛盾，其内容亦有不实之处；涉案内容（6）、（7）有关"惟一"的表述与原告提交的"颈腰康"药品的相关资料不符，也属于虚假宣传内容。同时，根据本案相关证据，原告海口制药厂是涉案"根痛平薄膜衣片"的 4 家生产厂家之一，而被告亦提出由于原告的大范围、长时间的虚假宣传不正当竞争行为，其在投诉无果的情况下，才出于无奈发布上述涉案广告内容，因此原告提出涉案广告内容与其相关，理由充分，本院予以确认。

根据本案查明的事实，被告京铁华龙公司认可其发布了涉案广告内容，因此被告应为涉案广告的广告主，应就此承担相应的法律责任。被告主张其发布涉案广告的原因在于原告进行虚假广告宣传不正当竞争行为在先，其发布涉案广告的范围小、时间短，不应承担相关法律责任，缺乏依据，本院不予采纳；

被告还主张涉案广告是由当地经销商发布的，经销商未履行双方所签合作协议书约定的需经被告签字确认的义务，其不应承担相应的法律责任，但其与经销商之间的合同内容不能对抗合同之外的第三人，不能成为免除其法律责任的理由，因此其上述抗辩主张依据不足，本院不予采纳。

被告京铁华龙公司与原告海口制药厂作为同业竞争者，在经营活动中应当遵循平等、公平、诚实信用的原则，遵守公认的商业道德。被告京铁华龙公司作为涉案广告的广告主，擅自更改涉案药品广告审批内容发布广告，其中包括涉案与事实不符的虚假内容；被告京铁华龙公司在其散发的相关宣传材料中也包括相关虚假内容；且有关颗粒剂克服片剂种种缺点的虚假表述与本案原告海口制药厂直接相关。其上述散布虚假事实的行为，主观上具有抬高自己的药品性能、疗效的目的，客观上造成了对其竞争对手原告海口制药厂的商业利益和商品声誉的影响。因此，被告京铁华龙公司的涉案虚假宣传行为构成不正当竞争，其应当承担相应的法律责任。

本案原告请求法院判令被告京铁华龙公司承担停止侵权、赔礼道歉、消除影响、赔偿原告相应经济损失及因本案诉讼支出的合理费用的法律责任的主张，理由正当，本院予以支持。关于赔礼道歉、消除影响的方式问题，本院结合涉案不正当竞争行为的方式、范围等因素酌情予以确定；关于赔偿经济损失的数额问题，原告所提赔偿请求数额过高，本院不予全额支持。本院将根据本案的具体情况，综合考虑被告侵权行为的方式、涉案广告刊载的时间、范围、侵权后果、被告的主观过错程度等因素，酌情确定被告赔偿原告经济损失的数额。

综上，本院依照《中华人民共和国反不正当竞争法》第九条第一款、第二十条、《中华人民共和国民法通则》第一百三十四条第一款第（一）项、第（七）项、第（九）项、第（十）项之规定，判决如下：

一、北京京铁华龙药业有限责任公司于本判决生效之日起停止涉案不正当竞争行为；

二、北京京铁华龙药业有限责任公司于本判决生效之日起30日内在《中国消费者报》上就涉案不正当竞争行为刊载向海南海药股份有限公司海口市制药厂赔礼道歉的声明，消除影响（声明内容须经本院核准，逾期不履行，本院将在该报登载本判决主要内容，所需费用由北京京铁华龙药业有限责任公司负担）；

三、北京京铁华龙药业有限责任公司于本判决生效之日起10日内赔偿海南海药股份有限公司海口市制药厂经济损失10万元；赔偿海南海药股份有限公司海口市制药厂因本案诉讼支出的合理费用5 600元；

四、驳回海南海药股份有限公司海口市制药厂的其他诉讼请求。

案件受理费60 585元，由海南海药股份有限公司海口市制药厂负担24 585元；由北京京铁华龙药业有限责任公司负担36 000元。

各方当事人均服从一审判决。

其他知识产权

51. 《汽车故障快速排除手册》出版合同纠纷案

——姚中坚诉科学技术文献出版社

原告（被上诉人）：姚中坚
被告（上诉人）：科学技术文献出版社
案由：出版合同纠纷

原审案号：北京市海淀区人民法院（2004）海民初字第 19386 号
原审合议庭成员：宋鱼水、李颖、张寰
原审结案日期：2004 年 11 月 19 日
二审案号：北京市第一中级人民法院（2005）一中民初字第 3461 号
二审合议庭成员：刘海旗、任进、侯占恒
二审结案日期：2005 年 4 月 6 日

判决要旨

　　本案涉及的图书出版合同是出版社为了重复使用而预先拟定的格式合同。对格式合同的解释，应考虑到多数订约者而不是个别订约者的意志和利益，以订约者可能平均、合理的理解进行解释。为维护相对方的利益，在条款不清楚或存在不同理解时，应对条款制作人作不利的解释。

起诉与答辩

　　原告姚中坚诉称：1998 年 10 月 13 日，我与科学技术文献出版社订立图书出版合同，合同的主要内容是：科学技术文献出版社在全国地区以图书形式出版我的作品《汽车故障快速排除手册》（以下简称《手册》）中文版；作品初印、重印、再版，科学技术文献出版社均应按照基本稿酬加印数稿酬的标准，向我一次性付清稿酬。合同订立以后，我全部履行了合同义务，科学技术

文献出版社也于 2000 年 4 月第一次出版发行《手册》，并按照合同约定向我支付 6 812 元稿酬。但其后科学技术文献出版社又分别于 2001 年 4 月和 2003 年 2 月两次重印了《手册》，没有如约向我支付稿酬，我与科学技术文献出版社多次交涉均无结果。故诉至法院，要求科学技术文献出版社支付稿酬 13 398 元，并要求解除我与科学技术文献出版社的合同。

被告科学技术文献出版社辩称：1998 年 10 月，我社与姚中坚签订了《手册》一书的出版合同，按照合同约定，在作者将书稿交付后，我社经过细致认真地编辑加工，于 2000 年 4 月出版了《手册》，定价为 20 元，印数为 5 000 册。《手册》出版后，我社即刻如约将稿酬 6 049.06 元支付给了姚中坚，姚中坚已经领取了该稿酬。对于书籍的重印或再版时支付的稿酬，根据国家版权局有关基本稿酬和印数稿酬的相关规定，作品重印时只付印数稿酬而不付基本稿酬，我社按照规定进行操作。2001 年 4 月，我社决定对《手册》进行第二次印刷，在征得作者同意后，印刷了 5 000 册，我社及时将稿酬 225.32 元支付给了姚中坚，姚中坚也已领取。2003 年 2 月，我社再次将《手册》重印了 5 000 册，并于 2003 年 8 月通知姚中坚领取第三次印刷的印数稿酬 225.32 元，但姚中坚至今未领取该稿酬。我社不同意姚中坚要求支付稿费的诉讼请求，但同意解除我社与姚中坚的合同。

原审查明事实

原审法院经审理查明：1998 年 10 月 13 日，姚中坚与科学技术文献出版社签订图书出版合同一份，合同的主要内容是：姚中坚授予科学技术文献出版社在合同有效期内，在全国地区以图书形式出版《手册》中文版的专有使用权。《手册》字数为 20 万字，若《手册》超过约定字数，双方应重新商定。合同第七条约定，科学技术文献出版社向姚中坚支付稿酬的方式和标准为：基本稿酬加印数稿酬：25 元/千字 × 千字 + 印数稿酬（按国家规定的标准）；第八条约定，科学技术文献出版社在《手册》出版后一次付清稿酬；第十条约定，作品重印、再版应按第七条的约定向姚中坚支付报酬；第十八条约定，双方因合同的解释或履行发生争议，由双方协商解决，协商不成，由国家版权局指定的著作权仲裁机构仲裁；第二十条约定，合同自签订之日起生效，有效期为 10 年，期满后，如双方未提出异议，视为合同有效期延期 5 年。

合同订立以后，姚中坚向科学技术文献出版社交付了书稿，科学技术文献出版社于 2000 年 4 月第一次出版发行《手册》，字数为 289 000 字，印数为 5 000 册，定价为 20 元。2000 年 6 月 15 日，科学技术文献出版社向姚中坚支付了 6049.06 元稿酬（其中基本稿酬为 6 550 元，印数稿酬按基本稿酬的 4%

计算为 262 元，共计 6 812 元，扣除应交的税款，实际支付 6 049.06 元）。

2001 年 4 月，科学技术文献出版社将《手册》第二次印刷，印数为 5 000 册，定价为 20 元。2001 年 8 月，科学技术文献出版社通知姚中坚领取第二次印刷的稿酬。2001 年 9 月 19 日，姚中坚领走第二次印刷的稿酬 225.32 元（印数稿酬 262 元扣除 14% 的税）。

2003 年 2 月，科学技术文献出版社将《手册》第三次印刷，印数为 5 000 册，定价为 20 元。科学技术文献出版社于 2003 年 8 月通知姚中坚领取第三次印刷的稿酬，姚中坚以科学技术文献出版社未按照约定支付稿酬为由，拒绝领取。

1999 年 3 月，国家版权局修订的《图书出版合同》（标准样式）第十一条规定：乙方采用下列方式及标准之一向甲方支付报酬：（一）基本稿酬加印数稿酬：元/千字 × 千字 + 印数（以千册为单位）× 基本稿酬 %。或（二）一次性付酬：元。或（三）版税：元（图书定价）× %（版税率）× 印数。第十五条规定：乙方重印、再版，应将印数通知甲方，并在重印、再版 日内按第十一条的约定向甲方支付报酬。

1999 年 4 月，国家版权局制定发布的《出版文字作品报酬规定》第四条第二款规定：对于"基本稿酬加印数稿酬"的支付方式，"作品重印时只付印数稿酬，不再付基本稿酬"。

原审审理结果

原审法院认为：姚中坚与科学技术文献出版社签订的图书出版合同为双方真实的意思表示，合法有效，双方均应依约严格履行各自的义务。科学技术文献出版社依照图书出版合同第十八条要求由国家版权局指定的仲裁机构来处理本案，但该条对于仲裁机构未作明确约定，仲裁条款无效，故本院对本案有管辖权。

本案的争议焦点在于，双方对合同第十条"报酬"的约定存在不同理解。姚中坚认为合同第十条约定"乙方重印、再版应按第七条的约定向甲方支付报酬"，而第七条约定稿酬为"基本稿酬加印数稿酬"，故科学技术文献出版社重印、再版时不仅应支付印数稿酬，还应再支付基本稿酬。科学技术文献出版社则认为第十条的"支付报酬"，根据出版业的通常做法，重印时只支付印数稿酬，不再支付基本稿酬，故应仅指支付印数稿酬。

科学技术文献出版社辩称：其图书出版合同是在国家版权局制定的《图书出版合同》（标准样式）的基础上制定的，而该合同的第十一条和第十五条也存在同样的文字表达，加之国家版权局《出版文字作品报酬规定》中有

"作品重印时只付印数稿酬，不再付基本稿酬"的规定，故应认为科学技术文献出版社在重印时不再支付基本稿酬。本院认为，本案的图书出版合同与国家版权局的标准样式合同并不完全相同。图书出版合同明确选定了一种报酬支付方式，而标准样式合同第十一条仍存在不同报酬支付方式的选定问题，故其第十五条也只能对选定付酬方式后重印、再版问题如何解决概括地作出表述，各个出版社在与作者签订的合同中，还需要对此具体加以明确。本案中科学技术文献出版社主张将合同之外的《出版文字作品报酬规定》中的有关条款也纳入合同，但其未在合同中予以具体明确的约定，也未向本院提供任何证据证明曾明确告知姚中坚和姚中坚对此知晓并同意。在此情况下，应认为《出版文字作品报酬规定》的有关条款并未订入合同。另外，《出版文字作品报酬规定》中只涉及了重印的问题，并不涉及再版时稿酬如何支付的问题，实践中再版的一般要重新支付基本稿酬加印数稿酬。对合同同一条款的解释应是一致的，不能任意进行解释，不能理解为重印的只支付印数稿酬，而再版的要支付基本稿酬加印数稿酬。这种理解上的两可性说明图书出版合同第十条的含义具有高度的不稳定性和模糊性。

本案涉及的图书出版合同是科学技术文献出版社为了重复使用而预先拟定的，并在拟定合同时未与对方协商，属于格式合同。由于格式合同是为不特定的相对人拟定的，故对格式合同的解释所依据的原则具有特殊性，应采取三项特殊的解释原则：一是按照通常理解予以解释；二是对格式合同存在两种以上理解的，对条款提供者作不利的解释；三是格式条款和非格式条款不一致的，应当采用非格式条款。本案不涉及第三项解释原则格式条款和非格式条款不一致的问题，故本院主要根据第一、二项解释原则对"报酬"的内容进行解释。

对格式合同的解释，应考虑到多数订约者而不是个别订约者的意志和利益，以订约者可能平均、合理的理解进行解释。本案图书出版合同第七条约定，支付稿酬的方式和标准为基本稿酬加印数稿酬；第十条约定，乙方重印、再版应按第七条的约定支付报酬。从合同第七条和第十条的字面意思进行逻辑上的推演，一般人都会根据第七条、第十条的逻辑关系，得出再版、重印时还会获得基本稿酬和印数稿酬的结论。科学技术文献出版社所谓第十条的支付报酬仅指印数稿酬的说法可能为出版行业的专业人士所知晓和理解，但却不能为个别作者所理解，在此情况下，本院认为只能以签约者平均的、合理的理解为标准，将合同第十条"按照第七条的约定支付报酬"中的"报酬"理解为指向全部稿酬，不仅包括印数稿酬，也包括基本稿酬，而不是仅指向印数稿酬。

格式合同是由一方制定而非双方商定的，因此各项条款可能是制作人基于自己的意志所作的有利于自己的条款，尤其是条款制作人可能会故意使用或插人意义不明确的文字以损害相对方的利益，或者从维持其经济上的优势地位出发，将不合理的解释强加于相对方，因此，为维护相对方的利益，在条款不清楚或存在不同理解时，对条款制作人应作不利的解释。本案涉及的合同第十条，即存在双方对"报酬"是单纯指印数稿酬，还是既包括印数稿酬又包括基本稿酬的不同理解。本院认为，图书出版合同是科学技术文献出版社自行参考国家版权局的合同标准样式制定的，在国家版权局的相关文件中明确规定采用基本稿酬加印数稿酬的支付方式的，"作品重印时只付印数稿酬，不再付基本稿酬"的情况下，其应知晓该规定出台的原因就是作者和出版社、甚至出版社内部对此存在不同的理解，很多作者都会产生重印时出版社应再行支付基本稿酬和印数稿酬的理解。为了避免这种不同理解的产生，其完全可以采用在第十条增加"采用基本稿酬加印数稿酬的支付方式的，重印、再版时不再支付基本稿酬，仅支付印数稿酬"的明确规定的方式避免产生不同的理解，但其却未采取这种简单的方式，致使很多作者在不知道国家版权局的相关规定，仍然存在与出版社不同、对作者有利的理解的情况下签订合同。实践中并非所有的作者都具有足够的法律知识或交易经验，而科学技术文献出版社在起草合同时，应当对合同条款负有更多的审核义务。如果因为对该条款的理解发生争议，可以认为作为起草者的科学技术文献出版社具有过错或者比作者具有更多的过错，在此情况下，无论是从利益的平衡角度考虑，还是从过错角度考虑，只能作出对科学技术文献出版社不利的解释，认为第十条约定的支付报酬包括基本稿酬和印数稿酬。

姚中坚要求科学技术文献出版社支付尚未支付的稿酬，于法有据，但其诉讼请求的数额中包括应交的税款，故本院对其扣除应交税款后的稿酬部分予以支持，超出部分则不予支持。

姚中坚要求解除合同，科学技术文献出版社对此亦表示同意，本院对此不持异议。

综上，本院依据《中华人民共和国仲裁法》第十八条、《中华人民共和国合同法》第四十一条、第九十一条第（二）项、第九十三条第一款、第一百零九条、第一百二十五条第一款之规定，判决如下：

一、原告姚中坚与被告科学技术文献出版社签订的图书出版合同自本判决生效之日起解除；

二、被告科学技术文献出版社于本判决生效之日起 10 日内向原告姚中坚支付稿酬人民币 11 872.8 元；

三、驳回原告姚中坚的其他诉讼请求。

科学技术文献出版社不服原审判决，提起上诉，理由为：《手册》第二次印刷时间是 2001 年 4 月，被上诉人姚中坚 2004 年才起诉，已经超过诉讼时效，这笔稿费原审法院不应予以支持；我社与姚中坚签订的《手册》出版合同中虽然写有重印、再版应按第七条的约定支付报酬，即基本稿酬加印数稿酬，但是不等于实际履行时就应如此，因为，重印只给付印数稿酬是众所周知的常理，也符合国家版权局的《出版文字作品报酬规定》；原审法院判决我社向被告支付 11 872.8 元，计算数额不清。综上，我社请求二审法院依法予以改判。

姚中坚服从原审判决。

二审查明事实

二审法院经审理查明：1998 年 10 月 13 日，姚中坚（甲方）与科学技术文献出版社（乙方）签订《手册》出版合同，其中第七条约定乙方向甲方支付报酬的方式和标准为：1. 基本稿酬加印数稿酬；第十条约定乙方重印、再版应按第七条的约定向甲方支付报酬。此后，科学技术文献出版社分别于 2000 年 4 月、2001 年 4 月、2003 年 2 月三次出版重印了该书，每次均刊印 5000 册，除第一次出版稿酬 6049.06 元已支付给姚中坚外，第二次重印只支付了印数稿酬 225.32 元，未按上述约定方式支付全部稿酬，第三次重印后，科学技术文献出版社仍按印数稿酬数额通知姚中坚领取稿酬，姚中坚拒绝领取稿酬，为此，姚中坚以科学技术文献出版社违约为由提起诉讼。

在原审审理期间，科学技术文献出版社没有提起诉讼时效抗辩。

二审审理结果

本案在审理过程中，经调解，双方当事人自愿达成如下协议：

一、自本调解书生效之日起，姚中坚与科学技术文献出版社解除《汽车故障快速排除手册》出版合同；

二、科学技术文献出版社给付姚中坚稿酬 1 万元（自本 2005 年 4 月 6 日起两周之内付清）；

三、一审案件受理费 546 元，由科学技术文献出版社负担（本调解书生效后 7 日内交纳），二审案件受理费 546 元，由科学技术文献出版社负担（已交纳）。

52. 电视连续剧《无限正义》著作权许可使用合同纠纷案

——广州俏佳人文化传播有限公司诉北京市
天智冠亚广告有限责任公司

原告（被上诉人）：广州俏佳人文化传播有限公司
被告（上诉人）：北京市天智冠亚广告有限责任公司
案由：著作权许可使用合同纠纷

原审案号：北京市海淀区人民法院（2004）海民初字第 13013 号
原审合议庭成员：马秀荣、彭艳崇、汤建平
原审结案日期：2004 年 12 月 19 日
二审案号：北京市第一中级人民法院（2005）一中民终字第 3471 号
二审合议庭成员：任进、侯占恒、刘晓军
二审结案日期：2005 年 6 月 13 日

判决要旨

被告可以履行合同义务而故意制造障碍，意在引起纷争，诱使对方拒绝履行相应的义务，严重违背民事行为应当遵循的诚实信用的原则，应当承担相应的违约责任。违约金已经足以补偿其损失的，对原告提出的损失赔偿的诉讼请求不予支持。

起诉与答辩

原告广州俏佳人文化传播有限公司（以下简称俏佳人公司）诉称：我公司于 2003 年 10 月 8 日与北京市天智冠亚广告有限责任公司（以下简称天智冠亚公司）签订了关于电视连续剧《追捕》（后更名为《无限正义》，以下简称《追》剧）的《版权许可使用合同》，约定天智冠亚作为著作权人，将《追》剧的制作 VCD、DVD、VOD、网络点播及电子出版物等音像制品权（包括出版、发行、销售、租赁等权利）以专有使用的方式许可给我公司，许可费 85 万元。合同签订后，天智冠亚公司应立即向我公司提供版权证明、授权书、剧照和文字材料，我公司在收到上述材料后支付合同定金 20 万元，天智冠亚公司应于签约半年内（2004 年 4 月 7 日）向我公司提供发行许可证及符合我公

司质量标准的母带。合同生效后天智冠亚公司并未全面履行合同约定的义务，未提供版权证明、剧照和文字材料，且于 2003 年 12 月 8 日将《追》剧的版权独家许可给第三方。天智冠亚公司故意制造的法律障碍导致合同无法履行。请求法院判令天智冠亚公司：1. 支付违约金 170 万元；2. 退还 20 万元定金，并承担双倍于定金的 40 万元罚款；3. 返还版权费 20 万元；4. 赔偿律师费 10 万元；5. 确认解除合同的通知无效。

被告天智冠亚公司辩称：2003 年 10 月 8 日，我方与俏佳人公司签订合同，将我方参与联合摄制的电视连续剧《追捕》（后更名《无限正义》）的音像制品权转让给对方。我方在 9 月 27 日将电视剧制作许可证、片名变更证明寄给对方，10 月 11 日又将授权书寄出。因剧尚未拍完，故剧照不能提供。制作许可证就是版权的证明，至此我方已履行了合同规定的义务。合同中对版权作出的违约规定就是对权利的担保，我方无须提供其他证明。按照合同约定俏佳人公司的义务是支付转让费，但对方却未按合同支付 11 月、12 月及 2 月的费用，构成了根本违约。为此我方在 2004 年 4 月通知对方解除合同，对方于 5 月 26 日的回函以及后来传真的协议书都表明同意解除合同但要求我方退还 40 万元及另一影片的费用。此后双方在退款数额及时间上未达成一致。我方认为对方违约在先，我方已履行了义务，我方有权解除合同。对方不能证明我方著作权存在法律障碍或瑕疵，双倍违约金的请求没有根据，对方违约，我方不退还定金也不应承担双倍罚款。律师费请求无法律依据，解除合同有效。我方同意退还 20 万元版权转让费。

原审查明事实

原审法院经审理查明：2003 年 10 月 8 日，俏佳人公司与天智冠亚公司签订《版权许可使用合同》，天智冠亚公司承诺将电视连续剧《追捕》制作为音像制品及网络点播的权利许可给俏佳人公司专有使用，期限 5 年，区域为中华人民共和国（包括香港、澳门）及美国、加拿大。

合同第 3 条规定：付酬总额 85 万元；合同签订后天智冠亚公司即向俏佳人公司提供该剧的版权证明、授权书、剧照、文字材料；俏佳人公司即支付定金 20 万元；2003 年 10 月 15 日开机后支付 20 万元；在该剧拍摄和制作过程中（2003 年 11 月至 2004 年 2 月 28 日）俏佳人公司分三次支付版权费，即 2003 年 11 月 10 万元、12 月 10 万元、2004 年 2 月 10 万元。合同规定天智冠亚公司应于合同签订半年内提供电视剧发行许可证及符合质量标准的带有中文字幕的 BETACAM 母带，俏佳人公司认可母带合格或母带适宜制作后，支付余额。

在合同第 4 条中，天智冠亚公司保证对该剧享有著作权，保证有权在本合同约定的期限内许可对方享有专有使用权；保证享有的著作权不存在瑕疵；保证在合同签订之前及合同规定的范围及期限内未曾将同意及许可的权利设定抵押、赠与、保证、留置等存在法律责任或潜在法律责任的行为；天智冠亚公司不得单方终止或提前解除合同，否则退还定金并赔偿双倍定金的罚款。

合同第5条规定：在天智冠亚公司著作权存在法律障碍或瑕疵造成合同无法继续履行时，俏佳人公司有权要求天智冠亚公司承担相当于合同总额双倍的赔偿。

合同签订后，天智冠亚公司向俏佳人公司交付的版权证明文件包括：国家广播电影电视总局第07191号电视剧制作许可证和授权书一份。制作许可证载明的制作单位为山东潍坊电视台，剧目名称为《一夫当关》，联合制作单位为北京紫禁城信都电视文化有限责任公司（以下简称紫禁城公司），有效期自2003年9月至2004年3月，颁发时间为2003年9月29日。授权书系天智冠亚公司向俏佳人公司出具，内容为：我公司全权拥有24集电视连续剧《无限正义》音像版权，现将此版权独家授予广州俏佳人文化传播有限公司。如发现盗版侵权《无限正义》的音像制品及电子出版物，广州俏佳人文化传播有限公司有权对侵权行为人主张权利。出具日期2003年10月10日。

对上述材料的交付时间，天智冠亚公司称制作许可证于2003年9月27日寄出，授权书于10月11日寄出，并提供特快专递复印件为证，俏佳人公司称难以记清。本院认为，电视剧制作许可证复印件的寄出时间并无早于颁发时间的可能，故上述材料寄出时间不应早于10月11日。

俏佳人公司收到天智冠亚公司提供的"版权证明"后，认为上述材料未能证明版权关系，未付定金，双方产生争议。2003年10月20日，天智冠亚公司以俏佳人公司未支付合同定金为由，提出解约。同日俏佳人公司复函，函中表示：对方应尽快办理并提供二份证明：山东潍坊电视台和北京紫禁城信都电视文化有限责任公司证明《一夫当关》就是《追捕》（现名《无限正义》）；上述两单位给天智冠亚公司的授权证明。但为表示诚意，俏佳人公司愿意支付定金和预付款。俏佳人公司于同日向天智冠亚公司支付了20万元定金，并委托他人支付了20万元版权费。10月22日，天智冠亚公司向俏佳人公司出具收到《无限正义》定金及预付款共计40万元的收据。

此后，天智冠亚公司补充提供一份自行出具的片名证明，内容为：电视连续剧《一夫当关》即《追捕》（由于有重名，现名《无限正义》），最终片名及长度以广电总局审批为准。其未再提供其他版权证明。因版权证明提供及其影片合同的履行问题，双方产生争议。为此，俏佳人公司未付2003年11月的款项。

2003 年 12 月 8 日，天智冠亚公司在未通知俏佳人公司的情况下与广东东和兴影音有限公司（以下简称东和兴公司）订立合同，将 24 集电视连续剧《无限正义》的音像版权的权利独家授予对方，期限 5 年，地域为中华人民共和国大陆地区，每集版权费 45 000 元，共计 108 万元。合同规定：签约时，天智冠亚公司即提供版权证明、授权书、营业执照复印件、法定代表人身份证复印件、相关有效法律文件、剧情简介、分集简介等文字材料，交付母带时提供节目彩页、剧照，发行许可证签发后提供许可证复印件。合同规定付款方式为：合同生效 3 日内支付 80 万元，收到发行许可证、母带当日支付 28 万元。在合同中天智冠亚公司保证自己是惟一合法拥有音像版权的人，保证有权许可对方独家发行；保证不将本合同授权范围内的版权以其他名目和形式转让给任何第三方；保证在出售给对方之前从未将合同节目的音像版权出售或授权给合同授权地区的任何第三方，在授权期内不得以任何理由任何形式授权第三方或自己在合同授权地区内进行加工、印刷或发行合同节目录像制品；保证不晚于 2004 年 4 月 15 日完成并交付母带。

天智冠亚公司向东和兴公司交付了由紫禁城公司 2003 年 12 月 1 日出具的授权书，内容为：现将我公司拍摄的 24 集电视连续剧《无限正义》音像出版发行权授予天智冠亚公司独家代理发行。2004 年 4 月 16 日天智冠亚公司给东和兴公司出具独家发行的授权书。该剧的 VCD、DVD 已由东和兴公司复制发行。2004 年 9 月 4 日，俏佳人公司在东和兴公司的销售部购买到《无限正义》的 DVD 及 VCD 各一套，总价 150 元。

因对对方不提供有关证明及缺少合作诚意不满，俏佳人公司拒付另两笔款项。2004 年 4 月 30 日，天智冠亚公司以对方未支付 2003 年 11 月、12 月及 2004 年 2 月的版权费为由向俏佳人公司发出解除合同通知书。2004 年 5 月 17 日，俏佳人公司致函天智冠亚公司重述版权证明要求、暂停支付 11 月款项及对方于 12 月另行签约的事实，同时提出一并解决另一起音像制品争议。2004 年 5 月 24 日俏佳人公司为解决纠纷草拟一份协议，要求天智冠亚公司返还《无限正义》及《玻璃警徽》的已付款 40 万元和 5.8 万元，天智冠亚公司未同意。

俏佳人公司与律师订立的委托合同中规定本案代理费 10 万元。

诉讼中天智冠亚公司提供一份与紫禁城公司的合同，订立时间为 2003 年 9 月 5 日，内容为联合制作和发行电视连续剧《追捕》。开机时间为 10 月 8 日。

原审审理结果

原审法院认为：许可方有权许可是著作权许可使用合同合法有效的前提。因此提供其是著作权人或者有权许可的专有权利人的证明是此类合同中许可方的主要义务，本案中双方合同对此亦有规定。

但是，作为许可方的天智冠亚公司未尽到此项义务。其所提供的电视剧制作许可证载明的制作单位及联合单位与其无关，许可证中载明的节目名称亦与许可合同的作品名称不符，天智冠亚公司提供的授权书系单方出具，均不具备证明其对合同项下的作品具有著作权或合法的使用权的效力。这一点显而易见，被许可方据此提出异议并要求补充证明系正当要求，且要求明确。在此情况下，天智冠亚公司非但未提供进一步的有效证明，而是继续提供了一份单方出具的片名更正证明。天智冠亚公司履行合同的随意性难免令合同对方产生怀疑。故作为被许可方拒绝支付下一笔款项符合常理亦合乎合同法的规定。

值得一提的是，天智冠亚公司未尽上述义务并非出于提供不能或难于提供，而是拒绝提供。依本院查明的事实，天智冠亚公司于收到俏佳人公司40万元款项后一月有余，即于2003年12月8日与他人就同一作品另行订立与本合同在权利种类、权利性质、地域范围有重合部分且期限相同的许可使用合同。可以推定天智冠亚公司在本案合同订立后不久即开始了与第三人的协商，依据该份合同的总价款高于本案合同、摄制者授权书于2003年12月1日出具而天智冠亚公司与第三人订立合同时即行提供却拒不向本案原告提供的事实，足以说明天智冠亚公司并无履行本案合同的诚意。在天智冠亚公司无意履行本案合同的情况下，双方合作难度可以想象，故俏佳人公司为减少损失风险拒绝支付后二笔款项应属行使抗辩权之举。

天智冠亚公司可以提供该证明却有意不提供，意在引起纷争，诱使对方拒绝履行相应义务。天智冠亚公司在2004年4月16日向第三方交付母带进而在与第三方合同履行完毕后，即于2004年4月30日以本案原告违约为由发出解除通知，不难看出天智冠亚公司在本案合同履行中的恶意。天智冠亚公司违约在先，其无权解除合同，相反应当承担违约责任。

合同第5条第7款规定：在著作权存在法律障碍或瑕疵造成合同无法履行时，天智冠亚公司应当承担合同总额双倍的赔偿。双方对此条款理解不同，应依合同词句、有关条款、合同的目的、交易习惯以及诚实信用原则确定。

首先依据合同词句和有关条款。合同第4条中天智冠亚公司对权利作出若干保证，违反上述保证势必给合同履行造成障碍。依据合同第4条的第1款、第2款和第3款，天智冠亚公司保证无论何种情况都拥有著作权或专有使用权；保证不因自己原因产生署名权及修改权争议；保证在合同签订前和合同履行期限内不将合同范围内的权利设定担保或作出让渡等处分。违反上述条款都应视为属于合同第5条第7款的情况。上述条款的本义在于保证其有权授权、并保证对方所获授权不与其他权利发生冲突。而导致无权、权利冲突等不稳定状态的原因是由于法律规定还是行为，则在所不问。如合同中第4条第3款的规定，就是针对当事人从事导致权利状态发生变化的一定民事法律行为而言，如设定担保或赠与。在著作权法上，由于专有使用权的授予与转让的区别仅在于有否期限、权利能否回转。故上述条款不仅包括转让、赠与，亦应包含对专有权利的授予，即专有使用权人应当保证自己不将专有使用权转让、赠与或者授权给他人。天智冠亚公司将制作音像制品的权利独家授予第三方后产生的法律后果是第三方拥有排他的使用权，必然与本案原告所获得之专有权利产生冲突，二者不能同时并存。故天智冠亚公司的行为导致法律障碍，本案合同业已无法履行。

按该条款，障碍存在的可能性有四种情况：第一，签订合同时障碍即已存在，许可方不知；第二，签订合同时障碍即已存在，许可方知道；第三，合同履行期间发生障碍，许可方不知；第四，合同履行期间发生障碍，许可方明知。上述情况中第四种情况无疑最为恶劣，本案属于第四种情况而且是由当事人主动故意行为导致的障碍，当然应当适用该条款。另外，该条款是合同中违约责任最重的条款，对比本案合同及天智冠亚公司与第三方的合同可见，其所作权利保证可谓信誓旦旦，严重地违背了民事行为应当遵循的诚实信用的原则，严重地违背了合同承诺，违约行为性质严重。按行为与责任相应的原则，亦应承担此项责任。

我国《合同法》规定，违约金条款与定金条款不能同时适用，故尽管合同规定了定金罚则，但在原告首选违约金条款时，其所提出的定金罚则请求不能支持。

原告所付款项应系损失的一部分，因其额度低于违约金额度，在原告没有主张且并无事实表明违约金低于损失的情况下，违约金已足以补偿，故原告所提出的退还预付款等损失的要求亦不再予以支持。

天智冠亚公司不享有单方的解除权，故其所发出的解除合同通知当然不具有效力。

综上，依据《中华人民共和国著作权法》第二十四条、第五十三条，《中华人民共和国合同法》第六十条、第六十七条、第九十六条、第一百一十四条、第一百一十六条、第一百二十五条之规定，判决如下：

一、2004年4月30日被告北京天智冠亚广告有限公司向原告广州俏佳人文化传播有限公司发出的解除合同通知无效；

二、本判决生效之日起 10 日内，被告北京天智冠亚广告有限公司支付原告广州俏佳人文化传播有限公司违约金 170 万元；

三、驳回原告广州俏佳人文化传播有限公司的其他诉讼请求。

天智冠亚公司不服原审判决，上诉称：1. 作为许可人，我方已履行了证明自己享有涉案剧目许可权的版权权属义务，为俏佳人公司提供了必要的权属证明材料，包括涉案剧目电视剧制作许可证、授权书、我方与北京紫禁城公司签订的联合摄制涉案剧目的合同书，以及其后提供的片名更正证明等材料，原审判定我方未尽证明义务，构成违约，与事实不符。2. 根据双方合同第三条第 2 款约定，我方向俏佳人公司交付版权权属等证明材料与俏佳人公司向我方交付 20 万元定金是同时履行义务条款，而俏佳人公司并未按规定期限交付定金，也已构成违约，即便确定违约责任，也不应只是我方一方。3. 由于俏佳人公司不及时付款，影响了我方与他人摄制涉案剧目的工作，虽经我方催要，俏佳人公司迟延支付了定金和 20 万元版权费，但其后费用依然存在拖欠不付问题，无奈，我方单方提出解除合同，并将涉案剧目专有使用权许可给第三方，即便判定我方违约，违约责任的承担方式也不应适用合同约定的第五条第 7 款，而应适用第四条第 8 款，即我方不得单方终止或提前解除合同，否则应双倍退还俏佳人公司定金。而原审判决适用第五条第 7 款是错误的。4. 原审审理中存在程序错误，俏佳人公司曾经提出变更诉讼请求，而该请求的提出超过了其诉讼举证期限，原审法院根据其变更后的请求予以审理是不当的。综上，请求撤销原审判决，驳回俏佳人公司的诉讼请求。

俏佳人公司服从原审判决。

二审查明事实

二审法院经审理查明：2003 年 10 月 8 日，天智冠亚公司（甲方）与俏佳人公司（乙方），就甲方许可乙方独家有偿使用电视连续剧《追捕》（注：原名《一夫当关》，后更名为《追捕》，最后定名为《无限正义》）的 VCD、DVD、VOD、网络点播、电子出版物等所有音像制品包括许可制作、委托出版发行、销售、租赁的专有使用权事项签订《版权许可使用合同》，合同第三条第 1 款约定，付酬总额为人民币 85 万元。第三条第 2 款约定，本合同签订后，甲方即向乙方提供《追》剧版权证明、授权书、剧照、文字材料，乙方即向甲方支付人民币 20 万元作为定金；2003 年 10 月 15 日乙方向甲方支付人民币 20 万元。第三条第 3 款约定，在《追》剧拍摄和制作过程中（2003 年 11 月至 2004 年 2 月 28 日）乙方分三次向甲方支付《追》剧的版权费，每次支付人民币 10 万元。第四条第 3 款约定，甲方保证在合同签订之前及本合同规定的范围及期限内，未曾将所同意及许可的权利设定抵押、赠与、保证、留置等存在法律责任或潜在法律责任的行为。第四条第 8 款约定，甲方不得单方终止或提前解除本合同，否则应退还乙方已付的定金，并赔偿双倍定金的罚款。第五条第 7 款约定，在甲方著作权存在法律障碍或瑕疵造成合同无法继续履行时，乙方有权要求甲方承担相当于合同总额双倍的赔偿。对上述合同条款的效力双方当事人均予认可。

合同签订后，天智冠亚公司向俏佳人公司交付了载有制作单位为山东潍坊电视台，联合制作单位为紫禁城公司内容的第 07191 号《电视剧制作许可证》和天智冠亚公司自我保证拥有《无限正义》音像版权的《授权书》，天智冠亚公司表示因我公司没有获得《电视剧制作许可证》的资格，因此许可证中不能出我公司的名字，我公司只能以委托人身份委托有《电视剧制作许可证》的单位开展摄制工作，而真正的摄制权在我公司，这是包括俏佳人公司在内的业内共知的操作方式。俏佳人公司表示《电视剧制作许可证》作为行政机关的管理需要，不是版权证明，其无法凭此相信天智冠亚公司对涉案剧目享有合法的版权或许可权。天智冠亚公司同时提出自己还交付了与紫禁城公司联合摄制涉案剧目的合同书，俏佳人公司不予认可，并提出其在诉讼前从未见过该合同，天智冠亚公司自认并无其他证据证明俏佳人公司收到过该合同。由于俏佳人公司认为自己收到的文书均无法证明天智冠亚公司确实享有涉案剧目的许可权，故未按时支付定金，此后，天智冠亚公司于 2003 年 10 月 20 日以此为由致函俏佳人公司，要求解除合同，俏佳人公司于 2003 年 10 月 22 日即向天智冠亚公司支付了 20 万元定金，同时继续要求天智冠亚公司提交山东潍坊电视台与紫禁城公司同天智冠亚公司之间的授权证明，并于 2003 年 10 月 23 日支付了 20 万元的版权费。此后，天智冠亚公司又向俏佳人公司提交了一份"片名更正"证明，但不是版权权属证明。

2003 年 12 月 8 日，天智冠亚公司在未告知俏佳人公司的情况下，与东和兴公司签订合同，将许可给俏佳人公司涉案剧目的专有使用权以 108 万元的成交额许可给东和兴公司，并向东和兴公司出具了紫禁城公司授权其作为涉案剧目音像出版发行方面独家代理商的《授权书》。2004 年 4 月 30 日，天智冠亚公司以俏佳人公司未按合同第三条第 3 款规定支付版权费为由，致函俏佳人公司要求解除合同，俏佳人公司于 5 月 17 日回函继续重申索要版权权属证明的要求。2004 年 9 月 4 日，俏佳人公司在东和兴公司销售部购得涉案剧目的 VCD、DVD 光盘各一套。

在本院审理期间，俏佳人公司明确表示鉴于发生应为其享有的涉案剧目专有使用权已为第三人所行使，合同目的已无法实现，同意解除合同不再履行。

经本院核实，俏佳人公司于原审庭审之前变更诉求，庭审中天智冠亚公司并未对此提出异议。

二审审理结果

二审法院认为：由于当事人双方均认可合同条款的有效性，该合同条款即对双方具有拘束力，双方理应依照该合同条款全面履行。

按照合同第三条第 2 款约定，本合同签订后，天智冠亚公司应向俏佳人公司提供《追》剧版权证明、授权书、剧照、文字材料等文件，俏佳人公司应向天智冠亚公司支付 20 万元定金。该条款确立了双方同时履行义务规则，履行不分先后，双方均应各自同时履行。俏佳人公司主张按该条款应由天智冠亚公司先予履行，此主张与该条款所确立的内容明显不符，本院不予采信。天智冠亚公司应向俏佳人公司全面交付合同规定的文件，俏佳人公司应向天智冠亚公司如数交付定金，否则即构成违约。因天智冠亚公司未按合同规定交付文件，俏佳人公司迟延交付定金，双方均已违约，适用同时履行抗辩权原则，在此情况下，由于天智冠亚公司要求解除合同，而俏佳人公司作出回应，交付了定金及后续的 20 万元版权费，天智冠亚公司未再坚持解约，视为其在行使了抗辩权后认可俏佳人公司的履约行为，现其再主张俏佳人公司违约，不能成立。原审判决未对此作出评判，有失公允。俏佳人公司履行抗辩权，要求天智冠亚公司按照合同规定全面履行对待给付义务，交付许可人权属证明或涉案剧目的版权权属证明，天智冠亚公司应予交付，其坚持已经交付，需以证据予以证明。

根据《中华人民共和国著作权法》第十五条的规定，影视作品的著作权由制片者享有。因此，影视作品的著作权权属依据应该是能够有效证明制片人（摄制人）摄制身份的证据。作为电视剧，在该剧上署名的摄制人在无反证的情况下即为该剧的著作权人，该剧可以作为著作权权属证明的证据。在电视剧尚未完成时，载有摄制权归属内容的摄制合同在无反证的情况下，可以作为电视剧著作权权属证明的依据。本案天智冠亚公司依约定应予提交的版权证明即应是上述方面的证据。《电视剧制作许可证》作为行政管理手段，目的在于调整与维护影视制作领域的公共秩序，无法作为著作权民事权利来源的依据，即便是证中载有天智冠亚公司名称，只要俏佳人公司质疑其权属，该证也不能作为证明其权属的惟一证据，更何况该证中并无天智冠亚公司名称，俏佳人公司坚持要求天智冠亚公司提供有效的权属证明，合理合法，由于天智冠亚公司有能力提供而不予提供的事实存在，原审判定天智冠亚公司已构成违约，俏佳人公司抗辩有效，所判正确。在此前提下，天智冠亚公司理应依照约定承担违约责任。

依照我国《合同法》的规定，合同解除的有效性为依约定解除与依法解除两种方式，依约定解除包括自解除条件成就时解除。依法解除则需经仲裁或司法程序予以解除。天智冠亚公司第二次提出解约时，虽双方同意解约，但未就解约条件达成协议，故无法依约定解除，天智冠亚公司单方解约无效，且已构成违约。从天智冠亚公司第二次解约的理由看，其理由是俏佳人公司未付后续款项已经违约，但是，如前所述，俏佳人公司同时履行的抗辩权始终处于有效状态，天智冠亚公司如不履行交付权属证明的义务，俏佳人公司则有权拒付后续款项，原审对此认定正确，本院予以确认。鉴于天智冠亚公司的上述违约行为，可以适用双方合同第四条第 8 款。

在合同履行中，天智冠亚公司未经俏佳人公司同意，即将本合同中许可给俏佳人公司的专有使用权利许可给他人，已构成公开违约，原审判定天智冠亚公司上述行为造成俏佳人公司与第三人两者均拥有排他性使用权的权利冲突，导致履约上的法律障碍，该认定符合客观事实，本院予以采信。鉴于天智冠亚公司的这一违约行为，适用双方合同第五条第 7 款，俏佳人公司有权要求天智冠亚公司给予相当于合同总额双倍的赔偿，天智冠亚公司上诉认为其行为不适用第五条第 7 款，实属有意规避，本院不予支持。

因合同第四条第 8 款属于定金罚则，第五条第 7 款属于违约金罚则，根据《合同法》第一百一十六条之规定，当事人既约定违约金又约定定金的，一方违约时，对方可以选择适用违约金或者定金条款。本案俏佳人公司选择适用违约金条款，原审法院予以准许，并无不当。

鉴于俏佳人公司在本院审理中方同意解除合同，本解除仍非协议解除，依然适用法定解除要件，俏佳人公司所述的解除事由与客观事实相符，本院准许。原审判决未及合同解除一节，本院予以补判。

因俏佳人公司于原审庭审之前变更诉求，庭审中天智冠亚公司并未对此提出异议，视为天智冠亚公司认可了俏佳人公司的变更行为，根据程序法的程序不可逆原则，天智冠亚公司于二审中提起异议没有效力，本院不予支持。

综上所述，根据《中华人民共和国民事诉讼法》第一百五十三条第一款第（二）、（三）项，《中华人民共和国著作权法》第五十三条，《中华人民共和国合同法》第六十条、第六十六条、第九十四条第（二）、（三）、（四）项、第一百一十六条之规定，本院判决如下：

一、维持北京市海淀区人民法院（2004）海民初字第 13013 号民事判决第二、三项；

二、撤销北京市海淀区人民法院（2004）海民初字第 13013 号民事判决第一项；

三、自本判决生效之日起，解除北京市天智冠亚广告有限责任公司与广州俏佳人文化传播有限公司的《版权许可使用合同》。

一审案件受理费 17 760 元，由北京市天智冠亚广告有限责任公司负担。二审案件受理费 17 760 元，由北京市天智冠亚广告有限责任公司负担。

53.《Flash MX Professional 2004 第一步》
一书约稿合同纠纷案

——陈冰诉人民邮电出版社

原告（反诉被告、上诉人）： 陈冰

被告（反诉原告、被上诉人）： 人民邮电出版社

案由： 约稿合同纠纷

原审案号： 北京市第二中级人民法院（2005）二中民初字第 14 号

原审合议庭成员： 邵明艳、何暄、潘伟

原审结案日期： 2005 年 3 月 22 日

二审案号： 北京市高级人民法院（2005）高民终字第 613 号

二审合议庭成员： 刘辉、岑宏宇、张冬梅

二审结案日期： 2005 年 7 月 13 日

判决要旨

约稿合同未对书稿内容的修改约定具体修改标准，双方当事人就书稿内容的修改意见也难以达成一致，作者拒绝修改的，约稿者拒绝出版书稿并不违反约稿合同的行为。

起诉与答辩

原告陈冰诉称：2003 年 12 月，我与人民邮电出版社签订了一份约稿合同，约定由我撰写《Flash MX Professional 2004 第一步》一书，然后由人民邮电出版社出版。交稿后，在人民邮电出版社提出的修改意见中，将作品中带有独特语言写作风格的内容均删除了，并要求我按照主编的意思进行修改，被我拒绝后，人民邮电出版社提出如果不接受出版社的修改意见，将不予出版该书。我认为人民邮电出版社提出的修改意见不合理，鉴于对方拒绝履行合同，在不得已的情况下，我将此书稿通过网络进行了销售。事实证明，该书深受读者欢迎。人民邮电出版社的行为已构成违约，现诉至法院，请求判令：1. 解除合同；2. 支付我稿酬 33 792 元；3. 赔偿我精神损失 15 000 元；4. 赔偿我误工费 5 000 元。

被告人民邮电出版社辩称：在陈冰所撰写的书稿内容中，相关部分明显不符合我社的审稿要求，我社提出的修改要求是合理的。按照合同，我社有权要求其修改，现陈冰拒绝修改违反了约定，导致该书不能出版，对此，我社不承担责任。

人民邮电出版社反诉称：由于陈冰拒绝修改书稿以及擅自在网络上出售该书稿，违反了合同约定，其行为构成违约，我社要求解除双方签订的约稿合同，由陈冰赔偿我社造成的经济损失 33 792 元。

针对上述反诉，陈冰辩称：由于人民邮电出版社的违约行为，使得该书稿错过了出版的良好时机，此时不可能再寻找到其他出版社出版。在此情况下，为尽力挽回损失及获取诉讼证据，我才选择了网上出售该书稿。因此，不同意人民邮电出版社提出的反诉请求。

原审查明事实

原审法院经审理查明：2003 年 12 月 1 日，陈冰就其撰写《Flash MX Professional 2004 第一步》一书与人民邮电出版社签订了一份约稿合同，双方约定：陈冰保证在合同有效期内不将著作稿件投寄其他出版社或期刊，若违反上述保证给约稿者造成损失，须负全部责任，并予以赔偿；全稿字数 125 万字左右，初定稿酬 30－32 元/千字，具体金额根据书稿质量在签订出版合同时确定；著作稿应符合人民邮电出版社 1990 年编印的《书稿编写须知》中所提的要求；交稿日期为 2004 年 3 月；人民邮电出版社收到稿件后在 5 日内通知陈冰已收到，在半个月内审读完成，并通知陈冰是否采用或退改，否则认为稿件已被接受；人民邮电出版社如对稿件提出修改意见，陈冰应当在 1 个月内修改退回，人民邮电出版社在半个月内审毕；陈冰若拒绝修改或在上述日期内无故不退回修改稿，应适当赔偿人民邮电出版社损失，人民邮电出版社可解除合同；稿件若经修改符合出版要求，人民邮电出版社将在编辑加工、终审发稿后与陈冰签订出版合同，若经修改仍不符合要求，人民邮电出版社可书面解除合同，并将稿件退还陈冰，但将根据情况向其支付少量约稿费（1 元/千字），作为劳动的部分补偿。

陈冰交付书稿后，人民邮电出版社对该书稿进行了一审，在书稿二审中，人民邮电出版社对书稿进行了以下删改：包括前言在内的部分章节的内容文字被删改较多；一些被作者认为属于特有表达方式的称谓及相关词语、语句被删改，还包括某些普通词句的修改。人民邮电出版社就上述删改向陈冰提出了修改意见。陈冰认为上述删改破坏了其独特的语言风格和写作风格，大大降低了作品的可读性，向人民邮电出版社明确表示拒绝修改。此后，双方就上述修改意见是否合理发生争执。人民邮电出版社亦表示，如果陈冰拒绝修改，将不予出版该书。鉴于上述争执一直未能得以解决，双方目前均未再继续履行约稿合同。

2004年7月，陈冰将涉案书稿制作成电子图书形式，通过网络向他人介绍、推荐并出售。

诉讼中，陈冰主张由于书稿中能够代表其创作风格的部分被要求修改，其无法接受，导致其对包括普通词句在内的全部修改意见一并未予接受。人民邮电出版社亦主张由于双方约定的修改标准过于泛泛，应以出版社实际提出的修改意见为参照标准。

原审审理结果

本院认为：在本案中，双方当事人争议的焦点在于人民邮电出版社要求陈冰对涉案书稿进行修改是否符合合同约定。

依据我国《合同法》的规定，当事人应当遵循公平原则确定各方的权利和义务。本案双方签订的合同中，关于修改书稿的内容应当包括编审人员在对书稿进行审核时，可以对书稿中出现的笔误等一般性错误进行修改，以及对与书稿主题无密切关联的内容进行删改，上述应属出版行业的惯例。根据我国《著作权法》的规定，报社、期刊社如果要对所出版图书的内容进行修改，须征得作者的许可，但是，对于在履行约稿合同中，约稿者对书稿进行修改是否应当征得作者许可，法律没有明确规定。实际中也会发生编审人员与作者就书稿中的观点、创作意图、内容结构以及文字表达的风格等方面产生不一致意见的情况。上述内容的修改会对书稿产生较大的影响，因此，约稿者对书稿能否作较大的改动应当由作者和约稿者进行协商。

就本案双方签订的合同而言，其明确约定了约稿者有权要求作者修改，该约定内容应是双方当事人的真实意思表示，因此该合同是合法有效的。鉴于该合同中未约定具体的修改标准，现陈冰与人民邮电出版社就上述修改是否合理的问题未能达成一致，陈冰没有充分理由证明人民邮电出版社要求其对书稿进行修改不符合合同约定，也未证明人民邮电出版社在履行约稿合同中存在违约行为，据此，对陈冰要求人民邮电出版社承担违约责任的主张，本院不予支持，对其提出要求人民邮电出版社支付稿酬、赔偿精神损失及误工费的诉讼请求，本院不予支持。

陈冰通过网络渠道出售涉案书稿，属通过网络发表其作品的行为，不属于合同约定的向其他出版单位投稿的行为，人民邮电出版社主张陈冰的上述行为构成违约的指控不能成立。陈冰拒绝修改涉案书稿的行为与双方合同约定不符，但鉴于双方未约定修改的具体标准，由此产生争议，应以公平原则为依据，均衡考虑双方利益以及行业惯例进行处理。人民邮电出版社以陈冰提出的稿酬数额作为其赔偿损失的数额，缺乏依据。鉴于人民邮电出版社未提供证据证明其实际损失，考虑合同终止后对双方均会造成一定损失，故对人民邮电出版社提出的赔偿请求，本院不予支持。基于涉案合同的实际履行状况以及双方当事人均表示不愿意继续履行该合同，因此，双方签订的涉案约稿合同应予解除。

综上，依照《中华人民共和国合同法》第五条、第六十条第一款、第六十一条、第九十三条，《中华人民共和国民事诉讼法》第一百二十六条的规定，判决如下：

一、终止陈冰与人民邮电出版社签订的涉案约稿合同；

二、驳回陈冰的诉讼请求；

三、驳回人民邮电出版社的反诉请求。

陈冰不服原审判决，提出上诉，请求撤销原审判决第二项，改判人民邮电出版社赔偿其稿费损失 33 792 元、精神损失 15 000 元、误工费 5 000 元，全部诉讼费用由人民邮电出版社负担。理由是：约稿合同是由人民邮电出版社提供的格式合同，没有明确具体的修改标准，应当作出不利于格式条款提供者一方的解释，人民邮电出版社不能强行对书稿作较大修改或者强制作者进行修改，作者的作品已达到了出版要求，人民邮电出版社应当支付稿酬并赔偿损失。

人民邮电出版社服从原审判决。

二审查明事实

二审法院查明事实与原审相同。

二审审理结果

二审法院认为：陈冰与人民邮电出版社签订的合同为约稿合同，其中第九条、第十条约定了如果不能签订出版合同的处理方式，陈冰应明确该合同并非是正式的出版合同，是双方的真实意思表示，不违反法律规定，为有效合同。

依据合同约定，在签订正式出版合同之前，人民邮电出版社虽有权向作者提出修改意见，作者如拒绝修改，出版社可解除合同，但由于合同没有确定修改的具体标准，以至于双方发生争议。鉴于涉案合同文本是人民邮电出版社单方提供的，故人民邮电出版社对争议的产生应负有一定责任。陈冰应在合理范围内与人民邮电出版社进行协商，其拒绝该出版社提出的全部修改意见，也是合同无法继续履行的一定因素。基于约稿合同的性质，人民邮电出版社并无必须出版涉案作品的合同义务，根据陈冰提供的证据尚不能认定人民邮电出版社存在违约行为，陈冰要求人民邮电出版社承担违约责任缺乏事实和法律依据，本院不予支持。由于双方对稿件的修改问题存在较大分歧，不能达成一致意见，陈冰已通过其他方式发表了其作品，故双方所签订的约稿合同已无继续履行的可能和必要，双方也明确表示终止该合同，因此，该合同应予以解除。

综上所述，陈冰的上诉请求和理由缺乏证据支持，本院不予支持。原审判决认定事实清楚，适用法律正确，应予维持。依照《中华人民共和国民事诉讼法》第一百五十三条第一款第（一）项之规定，判决如下：

驳回上诉，维持原判。

一审本诉案件受理费 2 100 元，由陈冰负担；反诉案件受理费 1 362 元，由人民邮电出版社负担。二审案件受理费 2 100 元，由陈冰负担。

54. "农大364" 植物新品种权权属纠纷案

——中国农业大学诉宋同明、承德裕丰种业有限公司

原告（上诉人）： 中国农业大学

被告（原审被告）： 宋同明

被告（上诉人）： 承德裕丰种业有限公司

案由： 植物新品种权权属纠纷

原审案号： 北京市第二中级人民法院（2004）二中民初字第5324号

原审合议庭成员： 邵明艳、张晓津、何暄

原审结案日期： 2004年10月20日

二审案号： 北京市高级人民法院（2005）高民终字第93号

二审合议庭成员： 陈锦川、张雪松、焦彦

二审结案日期： 2005年4月14日

判决要旨

执行本单位的任务或者主要是利用本单位的物质条件所完成的植物育种，植物新品种的申请权属于该单位。权利人可以通过订立合同对其植物新品种权进行处分。植物新品种权的取得、变更应以农业部植物新品种保护办公室授权、登记公告为准。

起诉与答辩

原告中国农业大学（以下简称农业大学）诉称：被告宋同明是原告农业大学植物遗传育种系（植科院）研究人员，其在工作期间，完成了职务育种成果"农大364"。1998年2月17日，原告农业大学植物遗传育种系与河北省承德县种子公司（以下简称种子公司；现改制为承德裕丰种业有限公司，以下简称裕丰公司）签订《关于农大364杂交种种子生产协议书》，约定：被告裕丰公司取得"农大364"的生产经营权，裕丰公司承认原告植物遗传育种系对该品种的知识产权。2001年4月9日，种子公司却以自己的名义向农业部植物新品种保护办公室申请该品种的植物新品种权，并擅自更名为"ND364"。2002年5月1日，农业部授权"ND364"品种权人为种子公司。之后，被告

宋同明与被告裕丰公司签订协议书，约定：双方为"ND364"的共同品种权人。2003 年 6 月 1 日，被告宋同明与被告裕丰公司到农业部植物新品种保护办公室办理了著录事项变更登记手续，并将品种名称变更为"农大 364"。在 2004 年 1 月 1 日以前，原告从来没有将自己的品种申请权或品种权转让他人，原告与种子公司签订的协议无效；由于原告存在重大误解，原告与被告宋同明、裕丰公司于 2003 年 10 月 8 日签订的《农大 364（ND364）品种权变更协议》应予撤销。综上，两被告的上述行为共同侵犯了原告的合法权益，故请求法院判令：1. 确认 2003 年 5 月 1 日前"ND364"的品种权归属于原告；2. 确认 2003 年 5 月 1 日~2004 年 1 月 1 日"农大 364"品种权归属于原告；3. 确认 2004 年 1 月 1 日以后"农大 364"的品种权归属于原告。

被告宋同明辩称："农大 364（ND364）"植物新品种是职务育种，但我作为该植物新品种的培育人应享有相应的合法权益，对原告的诉讼请求不持异议。

被告裕丰公司辩称：被告裕丰公司与原告于 1998 年签订的协议约定，在"农大 364"种子尚未通过品种审定或尚未通过品种权审查的情况下，被告裕丰公司向原告支付带有买断专有技术性质的品种培育费 3 万元，并约定了销售提成形式的转让费。此时，"农大 364"尚不能称为法律意义上的育种。按协议约定，原告的知识产权实际上只是"在未经甲方同意的情况下，不向外扩散亲本及制种技术"而已，根本谈不上原告拥有"农大 364"的品种申请权。后来，在被告裕丰公司与宋同明的共同努力下，"农大 364"才具备了申请品种保护的条件并获得品种权。2001 年 9 月 1 日，自农业部植物新品种保护办公室发布关于"ND364"的申请公告至 2003 年 10 月 8 日，原告应知涉案品种权的申请、变更事项，但未在此期间主张权利，其已丧失了诉权。在被告与原告于 2003 年签订的协议中，原告已放弃追究被告在"农大 364"获得品种权的整个过程中对原告的侵权责任。原告放弃权利后又提起诉讼，不符合诚信原则。综上，请求法院驳回原告的诉讼请求。

原审查明事实

原审法院经审理查明：1998 年 2 月 17 日，原告农业大学以中国农业大学植物科技学院的名义（甲方）与被告裕丰公司前身——种子公司（乙方）签订了《关于农大 364 杂交种种子生产协议书》。协议约定：甲方向乙方提供高纯度的"农大 364"的亲本种子各 5 公斤及亲本自交系特征性和生育期方面的有关资料、知识；在制种过程中，如出现技术问题，甲方有义务向乙方提供技术指导；在河北省只转让一家，若发现转让其他家时，乙方停止支付转让费；

乙方根据甲方提供的种子和技术组织亲本繁殖和杂交种子生产；乙方一次性向甲方提供品种培育费3万元，以后每销售1公斤种子向甲方提供0.20元，向发明人提供0.02元（在形成5万公斤生产能力时开始交付转让费），在完成当年种子销售后（以种子销售账单据为准）立即支付；乙方承认甲方对该品种的知识产权，在未经甲方同意的情况下，乙方不向外扩散亲本及制种技术；甲、乙双方共同努力，使该品种在北京及河北通过品种审定；协议有效期10年。

2001年4月9日，被告裕丰公司的前身种子公司向农业部植物新品种保护办公室提出"ND364"植物新品种权的申请。农业部植物新品种保护办公室于2001年9月1日对"ND364"品种权申请予以公告，并于2002年5月1日予以授权，品种权号为CNA20010053.X，培育人为宋同明，品种权人为被告裕丰公司的前身种子公司。2003年1月1日，农业部植物新品种保护办公室于《农业植物新品种保护公报》2003年第1期公告"ND364"的品种权人由种子公司变更为裕丰公司。

2003年3月18日，被告宋同明与被告裕丰公司签订《协议书》，约定：裕丰公司同意宋同明为品种权号是CNA20010053.X的玉米新品种"ND364"的共同品种权人；将品种名称变更为"农大364"，品种保护费继续由裕丰公司缴纳；原1998年2月17日协议书所涉及的其他条款不变。

2003年6月1日，农业部植物新品种保护办公室于《农业植物新品种保护公报》2003年第3期公告变更品种名称"ND364"为"农大364"，品种权人由裕丰公司变更为裕丰公司、宋同明。

2003年10月8日，原告农业大学与被告裕丰公司、宋同明签订《农大364（ND364）品种权变更协议》（以下简称《协议》），约定：原告是玉米新品种"农大364（ND364）"（品种号为CNA20010053.X）的品种权人，裕丰公司是目前该品种的形式上的品种权人之一，宋同明是该品种的培育人及目前形式上的品种权人之一；原告作为该品种权人，承诺执行授权中国农业大学植物科技学院1998年2月17日与裕丰公司签订的协议，对裕丰公司为该品种繁殖生产所作的努力给予肯定；原告同意裕丰公司为"农大364（ND364）"的品种权共有人，放弃对裕丰公司、宋同明在此前申报、变更新品种保护权时侵权责任的追究，同意将品种权人由被告裕丰公司、宋同明变更为原告、被告裕丰公司；除原告、裕丰公司对"农大364（ND364）"的繁育、生产、经营外，任何单位、个人如繁育、生产、经营该品种，须经双方共同签署书面授权；原告、裕丰公司一致同意将"农大364（ND364）"的繁育、生产、经营开发权无条件授予北京中农大康科技开发有限公司，协议签订之日为实际授权之日。

2004 年 1 月 1 日，农业部植物新品种保护办公室于《农业植物新品种保护公报》2004 年第 1 期公告变更"农大 364"品种权人裕丰公司、宋同明为农业大学、裕丰公司。

另查，玉米新品种"农大 364"与"ND364"系同一品种的不同称谓，是由原告农业大学于 1995 年育成，培育人为宋同明。被告裕丰公司于 2001 年 11 月 16 日成立，其由种子公司改制而成。被告裕丰公司对玉米新品种"农大 364（ND364）"进行了市场推广和经营。

原审审理结果

原审法院认为：依据《中华人民共和国植物新品种保护条例》（以下简称《植物新品种保护条例》）的规定，执行本单位的任务或者主要是利用本单位的物质条件所完成的植物育种，植物新品种的申请权属于该单位。

依据本院查明的事实，玉米新品种"农大 364（ND364）"培育人为原告农业大学所属人员宋同明，其所完成的该品种育种行为属于职务育种，该品种的申请权应属于原告农业大学。

被告裕丰公司辩称其与原告农业大学 1998 年签订《关于农大 364 杂交种种子生产协议书》时涉案玉米品种尚未完成培育工作，该品种的培育工作系其与被告宋同明共同完成，该植物新品种申请权不应属于原告农业大学。但原告农业大学及被告宋同明均认为 1998 年"农大 364"已经培育完成，上述协议约定由农业大学提供高纯度的"农大 364"亲本种子，由裕丰公司进行市场推广工作，且被告裕丰公司认同被告宋同明作为"农大 364"培育人，宋同明又认可其培育的涉案品种属于职务育种，被告裕丰公司提供的证据不足以证明其进行了涉案品种的育种工作，因此，被告裕丰公司的上述抗辩主张缺乏依据，本院不予采纳。

原告农业大学与种子公司签订的《关于农大 364 杂交种种子生产协议书》，系双方真实意思表示。依据该协议，原告是"农大 364（ND364）"品种权人，依据原告与被告裕丰公司及宋同明签订的《农大 364（ND364）品种权变更协议》，原告同意被告裕丰公司为该品种权共有人，因此，涉案"农大 364（ND364）"品种权自该协议生效之日起，即自 2003 年 10 月 8 日起归属于原告和被告裕丰公司共同所有。原告农业大学主张原告与种子公司签订的协议属于无效协议，但其未能提供相应证据并阐述相应的理由，其上述主张缺乏依据，本院不予支持。原告还主张其与被告裕丰公司及宋同明签订的《农大 364（ND364）品种权变更协议》存在重大误解，属于可撤销合同，鉴于其未能提供相应的证据证明上述协议有重大误解事项，因此，其上述主张本院亦不予支持。原告基于上述主张所提 2004 年 1 月 1 日以后"农大 364（ND364）"品种权归原告独家所有的诉讼请求，缺乏事实和法律上的依据，本院不予支持。

同样，依据《农大 364（ND364）品种权变更协议》约定，原告农业大学放弃对裕丰公司、宋同明在此前申报、变更新品种保护权时对原告侵权责任的追究。鉴于此，原告农业大学作为"农大 364（ND364）"品种权利人，对于被告裕丰公司、宋同明在此之前与该品种相关的行为，已放弃追究法律责任的权利。但并不能由此表明原告农业大学放弃对"农大 364（ND364）"的品种权以及就此认可在此之前被告裕丰公司、宋同明享有该品种权。被告裕丰公司据此协议辩称原告不能就涉案品种权权利归属提出主张，依据不足，本院不予采信。

鉴于自"农大 364（ND364）"的品种权予以公告申请时起，被告裕丰公司一直持续行使该品种权，且被告裕丰公司生产、销售涉案品种行为是基于原告许可，不存在原告明知涉案品种权申请、变更事实发生却怠于行使权利及明确放弃主张权利的重大事由，因此，被告裕丰公司主张原告就涉案品种权提出主张已超过诉讼时效期间，于法无据，本院不予采纳。

植物新品种权的取得、变更应以农业部植物新品种保护办公室授权、登记公告为准。因此，本案原告农业大学与被告裕丰公司共同享有"农大 364（ND364）"的品种权的时间应以农业部植物新品种保护办公室变更公告日即 2004 年 1 月 1 日为准。原告农业大学主张 2003 年 5 月 1 日前及 2003 年 5 月 1 日~2004 年 1 月 1 日前"农大 364（ND364）"的品种权归属于原告的诉讼请求，法院予以支持。

综上，依据《中华人民共和国植物新品种保护条例》第七条、《中华人民共和国植物新品种保护条例实施细则（农业部分）》（以下简称《植物新品种保护条例实施细则》）第七条的规定，判决如下：

一、2004 年 1 月 1 日之前，"农大 364（ND364）"的植物新品种权归属于中国农业大学；

二、驳回中国农业大学的其他诉讼请求。

农业大学、裕丰公司不服原审判决，分别提出上诉。农业大学的上诉理由为：原审判决没有支持其关于 2004 年 1 月 1 日后"农大 364（ND364）"的品种权归属农业大学的诉讼请求是错误的。请求确认 2004 年 1 月 1 日后，"农大 364"品种权归其独家所有。裕丰公司的上诉理由为：1. 原审判决事实不清、证据不足，没有证据证明"农大 364（ND364）"是职务育种，而且裕丰公司对"农大 364（ND364）"的技术成熟作出贡献；2. 原审法院对本案的受理和审判严重不清、混乱。农业大学诉讼请求共有 6 项，既有行政诉讼请求，也有属于民事诉讼请求的侵权之诉、合同撤销之诉、合同无效之诉、确认之诉，原审法院却予以受理并依职权主动为农业大学确定诉讼请求，实属不当。原审判决没有明确确认 2004 年 1 月 1 日后品种权归裕丰公司和农业大学共有，明显不公，而且驳回诉讼请求部分不明确。原审法院对 2003 年《农大 364（ND364）品种权变更协议》中"农业大学同意裕丰公司为'农大 364（ND364）'的品种权共有人"理解错误，应当为农业大学同意裕丰公司为"农大 364（ND364）"的品种权共有人是没有时间限制的，表明裕丰公司的品种权人和品种权共有人的地位是一直依法延续的。3. 原审法院适用法律严重不当。原审法院作出的确认农业大学拥有植物新品种权，行使了本应由行政机关行使的权力；农业大学没有对"农大 364（ND364）"植物新品种权的获得作出任何行为，却得到原审法院的支持，系原审法院对《植物新品种保护条例》及《植物新品种保护条例实施细则》适用不当；农业大学放弃了合同之诉，但原审法院依然对此进行审理，超越职权；在农业大学提出的多项诉讼请求均被驳回的前提下，原审法院依然判决裕丰公司承担全部诉讼费用，实属不妥。裕丰公司请求撤销一审判决，依法改判。

宋同明服从原审判决。

二审查明事实

二审法院认定原审查明的事实，另查明：裕丰公司在《中国种业》2003 年第 11 期刊登广告宣传涉案品种，其中一段广告词为："'农大 364'是中国农业大学于 1995 年育成，1998 年独家转让给裕丰种业有限公司，2001 年 9 月 1 日获得公告保护，2003 年通过河北省审定"。2002 年国家邮政局发行的《中国邮政明信片》及裕丰公司的对外宣传彩页中均载有以下文字："玉米新品种'农大 364（ND364）'中国农业大学育成，裕丰种业有限公司独家转让，申报新品种保护，并独家生产、经销。"另有裕丰公司宣传涉案品种的光盘两张，均有上述内容的介绍。裕丰公司为证明其对涉案品种的成熟作出实质性贡献，提交了由其出具的《关于'农大 364'双亲情况的说明》、1998 年和 1999 年其分别在承德和海南进行田间试验的记录，一审期间原裕丰公司员工李自学出庭作证。

二审审理结果

二审法院认为：农业大学、裕丰公司均认为涉案品种培育人为农业大学教师宋同明，宋同明认可其培育的涉案品种属于职务育种；裕丰公司提交证据不

能证明其对涉案品种的技术成熟作出贡献；1998 年《协议书》明确写明涉案
品种源自农业大学，裕丰公司在多种场合亦承认涉案品种为农业大学 1995 年
育成并于 1998 年独家转让给自己，故应认定涉案品种属于农业大学职务育种，
裕丰公司对涉案品种的技术成熟并未作出实质性贡献。原审判决认定涉案品种
的申请权应属于农业大学、裕丰公司不能证明其进行了涉案品种的育种工作是
正确的。裕丰公司关于涉案品种非农业大学的职务育种、其对涉案品种的技术
成熟作出贡献的主张，没有证据支持。

　　虽然本案为植物新品种权权属纠纷，但确定本案涉案品种权属问题直接涉
及有关的合同，因此，原审法院对相关合同进行审理并无不当。裕丰公司关于
农业大学放弃了合同之诉，但原审法院依然对此进行审理，超越职权的上诉主
张于法无据，本院不予支持。

　　裕丰公司和农业大学均认可 1998 年《协议书》的效力并已实际履行，该
协议具有法律效力。农业大学并未提供相应的证据证明 2003 年《协议》履行
的后果与其签约的真实意思相悖，不能证明该协议有重大误解事项。因此，
2003 年《协议》系农业大学、裕丰公司及宋同明三方的真实意思表示，不违
反国家法律和行政法规，也未损害社会公共利益，对各方当事人具有法律约束
力，各方当事人应予履行。农业大学关于该协议存在重大误解的主张没有事实
依据，本院不予支持。

　　2003 年《协议》约定，各方当事人同意将涉案品种权权利人变更为农业
大学、裕丰公司。据此，自该协议生效之日起，即 2003 年 10 月 8 日后涉案品
种权归属于农业大学和裕丰公司共同所有。原审判决基于植物新品种权的取
得、变更以农业部植物新品种保护办公室授权、登记公告为准，认定本案农业
大学与裕丰公司共同享有涉案品种权的时间应以农业部植物新品种保护办公室
变更公告日即 2004 年 1 月 1 日为准，进而支持农业大学的主张是正确的。裕
丰公司认为原审判决没有确认 2004 年 1 月 1 日后涉案品种权归裕丰公司和农
业大学共有明显不公、驳回诉讼请求部分不明确、原审法院对 2003 年《协
议》中"原告同意裕丰公司为'农大 364（ND364）'的品种权共有人"理解
错误的主张，亦无事实依据，本院亦不予支持。

　　国家有关行政部门仅负责对植物新品种申请进行审定和授权，而对于权利
本身的真实状况不负有实质审查义务。植物新品种权本身为民事权利，当事人
对民事权利的归属发生争议，可以通过民事诉讼程序寻求司法裁判。故裕丰公
司关于原审法院行使了本应由行政部门行使的权力的主张不能成立，本院不予
支持。

　　根据我国《民事诉讼法》及其相关司法解释的规定，在案件受理后，法

庭辩论结束前，原告可以增加诉讼请求。据此，原告在法庭辩论结束前减少诉讼请求，是处分权利的正当行为，亦未损害他人合法利益，人民法院应当允许。由于农业大学在一审庭审辩论结束前已将其诉讼请求确定为植物新品种权权属纠纷，即将其原有的四项诉讼请求减少为一项，故原审法院予以准许符合法律规定。根据最高人民法院有关诉讼收费的规定，没有争议金额的知识产权纠纷案件按件收费。本案为植物新品种权属纠纷，没有争议金额，因此，原审法院按件收取诉讼费用，与诉讼请求的数量没有关系。裕丰公司关于原审诉讼请求不清和诉讼费分担不公的主张不能成立。

综上，原审判决认定事实清楚，适用法律正确，应予维持。农业大学和裕丰公司的上诉理由均不能成立，对其上诉请求不予支持。依据《中华人民共和国民事诉讼法》第一百五十三条第一款第（一）项之规定，判决如下：

驳回上诉，维持原判。

一审案件受理费 1 000 元，由承德裕丰种业有限公司和宋同明共同负担；二审案件受理费 1 000 元，由中国农业大学负担 500 元，承德裕丰种业有限公司负担 500 元。